Die 50 besten Vogelbeobachtungsplätze in Deutschland

Hinweise zur Benutzung

Liebe Vogelbeobachterin, lieber Vogelbeobachter,

zunächst erst einmal ganz herzlichen Dank dafür, dass Sie dieses Buch erworben haben!

Damit Sie es optimal nutzen können, möchten wir Ihnen dessen Aufbau ganz kurz erläutern:

Auf der Deutschlandkarte auf Seite 7 finden Sie eine nummerierte Übersicht aller vorgestellten Vogelbeobachtungsgebiete. Wenn Sie wissen wollen – z.B. im Urlaub oder von Ihrem Wohnort aus – welche nahe gelegene Möglichkeit sich für eine aussichtsreiche Beobachtungstour anbietet, sehen Sie sofort, welches Gebiet am schnellsten erreichbar ist.

Über die Tabelle auf Seite 6, die nach Nummern aufgebaut ist, finden Sie rasch die Seite, auf der das gesuchte Gebiet ausführlich vorgestellt wird. Eine verkleinerte Deutschlandkarte am Anfang des Beitrags zeigt Ihnen zunächst, dass Sie „richtig" sind. Im Informationsteil, am Schluss der Gebietsbeschreibung, finden Sie, neben Tipps zur Anreise mit öffentlichen Verkehrsmittel, auch die GPS-Daten, die Sie entweder unmittelbar zum Beobachtungsplatz, Ausgangspunkt oder zumindest in den nächstgelegenen Ort führen.

Die Nummerierung der Gebiete folgt der Einteilung von NW bis SO. Damit finden Sie in aufsteigender Reihenfolge sofort die geografisch zusammenliegenden Beobachtungsflächen. Interessant für all diejenigen unter Ihnen, die sich auf eine (längere) Beobachtungsreise begeben wollen. Egal ob Kurztrip oder längere Reise: Soweit möglich haben unsere Autorinnen und Autoren neben Ansprechpartnern „vor Ort" auch Übernachtungsmöglichkeiten recherchiert.

Wer ganz gezielt nach bestimmten Vogelarten Ausschau halten möchte, wird sich über die Artenliste auf Seite 186 freuen. Die sagt Ihnen nämlich, was Sie wo antreffen können, passende Jahreszeit vorausgesetzt! Diese Tabelle ist nach deutschen Artnamen aufgebaut. Wer nach den wissenschaftlichen Namen sucht findet auf Seite 192 ein entsprechendes Verzeichnis.

Abschließend eine Bitte: Obwohl wir kurz vor Redaktionsschluss noch einmal alle Daten und Informationen abgefragt haben, kann sich jederzeit etwas ändern. Bitte teilen Sie uns mit, wenn Sie „vor Ort" feststellen, dass eine Information nicht mehr zutrifft, damit wir das bei der nächsten Auflage berücksichtigen können. Hier die Kontaktadresse: Redaktion „Der Falke", AULA-Verlag GmbH, Industriepark 3, 56291 Wiebelsheim; E-Mail: beobachtungsplaetze@aula-verlag.de

Viel Spaß und Erfolg bei Ihrer Beobachtungstour wünscht Ihnen

Ihre
FALKE-Redaktion

Die 50 besten Vogelbeobachtungsplätze in Deutschland

Zusammengestellt und bearbeitet
von Thomas Brandt, Cordula Jülch und Kilian Wasmer
sowie Christoph Moning und Christian Wagner

in Zusammenarbeit mit der Falke-Redaktion

AULA Verlag, Wiebelsheim

Die Angaben in diesem Buch sind sorgfältig geprüft, dennoch kann keine Garantie für deren Richtigkeit übernommen werden. Eine Haftung der Autoren bzw. des Verlages für fehlerhafte Angaben ist ausgeschlossen.

Bibliografische Information der Deutschen Nationalbibliothek
Die Deutsche Nationalbibliothek verzeichnet diese Publikation in der Deutschen Nationalbibliografie; detaillierte bibliografische Daten sind im Internet über http://dnb.d-nb.de abrufbar.

© 2011 by AULA-Verlag GmbH, Wiebelsheim
www.verlagsgemeinschaft.com

Das Werk einschließlich seiner Teile ist urheberrechtlich geschützt. Jede Verwertung außerhalb der engen Grenzen des Urheberrechtsgesetzes ist ohne Zustimmung des Verlages unzulässig und strafbar. Dies gilt insbesondere für Vervielfältigungen auf fotomechanischem Wege (Fotokopie, Mikrokopie), Übersetzungen, Mikroverfilmungen und die Einspeicherung und Verarbeitung in elektronischen und digitalen Systemen (CD-ROM, Internet etc.).

Umschlagabbildungen: K. Wasmer, T. Brandt, C. Moning, C. Wagner, H.-J. Fünfstück
Druck und Verarbeitung: Stürtz GmbH, Würzburg
Printed in Germany/Imprimé en Allemagne

ISBN 978-3-89104-746-0

Inhaltsverzeichnis

Liste der Beobachtungsplätze 6

Übersichtskarte 7

Vogelbeobachtungsplätze 8

Register der Arten 186

Liste der wissenschaftlichen Namen 192

ANZEIGE

Foto-Wannack`s Empfehlung!

Die schönsten und interessantesten Einblicke in die Natur werden mit einem Spitzenfernglas und Spektiv von Foto-Wannack erreicht!

Besuchen Sie uns in Hamburg und wir zeigen Ihnen vor der Tür unseres Geschäfts alles, was das Herz eines Ornithologen höher schlagen lässt! Spitzenoptik zu einem günstigen Preis, ob **ZEISS – LEICA – NIKON – MINOX – KOWA – SWAROVSKI – STEINER – PENTAX**, alles ist am Lager.

Lassen Sie sich von dem Foto-Wannack Team beraten:
• das neue ZEISS-Photoscop 85T*FL
• die neuen ZEISS Diascope 65T*FL u, 85T*FL
• das neue NIKON EDG Spektiv
• von KOWA das Prominar 883
• die unglaublichen Swarovision 8,5x42 und 10x42

Sie werden staunen, welche unglaubliche Brillanz diese neuen Ferngläser leisten.

Da der Platz hier klein ist, unser Angebot aber groß, bitten wir Sie bei Fragen sich direkt an uns zu wenden. Gerne senden wir Ihnen kostenlos unsere kleine Broschüre „Die Merkmale guter Ferngläser" und „Welches Spektiv ist für mich das Richtige" und Unterlagen über alles Neue!

Wir verkaufen nicht nur, sondern reparieren auch in eigener Werkstatt Ferngläser, Spektive, Kameras und Projektoren. Noch haben wir bis Ende des Jahres „Das immer dabei Fernglas" und empfehlen von ZEISS das Taschenfernglas Victory 8x20T*! 225 Gramm brillante Optik! Für nur 399,- Euro! Dann können wir noch von ZEISS das Diascop 85T*FL mit Zoom 20-60 für nur 1.998,- Euro anbieten. Sehr beliebt von ZEISS das Conqust 10x40T* für 849,- Euro. Und wenn Sie uns nicht in unserem Geschäft in Hamburg besuchen können: Besuchen Sie uns im Internet unter

www.foto-wannack.de

FOTO-Wannack Fernoptik-Foto-Video seit 1931
Neanderstr. 27 • 20459 Hamburg (Nähe Hafencity)
Tel.: 040-340182 • Fax: 040-353106
E-Mail: d.wannack@hamburg.de

Liste der Beobachtungsplätze

Nr.	Beobachtungsplatz	Seite
1	Die Nordseeinsel Amrum in Schleswig-Holstein	8
2	Die Flensburger Außenförde in Schleswig-Holstein	11
3	Helgoland in Schleswig-Holstein	15
4	Der Dithmarscher Speicherkoog in Schleswig-Holstein	19
5	Die Nordseeinsel Norderney in Niedersachsen	23
6	Die Haseldorfer Binnenelbe in Schleswig-Holstein	26
7	Der Dollart und das Rheiderland in Niedersachsen	29
8	Das Niedervieland in Bremen	32
9	Das Naturschutzgebiet Meißendorfer Teiche/Bannetzer Moor in Niedersachsen	36
10	Die Ostseeinsel Fehmarn in Schleswig-Holstein	39
11	Die Festlandküste des Greifswalder Boddens in Mecklenburg-Vorpommern	42
12	Der Duvenstedter Brook in Hamburg	45
13	Das Naturschutzgebiet Krakower Obersee in Mecklenburg-Vorpommern	48
14	Der Müritz-Nationalpark in Mecklenburg-Vorpommern	51
15	Der Galenbecker See in Mecklenburg-Vorpommern	54
16	Die Dannenberger Marsch und Elbtalaue in Niedersachsen	57
17	Das Naturschutzgebiet Stechlin in Brandenburg	61
18	Der Gülper See in Brandenburg	64
19	Storchendorf und Teichland Linum in Brandenburg	68
20	Niederrhein zwischen Bienen und Kranenburg in Nordrhein-Westfalen	73
21	Die Diepholzer Moorniederung in Niedersachsen	78
22	Die Weseraue bei Schlüsselburg in Nordrhein-Westfalen	81
23	Das Steinhuder Meer in Niedersachsen	84
24	Rieselfelder Münster in Nordrhein-Westfalen	87
25	Die Senne in Nordrhein-Westfalen	91
26	Der Dümmer in Niedersachsen	96
27	Das Schaumburger Bergland in Niedersachsen	100
28	Krickenbecker Seen und Grenzwald in Nordrhein-Westfalen	104
29	Die Vogelsbergteiche in Hessen	107
30	Das Biosphärenreservat Mittelelbe in Sachsen-Anhalt	111
31	Die Goitzsche und der Muldestausee bei Bitterfeld-Wolfen in Sachsen-Anhalt	115
32	Der Nationalpark Hainich in Thüringen	119
33	Das Rückhaltebecken Straußfurt in Thüringen	122
34	Das Teichgebiet Niederspree in Sachsen	126
35	Der Nationalpark Sächsische Schweiz in Sachsen	129
36	Die Rheinauen in Rheinland-Pfalz und Hessen	132
37	Biebricher Schlosspark und Schiersteiner Aue in Wiesbaden/Hessen	135
38	Das Naturschutzgebiet Kühkopf-Knoblochsaue in Hessen	139
39	Das Naturschutzgebiet Wagbachniederung in Baden-Württemberg	142
40	Der Kaiserstuhl in Baden-Württemberg	145
41	Der Feldberg im Südschwarzwald, Baden-Württemberg	149
42	Das Wollmatinger Ried in Baden-Württemberg	152
43	Das Federseemoor in Baden-Württemberg	155
44	Vogelinsel im Altmühlsee in Bayern	158
45	Der Nationalpark Bayerischer Wald in Bayern	161
46	Mündungsgebiet der Isar in Bayern	164
47	Das Schwäbische Donaumoos in Bayern	168
48	Der Starnberger See in Bayern	172
49	Das Murnauer Moos in Bayern	176
50	Die Alpen im Landkreis Garmisch-Partenkirchen	180

Übersichtskarte

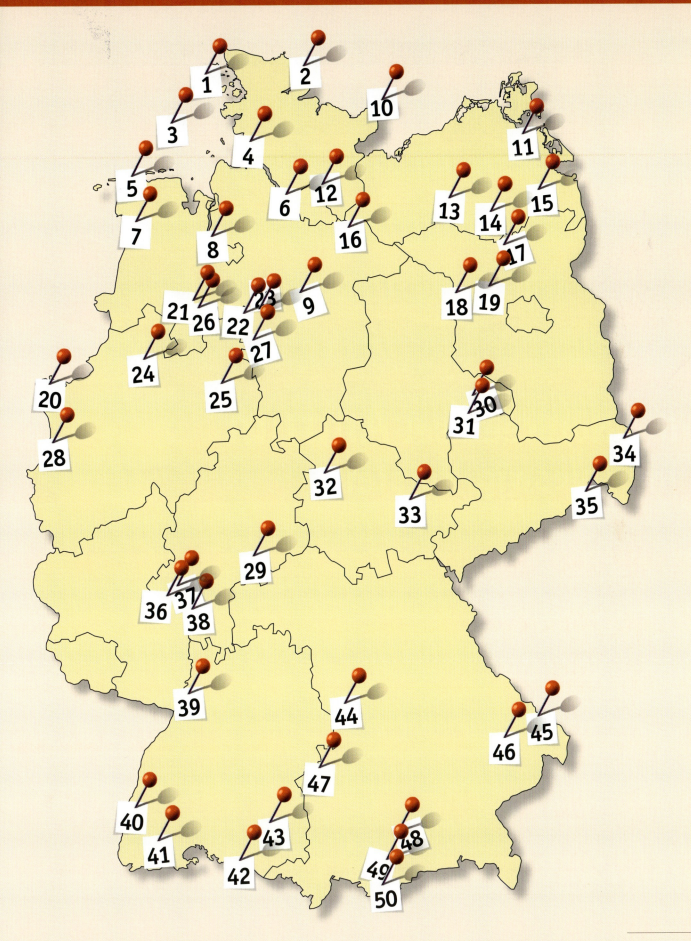

Die Nordseeinsel Amrum in Schleswig-Holstein

Die Nordseeinsel Amrum liegt rund 22 km vor der Küste Schleswig-Holsteins und zählt mit den benachbarten Inseln Föhr und Sylt zu den drei nordfriesischen Geestinseln. Sie ist etwa 20 km² groß bei einer Nord-Süd Länge von 12 km und einer Breite von 4 km und liegt mitten im Nationalpark und nun auch Weltnaturerbe Schleswig-Holsteinisches Wattenmeer. Auch große Teile der Insel selbst stehen unter Naturschutz. Die Dörfer Wittdün, Steenodde, Süddorf, Nebel und Norddorf (von Süd nach Nord) liegen auf dem Geestkern in der Inselmitte und sind beliebte Ferienziele.

» Lebensräume

Amrum gilt als die vielfältigste und vogelreichste Insel der nordfriesischen Küste. Im Westen brandet die Nordsee an den bis zu 1200 m breiten Kniepsand. Hier erheben sich die noch niedrigen Primärdünen, ostwärts folgen die bis zu 32 m hohen Ketten aus Weiß-, Grau- und Braundünen, die fast die Hälfte der Insel bedecken. Dazwischen liegen feuchte Dünentäler mit Glockenheide. Im Süden liegt ein mittlerweile ausgesüßter ehemaliger Strandsee, der Wriakhörnsee.

Den Geestkern der Insel bildet eine flachkuppige saalekaltzeitliche Moräne (6x2,5 km), die von Norddorf bis hinter Süddorf reicht. Auf dem Inselkern liegen die Ortschaften, kleine Forsten und landwirtschaftliche Nutzflächen. Bei Norddorf und Wittdün gibt es Marschwiesen mit flachen und schilfbestandenen Gewässern.

» Besondere Vogelarten

Auf Amrum brüten rund 70 der fast 170 bislang dort festgestellten Vogelarten. Darunter sind zahlreiche typische Meeres- und Küstenvögel, die im Binnenland nur unregelmäßig oder sporadisch auftreten. In den Dünen liegt die größte Heringsmöwenkolonie Deutschlands (2004 etwa 8000 Paare) und auch die meisten Eiderentenpaare brüten dort. Ihr Bestand ist seit 1990 von rund 1000 Paaren auf 150 Paare 2004 stark zurückgegangen. Ursache dafür sind die sich verschlechternden Nahrungsbedingungen. Zwischen den Heringsmöwen brüten auch zahlreiche Silber- und Sturmmöwen (2004: 800 bzw. 1400 Brutpaare). Für die Besucher aus dem Binnenland sind die Hohltauben, die wie Brandenten und Steinschmätzer Kaninchenbaue in den Dünen besetzen, meist etwas überraschend.

Die Amrumer Naturschützer sind stolz auf „ihre" Zwergseeschwalben. In manchen Jahren haben sich bis zu 50 Paare auf der nördlichen Inselspitze, der Odde, oder auf dem Kniepsand auf mittlerer Höhe angesiedelt.

Der Brutbestand der Eiderenten hat auf Amrum stark abgenommen. Foto: G. Quedens.

Am Strand brüten Sandregenpfeifer. Im Winter sind regelmäßig Ohrenlerchen, Schneeammern und Berghänflinge zu sehen. In den Feuchtgebieten brüten Rotschenkel, Säbelschnäbler, Löffelenten und Kiebitze. Im Schilf verstecken Rohrweihen und Graugänse ihre Nester. Im Winter suchen Kornweihen und Raufußbussarde nach Nahrung.

» Reisezeit

Interessante Beobachtungen sind ganzjährig möglich. Die Heringsmöwen und Zwergseeschwalben besetzen ihre Kolonie im April/Mai und verweilen dort bis Juli.

Die Frühlings- und Herbstmonate sind besonders vogelreich. Vor allem von März bis Mai und von Mitte Juli bis Anfang Oktober beleben riesige Limikolenschwärme aus Knutts, Alpenstrandläufern, Pfuhlschnepfen, Großen Brachvögeln, Rotschenkeln und Kiebitzregenpfeifern das Wattenmeer östlich der Insel.

Selbst der Winter ist eine interessante Zeit. Brandenten, Große Brachvögel, Rotschenkel, Pfuhlschnepfen, Steinwälzer und Alpenstrandläufer überwintern vor allem im Watt und in den Salzwiesen, Sanderlinge und Sandregenpfeifer sind eher am Strand zu sehen. In den vergangenen Wintern wurden zunehmend Ringelgänse und auch Knutts beobachtet. Goldregenpfeifer findet man hier bei Amrum auch im Watt. Im November/Dezember gebären manchmal Kegelrobben ihre Jungen am Strand Amrums und sind dann dort zu beobachten.

In den Sommermonaten, vor allem während der Sommerferien, ist die Insel von Touristen überlaufen. Am ehesten kann man dann die Vögel in den Salzwiesen und im Watt beobachten.

» Beobachtungsmöglichkeiten

Die interessantesten Gebiete sind die Nordspitze der Insel (NSG „Odde"), der rund 1200 ha große Kniepsand, das NSG „Amrumer Dünen" (900 ha) und die Marschwiesen (200 ha). Die

Typische Vogelarten, deren Status (günstige Beobachtungszeit) h = häufig, r = regelmäßig, s = selten; J = Jahresvogel, B = Brutvogel, W = Wintergast, D = Durchzügler

Art	Status (beste Beobachtungszeit)
Alpenstrandläufer	hD, hW (Juli-Mai)
Austernfischer	hB (ganzjährig)
Berghänfling	rW (Okt.-März)
Birkenzeisig	rB (ganzjährig)
Brandente	hB (ganzjährig)
Eiderente	rB (ganzjährig)
Flussseeschwalbe	rB (April-Sept.)
Goldregenpfeifer	rD, sW (Sept.-April)
Graugans	rB (ganzjährig)
Großer Brachvogel	sB, hJ (ganzjährig)
Heringsmöwe	hB (März-Okt.)
Hohltaube	rB (ganzjährig)
Kiebitzregenpfeifer	hD, rW (Aug.-Mai)
Knutt	hD, sW (Juli-Mai)
Kornweihe	rW (Sept.-April)
Krickente	rB, hD (März-Nov.)
Küstenseeschwalbe	rB (April-Sept.)
Löffelente	sB, rD (März-April, Sept.-Nov.)
Mittelsäger	sB (ganzjährig)
Ohrenlerche	rW (Okt.-März)
Pfeifente	rW (Okt.-April)
Pfuhlschnepfe	rD, sJ (ganzjährig)
Prachttaucher	sW (Okt.-März)
Regenbrachvogel	rD (Juli-Sept., April-Mai)
Ringelgans	rW (Okt.-April)
Rohrweihe	rB (April-Sept.)
Rotschenkel	hB, hW (ganzjährig)
Sanderling	hD, sW (Aug.-Mai)
Sandregenpfeifer	rB (März-Sept.)
Schnatterente	rB, hD (April-Okt.)
Schneeammer	rW (Okt.-März)
Spießente	hD (Sept.-April)
Steinwälzer	sJ, hW (ganzjährig)
Sterntaucher	sW (Okt.-März)
Säbelschnäbler	rB (März-Okt.)
Trauerente	rW (Okt.-April)
Wanderfalke	sJ (ganzjährig)
Weißwangengans	rW (Okt.-April)
Zwergseeschwalbe	rB (April-Sept.)

ANZEIGE

Im Weltnaturerbe Wattenmeer

Partner Nationalpark Wattenmeer

Zeit haben für Naturerlebnisse. Ganzjährige Beobachtungen an der Drehscheibe des arktischen Vogelzuges auf Halligen, Inseln und Küsten.

Tel.: +49 (0) 461/ 430 75 14
info@naturerlebnisse.de • www.naturerlebnisse.de

Odde ist ab April einer der attraktivsten Beobachtungsplätze. Ein Teilabschnitt mit der Seeschwalbenkolonie wird genauso wie die Kolonie auf dem Kniepsand und Hochwasserrastplätze während der Brutzeit abgezäunt und für Besucher gesperrt. Man kann die Odde jedoch am Strand außerhalb der Pfahlreihe umrunden. Ein Fernglas oder Spektiv ermöglicht dann hervorragende Einblicke in die Kolonie und erlaubt auch einen Blick

Anreise

Die Insel erreicht man vom Festland aus mit den Personen- und Autofähren von Schüttsiel, Dagebüll oder Nordstrand.

Mit Bahn und Bus:
Letzter Bahnanschluss vor der Fährüberfahrt ist Dagebüll-Mole (über Niebüll) oder im Sommerhalbjahr auch Nordstrand (über Husum mit direktem Busanschluss nach Nordstrand).

Mit dem Auto:
In Dagebüll gibt es einen großen Parkplatz mit Shuttlebus zur Fähre. In den Sommermonaten geht es alternativ auch über Husum zum Fährhafen Strucklahnungshörn auf Nordstrand.

Mit der Fähre:
Ab Dagebüll fährt die Wyker Dampfschiffreederei (WDR) mit Personen-Auto-Fähren über Wyk auf Föhr mehrmals täglich nach Amrum. Auf Nordstrand besteht eine günstige Parkmöglichkeit und die Weiterfahrt mit einer Personen-Schnellfähre der Adler-Reederei nach Hallig Hooge, Amrum und Sylt.

Auf der Insel...
... kann man sich gut mit Bussen fortbewegen, die über die gesamte Insellänge zwischen Wittdün und Norddorf verkehren (während der Saison im Halbstundentakt) und bereits bei der Ankunft der Fähren warten. In allen Orten lassen sich Fahrräder ausleihen, die allerdings in den Dünen und am Strand nicht benutzt werden dürfen. Auf der Insel ist ein Auto entbehrlich.

Adressen

Buchungsmöglichkeiten von Unterkünften und Campingplatz in den Kurverwaltungen der Gemeinden Norddorf, Nebel und Wittdün.
Umfangreiche Informationen über „AmrumTouristik", Tel. 04682/94030,
E-Mail: info@amrum.de, www.amrum.de
Naturkundliche Ausstellung, Exkursionen und Infos: Carl Zeiss Naturzentrum Amrum, Strunwai 31, 25946 Norddorf, Tel.: 04682/1635
E-Mail: info@naturzentrum-amrum.de; www.naturzentrum-amrum.de
Nationalpark Infozentrum der Schutzstation Wattenmeer, Mittelstraße 34, 25946 Wittdün, Tel. 04682/2718
An diese Adresse bitte auch besondere Beobachtungen melden oder per E-Mail:
oagshnet@yahoogroups.de.

GPS		
Norddorf (Ortsmitte)	54°40'46.11" N	8°19'57.32" O
Wittdün (Ortsmitte)	54°37'37.52" N	8°23'21.38" O
Carl Zeiss Naturzentrum	54°41'10.98" N	8°19'26.90" O

auf die westlich von Amrum liegenden Knobsande, Sandbänke auf denen im Sommer Seehunde und im Winter Kegelrobben ihr Jungen gebären. Der Strand Amrums, der Kniepsand, darf ganzjährig begangen werden.

Durch die Dünen führen mehrere Wege und Holzstege. Sie dürfen nicht verlassen werden. Von einer Beobachtungsplattform aus kann man den Wriakhörnsee bei Wittdün überblicken. Eine andere Plattform in Nähe des Ortes Nebel ermöglicht Einblicke in die Salzwiesen. Der Teerdeich nordöstlich von Norddorf ist ein guter Aussichtspunkt auf den vorgelagerten Salzwiesenstreifen und die binnendeichs gelegene Norddorfer Marsch.

Die im Watt nahrungssuchenden Vögel sind bei Hochwasser auf den höheren Stellen der Salzwiesen gut zu beobachten.

Schon während der Überfahrt mit der Fähre gelingen oft gute Beobachtungen. Im Winter sind gelegentlich Stern- und Prachttaucher zu sehen, von Frühling bis Spätsommer Seeschwalben und Eiderenten.

Über die Insel kann man sich im großzügig angelegten und 2005 neu gestalteten Informationszentrum des Öömrang Ferian in Norddorf nahe des Strandes erkunden. Ein weiteres Infozentrum betreibt die Schutzstation Wattenmeer in Wittdün.

Für vogelbegeisterte Amrum-Neueinsteiger bietet es sich an, den Urlaub mit einer Exkursion beim Vogelwärter des Vereins Jordsand auf der Odde (im Sommerhalbjahr) oder mit dem Biologen der Station des Öömrang Ferian (ganzjährig) zu beginnen. Die Exkursionsleiter zeigen gerne die typischen Arten an geeigneten Plätzen, ohne dass die Vögel gestört werden.

2

Die Flensburger Außenförde
in Schleswig-Holstein

Ganz im Nordosten Deutschlands, an der Grenze zu Dänemark, liegt die Flensburger Förde. Sie ist eine von den Gletschereismassen der Weichseleiszeit geschaffene enge, 40 km lange und ca. 15 m tiefe Meeresbucht der Ostsee. Nord- und Ostsee sind hier nur durch einen schmalen Landstreifen voneinander getrennt. Damit liegt die Flensburger Förde inmitten des Zugkorridors vieler Zugvögel, die Schleswig-Holstein überqueren. Insbesondere große Trupps rastender Enten- und Watvögel können hier beobachtet werden.

Besonders der Greifvogelzug kann im Frühjahr über der Geltinger Birk sehr eindrucksvoll sein. Zahlreiche Vögel ziehen dann über der Birk ihre Kreise, um anschließend über die dänischen Inseln in Richtung Nordost abzuziehen.

Das Gebiet ist geformt von Sand- und Tonablagerungen der Gletschervorstöße der letzten Eiszeit. Mit dem Auftauen der Eismassen und der Bildung der Ostsee setzten Abtragungsprozesse entlang des Fördeufers ein, die bis heute andauern: Dort wo das Meer auf das Ufer prallt, wird Material fortgespült und es entstehen Steilküsten. Abgetragener Sand und Geröll werden in anderen Bereichen der Förde wieder angelagert, sodass Strandwälle und Nehrungshaken entstehen, die flache Buchten als Strandseen oder Noore (kleine Randbuchten) vom Meer abtrennen. Die Vielfalt aquatischer Lebensräume lockt vor allem zahlreiche Wat- und Wasservögel an.

Zwei Gebiete sind für Vogelbeobachter von besonderem Interesse: Zum einen die touristisch weitgehend erschlossene Halbinsel Holnis, die nördlich von Glücksburg die Innen- von der Außenförde trennt, zum anderen die etwa 25 km entfernte Halbinsel Geltinger Birk, die ganz im Osten die Förde von der offenen Ostsee trennt. Sie ragt als breite Halbinsel weit nach Norden und ist fast vollständig im Besitz der Stiftung Naturschutz, die hier eine der größten Weidelandschaften in Schleswig-Holstein entwickelt hat. Vier Rundwanderwege mit einer Gesamtlänge von ca. 30 km ermöglichen es naturinteressierten Besuchern, die Birk weit ab vom Alltagstrubel zu erleben.

» **Lebensräume**

Der permanente Einfluss von Wind, Wellen und Strömung führt zur Abtragung von Steilküsten und zu Sedimentumlagerungen entlang der Förde. Vor etwa 1000 Jahren war der nördliche Teil der Holnis noch eine eigenständige Insel. Nach und nach kam es zur Bildung von Strandwällen, die schließlich zu Nehrungen heranwuchsen, sodass die Insel mit dem Festland verbunden wurde und flache Strandseen entstanden. Durch landwirtschaftliche Eingriffe wurden große Teile dieser Strandseen trocken gelegt. Als Naturschutzmaßnahme wurde im Sommer 2002 durch einen Deichdurchstich die Verbindung der Flensburger Innenförde mit dem „Kleinen Noor" wieder hergestellt, sodass ein flaches Gewässer entstand.

Die Abtragungsprozesse entlang der Steilküsten dauern bis heute an und betragen etwa 30 cm pro Jahr. Neben Steilküsten und Strandwällen finden sich auf der Holnis Salzwiesen, Röhrichte und Knicks. 377 ha der Holnis sind seit 1993 Naturschutzgebiet. Die Steilküste (etwa 20 m hoch) im Westen von Holnis ist geologisches Naturdenkmal.

Das 773 ha große Naturschutzgebiet Geltinger Birk umfasst eine ähnlich große Lebensraumvielfalt. Die Landschaft entstand durch einen breiten Fächer aus Strandwällen, deren Material aus Steilufern südlich von Falshöft stammt. Für Wasservögel bietet die westlich gelegene Geltinger Bucht guten Windschutz und großen Nahrungsreichtum, ebenso das Geltinger Noor, eine Brackwasserbucht, die durch Nehrungshaken fast ganz vom Meer abgeschlossen ist. Bei einer Umwanderung der Halbinsel in Küstennähe lassen sich neben dem Noor auch sand- und geröllbedeckte Außenstrände, Salzwiesen, verlandete Schilfsümpfe, der „Gespensterwald" (ein krüppeliger Eichenniederwald), Dünen und eine weit in die Geltinger Bucht hineinwachsende, nahrungsreiche Seegraswiese entdecken. Da die am Ufer liegenden Salzwiesenstreifen mit Tümpeln und Wasserläufen durchzogen sind, bieten auch sie hervorragende Rast- und Nahrungsmöglichkeiten für Enten und Limikolen. Entwicklungsziel im Naturschutzgebiet Geltinger Birk abseits der Küste ist eine „halboffene Weidelandschaft" und die kontrollierte Wiedervernässung dieses seit Jahrhunderten künstlich entwässerten Gebietes. Unter Leitung des Naturschutzbundes Deutschland (NABU) wird das feuchte Wiesenland des NSG sowie angrenzende Flächen, die sich im Besitz der Stiftung Naturschutz Schleswig-Holstein befinden,

Schnatterenten sind an der Flensburger Förde regelmäßige Gäste. Foto: H. Glader.

daher ganzjährig durch Hochlandrinder und Konikpferden beweidet. Die Pferde (bisher 60 Tiere, die Herde soll aber auf 100 anwachsen) können sich als „Wildpferde" frei innerhalb des Projektgebietes bewegen. Zudem wurden für eine Laubfrosch-Wiederansiedlung zahlreiche Kleingewässer angelegt, die auch den Wiesenvögeln zugutekommen.

» Besondere Vogelarten

Im Gebiet können im Laufe eines Jahres fast alle küstentypischen Wat- und Wasservogelarten beobachtet werden. Besonders bemerkenswert ist die große Zahl der Meeresenten, die teilweise zu Tausenden in der Förde überwintern. Eis- und Samtenten sowie Gänse- und Mittelsäger sind weniger häufig, aber regelmäßig zu sehen. Unregelmäßige Gäste auf der Förde sind Prachttaucher und Sterntaucher; Ohrentaucher sind regelmäßige Wintergäste, in den Landlebensräumen Seeadler, Raufußbussard und Sumpfohreule. Kleine Trupps von Schneeammern sind im Winter vor allem an der Küste zu sehen. Strandpieper zeigen sich dagegen meist einzeln. Auf dem Durchzug (besonders während des Frühjahrs) sind fast alle Entenarten zu sehen. In den Lagunen des NSG Geltinger Birk rasten regelmäßig Kampfläufer, Rotschenkel, Grünschenkel, Kiebitz, Kiebitzregenpfeifer, Große Brachvögel und Alpenstrandläufer, seltener Sichel- und Zwergstrandläufer, Knutts sowie Steinwälzer. Im Grünland halten sich im Herbst zeitweise über 2000 Goldregenpfeifer und Kiebitze auf.

Auch unter den Brutvögeln finden Beobachter zahlreiche Arten, die man anderswo selten sieht oder hört. Auf der Geltinger Birk brüten Tüpfelsumpfhuhn, Knäkente, Graureiher, Eisvogel, Kranich, Schwarzkehlchen, Kanadagans, Sturmmöwe, Schwarzspecht, Schleiereule, Braunkehlchen und vermutlich Karmingimpel. Mit-

In den Flachwasserbereichen des NSG Geltinger Birk suchen zahlreiche Wat- und Wasservögel nach Nahrung. Foto: C. Jülch.

telsäger, Brandgans (beide haben ihre Nester in Kaninchenbauen), Sandregenpfeifer, Austernfischer und Rotschenkel sind Brutvögel beider NSG. Im Nordosten der Holnis brüten neuerdings Sturmmöwen auf einer Salzwiese. Im Kliff an der Westseite findet man eine Uferschwalbenkolonie und im Süden der Halbinsel, am Pugumer See, hat sich eine der größten Kormorankolonien Schleswig-Holsteins entwickelt. Mit etwas Glück lässt sich hier auch ein Seeadler bei der Jagd beobachten. Brutvögel der Wiesenlandschaften sind Neuntöter, Feldschwirl und Dorngrasmücke. Während des Sommers und der Zugzeit kann man entlang der Küste Brand-, Küsten-, Fluss- und Zwergseeschwalben beobachten. Die Zahl der Brutvogelarten wird für die Geltinger Birk mit 92 und für die Holnis mit 65 angegeben.

» Reisezeit

Das Gebiet ist ganzjährig ein gutes Reiseziel für Vogelbeobachter. Frühjahrs- und Herbstzug sind besonders ergiebig, weil die Kleinvögel die schmale Förde in Nord-Süd-Richtung überqueren. Im Herbst durchfliegen Tausende von Entenvögeln die Förde, um in die Nordsee zu gelangen. Die im Gebiet brütenden Limikolen sind ab März zu sehen. Braunkehlchen und Feldschwirl erreichen ihre Brutplätze Ende April, Karmingimpel treffen als letzte Ende Mai ein. Die typischen Wintergäste sind von Ende Oktober bis März zu sehen.

» Im Gebiet unterwegs

Auf der Halbinsel Holnis gibt es von Parkplätzen aus zahlreiche gekennzeichnete Wanderwege, von denen aus man das Gebiet gut erkunden kann. Besonders interessant ist der Salzwiesenbereich mit einem kleinen See im Norden der Halbinsel, der nicht betreten werden darf, aber von außerhalb einsehbar ist.

Vom Kliff an der Westseite eröffnet sich eine gute Aussicht auf die Förde. Folgt man von hier dem Weg nach Süden, so kommt man an eine Infohütte des NABU, wo Mitarbeiter über aktuelle Beobachtungen informieren. Der Weg führt weiter zum Kleinen Noor, dessen Durchstich auf einer 9 m langen Brücke überquert werden

Anfahrt

Mit Bus und Bahn:
NSG Holnis:
Die Halbinsel Holnis wird regelmäßig von Flensburg (Abfahrt am ZOB) bzw. Glücksburg mit dem Bus 21 angefahren. Zudem führt der Ostseeradweg von Flensburg nach Holnis (Start Hafen Flensburg, teilweise entlang von Verkehrsstraßen, mäßige Beschilderung), hier sind unterwegs schon schöne Beobachtungen an der Innenförde möglich.

NSG Geltinger Birk
Die Geltinger Birk ist leider schlecht mit öffentlichen Verkehrsmitteln zu erreichen. Wanderfreudige können mit dem Bus (1605, Richtung Kappeln) aus Flensburg (ZOB) bis nach Gelting fahren und von dort auf die Birk laufen. In Gelting gibt es auch einen Fahrradverleih, allerdings ist die Birk auf dem Sandweg mit dem Rad nur mühsam zu durchqueren, eine Wanderung eröffnet zudem bessere Beobachtungsmöglichkeiten.

Mit dem Auto:
NSG Holnis
Von Flensburg fährt man die B199. Von dieser biegt man nach Glücksburg ab und erreicht über Bockholm die Halbinsel Holnis.

NSG Geltinger Birk
Von Süden aus die A 7 bis Abfahrt Tarp, hier weiter Richtung Sterup, in Sterup links über Steinbergkirche und B 199 Richtung Gelting. Im Ort Gelting links Richtung Pommerby ("Norderholm") einbiegen und kurz nach dem Ortsausgang links nach Nieby/Beveroe abfahren. Kurz darauf dem Wegweiser "Birk" erneut nach links folgen, am Ende des Weges findet sich ein Parkplatz, der als Ausgangspunkt für eine Wanderung über die Birk dienen kann.

Adressen

NSG Holnis
Infohütte im Naturschutzgebiet, Tel.: 04631/441688

NSG Geltinger Birk
NABU Infohütte (auch Informationen zu Führungen und Veranstaltungen)
Tel.: 04643/189474 www.NABU-Geltinger-Birk.de

Integrierte Station Geltinger Birk
Falshöft 11, 24395 Nieby, Tel.: 04643/1860911
Öffnungszeiten: Wochentags von 8 – 16 Uhr, Wochenende 10 – 18 Uhr.

GPS	
Parkplatz Mühle Charlotte	54°46'08.02" N 9°54'28.12" O
Greifvogel Zugbeobachtung an der Alten Plantage	54°47'36.57" N 9°55'06.10" O
Hütte des Naturschutzwarts	54°47'05.60" N 9°54'20.12" O
Aussichtsturm zwischen Falshöft und Birk-Nack	54°47'00.23" N 9°56'33.95" O
Schusterhaken (Eingang in das NSG von Falshöft)	54°46'42.99" N 9°57'26.31" O
Parkplatz Falshöft	54°46'13.90" N 9°57'41.17" O

kann und sich gut zur Wasservogelbeobachtung eignet.

Die Geltinger Birk lässt sich auf einem 13,3 km langen Wanderweg, der über weite Strecken auf dem Deich entlang führt, gut umrunden (Autofahren ist nicht, Radfahren ist über weite Strecken gut möglich, auf einigen Deichabschnitten gibt es sandige Schlaglöcher). Als Ausgangspunkt empfiehlt sich der Parkplatz an der „Mühle Charlotte" nördlich von Gelting. Zunächst hat man einen schönen Blick auf das Geltinger Noor, auf dem sich im Winter zahlreiche Gründel- und Tauchenten aufhalten. Besonders im Gebiet des Nehrungshakens lassen sich gut verschiedene Limikolen und Möwen beobachten. Ein Blick auf die binnenseits liegenden Feuchtwiesen, die von Hochlandrindern und Koniks beweidet werden, lohnt sich immer wieder. Vor allem im Winter nutzen zahlreiche Gänse die Grünlandflächen zum Fressen. Wo der Weg entlang der Abbruchkante einer niedrigen Steilküste verläuft, hat man einen guten Ausblick auf vorgelagerte Flachwasserzonen des Meeres. Hier suchen Limikolen wie Alpen-, Sichel- und Zwergstrandläufer gerne nach Nahrung. Nach einem kurzen Abstecher durch den „Gespensterwald" Beveroe erreicht man eine Infohütte des NABU. Von diesem leicht erhöhten Ausblick bieten sich gute Beobachtungsmöglichkeiten der Wasservögel einer kleinen Lagune. Besonders Limikolen lassen sich hier gut aus der Nähe beobachten, Rotschenkel brüten hier. Von April bis Oktober informieren an der Hütte NABU-Mitarbeiter über das Gebiet und aktuelle Beobachtungen (WC ganzjährig geöffnet). Der Weg führt weiter entlang der Küste und den Feuchtwiesen bis zum Birk-Nack, der Spitze der Halbinsel. Auf dem offenen Wasser schwimmen häufig verschiedene Taucher und Enten, zur Zugzeit sind große Trupps ziehender Wasservögel zu sehen. Von nun an führt der Weg entlang der offenen Ostseeküste. Unterwegs passiert man einen größeren Wald, wo im Sommer gelegentlich Karmingimpel beobachtet werden. Am Parkplatz Falshöft im Südosten des Gebietes verlässt man die Küste und erreicht die Integrierte Station Geltinger Birk, die in einer interessanten Ausstellung über das Gebiet und die Projekte informiert. Von Falshöft folgt man der Straße nach Gelting, um zur Mühle Charlotte zurückzugelangen. Auf vier Rundwanderwegen lassen sich die feuchten Wiesen im Zentrum der Halbinsel und die ehemaligen Ackerflächen im Süden erkunden, wo man häufig Greifvögel bei der Jagd beobachten kann.

» Weitere Freizeitmöglichkeiten

Die beiden Halbinseln liegen am Ostseeradweg (der auch die ein oder andere Steigung aufweist!). Der Flensburger Hafen bietet gute Möglichkeiten, Möwen und Tauchenten aus der Nähe zu beobachten und zu fotografieren. Wer sich länger im Gebiet aufhält, kann die Flensburger Förde auch auf dänischer Seite erkunden, hier existiert ein gutes Radwegenetz. In Flensburg findet sich ein kleines Naturkundemuseum (Museumsberg) mit Vogelpräparaten und einer umfangreichen Vogeleiersammlung sowie detaillierten Informationen zum Seeadlerschutz in Schleswig-Holstein. In Glücksburg gibt es mit „artefact" einen Energie- und Erlebnispark.

Typische Vogelarten, deren Status und günstige Beobachtungszeit (in Klammern) an der Flensburger Förde. B = Brutvogel, N = Nahrungsgast, W= Wintergast, D = Durchzügler, J = Jahresvogel, h = häufig, r = regelmäßig, s = selten

Art	Status (beste Beobachtungszeit)
Alpenstrandläufer	rD (März – Mai, Aug. – Sept.)
Bekassine	rB, rD (März, April, Juli – Sept.)
Bergente	hW (Okt. – April)
Blässgans	hW (Okt. – April)
Brandgans	hB (ganzjährig)
Eiderente	hJ (ganzjährig)
Eisente	rW (Okt. – April)
Flussseeschwalbe	sD (April, Juli – Sept.)
Goldregenpfeifer	hD (März – April)
Graugans	hB (ganzjährig)
Großer Brachvogel	hD (März – Nov.)
Gänsesäger	hW (Nov. – März)
Kampfläufer	rD (März – Sept.)
Karmingimpel	sB (Juni, Juli)
Kiebitz	rB, hD (ganzjährig)
Knäkente	rD (März – Aug.)
Kolkrabe	rB (ganzjährig)
Krickente	rJ (ganzjährig)
Mittelsäger	hW (Okt. – März)
Nebelkrähe	hB (ganzjährig)
Ohrentaucher	rW (Okt. – März)
Pfeifente	rD (Okt. – Mai)
Regenbrachvogel	rD (April – Mai, Juli – Sept.)
Reiherente	hD (ganzjährig)
Rohrweihe	rB (Mai – Sept.)
Samtente	rW (Okt. – März)
Sandregenpfeifer	rB, rD (April – Sept.)
Schellente	hW (Okt. – April)
Schnatterente	rD (ganzjährig)
Singschwan	rW (Okt. – März)
Spießente	rD (Okt. – April)
Tafelente	rB, hW (ganzjährig)
Trauerente	rW (Nov. – März)
Zwergschwan	rW (Okt. – März)
Zwergseeschwalbe	rN (Mai – Sept.)
Zwergsäger	rW (Nov. – März)

Die NABU-Infohütte im NSG Geltinger Birk liegt in der Nähe des „Gespensterwaldes Beveroe". Foto: C. Jülch.

Helgoland
in Schleswig-Holstein

Seevögel, Zugvögel und Seltenheiten auf Deutschlands abgelegenster Nordseeinsel

In der Deutschen Bucht, etwa 67 km südwestlich von Sylt und rund 51 km von der niedersächsischen Festlandsküste entfernt, befindet sich Deutschlands abgelegendste und – ausnahmsweise – felsige Nordseeinsel. Im Tertiär wurden hier Buntsandstein-, Muschelkalk- und Kreideschichten schräg angehoben. Nach und nach wurden diese durch Erosion und in Folge des Zweiten Weltkriegs durch Bombardierungen und Sprengungen teilweise abgetragen. So entstanden die felsige, stark reliefierte, felsige Hauptinsel aus Buntsandstein und die einen Kilometer entfernte, relativ flache Düne aus Muschelkalk und Kreide.

Die Felsen Helgolands bieten geschützte Brutplätze für Seevögel; auf der sogenannten Düne lassen sich Möwen, Seeschwalben und Limikolen beobachten. Aufgrund der abgeschiedenen Lage ist Helgoland ein Magnet für Zugvögel, darunter auch immer wieder Seltenheiten. Im Westen der Insel befindet sich das NSG „Helgoländer Lummenfelsen" – das mit einem Hektar kleinste Naturschutzgebiet Deutschlands. Jedoch ist die Brutvogeldichte hier auf den schmalen Felsbändern mit über 10 000 Brutpaaren enorm. Der Felssockel, auf dem Helgoland liegt, bietet mit Felswatt und -riffen für Deutschland einzigartige Lebensräume (u. a. mit Tangwäldern). Er umfasst das 5148 ha große Naturschutzgebiet „Helgoländer Felssockel".

» Lebensräume

Hauptinsel

Grob lässt sich die Hauptinsel in das Unterland (mit Hafenbereichen, Stränden, etc.), das Mittelland und das Oberland (mit Lummenfelsen und der vorgelagerten „Langen Anna") gliedern. Der Ort verteilt sich überwiegend auf die südöstlichen Teile des Unter- und des Oberlandes.

Das Oberland besteht – abgesehen vom Siedlungsbereich – überwiegend aus beweidetem Grünland. Es ist mit zahlreichen kleinen Bombentrichtern durchsetzt, die ihm ein hügeliges Relief verleihen. Die Insel fällt im Westen steil zum Meer ab, die Klippen sind durch Erosion der unterschiedlich harten Gesteinsschichten mit zahlreichen Felsbändern und -vorsprüngen strukturiert.

Das Mittelland ist ein großer Sprengtrichter. Auf seinem Grund wächst kurzes Gras. Die Hänge sind stark verbuscht, die Kämme dagegen nur schütter bewachsen.

Eiderenten brüten mit über 50 Paaren auf der Helgoländer Düne. Foto: K. Wasmer.

Das Verhalten der Basstölpel am Brutplatz lässt sich am Lummenfelsen bestens beobachten. Foto: K. Wasmer.

Im Unterland finden sich zahlreiche Lebensräume. Außerhalb des Ortskerns gibt es neben Ruderalflächen (z. B. im Südhafengelände), große mit Büschen bewachsene Flächen (Nordostgelände, Kurpark) eine Parkanlage (Kurgelände), Scherrasen, Strände (Kringel, Nordoststrand) und Molen.

Düne

Die Düne hat einen offenen Landschaftscharakter, größere Sträucher und Bäume fehlen weitgehend. Wie man aus dem Namen herauslesen kann, besteht sie fast ausschließlich aus Sand, genauer aus Sandstrand und den dahinter liegenden Dünen. Diese sind meist mit Strandhafer oder Kartoffelrosen bewachsen. Sie dürfen aus Gründen des Küstenschutzes nicht betreten werden! Daneben gibt es Steinmolen, zwei Teiche und einen Flugplatz.

» Besondere Vogelarten

Die Anzahl der Brutvogelarten Helgolands ist mit etwa 39 (2009) recht überschaubar. Das Artenspektrum jedoch ist für Deutschland einzigartig (Individuenzahlen aus 2009): Die Felsbänder und -höhlen, insbesondere des Lummenfelsens und der „Langen Anna", dem Wahrzeichen Helgolands, bieten zahlreichen Seevögeln Brutplätze. Nirgendwo sonst in Deutschland brüten Eissturmvogel, Basstölpel, Trottellumme, Tordalk und Dreizehenmöwe. Hier kann man sie zur Brutzeit alle auf engstem Raum beobachten! Während man den Lummenfelsen gründlich absuchen muss, um die nur etwa 32 Tordalke zu finden, sind die rund 5000 Trottellummen und die 14 000 Dreizehenmöwen nicht zu übersehen und nicht zu überhören. Auch die großen Basstölpel (ca. 900) kann man bestens bei ihrer Brut aus nächster Nähe beobachten. Im Südosten der Düne befindet sich auf der Aade eine große Heringsmöwenkolonie mit über 300 Brutpaaren, kleinere Kolonien finden sich auch in anderen Bereichen der Düne und auf der Hauptinsel.

Neben brütenden Seevögeln lassen sich auf Helgoland zu den Zugzeiten hervorragend rastende Singvögel beobachten. So sind beispielsweise im Oktober zuweilen die Grünflächen mit Rotdrosseln „übersät" und in nahezu jedem Gebüsch sitzen Wintergoldhähnchen. Auch im Frühjahr gibt es entsprechende Schauspiele. So halten sich während der Zugzeit an manchen Tagen neben zahlreichen Grasmücken, Braunkehlchen und Rotschwänzen massenhaft Steinschmätzer auf der Insel auf. Doch neben den „normalen" Durchzüglern, die auch – wenngleich in geringerer Dichte – auf dem Festland gut zu beobachten sind, finden sich auf Helgoland regelmäßig Seltenheiten. Arten wie Zwergschnepfe, Krabbentaucher, Gelbbrauen-Laubsänger oder Zwergammer können im Herbst bei einem einwöchigen Aufenthalt schon mit hoher Wahrscheinlichkeit gesehen werden. Entsprechendes gilt z.B. für Rotkopfwürger, Grünlaubsänger oder Weißbart-Grasmücke im späten Frühling. Daneben ist Helgoland auch über die Landesgrenzen hinaus bekannt für seine „Anziehungskraft" auf seltenere, verdriftete Arten. Hier wurden schon viele Arten erstmals in Deutschland nachgewiesen, z.B. Rubinkehlchen, Braunwürger, Gelbkehlvireo oder ein Petschorapieper. Dies mag an der isolierten Lage, dem

Typische Vogelarten auf Helgoland, deren Status und günstige Beobachtungszeit (in Klammern)
h = häufiger, r = regelmäßiger, s = seltener; J = Jahresvogel, B = Brutvogel, W= Wintergast, D = Durchzügler

Art	Status (beste Beobachtungszeit)	Art	Status (beste Beobachtungszeit)
Basstölpel	hB, rD (März–Okt.)	Sandregenpfeifer	rB (März–Sept.)
Dreizehenmöwe	hB (März–Aug.)	Schmarotzerraubmöwe	rD (April–Mai, Aug.–Okt.)
Dunkler Sturmtaucher	rD (Aug.–Okt.)	Schneeammer	rD (Okt.–Nov., März)
Eiderente	rB, rD, rW (ganzjährig)	Silbermöwe	hB (ganzjährig)
Eissturmvogel	hB, rD (März–Aug.)	Spornammer	rD (Sept.–Okt.)
Gelbbrauen-Laubsänger	sD (Sept.–Okt.)	Spornpieper	sD (Sept.–Okt.)
Gryllteiste	sJ (ganzjährig)	Steinwälzer	hJ (ganzjährig)
Heringsmöwe	hB, hD (April–Sept.)	Sterntaucher	rW (Okt.–Apr)
Krabbentaucher	rD (Okt.–Nov.)	Tordalk	rB, rW (März–Juni)
Krähenscharbe	sJ (ganzjährig)	Trauerente	rD (ganzjährig)
Meerstrandläufer	hW (Okt.–April)	Trottellume	hB, rW (März–Juli)
Ohrenlerche	rD (Okt., April–Mai)	Wespenbussard	rD (Mai–Juni)
Rotdrossel	hD (Okt.–April)	Zwergammer	sD (Okt.)
		Zwergschnepfe	rD (Sept.–Okt.)

Basstölpel, Trottellummen und Dreizehenmöwen brüten an dem Felsen auf engstem Raum. Foto: K. Wasmer.

Strukturreichtum und der geringen Größe der Insel liegen, nicht zuletzt jedoch auch an der großen Zahl von Vogelbeobachtern, die regelmäßig jeden Winkel der Insel absuchen.

» Reisezeit

Ein Besuch auf Helgoland lohnt sich besonders zu den Zugzeiten im Frühling, Spätsommer und Herbst. Dann herrscht je nach Wetterlage ein reges Treiben auf der Insel und es lässt sich Vieles entdecken. Auch die Chance, eine Seltenheit zu Gesicht zu bekommen, ist zu dieser Zeit am größten. Das Frühjahr ist interessant, da hier sowohl die Brutvögel als auch Durchzügler beobachtet werden können. Basstölpel, Tordalke und Trottellummen sind von Mitte März bis Anfang Juli regelmäßig am Brutplatz zu sehen. Eissturmvögel treffen zwar schon im Winter am Brutplatz ein, sie brüten jedoch erst von Mai bis August. Dreizehenmöwen sind von Mitte März bis Anfang August am Brutplatz anwesend. Im Herbst sind Arten wie Schnee-, Spornammer und Meerstrandläufer meist gut zu sehen, hinzu kommt die Chance auf „östliche" Laubsänger wie z.B. Goldhähnchen- und Gelbbrauen-Laubsänger. Im Sommer (Anfang Juli bis Mitte August) und im Winter (Dezember bis Februar) ist es eher ruhig auf der Insel, was jedoch nicht die eine oder andere interessante Beobachtung ausschließt. So eignet sich der Winter oft gut, um Möwen und Seetaucher zu beobachten, aber auch Seltenheiten wie Tienschan-Laubsänger und Wüstensteinschmätzer (jeweils Ende Oktober bis Dezember) können auftreten.

» Beobachtungsmöglichkeiten

Konkrete Beobachtungsplätze für Helgoland zu nennen, ist kaum möglich: Die ganze Insel und jeder Lebensraum – auch der Ort – sind wert, besonders nach rastenden Vögeln abgesucht zu werden. Daher wird im Folgenden nur beispielhaft auf einige Plätze und Arten näher eingegangen. (Die detaillierte Lage und Bezeichnung einzelner Gebiete ist auf der Homepage der OAG Helgoland – siehe unten – dargestellt.)

Hauptinsel

Brütende Seevögel lassen sich im Nordwesten des Oberlandes an den Lummenfelsen und der „Langen Anna" von einem Pfad aus beobachten. Auf der Nordwestmole bei der „Langen Anna" halten sich regelmäßig einzelne Krähenscharben auf. Auf dem Oberland selbst mit seiner kurzrasigen Vegetation rasten oft Pieper, Stelzen, zuweilen auch Goldregenpfeifer und Gänse, in den Bombentrichtern manchmal auch Sumpfohreulen. In der ruderalen und buschreichen Vegetation des Kringels lassen sich oft Rotschwänze, Braunkehlchen, Grasmücken und Laubsänger beobachten. Der Grat zwischen Kringel und Mittelland ist ein hervorragender Beobachtungspunkt für durchziehende Vögel (früh morgens für Singvögel, am Nachmittag für Greifvögel). Im Mittelland, v.a. an dessen Hängen, findet man oft rastende Singvögel in großer Zahl. In einigen Bereichen kann man von oben (d.h. vom Grat aus) in die Büsche sehen, was die Beobachtung der Singvögel oft erleichtert. Ähnliches gilt für die Vegetation um die große Treppe zwischen Unter- und Oberland. Im Kurgelände sind die Büsche und die Rasenflächen interessant für Singvögel. In der ruderalen Vegetation des Südhafengeländes (einschließlich Hubschrauberlandeplatz und Umgebung) lassen sich im Herbst oft Sporn- und Schneeammer gut beobachten. Der Nordoststrand und der Kringelstrand sind für Pieper, Stelzen und Steinschmätzer sowie für Limikolen hervorragend. In den vom offenen Meer geschützten Hafenbecken ruhen sich zuweilen Seetaucher, Gryllteisten, Krabbentaucher & Co. aus, Steinbuhnen werden von Steinwälzer und Meerstrandläufer zur Nahrungssuche aufgesucht.

Zu Helgoland gehört eine kleine zweite Insel (im Hintergrund), die „Düne". Foto: K. Wasmer.

Wer bei Westwindlagen vorbeiziehende Seevögel beobachten möchte, der tut dies – aber außerhalb der Essenszeiten oder mit entsprechendem Abstand – im Windschatten der Jugendherberge.

Düne

Auf der Düne kann man an den Stränden Limikolen und auf den Buhnen rastende Seeschwalben und Nahrung suchende Steinwälzer und Meerstrandläufer sehen. Auf dem Flugplatz, der zeitweise mit Steinschmätzern übersät ist, rasten oft Pieper und Lerchen. Die beiden Teiche der Düne sind vor allem für in Büschen rastende Singvögel sowie für Zwergschnepfen interessant. Insbesondere am Nordstrand halten sich regelmäßig Seehunde und Kegelrobben auf. Sie lassen sich hervorragend beobachten, sollten aber auf keinen Fall gestört werden.

An dieser Stelle seien auch die alljährlich im Oktober stattfindenden Helgoländer Vogeltage erwähnt. Hier gibt es Vorträge, Produktpräsentationen, ein Birdrace und v. a. viele Beobachter. Da sich auf Helgoland zeitweise viele Vogelbeobachter aufhalten, wird – um den Vögeln, den Bewohnern der Inselgemeinde, dem Ruf der Beobachter und den Mitbeobachtern nicht zu schaden – dringend gebeten, die auf der OAG Homepage genannten Verhaltensregeln zu befolgen! So ist z. B. der Friedhof für Beobachter tabu. Auf der Düne ist das Wegegebot aus Natur- und Küstenschutzgründen dringend einzuhalten. Damit Beobachtungen kurzfristig kommuniziert werden können, hat sich die Verwendung von Handfunkgeräten bewährt. Wer auf Helgoland beobachtet und keine Seltenheit verpassen möchte, dem sei die (zumal günstige) Anschaffung eines solchen Funkgeräts ans Herz gelegt (Informationen hierzu auf der OAG Homepage).

» Weitere Beobachtungs- und Freizeitmöglichkeiten

Regelmäßig werden vom Verein Jordsand naturkundliche Führungen auf Helgoland durchgeführt. Informationen hierzu gibt es an der „Hummerbude" des Vereins sowie in allen Schaukästen. Auch eine Führung am Institut für Vogelforschung „Vogelwarte Helgoland" ist möglich. Im Sommer lädt die Düne zum Baden ein.

Fährt man im Herbst bei Westwindlage mit der Fähre von Cuxhaven nach Helgoland, lohnt ein Zwischenstopp an der Kugelbake Cuxhaven oder im Bereich des Fährhafens „Alte Liebe". Hier lassen sich zeitweise hervorragend vorbeiziehende Seevögel beobachten. Auch auf der Überfahrt kann man mit etwas Glück diese Arten beobachten.

Anreise

Die Fahrpläne der Fähren sind saisonabhängig. Angaben zu Verbindungen und Abfahrtszeiten finden Sie unter folgenden Adressen (bei Starkwinden und Sturm ist zu beachten, dass die Schiffe – vor allem die Katamarane – nicht mehr nach Helgoland fahren können.):

Ab Büsum: Reederei H. G. Rahder,
Tel.: 04834/1380, Fax: 04834/3825,
E-Mail: info@rahder.de, www.rahder.de

Ab Bremerhaven (Bustransfer), Cuxhaven, Hamburg und Wedel:
FRS Helgoline GmbH & Co. KG, Tel.: 0461/8640, Fax: 0461/86430,
E-Mail: info@helgoline.de, www.helgoline.de

Ab Büsum, Cuxhaven: Reederei Cassen Eils, Tel.: 04721/35082,
Fax: 04721/31161, E-Mail: info@helgolandreisen.de, www.helgolandreisen.de

Adressen

OAG Helgoland: Ornithologische Arbeitsgemeinschaft Helgoland e.V. (OAG), Postfach 869, 27490 Helgoland, www.oag-helgoland.de
Die Homepage der OAG bietet u. a. ausführliche Informationen zu Beobachtungsgebieten, Beobachtungsmeldungen und den Vogeltagen.
Institut für Vogelforschung „Vogelwarte Helgoland"
www.ifv-vogelwarte.de

Führungen

Informationen zu Führungen durch den Fanggarten der Vogelwarte Helgoland unter Tel.: 04725/64020.

Informationen zu naturkundlichen Führungen des Vereins Jordsand: Hummerbude 34–35, Tel.: 04725/7787.

Unterkunft

Kurverwaltung Helgoland, Tel.: 04725/81430, Fax: 04725/814328,
E-Mail: info@helgoland.de, www.helgoland.de

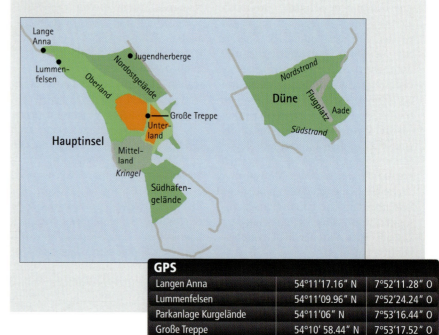

GPS		
Langen Anna	54°11'17.16" N	7°52'11.28" O
Lummenfelsen	54°11'09.96" N	7°52'24.24" O
Parkanlage Kurgelände	54°11'06" N	7°53'16.44" O
Große Treppe	54°10' 58.44" N	7°53'17.52" O

Infomaterial/Literatur:

Ornithologische Jahresberichte der Ornithologische Arbeitsgemeinschaft Helgoland e.V., Bezug über OAG-Helgoland-JB@gmx.de.

Der Dithmarscher Speicherkoog in Schleswig-Holstein
Wat- und Wasservögel hinter dem Deich

Im Norden wird die Dithmarscher Marsch, in der sich der Speicherkoog befindet, von der Eider und im Süden von der Niederelbe begrenzt. Der Geestrand stellt die östliche Grenze dar, im Westen schließt die Dithmarscher Marsch das Wattenmeer und die Außensande mit ein.

Die Dithmarscher Marsch entstand vor etwa 3500 Jahren. Kies und Sand, die von der Geest abgetragen wurden, lagerten sich vor der Küste ab, es bildeten sich Nehrungen, später Sümpfe und Moore. Im 19. Jahrhundert begann man damit, Land einzudeichen. Ziel war es, Schutz vor Sturmfluten zu schaffen und weitere landwirtschaftliche Nutzflächen zu gewinnen. Diese eingedeichten Flächen werden als Köge bezeichnet. Der jüngste Koog ist der Dithmarscher Speicherkoog (auch Helmsander oder Meldorfer Koog genannt). Er wurde im Jahr 1978 fertig gestellt und dient dem Schutz des Hinterlands.

Heute wird die Dithmarscher Marsch intensiv landwirtschaftlich genutzt, die ältere Marsch als Grünland, die jüngere als Ackerland. Eine weitere Landnutzung, die dem Vogelbeobachter heute ins Auge sticht, sind die Windenergieanlagen, die das Bild der ehemals offenen Landschaft prägen. In den Kögen entstanden durch extensive Nutzung oder Nutzungsaufgabe großflächige Sumpflandschaften mit Röhrichten und Weidengebüschen. Diese Flächen sollen den Eingriff des Deichbaus zum Teil ausgleichen, da durch diese Küstenschutzmaßnahme große Flächen an Watt und Salzwiesen verloren gingen. Heute existieren zwei Naturschutzgebiete im Dithmarscher Speicherkoog: Das Kronenloch im Süden (532 ha) und das Wöhrdener Loch (495 ha) im Nordwesten. Beide Gebiete bieten sehr gute Möglichkeiten für Vogelbeobachter.

» Lebensräume

Im NSG Kronenloch, das vor der Eindeichung überwiegend aus Watt bestand, gibt es heute sowohl von Salz- als auch von Süßwasser beeinflusste Lebensräume. Salzwasser wird bei Flut in das Gebiet geleitet. Über das benachbarte Speicherbecken wird es der Nordsee wieder zugeführt. Dadurch werden Ebbe und Flut nachgeahmt. Auf tiefer liegenden Flächen gibt es Salzwiesen, großflächig finden sich Röhrichte, die mit Weidengebüschen durchsetzt sind. Eine Halbinsel, die große Teile des Kronenlochs einnimmt, ist vollständig verbuscht. Die Lebensräume unterliegen einer starken Sukzession. Die Entwicklung der Landflächen wird hier weitgehend sich selbst überlassen. So verschilft die ehemals recht offene, vegetationsarme Landschaft zunehmend. Wo früher Seeschwalben brüteten, singen heute Rohrsänger. Doch noch immer gibt es große Wasser- und Schlammflächen, die wichtiger Rast- und Überwinterungslebensraum für Wasser- bzw. Watvögel sind.

Im NSG Wöhrdener Loch ist der Salzwasserzufluss weitgehend unterbrochen und es kommt zur Aussüßung. Doch strömt kontinuierlich Salzwasser unter dem Deich ins Gebiet, sodass neben Süß- auch noch Brackwasser- und Salzwiesenvegetation vorhanden sind. Auch hier sind auf ehemaligen Wattflächen Röhrichte ausgebildet, daneben

Vom Beobachtungsturm kann man über große Teile des Kronenlochs blicken. Foto: K. Wasmer

auch Weiden, Sanddorn und andere Sträucher. Doch der Sukzession wird durch ein Beweidungsmanagement mit Konikpferden, Gallowayrindern und Schafen entgegengesteuert. So bleiben – im Sinne des Wiesenvogelschutzes – offene Flächen erhalten.

» Besondere Vogelarten

Die Naturschutzgebiete im Dithmarscher Speicherkoog eignen sich vor allem zur Beobachtung von Wat- und Wasservögeln. Zur Zugzeit kann man große Rastbestände von mehreren Tausend Vögeln sehen. Dann sind Kiebitze, Kiebitzregenpfeifer, Austernfischer, Alpen- und Sichelstrandläufer, Grünschenkel, Dunkle Wasserläufer, Große Brachvögel, Regenbrachvögel, sowie Ufer- und Pfuhlschnepfen nicht zu übersehen. Bereits ohne Spektiv kann man Säbelschnäbler – und auch den einen oder anderen Löffler – als weiße Punkte erkennen. Am Ufer und auf den Sandbänken sitzen Flussseeschwalben, Sandregenpfeifer und Kiebitze, und aus der Luft halten Rohr- und Wiesenweihe nach Nahrung Ausschau. Im Winter werden sie von Wanderfalke, Kornweihe und Raufußbussard „abgelöst". Auch Uferschwalben fliegen in großer Zahl Nahrung suchend umher. Besonders im Winter kann man große Trupps von Enten und Gänsen finden: Pfeifenten, Weißwangengänse und Singschwäne sind die wohl bekanntesten Vertreter. Daneben sind dann Bläss- und Graugänse in großer Zahl im Gebiet. Sie nutzen die Wasserflächen und das Grünland zur Nahrungssuche und als Ruheplätze. Auch Haubentaucher sind auf vielen Gewässern zu sehen. Sie brüten neben Blässhuhn und Schilfrohrsänger in den frühen Sukzessionsstadien. Bartmeise und Rohrweihe sind ebenfalls regelmäßige Brutvögel im Koog. Auf den Grünlandflächen brüten mit Feldlerche, Kiebitz und Uferschnepfe typische Wiesenvögel. Im Winter lassen sich regelmäßig auch Berghänflinge im Dithmarscher Speicherkoog beobachten, die der Nahrungsknappheit in ihren skandinavischen Brutgebieten ausweichen.

Im Dithmarscher Speicherkoog hat man zudem sehr gute Chancen auch die eine oder andere in Deutschland seltene Vogelart zu Gesicht zu bekommen. Vor allem einige nordische Arten sind regelmäßig anzutreffen. Wer zur richtigen Jahreszeit ins Gebiet kommt, braucht nicht viel Glück, um Odinshühnchen, Sumpfläufer oder Raubseeschwalben zu sehen. Auch Graubruststrandläufer, Thorshühnchen und Teichwasserläufer sind Gäste, jedoch seltener. Terekwasserläufer werden zwar auch gelegentlich im Dithmarscher Speicherkoog beobachtet, sie sind jedoch im nahe gelegenen Katinger Watt mit höherer Wahrscheinlichkeit anzutreffen.

» Reisezeit

Der Dithmarscher Speicherkoog ist zu jeder Jahreszeit einen Besuch wert. Im Frühjahr sind durchziehende Limikolen, z. B. Alpenstrandläufer, Regenpfeifer und Große Brachvögel, zu sehen und daneben auch noch einige Wintergäste. Im Sommer kann man v.a. brütende Singvögel und einige Entenarten beobachten. Der Spätsommer/Frühherbst ist wohl die beste Reisezeit, da man dann neben großen Limikolentrupps und vielen Enten auch die eine oder andere seltenere Art wie Sumpfläufer oder Odinshühnchen zu Gesicht bekommen kann. Im Spätherbst und Winter nutzen viele Enten und Gänse den Dithmarscher Speicherkoog, daneben Kornweihe

Sichelstrandläufer sind typische Spätsommergäste im Dithmarscher Speicherkoog. Mit etwas Glück sieht man sie neben Alpenstrand- und Sumpfläufern. Foto: M. Schäf.

und Raufußbussard und auch einige Limikolen (z. B. Große Brachvögel).

» **Beobachtungsmöglichkeiten**

Teile des Kronenlochs kann man sehr gut von einem Beobachtungsturm überblicken. Dieser bzw. der dazugehörige Parkplatz befindet sich direkt an der Straße, die von Meldorf aus ins Gebiet führt. Er ist daher nicht zu übersehen. Von hier aus kann man Wasser- und Schlammflächen im Osten und Westen überblicken, die Beobachtungsdistanzen können jedoch z. T. recht groß sein.

Vor dem Turm gibt es eine kleine Sandbank, auf der sich – meist einige wenige, aber dafür in geringer Entfernung – rastende Limikolen, hauptsächlich Dunkler Wasserläufer, Rot- und Grünschenkel, Enten und Seeschwalben aufhalten. Große Teile des Kronenlochs sind nur schwer einzusehen, geeignete Stellen sind beispielsweise östlich des Turms an der Straße, wo die Vegetation noch recht niedrig ist. Ein guter Beobachtungspunkt befindet sich auch an der Straße ein bis zwei Kilometer südlich des Nationalparkhauses. Die Straße ist jedoch für PKW gesperrt, sodass man die Strecke zu Fuß oder per Rad zurücklegen muss und nur vom Deich aus über die großen Schilfflächen blicken kann.

Gegenüber dem Nationalparkhaus befindet sich eine Beobachtungshütte, von der aus man über die westlichen Wasserflächen des NSG Kronenloch blicken kann. Diese Hütte hat sich zwar bei unseren Besuchen nicht als besonders lohnend erwiesen, wird nach Aussage des zuständigen Gebietsreferenten Dirk Leiberger jedoch gerne von Besuchergruppen und Fotografen genutzt. Es bietet sich an, dort kurz vorbeizuschauen, wenn man dem Nationalparkhaus einen Besuch abstattet und so ohnehin ganz in der Nähe ist.

Vom NSG Kronenloch fährt man am Deich längs Richtung Norden zum NSG Wöhrdener Loch. Unterwegs gibt es einige obligatorische Haltepunkte: Nachdem man das Siel überquert hat (insbesondere im Herbst und Winter lohnt es sich, das Vorland und die Molen abzusuchen), liegt rechts eine große, im Sommer von zahlreichen Surfern bevölkerte Wasserfläche, das Miele-Speicherbecken. Nördlich des Mielebeckens erreicht man eine Weggabelung, bei der man nach rechts abbiegt. Etwa hundert Meter weiter befindet sich links eine kleine Wasserfläche mit einem Brutfloß für Säbelschnäbler, Küsten- und Flussseeschwalben. Hier kann man auf kürzeste Distanz Enten, Limikolen und Seeschwalben sehen. Odinshühnchen sind hier regelmäßige Gäste. Folgt man der Straße weitere etwa 250 Meter, überquert man einen kleinen Graben. Auch hier lohnt sich ein Zwischenstopp, um Limikolen auf kurze Distanz zu beobachten. Auf dem weiteren Weg nach Norden zum Wöhrdener Loch sollte man das Grünland nach Enten, Gänsen und Limikolen, die Gräben, Büsche und Zaunpfähle nach Sing-

Typische Vogelarten, deren Status und günstige Beobachtungszeit (in Klammern) im Dithmarscher Speicherkoog
h = häufiger, r = regelmäßiger, s = seltener, B = Brutvogel, W = Wintergast, D = Durchzügler, N = Nahrungsgast

Art	Status	beste Beobachtungszeit	Art	Status	beste Beobachtungszeit
Alpenstrandläufer	hN, hD, rW	Juli – Mai	Mittelsäger	sD, sW	ganzjährig
Austernfischer	rB, rW	ganzjährig	Odinshühnchen	sD	Mai, Aug. – Sept.
Bartmeise	rB	ganzjährig	Pfeifente	hW	Okt. – April
Bekassine	hD	März – April, Aug. – Nov.	Pfuhlschnepfe	rD	März – Mai, Mitte Juli – Okt.
Berghänfling	rW	Okt. – März	Raubwürger	sW	Okt. – März
Beutelmeise	sB	April – Sept.	Raufußbussard	rW	Nov. – Feb.
Blaukehlchen	rB	April – Sept.	Regenbrachvogel	sD	Ende April, Mai; Juli – Aug.
Bluthänfling	rB	März – Okt.	Ringelgans	rD	Okt. – April
Blässgans	hW	Nov. – März	Rohrdommel	sB	ganzjährig
Brandgans	rN	ganzjährig	Rohrweihe	sB	April – Sept.
Dunkler Wasserläufer	hD	April/Mai, Juli – Sept.	Rotschenkel	B	ganzjährig
Flussseeschwalbe	rB	Mai – Aug.	Sandregenpfeifer	rD	Mai/Juni, Aug. – Sept.
Goldregenpfeifer	rD	Febr. – April, Juli – Nov.	Schellente	rN	Juli – April
Graubruststrandläufer	sD	Mai, Aug. – Sept.	Schilfrohrsänger	rB	Ende April – Aug.
Graugans	hW	Nov. – März	Schnatterente	rB	März – Nov.
Großer Brachvogel	hN, rW	Juli – April	Sichelstrandläufer	rD	Mai, Juli – Aug.
Gänsesäger	sW	Okt. – April	Silberreiher	rD	Sept. – März
Haubentaucher	rB, rW	ganzjährig	Singschwan	hW	Nov. – März
Kampfläufer	hD	April – Mai, Juli – Sept.	Spießente	hD	Sept. – April
Kiebitz	B	Febr. – Nov.	Sumpfläufer	sD	Mai, Aug. – Sept.
Kiebitzregenpfeifer	rD	April – Mai, Aug. – Dez.	Säbelschnäbler	hN	April – Okt.
Knutt	rD, sW	ganzjährig	Teichrohrsänger	rB	Mai – Aug.
Knäkente	rB	April – Sept.	Uferschnepfe	rB	Juni – Okt
Kornweihe	rW	Okt. – März	Wanderfalke	sN	ganzjährig
Krickente	rB	ganzjährig	Weißwangengans	hW	Okt. – Mitte Mai
Kuckuck	rB	Mai – Juli	Wiesenweihe	rN	April/Mai – Sept.
Küstenseeschwalbe	rB	Mai – Aug.	Zwergschwan	rW	Okt. – März
Löffelente	rB	April – Dez.	Zwergstrandläufer	rD	Mai, Juli – Sept.
Löffler	rN	Juli – Sept.	Zwergsäger	rW	Okt. – März
Merlin	rW	Sept. – April			

vögeln und den Himmel nach Greifvögeln absuchen.

Das NSG Wöhrdener Loch lässt sich von einer Beobachtungshütte, die westlich des Gebietes am Deichfuß liegt, bestens überblicken. Zusätzlich sollte man auch einige Meter weiter südlich von der Straße aus die nahe gelegenen und von der Hütte aus nicht optimal einsehbaren Flächen absuchen. Auf diesen Flächen ist regelmäßig im Juli der Mornellregenpfeifer anzutreffen. Vom Deich aus hat man einen guten Blick über das gesamte Gebiet.

Es ist zu empfehlen, vor einem Besuch einen Blick in den Gezeitenkalender (www.bsh.de) zu werfen. Bei Hochwasser sind die Individuenzahlen rastender Vögel im Koog meist um ein Vielfaches höher als bei Niedrigwasser. Wer in den Dithmarscher Speicherkoog fährt, sollte sein Spektiv auf keinen Fall zu Hause lassen: Limikolen sind klein und die Beobachtungsdistanzen an manchen Stellen relativ groß!

» Weitere Beobachtungs- und Freizeitmöglichkeiten

Für Besucher des Dithmarscher Speicherkoogs, insbesondere für Schleswig-Holstein-Neulinge, lohnt auch ein Besuch im Nationalparkhaus Wattwurm des NABU (Straße von Meldorf Richtung Hafen, an der Kreuzung vor dem Hafenbecken links abbiegen). Es informiert über die Lebensräume des Gebietes und insbesondere auch über den Nationalpark Schleswig-Holsteinisches Wattenmeer. Hinter dem Haus führt ein etwa 500 Meter langer Naturlehrpfad durch die verschiedenen Sukzessionsstadien der Vegetation im NSG Kronenloch.

Nördlich der Meldorfer Bucht befindet sich in etwa 20 Kilometer Entfernung die Eidermündung. Hieran schließt nordöstlich direkt das Katinger Watt an, das ebenso wie das Oldensworter Vorland bei Tönning herausragende Gebiete für Vogelbeobachter sind.

Bei einer Anreise von Süden in den Dithmarscher Speicherkoog, lohnt es sich, durch die Köge südlich des Dithmarscher Speicherkoogs zu fahren. Die binnendeichs liegenden Flächen werden zwar überwiegend intensiv landwirtschaftlich genutzt, hier suchen jedoch (die im Süden des Kooges brütenden!) Lachseeschwalben im Sommer regelmäßig nach Nahrung.

Anfahrt

Mit Bus und Bahn
Mit der Bahn nach Meldorf oder Büsum. Von dort aus mit dem Rad in den Dithmarscher Speicherkoog. Da dieser sehr weitläufig ist und es in ihm keine Bushaltestellen gibt, ist ein Fahrrad notwendig.

Mit dem Auto
Speicherkoog Dithmarschen erreichen Besucher am einfachsten von Meldorf aus. Nach Meldorf gelangt man aus Richtung Heide (A23 von Hamburg) oder Brunsbüttel über die B5 nach Meldorf. In Richtung Wöhrden/Eidersperrwerk abbiegen (Westen). Nach etwa 2 km links ab (Hinweisschild).

Adressen
NABU Nationalparkhaus Wattwurm
O. G. Meier-Haus, Meldorfer Hafen, 25704 Meldorf
Tel.: 04832/6264, mobil: 0175-4046582, E-Mail: Wattwurm@NABU-SH.de
Internet: www.nabu-speicherkoog.de
Öffnungszeiten: April bis September, Fr.-So. 12-17 Uhr, Öffnung auch a. Anfrage.

Schutzgebietsreferent:
Dirk Leiberger
Klaus-Groth-Str. 15
25704 Meldorf
Tel.: 04832/979493
E-Mail: Speicherkoog@NABU-SH.de

Fremdenverkehrsverein Meldorf/
Meldorf-Umland e.V.
Nordermarkt 10, 25704 Meldorf
Tel.: 04832/97800
E-Mail: meldorf-tourismus@t-online.de
Internet: www.meldorf-tourismus.de

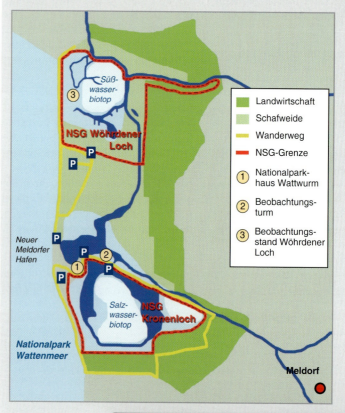

GPS		
Meldorf (Ortsmitte)	54°05'31.55" N	9°04'08.92" O
Beob.turm am Kronenloch	54°09'33.59" N	8°97'25.40" O
Beob.hütte am Wöhrdener Loch	54°12'46.57" N	8°93'37.44" O

Infomaterial/Literatur:

Ministerium für Landwirtschaft, Umwelt und ländliche Räume des Landes Schleswig-Holstein (2007): Ökologischer Reiseführer Schleswig-Holstein. Dithmarscher Marsch.

Moning, C. & F. Weiß (2010): Vögel beobachten in Norddeutschland. Kosmos Verlag, Stuttgart.

NABU Schleswig-Holstein (o.J): Meldorfer Speicherkoog. NABU Naturschutzgebiete „Kronenloch" und „Wöhrdener Loch".

Nationalpark Wattenmeer Schleswig Holstein, Hrsg. (2006): Where to watch birds in the Schleswig-Hostein Wadden Sea National Park and Biosphere Reserve, Germany. Bezug über die Nationalparkverwaltung Tönning.

Die Nordseeinsel Norderney in Niedersachsen

Mitten im zweitgrößten deutschen Nationalpark, dem niedersächsischen Wattenmeer, liegt der Küste vorgelagert die Insel Norderney. Sie gehört zu den mittleren Inseln der ostfriesischen Inselkette und ist das Ergebnis einer seit Jahrhunderten andauernden Dynamik aus Meeresströmung, Wind und dem ewigen Wechselspiel von Ebbe und Flut. Mit einer Länge von fast 14 km und einer Breite von etwa 2 km (Gesamtfläche 29 km²) ist sie die zweitgrößte der sieben bewohnten und die bevölkerungsreichste der ostfriesischen Inseln. Wegen Sturmflutgefährdung im Westen ist sie stark mit Buhnen befestigt.

» Lebensräume

Von der offenen Nordsee ist die Insel bis zum Wattenmeer im Süden in sehr unterschiedliche, streifenförmig zonierte Lebensräume mit typischen Vogelarten aufgeteilt. Zur See hin liegen die Strände, darauf folgen Dünen (Primär-, Weiß-, Grau- und Braundünen) mit einer Gesamtfläche von rund 890 ha. Im Dünengebiet liegen trockene und feuchte Dünentäler mit Schilf- und Brackwasserröhrichten. In manchen tief liegenden Dünentälern entwickelten sich Übergangsmoore.

In der Inselmitte liegen landwirtschaftliche Nutzflächen, vor allem Weiden und Wiesen. Von ornithologischer Bedeutung ist hier der Grohepolder. Im westlichen Bereich der Insel wurde in Stadtnähe 1815 der Kurpark angelegt. In den letzten achtzig Jahren wurden weitere kleinere Gehölze angepflanzt (Kiefern- und Erlenwald).

Eine Besonderheit auf den ostfriesischen Inseln sind die künstlich angelegten Süßwasserteiche im 130 ha großen Südstrandpolder. Der Polder entstand aus einer 1940 eingedeichten Wattfläche. Das Ergebnis verschiedener Bau-, später auch Naturschutzmaßnahmen, ist heute ein Komplex von mehreren Teichen, die zunehmend mit Röhricht und Gehölzen zuwachsen.

Zum Wattenmeer hin liegen die etwa 750 ha umfassenden Salzwiesen (Heller). Sie haben noch mal in sich eine bestimmte und für alle ostfriesischen Inseln typische Zonierung. Das Wattenmeer schließt sich an. Südlich des Golfplatzes liegt aufgrund der geschützten, strömungsarmen Lage ein für Watvögel besonders nahrungsreiches Wattgebiet.

» Typische Vogelarten

Der Strand ist Brutplatz von Sandregenpfeifern, in manchen Jahren auch von Seeregenpfeifern und Zwergseeschwalben. Brandenten, Kornweihen, Sumpfohreulen, Hohltauben, Wiesenpieper und Steinschmätzer sind typische Brutvögel der Dünenlandschaft. Die Höhlenbrüter (zu denen auf Norderney auch die Dohlen gehören!) nutzen die Kaninchenhöhlen. In den Dünen liegen auch Kolonien von Silber- und Heringsmöwen. In den anmoorigen oder nassen Dünentälern brüten Kornweihen, Große Brachvögel, Sumpfohreulen, mehrere Entenarten und Teichrohrsänger. Auf den Gehölz bewachsenen Dünen leben Fitisse, Bluthänflinge und Birkenzeisige. Die Anpflanzungen und der Siedlungsbereich haben auch typische Festlandarten als Brutvögel angezogen, z.B. Buntspecht, Hausrotschwanz, Singdrossel und Buchfink. Ornithologisch interessant sind auch die Süßwasserteiche im Südstrandpolder. Hier brüten über 60 Arten, unter ihnen Rohrweihen, Bläss- und Teichhühner, Wasserrallen und Bartmeisen.

Die meisten Vögel wird man aber in den Salzwiesen und im Wattenmeer sehen. In den Salzwiesen liegen große Kolonien von Herings-, Silber- und Lachmöwen, brüten einige Fluss- und Küstenseeschwalben. Dazwischen liegen kleinere Kolonien der grazilen Säbelschnäbler. Die Salzwiesen sind auch Brutplatz von Rotschenkeln, Löfflern, Austernfischern, Wiesenpiepern und Feldlerchen. Auf dem Grohdepolder im Inselinnern brüten Uferschnepfen und die meisten Kiebitze. Im Herbst sieht man hier bei Hochwasser u. a. mehrere hundert ruhende Große Brachvögel und Goldregenpfeifer.

Das Watt und die angrenzenden Salzwiesen sind Nahrungsfläche tausender Vögel: Pfeifenten, Ringelgänse, Alpenstrandläufer, Rotschenkel und andere Limikolen sind in der jeweils günstigen Jahreszeit allgegenwärtig.

schenkel, Große Brachvögel, Alpenstandläufer und Kiebitzregenpfeifer sind (fast) ganzjährig zu sehen, am häufigsten zur Zugzeit oder im Winter. Meerstrandläufer und Steinwälzer nutzen im Winter die steinigen Buhnen am Weststrand vor der Stadt. Zu dieser Zeit laufen auch Sanderlinge mit schnellen Schritten am Spülsaum der Strände entlang. Im Sommer sieht man am Strand häufig Zwerg-, Fluss-, Küsten- und Brandseeschwalben bei der Nahrungssuche. Die beiden rotschnäbeligen Arten brüten in den Salzwiesen. Wer Ringel- und Weißwangengänse, Ohrenlerchen, Schneeammern und Strandpieper sehen will, muss im Winterhalbjahr kommen. Während der Sommerferien ist die Insel recht überfüllt.

eine Beobachtungshütte. Die Vögel der Salzwiesen sind gut vom Deich aus zu sehen. Besonders günstig ist der Abschnitt zwischen dem Südstrandpolder und dem außendeichs südwestlich angrenzenden „Surferbecken". Ein Spektiv ist vorteilhaft. Auch auf den binnen- und außendeichs gelegenen Flächen des Grohdepolders sind vielfältige Beobachtungen möglich. Vor allem während des Hochwassers nutzen tausende von Vögeln die Salzwiesen als Ruheplatz und sind dann einfacher zu sehen. Mit ablaufendem Wasser suchen sie das Wattenmeer zur Nahrungssuche auf und entfernen sich vom Deich. Günstig für die eigene Zeitplanung ist es, wenn man sich einen Tidenkalender besorgt (z.B. bei der Kurverwaltung), der Auskunft über Ebbe und Flut gibt. Zugelassene Wege sind in den Dünen und Salzwiesen grün gekennzeichnet (Reitwege rot), die Dünenübergewe durch große Kreuze.

Man sollte schon die Überfahrt mit der Fähre nutzen, um Vögel und Seehunde vom Deck aus zu beobachten. Kegelrobben sieht man übrigens auch auf der Othello Plate zwischen dem östlichen Inselende und Baltrum.

Das von BUND, WWF und der Stadt Norderney gemeinsam getragene Nationalparkhaus mit einer Ausstellung zu den Insellebensräumen liegt in der Nähe des Hafens.

Löffler brüten seit einigen Jahren auf der Insel. Foto: M. Temme.

» Reisezeit

Alle Jahreszeiten sind für Vogelbeobachtungen günstig. Von April bis Juli sind die Inselbrutvögel anwesend. Die Brutzeit überschneidet sich teilweise mit dem Durchzug tausender Limikolen im Wattenmeer, z. B. Knutts, Regenbrachvögeln, Pfuhlschnepfen und Grünschenkeln. Austernfischer, Säbelschnäbler, Rot-

» Beobachtungsmöglichkeiten

Im Nationalpark herrschen zum Schutz der Natur strenge Regeln, auch Wegegebote. Darüber informieren Karten und Tafeln, Auskunft gibt es auch im Nationalparkhaus am Hafen. Von den Wegen aus kann man alle typischen Inselvögel ausreichend beobachten. An den künstlichen Süßwasserteichen gibt es

» Weitere Freizeitmöglichkeiten

Norderney ist auf Tourismus ausgelegt und bietet ein breites Angebot unterschiedlicher Freizeitmöglichkeiten. Es gibt viele Möglichkeiten Fahrräder auszuleihen und damit die Insel auf dem gut ausgebauten Rad- und Wanderwegenetz von über 70 Kilometern zu erkunden.

» Naturkundliche Ausstellung, Exkursionen und Infos:

Nationalparkhaus, Öffnungszeiten:
Nov. – April
Di – Fr: 10 – 17 Uhr
Sa – So: 13 – 17 Uhr
Mai – Okt.
Di – Fr: 9 – 18 Uhr;
Sa – So: 13 – 18 Uhr

GPS
| Nationalparkhaus | 53°41'54.50" N | 7°09'41.83" O |

Anreise
Die Insel erreicht man mehrmals täglich von Norddeich-Mole aus mit der Personen- und Autofähre.

Mit Bahn und Bus:
Die Bahn fährt direkt bis zum Fähranleger in Norddeich-Mole.

Mit dem Auto:
Neben Borkum ist Norderney die einzige der ostfriesischen Inseln mit Autoverkehr. Auf der Insel wird man das Auto wohl kaum brauchen, denn ein Großteil der Insel ist für den PKW-Verkehr gesperrt. Man kann das Auto am Festland auf gebührenpflichtigen Parkplätzen abstellen, was wir ausdrücklich empfehlen und was bei einem kürzeren Aufenthalt kostengünstiger ist.

Mit der Fähre:
Von Norddeich-Mole aus gelangt man mit der Fähre zum Inselanleger. (Fahrpläne unter www.reederei-frisia.de). Von dort aus geht man (20 Min) oder fährt mit dem bereitstehenden Bus zur Stadt.

Auf der Insel...
... kann man sich mit Bussen, dem Fahrrad oder zu Fuß fortbewegen.

Adressen
Nationalparkhaus Norderney, Am Hafen 1, 26548 Norderney, Tel.: 04932/2001, E-Mail: nph.norderney@web.de, Internet: www.nationalparkhaus-norderney.de. Meldungen über besondere Beobachtungen sind erwünscht an: Dr. Manfred Temme, E-Mail: temme.ney@gmx.de

Informationsmaterial/Literatur:
Hälterlein, B., P. Südbeck, W. Knief & U. Köppen (2000): Brutbestandsentwicklung der Küstenvögel an Nord- und Ostsee unter besonderer Berücksichtigung der 1990er Jahre. Vogelwelt 121: 241-267.
Pott, R. (1995): Farbatlas Nordseeküste und Nordseeinseln. Ulmer, Stuttgart.
Temme, M. (1995): Die Vögel der Insel Norderney, Jordsand Buch 9, Ahrensburg.
Zucchi, H., H.-H. Bergmann & M. Stock (2007): Watt – Lebensraum zwischen Land und Meer. Boyens Medien, Heide.

Typische Vogelarten und deren Status
h = häufig, r = regelmäßig, s = seltener
J = Jahresvogel (kein Brutvogel), B = Brutvogel,
W = Wintergast, D = Durchzügler, N = Nahrungsgast

Art	Status (beste Beobachtungszeit)
Alpenstrandläufer	hD, hW (Juli – Mai)
Austernfischer	hB (ganzjährig)
Berghänfling	rW (Okt. – März)
Birkenzeisig	rB (ganzjährig)
Brandente	hB (ganzjährig)
Brandseeschwalbe	rN (März – Sept.)
Eiderente	rB (ganzjährig)
Flussseeschwalbe	rB (April – Sept.)
Goldregenpfeifer	rD, sW (Sept. – April)
Großer Brachvogel	sB, hJ (ganzjährig)
Hohltaube	rB (Febr. – Okt.)
Kiebitzregenpfeifer	hD, rW (Aug. – Mai)
Knutt	hD, sW (Juli – Mai)
Kornweihe	rB (ganzjährig)
Krickente	sB, hD (März – Nov.)
Küstenseeschwalbe	rB (April – Sept.)
Löffelente	sB, rD (März – April, Sept. – Nov.)
Löffler	rB (April – Sept.)
Meerstrandläufer	rW (Okt. – April)
Ohrenlerche	rW (Okt. – März)
Pfeifente	rW (Okt. – April)
Pfuhlschnepfe	rD, sJ (ganzjährig)
Regenbrachvogel	rD (Juli – Sept., April – Mai)
Ringelgans	rW (Okt. – April)
Rohrweihe	rB (April – Sept.)
Rotschenkel	hB, hW (ganzjährig)
Sanderling	hD, rW (Aug. – Mai)
Sandregenpfeifer	rB (März-Sept.)
Schnatterente	rB, hD (April – Okt.)
Schneeammer	rW (Okt. – März)
Spießente	hD (Sept. – April)
Steinwälzer	sJ, hW (ganzjährig)
Sumpfohreule	sB (ganzjährig)
Säbelschnäbler	rB (März – Okt.)
Wanderfalke	sB (ganzjährig)
Zwergseeschwalbe	sB, rN (April –Sept.)

Das Ostende der Insel mit den großflächigen Salzwiesen.
Foto: M. Temme.

Die Haseldorfer Binnenelbe in Schleswig-Holstein

Im äußersten Süden Schleswig-Holsteins und unmittelbar westlich der Hansestadt Hamburg liegt an der Unterelbe eines der größten Naturschutzgebiete Schleswig-Holsteins, das NSG „Haseldorfer Binnenelbe mit Elbvorland" mit einer Größe von 2160 Hektar. Es erstreckt sich über rund 15 Kilometer entlang des rechten Elbufers. Das Gebiet ist trotz menschlicher Eingriffe wie Elbvertiefung und Eindeichung noch weitgehend von der Tiden-Dynamik der Elbe bestimmt. Sie ist immerhin der größte von Ebbe und Flut erreichte Fluss Deutschlands. Der tidenbeeinflusste Bereich reicht von der Nordsee stromauf bis Geesthacht, also noch bis oberhalb der Millionenstadt Hamburg.

Im Bereich des NSG bewirken die Tiden etwa zweimal am Tag einen Rückstau des Flusswassers. Das Salzwasser der Nordsee erreicht selten und nur stark verdünnt das NSG und ist nur wenig wirksam.

Die Haseldorfer Binnenelbe und das Vorland haben eine herausragende Bedeutung für Zehntausende von Rast- und Zugvögeln sowie für Brutvögel, die in den ausgedehnten Schilf-, Röhricht- und Buschbeständen brüten. Seit 1992 hat der Naturschutzbund (NABU) die Betreuung des acht Jahre zuvor ausgewiesenen Naturschutzgebietes übernommen. Das Gebiet wurde als FFH- und EU-Vogelschutzgebiet in das Natura-2000-Netz der Europäischen Union aufgenommen.

Die angrenzende Wedeler Marsch ist ebenfalls von großer Bedeutung für den Vogelschutz. Hier betreut der NABU die „Carl Zeiss Vogelstation", ehemals Hermann-Kroll-Haus, an der Kleientnahmestelle Fährmannssand.

» Lebensräume

Vom Mündungstrichter der Elbe an flussaufwärts bis etwa Glückstadt führt die Elbe unter dem Einfluss der Nordsee Brackwasser. Daran schließt sich eine ebenfalls tidenbeeinflusste, aber meist salzwasserfreie Zone an. In diesem Elbabschnitt liegt die Haseldorfer Marsch. Bei geringem Abfluss der Elbe reicht die Brackwasserzone bis knapp an das Gebiet heran.

Durch das Absetzen von Schwebstoffen als Folge von Ebbe und Flut entstand nach der letzten Eiszeit die nährstoffreiche Marsch. Bei Ebbe fallen am Flussufer zweimal am Tag Sand- und Schlickwattflächen frei. Diese Süßwasserwatten weisen eine hohe Dichte an Kleinlebewesen auf, die Nahrungsgrundlage für zahlreiche Brut- und Zugvögel sind.

Auf den höher liegenden Flächen wachsen Röhrichte, in Teilgebieten Weidengebüsche und Auwaldrelikte. Solche Gehölzbestände und vor allem Feuchtwiesen findet man beiderseits des Deiches, der sich von Süden nach Norden durch das Gebiet zieht. Da binnendeichs die Austrocknung drohte, wurden die Wasserstände im Zuge von Naturschutzmaßnahmen in den letzten zehn Jahren wieder erhöht.

» Besondere Vogelarten

Eine herausragende Bedeutung hat das Gebiet vor allem für Zehntausende Zugvögel. In großer Zahl rasten Weißwangen-, Bläss-, Saat- und Graugänse. Für Pfeif-, Krick- und Spießenten ist das Gebiet ein Rastplatz von internationaler Bedeutung. Sie rasten vor allem in den Grünländereien und den Süßwasserwatten bei Fährmannssand und Bishorst. Dort wurden schon 5500 Krickenten und 3200 Goldregenpfeifer gezählt. Durchziehende Limikolen, z.B. Dunkel-, Wald- und Bruchwasserläufer, Flussuferläufer und Temminckstrandläufer suchen auf den Wattflächen

Brandenten, hier ein Erpel mit auffällig roten Schnabelhöcker, sind häufige Vögel in der Haseldorfer Marsch. Foto: M. Schäf.

und in den Flachwasserzonen nach Nahrung.

Über 100 Vogelarten brüten im Naturschutzgebiet. Charakteristische Brutvögel des Gebietes sind unter den Limikolen zu finden: Austernfischer, Bekassinen, Uferschnepfen, Kiebitze und Rotschenkel brüten in den Wiesen. Das Grünland ist aber auch Brutgebiet von Knäkenten, Reiherenten, Braunkehlchen, Wiesenschafstelzen und Wiesenpiepern. Grau-, Nil- und Kanadagänse nutzen die tiefen, mit Wasser gefüllten Kleientnahmestellen binnendeichs. Durchziehende Limikolen, z. B. Dunkel- und Bruchwasserläufer, Flussuferläufer und Temminckstrandläufer suchen auf den Wattflächen oder in den Flachwasserzonen der Bodenabbauflächen nach Nahrung. Rohrweihen, Rohrsänger, Blaukehlchen, Beutel- und Bartmeisen, Rohrammern und – selten auch – Rohrdommeln brüten in den Röhrichten. Manchmal kann man die seit 1996 brütenden Seeadler sehen. Die besten Beobachtungsplätze sind die Hetlinger Schanze und die Pinnaumündung im Norden des Gebietes.

Die größte Graureiherkolonie Schleswig-Holsteins mit knapp 300 Paaren liegt in einer Eichenallee im Haseldorfer Park. Eine Kormorankolonie befindet sich an der Binnenelbe in der Nähe des Haseldorfer Hafens. Die Kolonie und die Wasserfläche sind vom Deich aus einsehbar.

» Reisezeit

Die heute vor allem im Binnenland selten gewordenen Wiesenlimikolen kann man ab Ende März in ihren Revieren beobachten. Blaukehlchen kommen Anfang April, Braunkehlchen erst Ende April aus ihren Winterquartieren zurück. Die Reiherkolonie im Haseldorfer Park ist von April bis Ende Juni besetzt.

Große Gänseschwärme sieht man während der Zugzeiten und im Winter. August ist der Hauptdurchzugsmonat der kleinen Zwergmöwen. Dann bauen sich auch die Rastbestände mehrerer Entenarten auf. Ab September treffen die ersten Wintergäste unter den Gänsen ein. Zu Tausenden bleiben sie bis in den Mai hinein. Während dieser Zeit sind auch Merline und Raufußbussarde zu sehen.

Das Röhricht ist im Herbst ein bedeutender Schlafplatz für Schwalben und Stare. Große Schwärme von bis zu 20 000 Staren fallen nach akrobatischen Flugmanövern plötzlich ins Schilfröhricht ein, aus dem man dann nur noch ihr lautes Gezwitscher vernimmt.

» Beobachtungsmöglichkeiten

Vom Deich aus kann man verschiedene Gebiete der Haseldorfer Marsch einsehen. Ein Spektiv ist nützlich. Abseits des Deiches stehen nur wenige Wege zur Verfügung (bitte an das Wegegebot halten). Ein kleiner Aussichtsturm steht in der Nähe des Klärwerkes Hetlingen und ermöglicht Einsicht auf die Elbe und das Fährmannssander Watt. Ein Wassererlebnisbereich in nächster Nachbarschaft zum Aussichtsturm lädt zum Rundgang ein. Vier Kilometer nördlich, zwischen der Hetlinger Schanze und dem Haseldorfer Hafen an einer Kleientnahmestelle, gibt es wieder einen Beobachtungsturm, den Schanzenturm, mit großem Rundblick auf den Schanzenteich und die Grünlandflächen um die Binnenelbe.

Typische Vogelarten, deren Status und günstige Beobachtungszeit (in Klammern) an der Haseldorfer Binnenelbe und in der südlich angrenzenden Wedeler Marsch.
h = häufiger, r = regelmäßiger, s = seltener, B = Brutvogel, J = Jahresvogel (kein Brutvogel), W= Wintergast, D = Durchzügler

Art	Status (beste Beobachtungszeit)	Art	Status (beste Beobachtungszeit)
Alpenstrandläufer	hD (Juli–Mai)	Löffelente	sB, rD (März–Nov.)
Austernfischer	hB (ganzjährig)	Ohrenlerche	sW (Okt.–März)
Bartmeise	rB (ganzjährig)	Pfeifente	rW (Sept.–April)
Berghänfling	rW (Okt.–März)	Rohrdommel	sB (ganzjährig)
Beutelmeise	rB (April–Sept.)	Rohrschwirl	sB (Mai–Aug.)
Blaukehlchen	rB (April–Sept.)	Rohrweihe	rB (April–Sept.)
Blässgans	hW (Sept.–April)	Rotschenkel	hB, hW (ganzjährig)
Brandente	hB (ganzjährig)	Sandregenpfeifer	rB (März–Sept.)
Drosselrohrsänger	sB (Mai–Aug.)	Schnatterente	rD (April–Okt.)
Eisvogel	rB (ganzjährig)	Schneeammer	rW (Okt.–März)
Flussregenpfeifer	rB (März–Sept.)	Seeadler	sB (ganzjährig)
Flussseeschwalbe	rD (April–Sept.)	Silberreiher	rD (Sept.–März)
Goldregenpfeifer	rD, sW (Sept.–April)	Singschwan	rW (Okt.–März)
Großer Brachvogel	sB, hJ (ganzjährig)	Spießente	hD (Sept.–April)
Kampfläufer	rD (März–Mai, Juli–Sept.)	Säbelschnäbler	sB (März–Okt.)
Kanadagans	rB (ganzjährig)	Temminckstrandläufer	rD (Mai, Aug.)
Karmingimpel	sB (Juni–Juli)	Uferschnepfe	rB (März–Juni)
Kiebitzregenpfeifer	rD (Aug.–Mai)	Wachtelkönig	rB (Mai–Juli)
Kornweihe	rW (Okt.–März)	Wanderfalke	sB (ganzjährig)
Krickente	hD, rJ (ganzjährig)	Weißwangengans	hW (Sept.–April)
Küstenseeschwalbe	rD (April–Sept.)	Zwergschwan	rW (Dez.–März)

GPS

Schanzenturm (Kleientnahmest.)	53°37'08.04" N	9°35'11.88" O
Parkplatz links am Klärwerk	53°35'59.58" N	9°37'34.98" O
Elbmarschenhaus	53°38'07.86" N	9°35'54.84" O
Parkplatz Haseldorfer Hafen und NABU-Naturzentrum Scholenfleth	53°38'07.02" N	9°34'22.20" O
Parkpl. Gaststätte Fährmannssand	53°35'01.93" N	9°39'32.22" O

Eine schöne Ausstellung befindet sich im Elbmarschhaus an der Durchgangsstraße in Haseldorf (kinderfreundliches Außengelände und Fahrradverleih nebenan). Von dort aus finden auch häufig vogelkundliche Führungen statt. Das Naturschutzzentrum Scholenfleth ist von April bis September sonntags von 11 bis 16 Uhr geöffnet.

» Weitere Beobachtungs- und Freizeitmöglichkeiten

Eine besonders schöne Beobachtungsmöglichkeit, auch bei Schlechtwetter, ist die renovierte „Carl Zeiss Vogelstation" an der Kleientnahmestelle Fährmannssand. Hier kann man aus der betreuten Station heraus durch große Glasfenster z.B. Flussregenpfeifer, Bruchwasserläufer, Temminckstrandläufer und einige Entenarten auf dem Süßwasserteich beobachten. Spektive und Ferngläser stehen zudem im Gebäude zur Verfügung, hochwertige Ferngläser können ausgeliehen werden (Personalausweis erforderlich). Neben dem Hauptgebäude gewähren noch die Beobachtungshütten mit den Namen „Kiebitz", „Weißstorch" und „Eisvogel" Einblicke in unterschiedliche Teilgebiete des Gewässers, unter anderem auch auf eine künstliche Steilwand, die von Uferschwalben besiedelt wird.

In Haseldorf kann man eine über 800 Jahre alte romanische Kirche und den Schlosspark besichtigen. Schachblumen blühen in April und Mai vor allem auf feuchten Marschwiesen südlich von Hetlingen. Am letzten Sonntag im April findet in Hetlingen das Schachblumenfest statt.

Im vom Elbmarschenhaus betreuten großen Obstgarten Haseldorf wurden Ende der 1980er Jahre auf zwei Hektar Fläche 500 Obstbäume von 180 Sorten gepflanzt, vor allem alte Apfel-, Birnen und Pflaumensorten aus der Region. Der Garten ist frei zugänglich. Besucher dürfen sich für den persönlichen Tagesbedarf bedienen.

Der Haseldorfer Hafen ist Ausgangspunkt für Naturerlebnisfahrten mit dem Flachbodenschiff Tidenkieker. Die Fahrten mit naturkundlichen, maritimen und literarischen Schwerpunkten werden von erfahrenen Natur- und Landschaftsführern begleitet. Buchungen können über das Elbmarschenhaus erfolgen.

> **Infomaterial**
>
> Faltblatt „Naturschutzgebiet Haseldorfer Binnenelbe mit Elbvorland" mit Karte. Hrsg.: Kreis Pinneberg, 2008.
> Faltblatt „Pinneberger Elbmarschen" mit Karte. Hrsg.: NABU Schleswig Holstein, 2008
> Faltblatt „Integrierte Station Unterelbe im Elbmarschenhaus". Hrsg.: Landesamt für Landwirtschaft, Umwelt und ländliche Räume, 2008.
> Faltblätter mit Karten zu unterschiedlichen Wanderrouten kann man über das Elbmarschenhaus beziehen.

Anfahrt

Mit der Bahn:

Mit der S-Bahn S1 (www.hvv.de) von Hamburg Hbf. aus nach Wedel. Mit der Bus-Linie 589 geht es weiter bis nach Hetlingen oder Haseldorf. Informationen zum Fahrradbus an Wochenenden und Feiertagen gibt es im Elbmarschenhaus Tel.: 04129-955490.

Mit dem Auto:

Zum Naturschutzgebiet fährt man von Hamburg aus durch die Ortschaft Wedel (westlich von Hamburg) in Richtung Holm nach Hetlingen und Haseldorf. In Hetlingen biegt man nach links zum Klärwerk hin ab, durchquert den Deich und erreicht nach ca. 500 Meter den Parkplatz links am Klärwerk. Von dort aus sind es wenige Meter bis zum Deich. Wenn Sie von dort aus in östlicher Richtung gehen, erreichen Sie nach ca. 800 Metern die Carl Zeiss Vogelstation. Andere Parkplätze als gute Ausgangsmöglichkeiten für eine Tour in das NSG liegen am Haseldorfer Hafen, bei Hohenhorst und Kreuzdeich.

Adressen

Elbmarschenhaus, Hauptstraße 26, 25489 Haseldorf,
Tel.: 04129/955490, www.elbmarschenhaus.de; info@elbmarschenhaus.de;
Öffnungszeiten: täglich 10 bis 16 Uhr.
Carl Zeiss Vogelstation (ganzjährig geöffnet mittwochs, samstags, sonn- und feiertags von 10 bis 16 Uhr.)
Besondere Beobachtungen bitte an Uwe Helbing (NABU-Schutzgebietsbetreuung) melden. E-Mail: helbing@elbmarschenhaus.de

Der Dollart und das Rheiderland in Niedersachsen

Der Dollart ist eine etwa 100 km² große Meeresbucht, die von der Ems durchströmt wird. Die ehemals fast dreimal so große Bucht entstand im Mittelalter durch mehrere Sturmfluten der Nordsee, wurde seit dem 17. Jahrhundert aber nach und nach durch Einpolderungen wieder verkleinert. Heute ist der Dollart die letzte große tideoffene Brackwasserbucht des deutsch-niederländischen Wattenmeeres und damit für zahlreiche Limikolen und Gänse als Nahrungs- und Rastgebiet von großer Bedeutung. Der Dollart wird von der deutsch-niederländischen Grenze (niederländische Schreibweise: Dollard) durchschnitten. Der niederländische Teil ist seit 1977 Naturschutzgebiet, der ostfriesische Teil (ca. 30 % der Gesamtfläche) war ursprünglich Naturschutzgebiet und ist mittlerweile Teil des Nationalparks Niedersächsisches Wattenmeer. Im Südosten grenzt an den Dollart das Rheiderland, das wegen seiner herausragenden Bedeutung für brütende und rastende Vögel zusammen mit dem Dollart und der Ems als EU-Vogelschutzgebiet gemeldet ist.

» Lebensräume

Die Bucht Dollart ist ein naturnaher Lebensraum, in den von Osten her die Ems und von Süden die kleinere Westerwoldsche Aa Süßwasser und Sedimente einbringen. Das Resultat der Sedimentablagerungen erkennt man vor allem bei Ebbe, wenn das ablaufende Wasser 78 % der Dollartfläche als Schlickwatt freilegt. Der Schlick ist grundlegend wichtig für die Vögel, denn er bietet unzähligen Kleinorganismen Lebensraum, die z. B. Limikolen als Nahrung dienen. An das Watt schließen sich Salzwiesen und Brackwasserröhrichte an. Die 200 - 800 m breiten Salzwiesen („Heller") zeigen eine charakteristische Zonierung, die von der Überschwemmungshäufigkeit abhängig ist, und sind wichtiger Lebensraum für brütende Vögel. Röhricht ist nur stellenweise vorhanden, da durch Beweidung in den deutschen und niederländischen Brackwassersalzwiesen die unerwünschte flächendeckende Ausbreitung der Röhrichte verhindert wird. Binnendeichs schließen sich meist intensiv genutztes Grünland und Ackerflächen an.

Als Folge seiner Entstehungsgeschichte gliedert sich das Rheiderland in die Grünlandgebiete auf der historischen Flussmarsch im Osten und die Ackerflächen in den Poldern im Westen. Nur im südlichsten Teil gab es ehemals Hochmoore, von denen in Form des NSG „Hochmoor Wymeer" nur noch ein bescheidener Rest geblieben ist. Stellenweise wurden Flächen nach naturschutzfachlichen Kriterien gestaltet und werden heute extensiv genutzt. Im Rheiderland gibt es mehrere Seen, die meist anthropogen entstanden sind, wie zum Beispiel der Swartwolder Kolk. Große Teile des Grünlandes liegen unter dem Meeresspiegelniveau. Hohe Deiche verhindern heute regelmäßige Überflutungen. Flussaufwärts schließt sich das Emsland an, für Kenner eines der wichtigsten Rastgebiete für Sing- und Zwergschwäne in Norddeutschland.

» Besondere Vogelarten

Das Rheiderland ist ein wichtiges Rastgebiet für arktische Gänse (insbesondere für Weißwangen- und Blässgänse), Höcker- und Zwergschwäne sowie Limikolen. Letztere finden sich vor allem auf den Schlickflächen des Dollarts ein. So hat etwa der Dunkle Wasserläufer hier seinen wichtigsten Frühjahrsrastplatz in Deutschland. Ein großer Teil der an der Nordsee brütenden Säbelschnäbler versammelt sich im Herbst in diesen nahrungsreichen Wattgebieten. Alpenstrandläufer, Rotschenkel, Pfuhlschnepfen, Austernfischer, Regenbrachvögel und Große Brachvögel sind dann ebenfalls in großer Zahl zu sehen. Seltener kann man Grünschenkel, Sichel- und Zwergstrandläufer oder Kampfläufer beobachten. Die bis zu 130 000 rastenden Gänse nutzen vornehmlich das Grünland binnendeichs, im Herbst suchen großen Scharen von Graugänsen oft auf Ackerflächen u. a. nach Rübenresten.

Im Frühjahr sind die Viehweiden wichtige Brutplätze für Kiebitz, Rotschenkel und Uferschnepfe. Ein ähnliches Artenspektrum findet man auf den Hellerflächen. Im Röhricht, auch entlang von Entwässerungsgräben, brüten Schilf- und Teichrohrsänger sowie Blaukehlchen. Flussseeschwalben finden seit 2003 auf Kunstflößen an Bodenentnahmestellen neue Brutplätze. Mehrere Entenarten besiedeln die kleinen Seen (z.B. bei Wymeer und auf dem Swartwolder Kolk), Rohrweihen nisten in größeren Röhrichten, die seltenen Wiesenweihen auf Ackerflächen. Hier teilen sie sich den Lebensraum mit Schafstelze und – in manchen Jahren auch – mit dem Wachtelkönig.

» **Reisezeit**

Das Gebiet ist ganzjährig ein gutes Reiseziel. Schwäne, Gänse und Enten sieht man vor allem in den Wintermonaten. Große Limikolenschwärme treffen im Frühling (April/Mai) und im Spätsommer (Aug. – Okt.) ein. Löffler, die auf den Ost- und Westfriesischen Inseln brüten, erscheinen im Sommer nach der Beendigung des Brutgeschäfts und nutzen den Nahrungsreichtum des Dollarts insbesondere im Polder Brebaart bei Termuntenzijl. Blaukehlchen und Rohrsänger findet man am einfachsten im späten Frühling, dann sind auch die Salzwiesen voller brütender Limikolen. In den Feuchtwiesen binnendeichs brüten Uferschnepfen. Die Rastvögel in der Gezeitenzone sind am besten ein bis zwei Stunden vor oder nach Hochwasser auf ihren Ruheplätzen zu sehen.

» **Beobachtungsmöglichkeiten**

Der Dollart und seine Salzwiesen sind von dem ihn umgebenden Deich aus gut einsehbar (Spektiv erforderlich). Ein ausgeklügeltes System von Beobachtungshütten und -türmen, die teilweise durch die „Dollardroute" (Fahrradtour, s. u.) miteinander verbunden sind, gewährt Einblicke in unterschiedliche Lebensräume, wie etwa (Nummerierung s. Karte):

1. Kiekkaaste („Guckkiste")
Der große und sicherlich auch attraktivste Beobachtungsturm „Kiekkaaste" liegt am Südrand des Dollarts, knapp auf niederländischer Seite (FALKE 1997, Heft 3). Er gewährt einen hervorragenden Rundumblick in die Lebensräume Watt und Schilfröhricht sowie auf die von Gänsen genutzten Heller.

2. Bohrinsel
Die ehemalige Bohrinsel bei Dyksterhusen liegt mitten in der Schutzzone I des Nationalparks. Von hier aus kann man auf die Ruheplätze vieler Vögel an der Ostseite des Dollarts blicken. Die Lahnungen werden gerne von Limikolen als Ruheplätze genutzt.

3. Soltberger Kolk
Direkt neben dem Emstunnel befindet sich ein flaches Stillgewässer. Eine Hütte am Nordostufer des Sees ermöglicht die Beobachtung verschiedener Entenarten. Die Hütte ist im Winter und zur Brutzeit ein lohnendes Ziel. In den umgebenden Weidenbüschen brüten Beutelmeisen.

4. Swartwolder Kolk
Im Südwesten des Swartwolder Kolks steht eine hölzerne Beobachtungshütte. Ein Besuch lohnt sich vor allem im Winter zur Beobachtung von Gänsen, Sägern, Enten und Kormoranen. Auf einem Brutfloß brüten im Sommer Flussseeschwalben.

5. Coldam
Eine Beobachtungskanzel am Ortseingang von Coldam ermöglicht den Blick auf ein Beweidungsprojekt mit Koniks („Wildpferde") und Heckrindern („Auerochsen"-Rückzüchtung). Hier lassen sich im Sommer gelegentlich Rohrweihen, im Winter Kornweihen beim Jagen beobachten. Coldam ist Brutgebiet für Rotschenkel, Uferschnepfe, Schilfrohrsänger und Blaukehlchen.

Weitere Beobachtungseinrichtungen finden sich am Wymeerer Hammrich (6) bei Wymeer und am Westufer des Dollarts sowie am Polder Breebaart (7). Auch ein Blick vom Sielgebäude (8) am Coldeberger Siel auf die Ems, die Vorländer und die Emsinsel Hatzumer Sand lohnt sich.

» **Weitere Freizeitmöglichkeiten**

Empfehlenswert ist die „Internationale Dollard Route", eine rund 204 km lange Fahrradroute, die gute Möglichkeiten zur Vogelbeobachtung bietet. Der NABU Ostfriesland bietet von Januar bis März „Gänsebusfahrten" ins Rheiderland an (ab Bhf. Leer) sowie das „Frühstück mit Gänsen" am NABU Infopavillon Nieuwe Statenzijl. In der Osterferien- und Frühsommerzeit bietet der NABU naturkundliche Kutterfahrten von Ditzum die Ems aufwärts bis zur Emsinsel Bingum Sand an, auf denen sich viele Vögel beobachten lassen. Im Sommer fährt der Kutter in den Dollart hinein. Es werden Netze ausgelegt und der Fang im Aquarium betrachtet. Auf den Wattflächen lassen sich Seehunde beobachten. Anmeldung für alle Veranstaltungen beim NABU-Büro (s. u.).

Literatur:

Kruckenberg, H. & M. Bergmann (2000): Radwandern auf der Dollard-Route: ein Naturführer. Idensee, Oldenburg.
Gerdes, K. (2000): Die Vogelwelt im Landkreis Leer. Schuster, Leer.

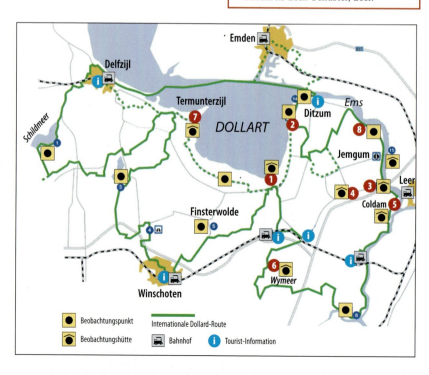

...ische Vogelarten und deren Status
häufig, r = regelmäßig, s = seltener
Jahresvogel (kein Brutvogel), B = Brutvogel,
= Wintergast, D = Durchzügler, N = Nahrungsgast

t	Status (beste Beobachtungszeit)
...sternfischer	hB, hW (ganzjährig)
...aukehlchen	hB (April – Aug.)
...ässgans	hW (Nov. – März)
...andente	rB, hW (ganzjährig)
...nkler Wasserläufer	hD (April – Mai, Aug. – Sept.)
...ussregenpfeifer	sB (April – Sept.)
...ldregenpfeifer	hW (Okt. – März)
...augans	hB, hW (ganzjährig)
...oßer Brachvogel	sB, hW (ganzjährig)
...nsesäger	rW (Nov. – März)
...ebitz	hB, hW (ganzjährig)
...ebitzregenpfeifer	hW (Aug. – April)
...rnweihe	rW (Nov. – März)
...ickente	sB, rW (Sept. – März)
...ffelente	sB, rW (Sept. – März)
...ffler	rG (Juli – Sept.)
...eifente	hW (Sept. – März)
...uhlschnepfe	rW (Aug. – Mai)
...egenbrachvogel	hD (April – Mai, Juli – Sept.)
...ohrweihe	rB (April – Sept.)
...otschenkel	hB, hW (ganzjährig)
...aatgans	hW (Nov. – März)
...andregenpfeifer	sB (April – Sept.)
...chilfrohrsänger	hB (April – Aug.)
...chnatterente	sB, sW (ganzjährig)
...ingschwan	rW (Nov. – März)
...pießente	sB, rW (Sept. – März)
...äbelschnäbler	hB, hW (ganzjährig)
...ferschnepfe	rB, rD (März – Juli)
...achtelkönig	rB (April – Juni)
...eißwangengans	hW (Nov. – März)
...iesenweihe	rB (Mai – Aug.)

Pfuhlschnepfen (einige bereits im rostbraunen Prachtkleid) gehören zu den Watvögeln, die man am Dollart häufig in großer Zahl beobachten kann. Foto: M. Schäf.

Anreise

Das gesamte Gebiet ist für Radfahrer gut erschlossen. Alle Beobachtungseinrichtungen sind mit einheitlichen braunen Wegweisern von der nächstgelegenen größeren Straße ausgeschildert, lediglich die Kiekkaaste ist über eine längere Distanz ausgeschildert (nicht verunsichern lassen, wenn über lange Strecken kein Schild steht! Dann immer geradeaus fahren!).

Mit Bahn und Bus:

Mit dem RE oder IC nach Leer, weiter mit dem Rad. Zur Kiekkaaste fährt der Bus 624 Richtung Kanalpolder Janssen (ca. 1 h). An der Endstation zu Fuß der Ausschilderung Dollard-Route folgen. Sie führt zum Infopavillion.

Mit dem Auto:

Zur Kiekkaaste: BAB 31 bis zum Dreieck Bunde, dort auf die BAB 280 Richtung Groningen bis Abfahrt Bunde-West. Ab hier der Beschilderung folgen (nach links). Am Deich vor dem Marcelluspfad stehen wenige Parkmöglichkeiten zur Verfügung.

Adressen

Weitere Informationen zu Beobachtungsmöglichkeiten im Rheiderland: www.naturerlebnis-ostfriesland.de
Informationen zu den Hochwasserzeiten: Bundesamt für Wasserschifffahrt und Hydrologie, www.bsh.de

Naturschutzbund Deutschland (NABU), Regionalgeschäftsstelle Ostfriesland, Forlitzer Str. 121, 26624 Wiegboldsbur, Tel.: 04942-990394, E-Mail: info@nabu-woldenhof.de
www.nabu-ostfriesland.de

Übernachtungsmöglichkeiten und Informationsmaterial: Internationale Dollard Route, Ledastr. 10, 26789 Leer, Tel.: 0491-91 96 96 50, E-Mail: info@dollard-route.de
www.dollard-route.de

GPS

Wymeer (Ortsmitte)	53°08′04.49″ N	7°14′22.11″ O
Termuntenzijl (Ortsmitte)	53°18′04.38″ N	7°02′02.64″ O
Dyksterhusen (Ortsmitte)	53°18′04.43″ N	7°14′56.61″ O
Coldam (Ortsmitte)	53°12′28.61″ N	7°24′13.46″ O
Ditzum (Ortsmitte)	53°18′55.77″ N	7°16′42.57″ O

Das Niedervieland in Bremen
Wiesenvögel zwischen Weser und Ochtum

Am westlichen Stadtrand Bremens liegt südlich der Weser und der Ortschaft Seehausen ein großes Marschgebiet, das Niedervieland. Im Süden wird es durch die Niederung des Flusses Ochtum begrenzt. Früher bestand das Gebiet fast ausschließlich aus feuchtem und nassem Grünland und war von den typischen Wiesenvögeln dicht besiedelt. Im Verlauf der letzten Jahrzehnte wandelte sich die Landschaft zunehmend. Bereits 1962 entstand im Nordosten des Gebietes der Neustädter Hafen, Schlick wurde auf Spülpolder gepumpt, die Landwirtschaft intensiviert und ein riesiges Güterverkehrszentrum wurde mitten in das Gebiet gebaut. Heute leben typische Wiesenvögel vor allem in den (meist als Ausgleichsmaßnahmen) angelegten Poldern und im vom Bund für Umwelt- und Naturschutz (BUND) betreuten Naturschutzgebiet Ochtumniederung bei Brokhuchting. Eine 1130 Hektar große Teilfläche des Niedervielandes ist seit 1995 als EU-Vogelschutzgebiet geschützt. Die für Vogelbeobachter heute noch interessanten Flächen liegen im Norden an der Weser und im Süden an der Ochtum, also an den Rändern des Niedervielandes. Sie sind einfach zu erreichen, gut einsehbar und bieten dem Beobachter eine ideale Gelegenheit, typische Vögel der Marsch kennenzulernen.

» Lebensräume

Das trotz der zahlreichen Eingriffe immer noch vergleichsweise großflächig vorhandene Grünland macht den Kern des Gebietes aus. Die Wiesen werden unterschiedlich intensiv genutzt und sind unterschiedlich wertvoll. Wichtige Vogellebensräume liegen an der Peripherie des Niedervielandes. Im Uhrzeigersinn beschreiben wir sie kurz.

Im Norden liegt zwischen dem Neustädter Hafen im Osten und Seehausen im Westen wesernah ein Überschwemmungspolder mit einigen Flachgewässern und einer weitgehend sich selbst überlassenen Weichholzaue.

Westlich von Seehausen liegen zwischen der Ochtummündung (mit Sperrwerk) und der Weser zwei Polder mit unterschiedlicher Wasserführung. Der wesernahe, 25 Hektar große Vorder- und Hinterwerder führt ganzjährig, aber tidenabhängig Wasser und hat einen Überlauf zur Weser. An den Ufern wachsen Röhrichte. Auf der anderen Seite des Deiches zieht sich der zweite Polder, der 26 Hektar große Duntzenwerder, am rechten Ufer der Ochtum entlang. Er wird ab Mitte November für Wasservögel überflutet. Das Wasser wird im Frühjahr abgelassen, das Grünland anschließend extensiv nach Vorgaben des Naturschutzes von Rindern beweidet. Im Mai stehen noch große Teile der Fläche unter Wasser und sind daher ein wichtiges Rastgebiet für durchziehende Limikolen und Enten. Westlich des Ochtum-Sperrwerks (hier brüten Stare in den Spundwänden) ist auf einem ehemaligen Spülfeld, dem Ochtumsand, ein Gehölzbestand aufgewachsen. Daneben liegen noch zwei weitere Gewässer, ein ehemaliges Spülfeld und ein Altarm der Ochtum.

Im Südosten des Gebietes erstreckt sich am linken Ufer (südlich) der Ochtum das 375 ha große und erst 1998 ausgewiesene NSG Ochtumniederung bei Brokhuchting. Hierbei handelt es sich um ein besonders hochwertiges Wiesenvogelschutzgebiet, das als Ausgleichsmaßnahme für Gewerbeansiedlungen und für das Bremer Güterverkehrszentrum angelegt wurde. Es

Blaukehlchen sind im Niedervieland häufige Brutvögel. Bis zu 200 Paare brüteten dort in den vergangenen Jahren.
Foto: Marcel Hesse.

ist im Winter stellenweise lange überflutet. Das Wasser wird wie im Ochtumpolder spät abgelassen, sodass die nassen Flächen ein ideales Brutgebiet für Wiesenvögel sind. Von den knapp 15 Uferschnepfenpaaren im Niedervieland (Stand 2007) brüten rund 10 in diesem NSG. Neben den feuchten und nassen Grünlandflächen werden hier auch Feuchtbrachen, Röhrichte und Gehölze geschützt. Das Gebiet durchfließt die 1990 naturnah verlegte Ochtum. Ihre Ufer sind streckenweise mit Gehölzen bewachsen.

In der Nähe des Neustädter Hafens und am Rande des Güterverkehrszentrums liegen große Brachflächen, die teils auf ehemaligen Spülflächen wachsen. Diese Brachen sind u.a. wichtige Brutplätze von Blaukehlchen und Schilfrohrsänger.

Gräben durchziehen das gesamte Niedervieland und sind heute wichtige Lebensräume für Vogelarten, wie z. B. Teichhuhn, Löffel- und Knäkente. In Teilen des Gebietes wachsen kleinflächige Röhrichte und Gehölzbestände.

» Besondere Vogelarten

Das Niedervieland zeichnet sich vor allem durch das Vorkommen seltenen gewordener Wiesenvögel aus. Uferschnepfen, Rotschenkel, Austernfischer und Bekassinen brüten dort in kleinen Beständen. Häufiger sind Kiebitze und Schafstelzen. Auf schlammigen Flächen brüten auch Flussregenpfeifer. 2007 gab es im Niedervieland sechs besetzte Weißstorchnester. Unter den Entenvögeln sind Graugänse, Reiher-, Schnatter-,

Typische Vogelarten im Niedervieland, deren Status und günstige Beobachtungszeit (in Klammern)
h = häufiger, r = regelmäßiger, s = seltener,
J = Jahresvogel, B = Brutvogel, W = Wintergast, D = Durchzügler, N = Nahrungsgast
Schwerpunktgebiete (wenn relevant): * = NSG Ochtumniederung bei Brokhuchting, ** = Polder Vorder- und Hinterwerder, Duntzenwerder, *** = Überschwemmungspolder östlich Seehausen

Art	Status (beste Beobachtungszeit)	Art	Status (beste Beobachtungszeit)
Austernfischer	rB (März – Juli)	Rohrweihe	rB (April – Aug.)
Bartmeise	sB, sW (ganzjährig)	Rotschenkel	hB, (März – Juli)
Bekassine *	hB (März – Sept.)	Schilfrohrsänger	hB (Mai – Aug.)
Beutelmeise	rB (April – Aug.)	Schnatterente	rB, hW (ganzjährig)
Blaukehlchen	hB (April – Aug)	Schwarzhalstaucher ***	sB (März – Sept.)
Blässgans	rW (Nov. – März)	Schwarzkehlchen	hB (April – Sept.)
Brandgans	rB, hD (ganzjährig)	Silberreiher	rW (Sept. – April)
Braunkehlchen	rB (Mai – Sept.)	Singschwan**	sW (Nov. – März)
Bruchwasserläufer	hD (Mai, Juli – Aug.)	Spießente *	rD (März – April)
Drosselrohrsänger***	sB (Mai – Juli)	Steinschmätzer	sB, hD (Mai, Sept.)
Dunkler Wasserläufer	rD (April – Mai, Aug. – Sept.)	Sumpfrohrsänger	hB (Mai – Aug.)
Feldschwirl	hB (Mai – Juni)	Säbelschnäbler	rD (Apri – Mai, Sept.)
Flussregenpfeifer	rB (April – Sept.)	Teichrohrsänger	hB (April – Aug.)
Flussseeschwalbe	rD ,rN (April – Sept.)	Temminckstrandläufer **	rD (Mai)
Graugans	rB (ganzjährig)	Trauerseeschwalbe	rD (Mai, Aug – Sept.)
Großer Brachvogel	rB, rD (März – Nov.)	Tüpfelsumpfhuhn	sB (April – Juni)
Grünschenkel	rD (April – Mai, Aug.)	Uferschnepfe *	rB (März – Juni)
Gänsesäger	rW (Nov. – März)	Wachtel	sB (Mai – Juli)
Haubentaucher	rB, rW (ganzjährig)	Wachtelkönig	sB (Mai – Juli)
Kampfläufer	hD (März – April)	Wasserralle	rB (März – Aug.)
Kiebitz	hB, hD, rW (ganzjährig)	Weißstorch	rB (April – Aug.)
Knäkente	rB (März – Aug.)	Weißwangengans**	sW (Nov. – April)
Kornweihe	rW (Nov – März)	Wiesenpieper	hB, hD (ganzjährig)
Krickente	sB, hD (ganzjährig)	Wiesenschafstelze	hB (April – Sept.)
Löffelente	hB, hD (März – Nov.)	Zwergmöwe	rD (Mai)
Nachtigall	rB (April – Aug.)	Zwergschwan**	rW (Nov. – März)
Pfeifente	hW (Nov. – März)	Zwergsäger	sW (Nov. – März)
Rebhuhn	rB (ganzjährig)	Zwergtaucher	rB, rW (ganzjährig)
Rohrdommel	sW (Okt. – März)		

GPS		
Strom (Ortsmitte)	53°04'36.36" N	8°43'24.65" O
Huchting (Ortsmitte)	53°03'27.92" N	8°43'24.65" O

Anfahrt

Mit Bahn und Bus:
Vom Bahnhof in Bremen fahren Busse in das Gebiet. Um in den nördlichen Teil zu gelangen, nimmt man die Linien 62 oder 64. Von der Haltestelle Klärwerk im Süden von Seehausen erreicht man die Weichholzaue an der Senator-Apelt-Straße (ca. 1 km), die Haltestelle Hasenbürener Jachthafen liegt nur etwa 1 km östlich des Polders Duntzenwerders und des Ochtumsperrwerks.

Die Buslinie 61 (Sandhausen) führt über die Ortschaft Strom. Von der Haltestelle Köhler Brücke ist es etwa 1 km (über die Ochtumbrücke) bis zur Beobachtungsplattform im NSG Ochtumniederung bei Brokhuchting. Um die einzelnen Gebietsteile nacheinander aufzusuchen, ist ein Fahrrad zeitsparend.

Mit dem Auto:
Von Bremen aus fährt man über die B6 zunächst in Richtung Elsfleth oder Nordenham. An dem riesigen Gebäude der BLG Logistics biegt man nach rechts ab (hier gibt es auch eine Bushaltestelle), um auf die Senator-Apelt-Straße zu gelangen. Durch Seehausen hindurch erreicht man auf der Straße bleibend (Hasenbürener Landstraße) den Polder Duntzenwerder und das Sperrwerk (s. o.). Biegt man in Seehausen links ab (Wiedbrokstraße) durchquert man große Wiesenflächen. Am Ende der Straße biegt man links (Stromer Landstraße) in die Ortschaft Strom ab. Am östlichen Ende der Ortschaft biegt man an der Haltestelle Köhlerbrücke rechts ab, überquert den Fluss und erreicht – der Straße folgend – die Aussichtsplattform. Nach Bremen zurück fährt man am einfachsten zur Stromer Landstraße zurück und biegt rechts ab.

Mit dem Fahrrad:
Die einzelnen Gebietsteile liegen recht weit auseinander. Die Entfernungen sind mit dem Fahrrad gut zu bewältigen.

Adressen

Unterkünfte und Gastronomie findet man u.a. in den kleinen Gemeinden im Niedervieland (Strom, Seehausen). Einkaufsmöglichkeiten sind rar.

BUND Landesverband Bremen e.V., Am Dobben 44, 28203 Bremen
Internet: www.bund-bremen.net, E-Mail: info@bund-bremen.net

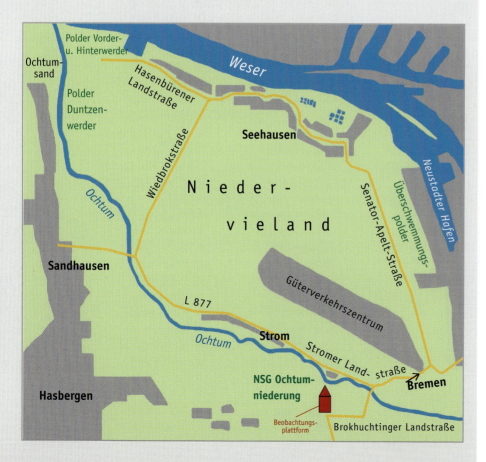

Knäk-, Löffelente, Grau- und Brandgans häufige Brutvögel, die Krickente ist dagegen seltener. In den Wiesen rufen Wachteln und Wachtelkönige in jährlich schwankender Zahl. Tüpfelsumpfhühner sind in den meisten Jahren im Überschwemmungspolder an der Senator-Apelt-Straße und in den überstauten Grünlandflächen zu hören. Hier gab es bis 2006 auch eine kleine Lachmöwenkolonie und in den letzten Jahren brüteten immer auch mindestens ein Schwarzhalstaucherpaar. Drosselrohrsänger und Rohrschwirl ließen sich in den letzten Jahren als Brutvögel festgestellt. Nachtigallen und Gelbspötter singen in den meisten Gehölzbeständen, Blaukehlchen (über 200 Paare im Niedervieland!), Schilf- und Teichrohrsänger sowie Feldschwirle besiedeln selbst kleinflächige Röhrichte. In den größeren Röhrichten leben einige wenige Bartmeisenpaare, z.B. am Polder Vorder- und Hinterwerder.

Auf dem Durchzug kann man so ziemlich alle Wat- und Wasservogelarten erwarten, die das Binnenland queren. Gut zu sehen sind vor allem Limikolen, die die flach überstauten Wiesen zur Nahrungssuche nutzen. Kampfläufer und Bruchwasserläufer sind häufig, Säbelschnäbler, Grünschenkel und Dunkler Wasserläufer regelmäßige Durchzügler. Ebenfalls regelmäßige Durchzügler in den Überschwemmungsgebieten sind Trauer- und Flussseeschwalben sowie Zwergmöwen. Im Winter, wenn die Polder angestaut sind, rasten regelmäßig Zwergschwäne und Blässgänse sowie Gänsesäger im Gebiet, seltener Singschwäne, Weißwangengänse und Zwergsäger.

» Reisezeit

Das Niedervieland ist ganzjährig ein gutes Reiseziel. Am eindrucksvollsten wird ein Besuch im Frühling sein, wenn die Rufe der Wiesenvögel die Akustik der Polder bestimmen und auf den überschwemmten Wiesen viele Löffel-, Pfeif- und Spießenten rasten. Die Schwarzhalstaucher treffen im April ein. Der Mai ist der Monat der späten Zugvögel. Neben einem breiten Spektrum an Limikolen ziehen auch viele Braunkehlchen und Steinschmätzer durch. Regelmä-

Rohrweihen (hier ein Männchen) sind im Niedervieland von April bis August regelmäßig zu sehen. Foto: M. Hesse.

ßig suchen Trauerseeschwalben und Zwergmöwen die Polder auf. Wintergäste wie Zwergschwäne und Blässgänse treffen zumeist im November ein und bleiben bis März im Gebiet.

» Beobachtungsmöglichkeiten

Den Überschwemmungspolder im Norden kann man am besten vom südwestlich angrenzenden Deich an der Senator-Apelt-Straße einsehen. In der Mitte führt ein Weg von der Senator-Apelt-Straße in das Gebiet.

Die beiden Polder Vorder- und Hinterwerder sowie Duntzenwerder im Westen sind ebenfalls von den Deichen aus sehr gut und vollständig einsehbar. Ein Spektiv ist sehr hilfreich.

Gut zu überblicken ist das NSG Ochtumniederung bei Brokhuchting von einer Beobachtungsplattform an der Brokhuchtinger Landstraße (siehe Karte). Die im Frühling noch sehr nassen Flächen sollte man vormittags (Rückenlicht) aufsuchen. Kiebitze, Uferschnepfen, Rotschenkel, Bekassinen, Blaukehlchen und Schilfrohrsänger brüten in Nähe der Plattform. Den östlichen Teil des NSG erreicht man von hier aus über die Ortschaft Huchting (siehe Infotafel an der Beobachtungsplattform) oder von Bremen aus über den Wardamm (von der Senator-Apelt-Straße links abbiegen).

Inmitten der sich an der Stromer Landstraße entlangziehenden Ortschaft Strom, nicht weit entfernt von der Ochtumbrücke, ist ein Weißstorchnest auf einer großen Eiche – ein hübsches Fotomotiv. Gegenüber dem Weißstorchnest auf der anderen Straßenseite brüten regelmäßig mehrere Graureiher.

» Weitere Beobachtungs- und Freizeitmöglichkeiten

Wer einen Eindruck von alten Tiefland-Eichenwäldern mit Jahrhunderte alten Eichen gewinnen und zusätzlich zu den Wiesenvogelgemeinschaften eine ganz andere Vogelfauna kennenlernen möchte, der sollte den Hasbruch westlich Delmenhorst und südlich von Hude besuchen. Hier sind vor allem im Spätwinter bzw. im zeitigen Frühling Mittelspechte und Grünspechte zu sehen. Das Gebiet erreicht man über die Autobahn 28, Abfahrt Hude (Nr. 18). Von hier aus Richtung Hude fahren und nach etwa 4 km rechts in den Hasbruch einbiegen. Ein guter Ausgangsort ist das Forsthaus (Infotafel mit Karte vor Ort).

Weitere großflächige bremische Grünlandgebiete sind das Hollerland, die Borgfelder Wümmewiesen im Nordosten der Hansestadt und das Blockland im Nordwesten.

Infomaterial/Literatur

Dahle, W. (Hrsg., 2001): Im Land der Moore und Deiche, Ausflüge links und rechts der Weser. Ein Reise- und Lesebuch. Edition Temmen, Bremen.
Handke, K. (1995): Brutvogelbestandsentwicklung in einem Feuchtgrünlandgebiet der Wesermarsch. Falke 42: 22-28.
Handke, K. (1996): Bestandsentwicklung der Brutvögel eines Flussmarschgebietes bei Bremen. Vogelwelt 117: 15-28.
Moning, C. & F. Weiß (2010): Vögel beobachten in Norddeutschland. Kosmos Verlag, Stuttgart.
Seitz, J., K. Dallmann & T. Kuppel (Hrsg., 2004): Die Vögel Bremens und der angrenzenden Flussniederungen. BUND Landesverband Bremen.

An der Senator-Apelt-Straße liegen zwischen Weser und Güterverkehrszentrum der Überschwemmungspolder, kleinere Feuchtgebiete und Brachen. Foto: T. Brandt.

Das Naturschutzgebiet Meißendorfer Teiche/Bannetzer Moor in Niedersachsen

Das Naturschutzgebiet Meißendorfer Teiche/Bannetzer Moor ist ein traditionelles Ausflugsziel zahlreicher Vogelbeobachter in Niedersachsen und durch das Bildungszentrum Gut Sunder des Naturschutzbundes (NABU) bekannt geworden. Das auf Initiative der örtlichen Naturschutzverbände im Jahr 1984 ausgewiesene Naturschutzgebiet liegt in der Südheide etwa 20 km nordwestlich der Stadt Celle und hat eine Größe von etwa 900 ha. Bereits 1978 wurden Teile des Gebietes in das Programm „Errichtung und Sicherung schutzwürdiger Teile von Natur und Landschaft mit gesamtstaatlich repräsentativer Bedeutung" aufgenommen. Der Projektträger Landkreis Celle ist inzwischen auch Eigentümer von rund 700 ha.

Das Gebiet darf auf öffentlichen und gekennzeichneten Wegen betreten werden.

» **Lebensräume**

Die Lebensräume sind sehr vielgestaltig. Einen für Beobachter besonders interessanten Bereich bilden die insgesamt etwa 60 Teiche mit einer Gesamtfläche von 400 ha. Die meisten von ihnen wurden Ende des 19. Jahrhunderts angelegt; es entstand die größte Karpfenzucht Norddeutschlands. In den 1970er Jahren stellte man sie aber weitgehend ein. Daraufhin kauften der DBV (heute NABU) und andere mit öffentlicher Unterstützung einen großen Teil der Fläche, um das bedeutsame Feuchtgebiet zu sichern.

Der größte Teich ist der außerhalb der Schutzgebietsgrenzen liegende Hüttensee, der der Erholungsnutzung vorbehalten ist. Die anderen gekauften oder gepachteten Teiche werden heute extensiv und naturschutzorientiert genutzt und unterliegen fünf verschiedenen Bewirtschaftungsweisen, was auch ein Grund für die Vielfalt an Vogelarten ist.

Nördlich der Teiche liegt das NABU Gut Sunder mit wertvollen Buchenaltholzbeständen und dem Flüsschen Meiße in der Nähe, das 1998 in einem ersten Abschnitt renaturiert wurde. Die angrenzenden Bruchwiesen werden heute extensiv genutzt.

Südlich der Teiche erstreckt sich das weitgehend entwässerte Bannetzer Moor, das bislang nur stellenweise wieder vernässt werden konnte. Die Freiflächen weisen heute größere Gagel- und Pfeifengrasbestände auf.

» **Besondere Vogelarten**

Schon seit Jahrzehnten sind die Meißendorfer Teiche DAS Gebiet in Niedersachsen, um Schwarzstörche beobachten zu können. Seit 1997 lebt am Rande auch ein Seeadlerpaar, damals eines der ersten in Niedersachsen. Regelmäßig sind auch Fischadler zu sehen. Kraniche (1-2 Paare) brüten seit einigen Jahren, Graugänse sind häufig. Die „Leitart" des Teichgebietes ist jedoch die bundesweit vom Aussterben bedrohte Rohrdommel. Drei bis fünf Rufer waren in den letzten Jahren konstant zu hören. Drossel- und Schilfrohrsänger sowie Rohrschwirle sind selten geworden und heute wohl nur noch sporadische Brutvögel. Der Bestand von Knäk-, Krick- und Schnatterenten dagegen ist in den letzen Jahren angestiegen.

Die Freiflächen im Bannetzer Moor werden von Schwarz- und Braunkehlchen und dem Neuntöter besiedelt. Raubwürger und Heidelerchen sind seltener. An der Meiße brüten Gebirgsstelzen und Eisvögel; im Jahr 2004 zog hier – weit nördlich des eigentlichen Areals - sogar ein Wasseramselpaar erfolgreich Jungvögel auf.

In den Bruchwiesen lässt ab Mai der Wachtelkönig seine Stimme erklingen. Häufiger als in allen anderen Gebieten Niedersachsens sahen Beobachter hier in den letzten Jahren Schlangen-, Zwerg- und Schreiadler.

» Reisezeit

Ein Ausflug an die Meißendorfer Teiche und in deren Umgebung ist zu allen Jahreszeiten empfehlenswert. Zahlreiche Limikolen nutzen während der Zugzeiten, vor allem im Spätsommer, die Schlammflächen der eigens für sie abgelassenen Fischteiche. Viele Entenvögel bevölkern in den Wintermonaten die Wasserflächen solange sie eisfrei sind. Im Spätwinter sind Schwarz- und Kleinspechte in der Nähe des Gutes zu sehen. Eisvögel und Gebirgsstelzen leben ganzjährig an der Meiße. Von Ende April bis in den Sommer erklingt der Gesang von Teich- und Schilfrohrsängern sowie Rohrschwirlen aus den Schilfflächen der Teiche. Die Rohrdommeln rufen vor allem im zeitigen Frühling.

» Beobachtungsrouten und -möglichkeiten

Im Gebiet stehen den Beobachtern drei Beobachtungstürme und ein Hügel zur Verfügung. Zahlreiche Wanderwege sind vorhanden, drei Routen besonders empfehlenswert. Die erste (Länge ca. 4 km) führt vom Hüttenseeparkplatz aus um den Hüttensee (Rundwanderweg). Hier ermöglicht ein Beobachtungsturm gute Einblicke auf die Wasserfläche. Der Weg ist besonders im Winterhalbjahr und zu den Zugzeiten ergiebig (Schellenten, Säger, Fischadler, Möwen).

Die zweite Route führt vom NABU Gut Sunder (Parkplatz) in die Bruchwiesen der Meißeniederung. Von dort aus führt in Richtung Südwest ein Waldweg, der nach ca. 2 km rechts zu dem Beobachtungshügel an einem renaturierten Teilstück der Meiße führt (Wespenbussard, Baumfalke, Schwarzkehlchen, von hier aus auch die verschiedenen Adlerarten).

Für Route drei fährt man von der Ortschaft Bannetze die Straße „Ochsentrift" bis zum Ende (Parkmöglichkeit). Von dort gelangt man zu Fuß nach Norden zum „Fritz-Dierschke-Turm" am „Großen Möwenteich". Zur Brutzeit trifft man bereits auf dem Weg dorthin Heidelerche, Neuntöter und Braunkehlchen. Von hier aus gelingen zur entsprechenden Jahreszeit fast täglich Beobachtungen von Schwarzstörchen, Seeadlern und Baumfalken. Rohrdommeln und – in manchen Jahren – Tüpfelsumpfhühner sind dagegen meist nur zu hören. Vom „Fritz-Dierschke-Turm" erreicht man in Richtung Osten gehend nach

Typische Vogelarten, deren Status (günstige Beobachtungszeit)
h = häufig, r = regelmäßig, s = selten; J = Jahresvogel, B = Brutvogel, W= Wintergast, D = Durchzügler, M = Mausergast; N = Nahrungsgast

Art	Status (beste Beobachtungszeit)	Art	Status (beste Beobachtungszeit)
Baumfalke	rB (Mai – Okt.)	Reiherente	rB, rW (ganzjährig)
Braunkehlchen	hB (April – Sept.)	Rohrdommel	rB (ganzjährig)
Drosselrohrsänger	sB (Mai – Aug.)	Rohrschwirl	sB (Mai – Sept.)
Fischadler	rD (März – Okt.)	Rohrweihe	rB (April – Sept.)
Graugans	rB (ganzjährig)	Schellente	rB, rW (ganzjährig)
Grünspecht	rJ (ganzjährig)	Schilfrohrsänger	sB (April – Aug.)
Gänsesäger	rW (Okt. – März)	Schnatterente	rB, hD (April – Okt.)
Haubentaucher	rB (März – Dez.)	Schwarzkehlchen	rB (März – Okt.)
Heidelerche	rB (März – Okt.)	Schwarzspecht	rB (ganzjährig)
Hohltaube	rJ (ganzjährig)	Schwarzstorch	rB (April – Aug.)
Kleinspecht	rB (ganzjährig)	Seeadler	rB (ganzjährig)
Knäkente	rB, rD (April – Aug.)	Tafelente	rJ (ganzjährig)
Kolkrabe	rJ (ganzjährig)	Wachtelkönig	sB (Mai – Juli)
Kranich	rB, rD (Febr. – Dez.)	Wasserralle	hB (März – Okt.)
Krickente	rB, hD (März – Nov.)	Zwergsäger	sD, sW (Nov. – März)
Löffelente	sB, rD (April – Sept.)	Zwergtaucher	rB (April – Okt.)
Raubwürger	sB (ganzjährig)		

....	Grenze des Naturschutzgebietes Meißendorfer Teiche/Bannetzer Moor	
---	Rad- und Wanderweg z.T. schlechte Wegstrecke	
⌒	Rundwanderwege	
✱	Aussichtspunkte	
	Gebiet des Bannetzer Moores	
⛺	Camping-Ferienpark „Hüttenseepark Meißendorf"	

Anfahrt

GPS

Sunder (Ortsmitte)	52°43'36.38" N 9°49'14.36" O
Meißendorf (Ortsmitte)	52°43'46.66" N 9°51'01.82" O

Mit Bahn und Bus:

Mit der Bahn kommt man bis Celle. Von dort aus fahren Busse über Winsen/Aller nach Meißendorf. Von dort aus sind es bis zum Gut Sunder noch 2 km zu Fuß oder per Taxi.

Mit dem Auto:

Autobahn A 7, von Süden kommend Abfahrt Nr. 50 (Schwarmstedt). Von dort auf der B 214 über Jeversen (ggf. in Richtung Norden nach Bannetze abbiegen) nach Wietze, dann nach Winsen/Aller, Meißendorf und schließlich nach Gut Sunder. Von Norden Autobahnabfahrt Nr. 49 (Westenholz) und über Osterholz nach Meißendorf. Unterkunftsmöglichkeiten in Winsen (über Touristinfo, s.u.), Campingmöglichkeiten am Hüttensee. Am Wochenende stehen nach Absprache auch Unterkunftsmöglichkeiten auf Gut Sunder zur Verfügung.

Adressen

NABU Gut Sunder, OT Meißendorf, 29308 Winsen/Aller, Tel.: 05056/970111, E-Mail: info@nabu-gutsunder.de, Internet: www.nabu-gutsunder.de
Touristinfo Winsen/Aller: 05143-912212, winsen.aller@tourismus-region-celle.de

1,5 km einen zweiten Beobachtungsturm, der Einblicke in eine Kormorankolonie gewährt und von dem aus man vor allem im Herbst und Winter Wasservögel sehen kann. Ebenfalls vom „Fritz-Dierschke-Turm" führt nach Westen ein Stichweg in das Bannetzer Moor, wo Schwarzkehlchen und Raubwürger, zur Zugzeit auch Steinschmätzer zu sehen sind.

Vielfältige Infos sind im NABU Gut Sunder erhältlich, das seit dem 1. Oktober 2003 vom NABU-Landesverband Niedersachsen geführt wird. Das Infozentrum ist am Wochenende von 11 - 16 Uhr geöffnet. Hier gibt es Informationsmaterial wie Bücher, Karten und Broschüren.

» Weitere Freizeitmöglichkeiten

Am Hüttensee kann man baden, segeln und Tretboot fahren.

Literatur zum Thema:

Torkler, A. (2001): Die Vogelwelt der Meißendorfer Teiche. Avifaunistischer Sammelbericht 1999/2000. Celler Berichte zur Vogelkunde, Heft 7: 1-74.
Clausnitzer, H.-J., E. Bühring, H. Langbehn, M. Ortmann, R. Rufert & A. Thiess (2004): Die Entwicklung des Naturschutzprojekts „Meißendorfer Teiche/Bannetzer Moor" (Landkreis Celle, Niedersachsen) seit 1979. Natur und Landschaft 79: 249-256.

Seit einigen Jahren brüten Kraniche im NSG Meißendorfer Teiche/Bannetzer Moor.
Foto: B. Volmer

Die Ostseeinsel Fehmarn in Schleswig-Holstein

Dort wo sich die Zugwege von Millionen Zugvögeln des „Baltic Flyway" kreuzen, liegt die 185 km² große holsteinische Ostseeinsel Fehmarn. Sie ist mit der knapp einen Kilometer entfernten Halbinsel Wagrien durch eine Brücke über den Fehmarn Sund verbunden. Westlich der Insel liegt die Kieler Bucht, östlich grenzt die Lübecker Bucht an. Der größte Teil der weitgehend flachen Insel Fehmarn, vor allem der Inselkern, wird intensiv landwirtschaftlich genutzt. Einzelne Baumreihen und Knicks trennen die großen Ackerflächen. Die größte Ortschaft ist Burg im Süden der Insel. Bekannt ist aber vor allem Puttgarden. Vom dortigen Hafen startet die bekante Fährlinie, die so genannte Vogelfluglinie nach Skandinavien. Auf Fehmarn gibt es drei Naturschutzgebiete: Wallnau an der Westküste (297 ha), der Krumsteert/Sulsdorfer Wiek (298 ha) südlich angrenzend und der Grüne Brink im Norden (134 ha). Westlich davon liegen die Nördlichen Binnenseen. Ein weiterer größerer See ist der Sahrensdorfer Binnensee im Südosten der Insel.

» Lebensräume

Für Vogelbeobachter sind vor allem die küstennahen Gebiete Fehmarns interessant. Im Norden liegen einige flache Seen, von denen einige durch einen Deich vom Meerwasserzulauf abgeschlossen wurden und dadurch aussüßten. Im Bereich des NSG Grüner Brink stehen Gewässer im Kontakt mit der Ostsee, ebenso der Fasten- und der Salzensee westlich davon. Das Schutzgebiet Grüner Brink besteht aus einem Mosaik aus Sand- und Kieshaken mit Strandvegetation, Dünenheide und Trockenrasen, kleinen Salzsümpfen und brackigen Gewässern. Westlich davon liegen auch röhrichtbestandene und maximal 1 m tiefe Binnenseen.

Im NSG Krummsteert/Sulsdorfer Wiek im Südwesten findet man eine vom Meer ständig umgestaltete Nehrung mit flachen Dünen (den Krumsteert), eine flache Ostseebucht (Orther Bucht) mit Salzwiesen und Brackwassertümpeln sowie einen nährstoffreichen Süßwasserteich (Sulsdorfer Wiek), der durch die Abdeichung einer Meeresbucht entstand. Auch das heutige NSG Wallnau entstand durch die Eindeichung einer Meeresbucht. Hier wurden um 1900 Fischteiche geschaffen und bis 1963 bewirtschaftet. 1975 kaufte der NABU das Gelände und betreut es seitdem. Die nach Naturschutzkriterien gestalteten Teiche liegen im Feuchtgrünland. Westlich grenzen an das Teichgebiet zwei kleine Waldparzellen und – jenseits des Deiches –

der Strand und das offene Meer. Im Osten der Insel entstand eine bis zu 12 m hohe Steilküste, die immer noch vom Meer abgetragen wird.

» Charakteristische Vogelarten

Fehmarn ist vor allem zum Beobachten von Wasser- und Watvögeln ein hervorragendes Reiseziel. Im Teichgut Wallnau brüten z.B. Rohrdommeln, Rothalstaucher, Mittelsäger, Säbelschnäbler, Zwerg-, Küsten- und Flussseeschwalben sowie Rohrweihen.

An der Küste findet man zur Brutzeit Austernfischer, Sandregenpfeifer, Säbelschnäbler, Rotschenkel, Brand-, Küsten-, Fluss- und Zwergseeschwalben und Brandenten. An den Süßgewässern brüten Rothals- und Haubentaucher, Löffel-, Reiher- und Tafelenten. Im Röhricht singen Rohrschwirle und Schilfrohrsänger. Wasserrallen und Bartmeisen brüten ebenfalls dort. Die flachen, brackigen Gewässer und auch flache Teiche im NSG Wallnau werden zur Zugzeit von zahlreichen Limikolen aufgesucht. Kiebitzregenpfeifer, Steinwälzer, Alpenstrandläufer, Knutts, Kampfläufer, Dunkelwasserläufer, Bekassinen, Grün- und Rotschenkel und Große Brachvögel sind oft zu sehen. Seltener sind Regenbrachvögel, Odinshühnchen, Sichel- und Zwergstrandläufer. An der Küste sind auch Wiesenpieper und Steinschmätzer häufig. Tiefe Gewässer werden besonders von den Tauch- und Meeresenten aufgesucht. So sind auf der Ostsee ganzjährig Eiderenten und im Winter auch Eis- und Trauerenten zu sehen. Mittelsäger und Gänsesäger sind häufig.

Die seltenen Zwergseeschwalben sind von April bis September zu beobachten.
Foto: U. Bohm-Audorff.

» Reisezeit

Fehmarn ist für Vogelbeobachter ganzjährig ein lohnendes Reiseziel. Limikolen sind im August und September am leichtesten zu finden. Einblicke in Vogelkolonien, z.B. im NSG Wallnau sind während der Brutzeit möglich. Vor der Küste und in den Buchten (z.B. Burger Binnensee) sind während der kalten Jahreshälfte tausende von Wasservögeln anwesend.

» Beobachtungsrouten und -möglichkeiten

Ideal ist der Einstieg in Fehmarns Vogelwelt über das vorbildliche Informationszentrum Wallnau, das vom

Typische Vogelarten, deren Status (günstige Beobachtungszeit)
h = häufig, r = regelmäßig, s = selten; J = Jahresvogel, B = Brutvogel, W= Wintergast, D = Durchzügler.

Beobachtungsliste einiger typischer Vögel	Status (beste Beobachtungszeit)	Beobachtungsliste einiger typischer Vögel	Status (beste Beobachtungszeit)
Alpenstrandläufer	rD, rW (Juli – Mai)	Regenbrachvogel	rD (Juli – Sept., April - Mai)
Austernfischer	hB (ganzjährig)	Ringelgans	sW (Okt. – April)
Bartmeise	sB, sW (ganzjährig)	Rohrdommel	sB, rW (ganzjährig)
Brandente	rB, sW (ganzjährig)	Rohrweihe	rB (April – Sept.)
Eiderente	hW (ganzjährig)	Rothalstaucher	rB (März – Sept.)
Eisente	hW (Okt. – April)	Rotschenkel	rB, hW (ganzjährig)
Flussseeschwalbe	rB (April –Sept.)	Sanderling	rD, sW (Aug. - Mai)
Goldregenpfeifer	rD, sW (Sept. -April)	Sandregenpfeifer	rB (März-Sept.)
Graugans	rB, hW (ganzjährig)	Schnatterente	sB, hD (April-Okt.)
Großer Brachvogel	sB, hJ (ganzjährig)	Schneeammer	rW (Okt. – April)
Kiebitzregenpfeifer	rD, rW (Aug.-Mai)	Seeadler	sJ (ganzjährig)
Knutt	rD (Juli – Sept.; April/Mai)	Singschwan	rW (Okt. – März)
Kolbenente	sB (April – Sept.)	Spießente	rD (Sept.-April)
Kornweihe	rW (Okt.-April)	Steinwälzer	sJ, rW (ganzjährig)
Krickente	rB, hD (März – Nov.)	Sterntaucher	sW (Okt.-März)
Küstenseeschwalbe	rB (April –Sept.)	Säbelschnäbler	rB (März – Okt.)
Löffelente	sB, rD (März –April, Sept.- Nov.)	Trauerente	hW (Okt.-April)
Mittelsäger	sB, hW (ganzjährig)	Trauerseeschwalbe	sB (Mai – Aug.)
Pfeifente	rW (Okt.-April)	Uferschnepfe	rB (März – Aug.)
Pfuhlschnepfe	rD, sJ (ganzjährig)	Zwergschwan	rW (Okt. – März)
Prachttaucher	sW (Okt. – März)	Zwergseeschwalbe	sB (April –Sept.)
		Zwergsäger	hW (Okt. – März)

Austernfischer brüten häufig auf Fehmarn und sind ganzjährig zu beobachten. Foto: H. Weindorf.

Anreise

Die Insel liegt etwa 50 km nördlich von Lübeck. Man erreicht sie vom Festland aus über die Fehmarn Sund Brücke.
Mit Bahn und Bus: Puttgarden hat einen Bahnhof.
Mit dem Auto: Anfahrt über Lübeck
Auf der Insel kann man sich am besten mit dem Rad oder dem PKW fortbewegen. Busbahnhöfe haben Puttgarden und Burg. Die Busverbindungen auf der Insel sind allerdings schlecht.

Adressen

NABU-Wasservogelreservat Wallnau, Wallnau 4, 23769 Fehmarn, Tel.: 04372/1002, Fax: 04372/1445, E-Mail: mail@NABU-Wallnau.de, Internet: www.NABU-Wallnau.de
Naturkundliche Ausstellung, Exkursionen und Infos:
Hervorragendes Infozentrum mit Ausstellung, Beobachtungshütten, Naturlehrpfad, Kaffeebar und NABU-Shop auf Gut Wallnau. Eintritt: Erwachsene € 6,50, ermäßigt € 4,50, Kinder ab 6 Jahren € 3,50 (ab 3. Kind frei)

GPS

Puttgarden (Ortsmitte)	54°29'46.37" N	11°12'45.26" O
Wallnau (Ortsmitte)	54°29'15.00" N	11°01'04.30" O

NABU geführt wird. Das Zentrum mit der Vogelzug-Ausstellung ist im „Alten Gutshaus" aufgebaut und hat jährlich mehr als 35 000 Besucher. Rund 10 ha des insgesamt fast 300 ha großen angrenzenden Teichgebietes sind für Besucher ganzjährig geöffnet. Von beschilderten Wegen mit Informationstafeln, aus vier Beobachtungshütten und von einem 10 m hohen Turm kann man im Teichgut hervorragend Vögel auf den Gewässern, im Röhricht und auf den Feuchtwiesen beobachten – oftmals aus kurzer Distanz. Der NABU bietet auch Führungen (feste Zeiten und nach Vereinbarung) an.

Die nördlichen Binnenseen sind teilweise vom Deich aus einsehbar, die Brackgewässer im NSG Grüner Brink (zwischen dem Niobe Denkmal im Westen bis etwa 2 km westlich des Fährhafens Puttgarden) von Wegen. Hier gibt es auch einen Naturlehrpfad. Die Wege sollte man keinesfalls verlassen. Führungen veranstaltet der NABU (Zeiten in Wallnau erfragen). In die Sulsdorfer Wiek kann man vom rundherum verlaufenden Deich aus hineinsehen. Im Winter lassen sich – am besten von den Deichen aus - auf der offenen See und vor allem in den Buchten Meeresenten und Säger beobachten. Günstig ist es wiederum, wenn man die Deiche nutzt. Das Inselinnere kann man vernachlässigen. Im Winter sieht man ab und zu Raufußbussarde, Sing- und Zwergschwäne.

» Weitere Freizeitmöglichkeiten

Fehmarn ist auf Tourismus eingestellt und bietet ein breites Angebot unterschiedlicher Freizeitmöglichkeiten.

Die Festlandküste des Greifswalder Boddens in Mecklenburg-Vorpommern

Im nordöstlichen Teil von Mecklenburg-Vorpommern erstreckt sich zwischen der Insel Rügen, der Festlandküste und der Nordspitze der Insel Usedom eine etwa 570 km² große und bis 10 Meter tiefe Ostseebucht: der Greifswalder Bodden. Die Landschaft entstand während der letzten Kaltzeit vor rund 16 000 Jahren. Zwischen der Insel Riems 10 km nördlich und Lubmin östlich von Greifswald liegt eine Reihe vogelkundlich wertvoller Gebiete mit guten Beobachtungsmöglichkeiten, die einfach zu erreichen sind.

» Lebensräume

Für Vögel sind vor allem die Flachwassergebiete, Strände, Schlickflächen, Röhrichte und Salzwiesen bedeutend, außerdem Teile des Hinterlandes. Dieses wird vor allem als Grün- und Ackerland genutzt. In der küstennahen Landschaft liegen wenige Gehölze und Wälder. Östlich der Dänischen Wiek, so heißt die Bucht bei Greifswald, stehen im NSG Lanken Kiefernwälder an der Küste.

Besonders wertvoll ist das NSG „Insel Koos, Kooser See und Wampener Riff". Sein Kernstück ist der Kooser See, eine weitgehend vom Bodden abgeschnittene Bucht (6 km nördlich von Greifswald) mit Röhrichten und Schlickflächen, an die Salzwiesen und Weiden (Kooser Karrendorfer Wiesen) angrenzen. Seit 1993/94 der Deich und das Binnenentwässerungssystem der Karrendorfer Wiesen zurückgebaut wurden, wird das Grünland extensiv bewirtschaftet. Die Kooser Wiesen waren nie eingedeicht und werden von jeher als Salzgrasland extensiv beweidet. Das geschützte Gebiet ist etwa 1600 ha groß. Unweit davon, unmittelbar an der B 96, liegt das Kieshofer Moor, ein ca. 28 ha großes Sauer-Zwischenmoor, das seit 1938 als Naturschutzgebiet geschützt ist.

Ein bedeutendes Waldgebiet ist das küstennahe Naturschutzgebiet Eldena nahe Greifswald. Es ist 400 ha groß, im Besitz der Universität und enthält drei Totalreservate mit über 200 Jahre alten Rotbuchen- und Stieleichenbeständen. Dazwischen liegen kleinere Niedermoore und Lichtungen; an den Wald grenzt Grünland.

» Besondere Vogelarten

Der Greifswalder Bodden ist vor allem für tausende rastende und überwinternde Enten, Gänse und Schwäne von großer Bedeutung und zählt zu den wertvollsten Rast- und Überwinterungsplätzen für Wat- und Wasservögel in Deutschland.

Im Gebiet des Kooser Sees und in den Karrendorfer Wiesen brütet u. a. eine Vielzahl von Limikolen. Kiebitze und Rotschenkel sind häufige, Austernfischer, Sandregenpfeifer und Säbelschnäbler seltene oder gelegentliche Brutvögel. In früheren Jahren brüteten hier auch Alpenstrandläufer. Unter den Singvögeln fallen im Sommer Grauammern, Braunkehlchen, Teich- und Sumpfrohrsänger auf. Die in Trupps umherhuschenden Bartmeisen besiedeln ganzjährig die Röhrichte. Seeadler sind ebenfalls das ganze Jahr über zu sehen. Auf dem Durchzug rasten Goldregenpfeifer, Dunkle Wasserläufer, Kampfläufer, Zwergstrandläufer, Bruchwasserläufer und andere Watvögel. Sing-, Zwerg- und Höckerschwäne, Pfeif-, Berg-, Schell- und Reiherenten, Gänse- und Mittelsäger sind regelmäßige Rast- und Wintergäste auf den Wasserflächen. Weiter draußen auf dem Bodden tauchen Eisenten nach Muscheln oder Heringslaich. Und in den Herbstmonaten suchen Weißwangen-, Bläss- und Graugänse in den Wiesen nach Nahrung.

Ein ähnliches Wasservogelspektrum ist auch in der Gristower Wieck südlich der Halbinsel Riems und in der Dänischen Wieck zu sehen. Überwältigend sind auch die Zahlen der überwinternden Wasservögel in den Buchten und im Bodden. Mehrere tausend Höckerschwäne und Schellenten verbringen dort den Winter solange es eisfrei bleibt. Die Zahl der rastenden Eisenten im Bodden wird mit 50 000 angegeben, die der Bergenten mit 30 000.

Im NSG Eldena findet man eine ganz andere Lebensgemeinschaft. In den alten Rotbuchen- und Stieleichenbeständen brüten Rotmilan, Schwarz-, Grün-, Mittel- und Buntspecht, Zwergschnäpper und Kolkrabe. In den lichteren und anmoorigen Bereichen brüten Schlagschwirl und Kranich. Die typische Vogelgemeinschaft der Kiefernwälder mit Haubenmeise, Sommer- und Wintergoldhähnchen findet man im NSG Laken.

Im Kieshofer Moor brüten Seeadler, Kraniche, Schwarzspechte, Pirole und mehrere Bekassinenpaare. Kleinspechte bauen ihre Höhlen in den abgestorbenen Bäumen und auch Fichtenkreuzschnäbel kann man hier sehen.

» Reisezeit

Das Gebiet ist ganzjährig, vor allem aber im Winter und zur Zugzeit, ein lohnendes Reiseziel, wenn tausende von Vögeln dort sind. Ab Oktober treffen die Meeresenten im Greifswalder Bodden ein. Sie bleiben bis März/April. Die brütenden Enten- und Watvögel sind im April/Mai am auffälligsten. Um Limikolen und Seeschwalben, z.B. die regelmäßig durchziehenden Raubseeschwalben, zu sehen, kommt man am besten im Spätsommer.

Die meisten typischen Waldvögel sind ganzjährig im Gebiet. Zwergschnäpper und Schlagschwirl (NSG Eldena) sind allerdings erst ab Ende Mai sicher zu hören und zu sehen.

» Beobachtungsmöglichkeiten

Wasservögel kann man von mehreren Punkten aus beobachten, wobei die Ergiebigkeit der Plätze von Wind und Jahreszeit abhängt. Von Norden nach Süden und Osten empfehlen wir folgende Beobachtungsplätze:

Von der Straße zur Insel Riems zwischen Gristow und Riems hat man einen Blick auf die Gristower Wiek im Süden und den Bodden im Norden. Hier kann man Drosselrohrsänger hören und Haubentaucher mit ihren Küken beobachten.

Ein für den PKW-Verkehr gesperrter Weg zur Insel Koos führt von Karrendorf aus nördlich des Kooser Sees durch Feuchtwiesen (Karrendorfer Wiesen), Flachwasser, Schlick und Röhrichte (ca. 2,5 km). Ein Beobachtungsturm steht nur wenige hundert Meter vom Parkplatz entfernt und bietet einen hervorragenden Blick über den Kooser See. Die Insel Koos selbst darf nicht betreten werden.

Das Kieshofer Moor liegt nur etwa 2 km nördlich von Greifswald. Man erreicht es über die Stralsunder Landstraße und die B 96. Man parkt auf der linken Seite vor einer Schranke (wenig Platz) und folgt dem „Knüppeldamm", der in einen Holzbohlenweg (nicht verlassen!) übergeht und an einer Aussichtsplattform im Moorkern endet. Von hier aus kann man in etwa 200 m Entfernung ein altes Seeadlernest sehen (halblinks auf einem abgestorbenen Baum). Der aktuell genutzte Horst befindet sich im Nordwesten des NSG und ist von der B 96 bzw. vom Waldrand aus gut zu sehen.

Typische Vogelarten, deren Status und günstige Beobachtungszeit (in Klammern) in der Region Greifswald.
h = häufiger, r = regelmäßiger, s = seltener
B = Brutvogel, J = Jahresvogel (kein Brutvogel), W= Wintergast, D = Durchzügler
*= NSG Eldena

Art	Status (beste Beobachtungszeit)
Alpenstrandläufer	rD (März – Mai, Aug. – Sept.)
Bartmeise	rB (ganzjährig)
Bekassine	rD (März – April, Juli – Sept.)
Bergente	hW (Okt. – April)
Blässgans	hW (Okt. – April)
Brandente	hB (ganzjährig)
Dunkler Wasserläufer	hD (April, Juni – Aug.)
Eisente	hW (Okt. – April)
Flussregenpfeifer	rB (April – Sept.)
Flussseeschwalbe	sD (April, Juli – Sept.)
Goldregenpfeifer	hD (März – April)
Grauammer	rB (ganzjährig)
Graugans	hB (ganzjährig)
Großer Brachvogel	sB, hD (März – Nov.)
Gänsesäger	hW (Nov. – März)
Haubentaucher	hB (ganzjährig)
Höckerschwan	hB, hW (ganzjährig)
Kampfläufer	rD (März – Sept.)
Kiebitz	rB, hD (ganzjährig)
Knäkente	rD (März – Aug.)
Kolkrabe	hB (ganzjährig)
Kormoran	hJ (ganzjährig)
Kranich	rB, hD (Febr. – Okt.)
Krickente	rJ (ganzjährig)
Mittelspecht*	rB (ganzjährig)
Mittelsäger	hW (Okt. – März)
Nebelkrähe	hB (ganzjährig)
Ohrentaucher	rW (Okt. – März)
Pfeifente	rD (Okt. – Mai)
Raubseeschwalbe	rD (April – Mai, Juli – Sept.)
Regenbrachvogel	rD (April – Mai, Juli – Sept.)
Reiherente	hD (ganzjährig)
Rohrweihe	sB (April – Sept.)
Saatgans	hW (Okt. – April)
Sandregenpfeifer	sB, rD (April – Sept.)
Schellente	hW (Okt. – April)
Schlagschwirl*	sB (Mai – Juli)
Schnatterente	rD (ganzjährig)
Schwarzspecht*	rB (ganzjährig)
Seeadler	rB (ganzjährig)
Singschwan	hW (Okt. – März)
Spießente	rD (Okt. – April)
Tafelente	rB, hW (ganzjährig)
Trauerente	rW (Nov. – April)
Zwergschnäpper*	sB (Juni – Juli)
Zwergschwan	rW (Okt. – März)
Zwergseeschwalbe	rJ (Mai – Sept.)
Zwergsäger	hW (Nov. – März)

Im Greifswalder Bodden sind im Winter zahlreiche Wasservögel zu sehen. Foto: P. Meister.

Die Karrendorfer Wiesen sind ein wichtiges Brut- und Rastgebiet für zahlreiche Limikolen- und Entenarten. Foto: T. Brandt

Anfahrt

Mit Bahn und Bus:
Die Universitäts- und Hansestadt Greifswald ist mit der Bahn von Berlin oder Stralsund aus regelmäßig zu erreichen. Einige der Beobachtungspunkte (z.B. Riems, Eldena über Busstopp Hainstraße, Bad Ludwigsburg) erreicht man gut mit öffentlichen Verkehrsmitteln.

Mit dem Auto:
Die Ostseeautobahn A 20 ist Ende 2005 fertig gestellt worden und führt 10 km an Greifswald vorbei. Die Fahrzeit von Hamburg über Lübeck und Rostock beträgt etwa 2,5 Stunden. Von Süden erreicht man Greifswald ebenfalls über die A 20 (von Berlin ca. 2,5 Stunden).

Mit dem Fahrrad:
Die fast ebene Landschaft lädt zum Radfahren ein. Die hier vorgestellten Ziele kann man in zwei Tagestouren (jeweils in nördliche und östliche Richtung von Greifswald) hervorragend mit dem Rad erkunden.

Adressen

Fremdenverkehrsverein Greifswald Stadt und Land e.V., Rathaus Arkaden, Am Markt, 17489 Greifswald,
Tel.: 03834/521380, Fax: 03834/521382
E-Mail: Greifswald-Information@t-online.de
Internet: www.greifswald.de

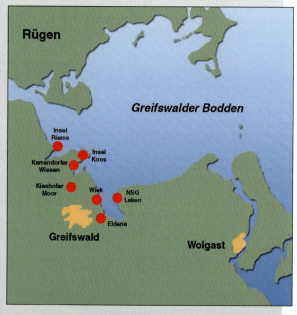

GPS

Karrendorf (Ortsmitte)	54°09'12.69" N	13°22'10.47" O
Wieck (Ortsmitte)	54°05'45.77" N	13°26'59.41" O
Eldena (Ortsmitte)	54°05'24.29" N	13°26'48.84" O
Gristow (Ortsmitte)	54°10'18.87" N	13°19'33.62" O
Ludwigsburg (Ortsmitte)	54°06'23.84" N	13°30'34.81" O
Niederhof (Ortsmitte)	54°15'17.87" N	13°11'34.21" O

Von der Promenade am Hafen des Greifswalder Ortsteiles Wieck kann man von Süden auf die Dänische Wieck blicken. Weiter südlich führt über den Boddenweg ein kleiner Pfad an den sogenannten Kuhstrand, der ebenfalls Blicke auf die Bucht ermöglicht. Nur wenige hundert Meter davon grenzt das Waldgebiet Eldena an den gleichnamigen Ortsteil von Greifswald. Die beiden größeren Altbaumbestände liegen jeweils am nordöstlichen und nordwestlichen Rand des Waldes. Tafeln mit Wegekarten ermöglichen einen Überblick über das dichte Waldwegenetz.

Einen besseren und im Sommer auch ungestörteren Blick auf die Dänische Wieck hat man von ihrer Ostseite. Dorthin gelangt man von Ludwigsburg (zunächst von Greifswald in Richtung Lubmin fahren) über den Strandweg. Von einer Steganlage nahe der Schranke aus kann man in drei Richtungen auf das Gewässer blicken. Fährt man durch die Schranke, erreicht man die Gaststätte „Boddenblick" (Wochenendbetrieb). Von dort aus führen kleine Fußwege durch den Kiefernwald des NSG Laken an den Nordostrand der Bucht und ermöglichen in besonders schöner Atmosphäre unter skurrilen Kiefern Einblicke in die Bucht und auf den Bodden. Ein kleiner Kinderspielplatz liegt in Sichtweite. Blicke über den Bodden sind auch im weiteren Verlauf der Küste bis Lubmin aus möglich. Fußwege führen durch den angrenzenden Mischwald.

» Weitere Beobachtungs- und Freizeitmöglichkeiten:

Die vergleichsweise kleine Universitäts- und Hansestadt Greifswald hat eine hübsche Altstadt mit historischen Bauwerken. So gibt es viele Speichergebäude und einige Backsteingotikbauten, z.B. die drei Kirchen St. Nikolai, St. Marien und St. Jakobi.

Etwa 20 km nördlich von Greifswald liegt bei Niederhof eine große Kormorankolonie (Naturschutzgebiet!). Sie entstand 1951 im Gutspark Niederdorf und ist damit die älteste Kormorankolonie Deutschlands. Inzwischen gibt es neben der Kolonie im Gutspark zwei weitere Teilkolonien, welche alle zusammen seit den 1990er Jahren um die 3000 Brutpaare beherbergen. Lediglich nach dem strengen Winter 2009/2010 nahm der Brutbestand auf ca. 2000 Brutpaare ab. Man erreicht Niederhof über die B 96 (Greifswald-Stralsund), indem man bei Brandshagen nach Nordosten abbiegt. Vom Parkplatz (ausgeschildert) geht man zunächst in Richtung Gästehaus und dann an diesem rechts vorbei. Von hier aus führt ein Wanderweg durch den Park, von dem man von April bis Juli die Kormorane beim Brutgeschäft beobachten kann.

Literatur

Falk Stadtplan Extra: Greifswald mit Umgebungskarte; Maßstäbe 1:17 000 und 1:150 000.
Küster, H. (2002): Die Ostsee – Eine Natur- und Kulturgeschichte. Verlag C. H. Beck, München.

Der Duvenstedter Brook in Hamburg

Mit der Millionenstadt Hamburg verbindet man mit Sicherheit nicht gleich balzende Kraniche, Wachtelkönige oder jagende Fischadler. Nur wenige wissen, dass das 780 ha große Naturschutzgebiet Duvenstedter Brook im Norden des Stadtgebietes nicht nur einen beeindruckenden Bestand an Rot- und Damwild beherbergt, sondern auch zahlreiche Brutvögel. Der Duvenstedter Brook – Brook ist eine alte Bezeichnung für einen feuchten Wald – ist eine Mosaiklandschaft aus Grünland, Moorheiden, Wäldern und Gewässern. Diese Lebensraumvielfalt spiegelt sich in einer reichen Brutvogelfauna wider. In den letzten 50 Jahren wurden 120 Brutvogelarten nachgewiesen, darunter sowohl Offenland- als auch typische Waldbewohner. Jährlich brüten hier zwischen 90 und 100 Arten. Der Duvenstedter Brook wurde 1958 als Naturschutzgebiet ausgewiesen und bildet zusammen mit den südlich und östlich angrenzenden Naturschutzgebieten Wohldorfer Wald, Hansdorfer Brook und der Ammersbek-Hunnau-Niederung in Schleswig-Holstein eine zusammenhängende Schutzgebietsfläche von über 1500 ha.

» Lebensräume

Der sehr feuchte Brook wurde seit dem Mittelalter landwirtschaftlich genutzt. Durch die damit verbundene Waldrodung entstand im Laufe der Jahrhunderte die heutige abwechslungsreiche Landschaft: Nieder- und Hochmoore neben Heiden und feuchtem Grünland, daneben Teiche, Bäche, Röhrichte sowie Laub- und Auenwälder. Viele Moorflächen wurden in der Vergangenheit leider durch Entwässerungsmaßnahmen trockengelegt und in Acker- oder Grünland umgewandelt. Birken und Kiefern drohten in den entwässerten Gebieten die Moor- und Heidevegetation zu verdrängen. Um diesen Prozess zu stoppen, wurden in den 1970er Jahren Wiedervernässungsmaßnahmen durchgeführt, die zur Entstehung großer Wasserflächen im Zentrum des Gebietes führten und ein Mosaik aus vom Wasser beeinflussten Biotopen entstehen ließ.

Heute machen Moorheiden mit Pfeifengras, Glocken- und Besenheide sowie sich entwickelnde Hochmoorflächen mit Moosbeere und Wollgras vor allem den westlichen Teil des Brooks mit insgesamt ca. 15-20% der Fläche aus. Die Bruchwälder, die über das gesamte Gebiet verteilt sind, setzen sich vor allem aus Birken und Erlen zusammen. Die Birkenbruchwälder, die im westlichen und nordwestlichen Teil des Gebietes vorkommen, entstanden durch die Entwässerung der Hochmoorgebiete. Bei Renaturierungsmaßnahmen werden sie zunehmend von Moorheideflächen abgelöst. Die Erlenbruchwälder finden sich vornehmlich auf den nährstoffreichen und kalkhaltigen Lehmböden im östlichen Teil; sie sind meist mit kleineren feuchten Wiesen durchsetzt. Im nordöstlichen Teil des Gebietes formen vor allem extensiv bewirtschaftete Grünlandflächen das Landschaftsbild. Sie sind durch Knicks, Gebüsche und Kopfweiden aufgelockert, so dass viele Brutvögel der halboffenen Landschaft hier einen geeigneten Lebensraum finden. Neben zahlreichen kleineren Teichen, die Anfang der 1990er Jahre angelegt wurden, finden sich im Zentrum des NSG große Wasser- und weite Röhrichtflächen. Die beiden Bäche Ellernbek (im Zentrum) und Röthbek (im Westen) wurden in den 1970er und 1980er Jahren durch Renaturierungsmaßnahmen in einen naturnahen Zustand zurückversetzt.

» Besondere Vogelarten

Den Naturschutzmaßnahmen ist es zu verdanken, dass im Jahr 2005 zehn Kranichpaare erfolgreich im Gebiet brüteten. Kraniche siedelten sich 1980 an. Seitdem stieg der Bestand kontinuierlich. Auf den Wiesen kann man die Vögel im Frühjahr balzen sehen. Hier lässt sich auch der Balzflug der Bekassinen beobachten, von denen rund ein Dutzend Paare

Baumpieper besiedeln die halboffenenen Flächen im Duvenstedter Brook in großer Zahl. Vor allem in den Mooren ist ihr Gesang ab Mitte April zu hören. Foto: H. Glader.

hier brüteten; in den letzten zehn Jahren sind die Bestände aber leider zurückgegangen. In den Moorheide- und Grünlandgebieten kann man den Singflug des Baumpiepers beobachten, der im gesamten Gebiet sehr häufig ist. Baumfalken, Kornweihen und Raubwürger nutzen die Moorheiden zur Nahrungssuche. In den feuchten Wiesen brüten Feldschwirle, weniger regelmäßig auch Wachtelkönige. Neuntöter und Dorngrasmücken nutzen die Gehölzstrukturen an den Wiesenrändern. In den Schilfröhrichten leben Wasserrallen, Rohrschwirle und Teichrohrsänger. Hier brüten auch Graugänse und verschiedene Enten. Sumpfrohrsänger besiedeln staudenreiche Wiesen. Graureiher brüten mit 20 bis 50 Paaren innerhalb des Naturschutzgebietes; anfangs bestand sie aus „Bodennestern" im Schilf, heute brüten die Reiher in Bäumen.

Regelmäßig besuchen auch Seeadler und Rotmilan das Gebiet zur Nahrungssuche. Verbuschte Gebiete in Kombination mit Hochstauden werden in jährlich schwankenden Beständen von Schlagschwirlen bezogen. In den Wäldern findet man neben einer Reihe anderer Singvogelarten auch Pirole. Abends kann man Waldschnepfen über die Bäume hinweg streichen sehen. In Hamburg brüten die größten Bestände im Duvenstedter Brook und im angrenzenden Wohldorfer Wald. Baumfalke und Wespenbussard brüten ebenfalls im Brook.

» Reisezeit

Die Kranichbalz findet bereits Ende Februar statt, die Vögel sind aber auch später im Jahr häufig zu beobachten. Wenn man auf den Wegen bleibt, zeigen sie eine erstaunlich geringe Fluchtdistanz. Ab Ende März lohnt sich ein Besuch in der Abenddämmerung, wenn das „blubbern" der Moorfrösche die Nacht erfüllt und man die Balz der Waldschnepfe und das Quiecken der Wasserralle hören kann. Zur Zeit der Amphibienwanderung sollte man besonders vorsichtig gehen, denn es kann sein, dass die Wege von wandernden Tieren, vor allem von kleinen Molchen regelrecht „überschwemmt" werden (Taschenlampe mitbringen!). Erst ab Ende April/Anfang Mai kann man in den Röhrichtbereichen und an den Wiesenrändern dem Konzert der Rohrsänger und der Feldschwirle lauschen. Auch sind die peitschenden Rufe des Tüpfelsumpfhuhns und Laubfrösche zu hören. Ende Mai treffen als letzte der Zugvögel die Schlagschwirle ein. Im Herbst lassen sich in der Dämmerung die eindrucksvollen Rangkämpfe der Rothirsche und die Sammelflüge der Stare beobachten. Der Winter eignet sich zur Eulenbeobachtung; ab Januar ertönen im benachbarten Wohldorfer Wald die tiefen Balzrufe der Uhus, die man mit etwas Glück auch zu Gesicht bekommen kann. An vielen Stellen hört man die Rufe des Waldkauzes. Im Winter kann man auch große Trupps von Birken- und Erlenzeisigen sowie Rot- und Wacholderdrosseln sehen. Auch der Raubwürger ist im Winter gut zu beobachten. Dem aufmerksamen Beobachter entgehen auch nicht die Bergpieper, Gäste aus höheren Lagen.

» Beobachtungsmöglichkeiten

Der Duvenstedter Brook ist mit Wanderwegen gut erschlossen, von denen aus schöne Beobachtungen möglich sind. Es gibt eine Beobachtungshütte, die direkt an einem kleinen Gewässer liegt, von der man aber auch einen guten Blick auf die Flächen des Zentrums hat. Zudem finden sich im Duvenstedter Brook mehrere Sichtschirme für die Rotwildbeobachtung. Von diesen Punkten aus hat man teilweise eine gute Sicht über weite Flächen. Von Beobachtungsstand A und B (s. Karte unten) kann man auf die Graureiherkolonie blicken, ein Spektiv ist hierfür empfehlenswert.

Wegen seiner Nähe zur Stadt Hamburg wird das Gebiet von vielen Erholungssuchenden genutzt. Nur durch geschickte Wegeführung und jahreszeitliche Sperrung einiger Wege ist es möglich, dass Vögel und Hirsche ungestört bleiben. Es ist daher sehr wichtig, sich an die Wegsperrungen zu halten. Zudem herrscht im gesamten Gebiet absolutes Hundeverbot. Nach starken Regenfällen können kleinere Wege teilweise überspült werden, Gummistiefel sind dann erforderlich.

Das Naturschutz-Informationshaus Duvenstedter Brook beherbergt eine Ausstellung über die Besonderheiten des Gebietes. Ein fachkundig gestaltetes Diorama mit Präparaten sowie Wandtafeln informieren über die Tier- und Pflanzenwelt verschiedener Lebensräume. Der NABU-Shop bietet Infomaterial, gute Gebietskarten und Fachbücher an; vor dem Haus stehen Picknickbänke.

» Weitere Freizeitmöglichkeiten

Durch das südlich angrenzende Naturschutzgebiet Wohldorfer Wald führt ein Natur- und Kulturinformationspfad mit mehreren Naturerlebnisstationen. In dem totholzreichen Laubwald brütet eine Vielzahl typischer Waldvögel.

Typische Vogelarten im Duvenstedter Brook und deren Status

h = häufig, r = regelmäßig, s = seltener
J = Jahresvogel (kein Brutvogel), B = Brutvogel,
W = Wintergast, D = Durchzügler, N = Nahrungsgast

Art	Status (beste Beobachtungszeit)
Baumfalke	sB (Mai – Sept.)
Baumpieper	hB (April – Sept.)
Feldschwirl	rB (April – Aug.)
Fischadler	rD (April, Aug. – Okt.)
Grünspecht	sB (ganzjährig)
Habicht	rB (ganzjährig)
Hohltaube	sB (Febr. – Nov.)
Kiebitz	rB (März – Nov.)
Kleinspecht	rB (ganzjährig)
Kornweihe	rW (Okt. – März)
Kranich	rB (März – Okt.)
Kuckuck	hB (April – Aug.)
Mittelspecht	rB (ganzjährig)
Pirol	sB (Mai – Aug.)
Rohrschwirl	sB (Mai – Aug.)
Rohrweihe	rB (April – Sept.)
Schlagschwirl	sB (Mai – Aug.)
Schwarzspecht	rB (ganzjährig)
Seeadler	rJ (ganzjährig)
Sperber	rB (ganzjährig)
Sumpfrohrsänger	rB (Mai – Aug.)
Teichrohrsänger	hB (Mai – Aug.)
Uhu	sJ (ganzjährig)
Wachtelkönig	sB (Mai – Juli)
Waldlaubsänger	hB (Mai – Aug.)
Waldohreule	sB, sW (ganzjährig)
Wasserralle	rB (ganzjährig)
Wespenbussard	sB (Mai – Aug.)

Etwas weiter entfernt im Nordosten von Hamburg liegen die Naturschutzgebiete Stellmoorer Tunneltal und Höltigbaum. Das NSG Höltigbaum ist ein ehemaliger Standortübungsplatz der Bundeswehr und ein wichtiges Brutgebiet für Neuntöter. Die halb offene Hügellandschaft bietet sich für Spaziergänge und Radtouren an.

Infomaterial/Literatur:

Naturschutzbund Deutschland (NABU) (Hrsg.): „Der Duvenstedter Brook. Wildnis in Hamburgs Norden", Bezug: Naturschutz-Informationshaus Duvenstedter Brook.

Mitschke, A. & S. Baumung (2001): Brutvogel-Atlas Hamburg. Hamburger avifaunistische Beiträge 31.

Wesolowski, K. & T. Depke (2006): Die Avifauna des Naturschutzgebietes Duvenstedter Brook. In Vorbereitung.

Anfahrt

Mit der Bahn:
Von Hamburg Hbf mit der U1 bis zur Endhaltestelle Ohlstedt (35 Min.), nach Verlassen des Bahnhofes unter der Bahn durch und nach dem Parkplatz rechts in ‚Timms Hege' einbiegen. An der Kreuzung wieder rechts, dem Kupferredder durch das NSG Wohldorfer Wald (Abstecher im Gebiet lohnenswert!) folgen. Nach ca. 40 Min. erreicht man das Informationshaus. Oder mit dem Bus 276 bis zur Haltestelle Duvenstedter Trifftweg und dann zu Fuß 20 Min. entlang des Triftweges. Infos zum Fahrplan und Tickets des Hamburger Verkehrsverbundes: www.hvv.de

Mit dem Auto:
Bis Wohldorf (südwestlich vom Duvenstedter Brook), am Rande des Gebietes, auch an der Ecke Wiemerskamper Weg und Duvenstedter Triftweg in der Nähe des Informationshauses, stehen Parkplätze zur Verfügung (siehe Karte).

Adressen

Naturschutz-Informationshaus Duvenstedter Brook
Duvenstedter Triftweg 140
22397 Hamburg
Tel./Fax: 040-6072466
Tel.: werktags 040-697089-0

Öffnungszeiten:

Februar, März, November:
Sa 12.00-16.00 Uhr
So & Feiertage 10.00-16.00 Uhr

April-Oktober:
Mo geschlossen
Di - Fr 12.00-17.00 Uhr
Sa 12.00-18.00 Uhr
So 10.00-18.00 Uhr

Besondere Beobachtungen bitte Herrn K. Wesolowski (wesolowski@nabu-hamburg.de) melden!

GPS		
Wohldorf (Ortsmitte)	53°42'26.99" N	10°06'34.89" O
Naturschutz-Informationshaus Duvenstedter Brook	53°42'50.58" N	10°08'24.88" O
Beobachtungsstand am Duvenstedter Triftweg	53°43'15.42" N	10°10'01.80" O
Beobachtungsstand	53°43'45.66" N	10°10'14.22" O

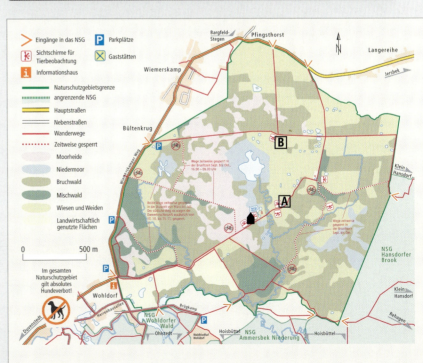

Das Naturschutzgebiet Krakower Obersee in Mecklenburg-Vorpommern

Etwa 50 km südlich von Rostock liegt inmitten der Mecklenburgischen Seenplatte der Krakower Obersee. Das Feuchtgebiet von internationaler Bedeutung ist Teil des Naturparks „Nossentiner und Schwinzer Heide". Wegen seiner Brutvogelfauna und Bedeutung als Rast- und Überwinterungsgebiet ist der Südteil des 1646 ha großen Sees als Naturschutzgebiet ausgewiesen. Neben Wasserflächen, zahlreichen Inseln und Uferzonen sind auch Bruchwälder, Moore sowie land- und forstwirtschaftliche Flächen mit in das Schutzgebiet einbezogen.

» Lebensräume

Die Wassertiefe des Krakower Obersees reicht von nur 5 Metern in einer überfluteten Grundmoränenlandschaft bis zu 27 Metern in einer „ertrunkenen" Schmelzwasserrinne. Die verschmutzungsbedingt vorübergehend fast verschwundene Unterwasservegetation besteht aus Laichkräutern und zunehmend auch wieder aus Armleuchteralgen. An die offene Wasserfläche grenzt eine 18,5 km lange Röhrichtzone, die sich nach einem drastischen Rückgang in der Vergangenheit heute wieder zu erholen beginnt. Felder, Wiesen und Weiden begrenzen die größten Teile des Ufers.

Die acht Inseln des Gebietes – Werder genannt – sind überwiegend bewaldet. Auf ihnen findet man naturnahe Wälder mit Linde, Eiche, Rotbuche, Bergahorn, Erle und Esche (Linden-, Stein-, Laub- und Rauhwerder) oder Erlen und Moorbirken mit dichtem Weidengebüsch (Süfs, Hardenort und Rauchstelle). Auf der größten Insel des Sees, dem Großen Werder, liegt eine trockene Magerweide. Die Ufer der Werder sind von Flachmooren, Viehkoppeln, landwirtschaftlich genutzten Flächen sowie von Bruch- und Mischwäldern gesäumt.

» Charakteristische Vogelarten

Am See und auf den Inseln wurden bisher 188 Vogelarten nachgewiesen, davon 96 Brutvogelarten. Auf dem Großen Werder befinden sich Kolonien von Lachmöwe (mehr als 4000 Paare) und Flussseeschwalbe (bis 200 Paare) und auf dem Lindenwerder eine Kormorankolonie. Die Inseln sind auch Brutplätze von Seeadler, Graugans (mehr als 50 Paare), Löffel-, Schnatter-, Schell- und Reiherente. Neuerdings brüten hier auch wieder Kolbenenten. Vor dem Aussichtsturm „Seeadler" am Südufer nisten Haubentaucher und in den Schilfröhrichten finden Rohrweihe, Rohrdommel, Wasserralle, Bartmeise, Drossel-,

Teich- und Schilfrohrsänger und Rohrschwirl geeignete Lebensräume. Im Herbst fallen abends tausende Stare am Schlafplatz ein. Bekassinen brüten in den angrenzenden Feuchtwiesen und Flachmooren. In den umgebenden Wäldern kann man Misteldrosseln, Schwarz- und Mittelspechte beobachten. Regelmäßig kommen auch Kranich, Graureiher, Eisvogel, Fischadler, mehrere Seeadlerpaare, Schwarz- und Rotmilan sowie Neuntöter und Raubwürger zur Nahrungssuche in das Schutzgebiet.

Im Winterhalbjahr nutzen bis zu 3000 Graugänse und bis zu 10 000 Bläss- und Saatgänse den See als Schlafplatz, hunderte Haubentaucher, Sing- und Zwergschwäne, Gänse- und Zwergsäger finden hier Nahrung.

» Reisezeit

Interessante Beobachtungen sind am Krakower Obersee und in dessen näherer Umgebung das ganze Jahr über möglich. Wer zwischen April und Juni das Gebiet besucht, kann brütende Enten, Flussseeschwalben, Lachmöwen, Kormorane und Graugänse beobachten, die zahlreichen Rohrsänger sind dann nicht zu überhören.

Von Ende Juli bis September sieht man Reiher- und Tafelenten in beeindruckender Zahl (6000 bis 12 000). Sie nutzen den See als Mauserplatz. Wer später im Herbst oder Winter kommt, kann auch Bläss- und Saatgänse, Sing- und Zwergschwäne und Säger beobachten.

» Beobachtungseinrichtungen

Um den See führt ein ca. 20 km langer Rundwanderweg. Hier erlauben zwei Beobachtungstürme dem Beobachter einen Blick über das Gebiet. In

Der Aussichtsturm „Rohrsänger" am Ostufer des Sees erlaubt im Winterhalbjahr gute Gänsebeobachtungen. Foto: W. Neubauer.

Typische Vogelarten, deren Status (günstige Beobachtungszeit)
h = häufig, r = regelmäßig, s = selten; J = Jahresvogel, B = Brutvogel, W= Wintergast, D = Durchzügler, M = Mausergast; N = Nahrungsgast

Art	Status (beste Beobachtungszeit)	Art	Status (beste Beobachtungszeit)
Bartmeise	sB (ganzjährig)	Mittelspecht	sB (ganzjährig)
Bekassine	rB, rD (März – Sept.)	Neuntöter	rB (Mai – Aug.)
Beutelmeise	sB (April – Sept.)	Pfeifente	rD (März – Okt.)
Blässgans	hD (Sept.– März)	Raubwürger	sB (ganzjährig)
Braunkehlchen	rB (Mai – Aug.)	Reiherente	rB, hD, hM (ganzjärig)
Bruchwasserläufer	rD (April – Sept.)	Rohrdommel	sB (März –Mai)
Drosselrohrsänger	rB (Mai – Juli)	Rohrschwirl	rB (Mai – Juli)
Eisvogel	rB (ganzjährig)	Rohrweihe	rB, (April – Sept.)
Fischadler	hN (März – Okt.)	Rotmilan	rB, (März – Okt.)
Flussseeschwalbe	hB (April – Aug.)	Saatgans	hD, rW (Sept.- März)
Flussuferläufer	rD (Mai + Juli-Sept.)	Schellente	rB, hD, rM (ganzjährig)
Graugans	hB, rD (März- Okt.)	Schilfrohrsänger	rB (Mai – Juli)
Grünschenkel	rD (April – Sept.)	Schlagschwirl	rD (Mai – Juli)
Gänsesäger	rW (Nov. – März)	Schnatterente	rB, rD (März – Okt.)
Haubentaucher	hJ (ganzjährig)	Schwarzmilan	sB, rN (März – Aug.)
Hohltaube	rB (April –Sept.)	Schwarzspecht	sB (ganzjährig)
Kiebitz	rB, hD (März – Okt.)	Seeadler	rB (ganzjährig)
Kleinspecht	rB (ganzjährig)	Singschwan	rD (Okt.– März)
Knäkente	sB (April – Mai)	Sprosser	rB (Mai – Juli)
Kolbenente	sD, sB (April – Sept.)	Tafelente	rD, hM (Juli – Nov.)
Kolkrabe	sB, rN (ganzjährig)	Trauerseeschwalbe	rD (Mai)
Kormoran	hJ (ganzjährig)	Wasserralle	hB (ganzjährig)
Kranich	sB (März – Okt.)	Zwergmöwe	rD (April – Mai)
Krickente	rD (März – Nov.)	Zwergschwan	rD (Okt.– März)
Lachmöwe	hB (ganzjährig)	Zwergsäger	rW (Nov. – März)
Löffelente	rB, rD (April – Okt.)		

GPS		
Möllen (Ortsmitte)	53°38'11.38" N	12°16'43.45" O
Bossow (Ortsmitte)	53°36'56.35" N	12°15'04.78" O
Glave (Ortsmitte)	53°35'32.89" N	12°17'36.12" O
Dobbin (Ortsmitte)	53°37'04.55" N	12°19'52.04" O

der Nähe bestehen auch Parkmöglichkeiten. Vom Turm am Südufer („Seeadler") sieht man die Lachmöwenkolonie, kann See- und Fischadler, rastende Graugänse, fischende Kormorane und die mausernden Reiher- und Tafelenten sowie den abendlichen Schlafplatzflug der Stare beobachten. Wer im Winterhalbjahr Gänse beobachten möchte, nutzt am besten den Beobachtungsturm „Rohrsänger" am Ostufer. Gute Beobachtungen lassen sich außerdem zwischen Möllen und Bossow machen (mit Info-Tafel), am Ortsausgang Glave, an der Badestelle bei Dobbin sowie an weiteren Stellen des Weges. In der Umgebung der Teichwirtschaft Dobbin (Imbiss) kann man häufig jagende Fischadler und Rotmilane sehen, während Kraniche, Graureiher und Graugänse auf der angrenzenden Weide nach Nahrung suchen.

» Weitere Freizeitmöglichkeiten

Empfehlenswert sind auch folgende Exkursionsziele in der Nähe:
- NSG „Nebeltal" von Serrahn bis Kuchelmiß (Eisvogel, Gebirgsstelze, Wasseramsel im Winter)
- NSG Breeser See; Aussichtsturm bei Klein Breesen (im Frühling/Sommer Bartmeise, Blaukehlchen, Flussseeschwalben auf Brutinsel, Gänse)
- Naturpark Nossentiner und Schwinzer Heide mit Ausstellung in Karow und Aussichtsturm „Moorochse" am NSG Nordufer des Plauer Sees (Kormorankolonie)

Anfahrt

Mit Bahn und Bus:
Güstrow hat einen Bahnanschluss. Von dort aus fahren Busse nach Krakow.

Mit dem Auto:
Über die Autobahn A 19 (Berlin-Rostock), Abfahrt Linstow/Krakow Süd und dann in Richtung Krakow am See (6 km). Oder über die B 103 bis Krakow am See. Aus Schwerin über die B 104 und ab Güstrow über die B 103.

Adressen

Unterkünfte: Touristinformation, Lange Straße 2, Tel. 038457/22258, E-Mail: info1@krakow-am-see.de
www.krakow-am-see.de

Freizeittreff Krakow am See, Tel. 038457/22433
Meldungen von außergewöhnlichen Beobachtungen bitte an: Dr. Wolfgang Neubauer, Dobbiner Chaussee 11, 18292 Krakow am See.

Infomaterial
Neubauer, W. (2001): Die Vögel des Naturschutzgebietes Krakower Obersee. Natur und Naturschutz in Mecklenburg-Vorpommern. Band 36, S. 1-70.

Reiherenten brüten regelmäßig im Gebiet. Foto: H.-J. Fünfstück.

Der Müritz-Nationalpark in Mecklenburg-Vorpommern

Auf halber Strecke zwischen Berlin und Rostock findet sich das „Herz der mecklenburgischen Seenplatte": der Müritz-Nationalpark. Das 322 km² große Gebiet umfasst einen breiten Streifen am Ostufer der Müritz, Deutschlands zweitgrößten See, und schließt mehr als 100 weitere Seen von mehr als einem Hektar Größe sowie zahlreiche Kleingewässer ein. Sie sind eingebettet in eine ursprünglich anmutende Landschaft, die von weiten Wäldern und großen Mooren dominiert wird.

Der dünn besiedelte Nationalpark gliedert sich in die Teilgebiete Müritz (260 km²) und Serrahn (62 km²) und ist gleichzeitig Natura 2000-Gebiet.

» Lebensräume

Das größere Teilgebiet des Nationalparks grenzt an das Ostufer der Müritz. Hier liegt eine extrem flach abfallende Sandebene mit ausgedehnten Schilfflächen, einigen Restseen und weiten Mooren. Die vielen Stillgewässer des Gebiets unterscheiden sich stark in Größe, Form, Lage, Wasserversorgung und Nährstoffgehalt. In den meisten Fällen sind sie von Röhrichten umgeben. Alle Moore im Gebiet sind Niedermoore, die jedoch unterschiedliche Entstehungsgeschichten aufweisen. Auch die Waldgebiete unterscheiden sich. Während auf den Sandergebieten des Müritz-Nationalparks Kiefernwälder dominieren, sind es auf den Endmoränen des Serrahner Teiles Buchenwälder, die teilweise seit 150 Jahren nicht mehr bewirtschaftet werden.

» Besondere Vogelarten

Bislang wurden im Gebiet 250 Vogelarten nachgewiesen, 147 als Brutvögel. Seeadler nutzen den Nationalpark ganzjährig. Fischadler sind von März bis Oktober zu sehen und wählen vorwiegend Hochspannungsmasten als Brutplatz. Kraniche brüten in Erlenbruchwäldern, verbuschten Feuchtflächen und Röhrichten. Zur Zugzeit rasten mehrere tausend von ihnen im Gebiet. Im Röhrichtgürtel der Gewässer brüten Rohrdommeln,

Interessante Vogelarten, ihr Status (günstige Beobachtungszeit)
h = häufig, r = regelmäßig, s = seltener
J = Jahresvogel, B = Brutvogel, W = Wintergast, D = Durchzügler

Art	Status (beste Beobachtungszeit)	Art	Status (beste Beobachtungszeit)
Bartmeise	rJ (ganzjährig)	Reiherente	sB, rW (ganzjährig)
Baumfalke	sB (Mai – Okt.)	Rohrdommel	sB (ganzjährig)
Blässgans	rW (Sept. – April)	Rohrschwirl	rB (Mai – Sept.)
Drosselrohrsänger	sB (April – Aug.)	Rohrweihe	rB (April – Sept.)
Fischadler	rB (März – Okt.)	Rotmilan	sB (Febr. – Okt.)
Graugans	rB (ganzjährig)	Saatgans	rW (Sept. – April)
Grünspecht	rJ (ganzjährig)	Schellente	rB, rW (März – Dez.)
Gänsesäger	rB, rW (ganzjährig)	Schlagschwirl	sB (Mai – Aug.)
Haubentaucher	rB (März – Dez.)	Schnatterente	sB, sD (April – Okt.)
Heidelerche	rB (April – Okt.)	Schwarzmilan	sB (April – Sept.)
Hohltaube	rJ (ganzjährig)	Schwarzspecht	rJ (ganzjährig)
Kleinspecht	rJ (ganzjährig)	Schwarzstorch	sB (April – Aug.)
Knäkente	sB, sD (April – Aug.)	Seeadler	rB (ganzjährig)
Kolbenente	sB, rD (April – Sept.)	Sperbergrasmücke	sB (Mai – Aug.)
Kranich	rB, rD (Febr. – Dez.)	Sprosser	rB (April – Aug.)
Krickente	sB, sD (März – Nov.)	Tafelente	rJ (ganzjährig)
Löffelente	sB, sD (April – Sept.)	Wendehals	rB (April – Sept.)
Mittelspecht	sJ (ganzjährig)	Wiedehopf	sB, sD (Mai – Aug.)
Nachtigall	sB (April – Sept.)	Zwergschnäpper	rB (Mai – Sept.)
Pfeifente	sD (Sept. – März)	Zwergsäger	sD, sW (Nov. – April)
		Zwergtaucher	rB (April – Okt.)

Sumpf-, Teichrohr- und Drosselrohrsänger sowie Rohrschwirle. Im Frühjahr ertönt der Gesang der Sprosser und Nachtigallen, deren Verbreitungsgebiete sich hier überschneiden. Die zahlreichen Gewässer bieten gute Brutbedingungen für Entenarten: Schnatter-, Krick-, Knäk-, Löffel-, Reiher-, Schell- und – in geringer Zahl – sogar Kolbenenten. In den alten Wäldern finden sich Schwarz-, Grün-, Bunt- und Mittelspecht. Hier sind auch Hohltauben zu finden und Ende Mai treffen die rund 200 Brutpaare des Zwergschnäppers ein. Ein seltener Brutvogel ist der Schwarzstorch (ein Paar). Halb offene Landschaftsbereiche besiedeln in geringer Zahl Wiedehopf und Wendehals.

» Reisezeit

Der Nationalpark ist ganzjährig ein gutes Reiseziel für Vogelbeobachter. Fütternde Fischadler sind in den Sommermonaten leicht zu entdecken. Der Höhepunkt des Kranichzuges fällt in die zweite Oktoberhälfte. Im September und Oktober bieten sich gute Chancen, röhrende Rothirsche zu sehen. Enten und Gänse lassen sich besonders im Herbst/Winter auf den zahlreichen Seen beobachten.

Fischadler sind im Müritz-Nationalpark von März bis Oktober zu beobachten.
Foto: K.-H. Moll.

» Beobachtungseinrichtungen

Das gesamte Gebiet ist gut mit Beobachtungsständen ausgestattet. Bei Federow und in der Zotzenseeniederung stehen Sichtschutzwände zur Verfügung. Hier kann man sich hervorragend Fischadlern nähern, ohne sie zu stören. Am Großen Serrahnsee findet sich ein Beobachtungsstand, von dem aus man häufig jagende Fisch- und Seeadler sehen kann. Wer Wasser- und Greifvögel studieren möchte, sollte einen der vier Beobachtungseinrichtungen an den Boeker Fischteichen aufsuchen. Zur Kranichbeobachtung gibt es eine Sichtschutzwand an der Spuklochkoppel, den Beobachtungsstand

Sehen ohne zu stören: Sichtschutzwand zur Beobachtung von Fischadlern bei Federow. Foto: H. Fulda.

Vogelbeobachtungsmöglichkeiten

1 + 7	Beobachtungsstände Ostufer der Müritz, Schnakenburg & Boek; Sing- und Zwergschwäne
2	Zwei Beobachtungsstände am Warnker See; Wasservögel
3, 4 + 6	Sichtschutzwand Spuklochkoppel, Beobachtungsstand Rederangsee und Aussichtspunkte Lange Dämme und Lehmhorst; Kraniche,
	4 + 6 vom 1.9. bis 31.10. tägl. ab 16 Uhr; nur im Rahmen einer Führung begehbar, Anmeldung: 03991/670091
5 + 12	Sichtschutzwand bei Federow & in der Zotzenseeniederung; Fischadler
8, 9, 10 + 11	Beobachtungsstände und Aussichtspunkt an den Boeker Fischteichen; Wasser- und Greifvögel
12	Beobachtungsstand am Großen Serrahnsee; Fisch- und Seeadler

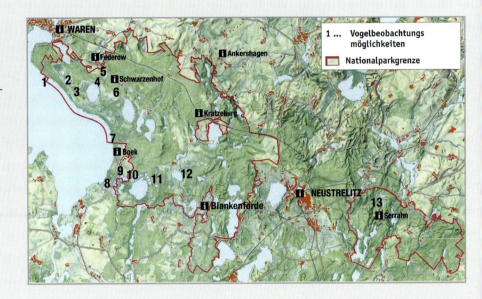

Rederangsee und die Aussichtspunkte Kurze Dämme und Lehmhorst, die vom 1.9. bis zum 31.10. täglich ab 14 Uhr nur im Rahmen einer Führung begehbar sind (Anmeldung: Tel. 03991/668849).

Vielfältige Tipps bieten die Nationalpark-Infozentren, die von Mai bis Oktober täglich von 10 bis 17 Uhr geöffnet haben (s. Kasten). Hier gibt es auch Material wie Karten, Broschüren und eine liebevoll gestaltete Vogelliste.

» Weitere Freizeitmöglichkeiten

Durch das Gebiet führen über 600 km Rad- und Wanderwege sowie 180 km Reit- und Kutschwege. Auch Wasserwandern ist sehr beliebt; es gibt eine Reihe von Bootsvermietern. Weitere Attraktionen sind das Müritz-Museum in Waren, der Natur-Erlebnis-Pfad „Der lange Weg zum Urwald" bei Zinow, der Findlingsgarten in Prälank bei Neustrelitz, die Naturarche mit Vogelwarte in Kalkhorst bei Neustrelitz und das Arboretum Erbsland (Führungen nach Anmeldung Forstamt Mirow, Tel.: 039833/26190).

Anfahrt

Mit Bahn und Bus:
Bahnhöfe Waren (Müritz) und Neustrelitz auf der Strecke Berlin-Rostock, weiter mit den Linien des Müritz-Nationalpark-Tickets oder dem regulären Linienverkehr. Gute Möglichkeiten im Gebiet bietet das Nationalpark-Ticket, das die Benutzung zweier Buslinien und der Schifffahrtslinien erlaubt, und auch Fahrradmitnahme und Führungen des Nationalparkamtes mit einschließt. Die Nationalpark-Ticket-Busse verkehren von Mai bis Oktober. Informationen und Fahrpläne gibt es in den Nationalpark- und Tourist-Informationen sowie bei den Busgesellschaften (pvm: Tel. 03991-645-0 und vms: Tel. 03981-421010)
www.nationalpark-ticket.de

Mit dem Auto:
Autobahnen A 24 und A 19 von Berlin nach Rostock, Abfahrten Röbel/Müritz oder Waren (Müritz).

Adressen

Nationalparkamt Müritz, Schlossplatz 3, 17237 Hohenzieritz, Tel. 039824/252-0,
www.nationalpark-mueritz.de

Nationalpark-Service (z.B. für Unterkünfte, Reiseangebote), Informationshaus Federow, Tel. 03991/668849,
E-Mail: info@nationalpark-service.de
www.nationalpark-service.de

Tourismusverband Mecklenburgische Seenplatte (Unterkünfte), Tel.: 039931/538-0,
www.mecklenburgische-seenplatte.de
E-Mail: info@mecklenburgische-seenplatte.de

Infozentren/Ausstellungen

- Waren (Müritz): Ausstellung „Der Müritz-Nationalpark und die Agenda 21"
- Neustrelitz, Am Tiergarten: Ausstellungen „Landschaft im Wandel" und „Unterwegs im Land der tausend Seen"
- Ankershagen, Gutshaus Friedrichsfelde: Videodirektübertragung vom Storchennest
- Federow: Videodirektübertragung vom Fischadlerhorst
- Kratzeburg: Ausstellung „Das Havel-Quell-Gebiet"
- Schwarzenhof: Ausstellung „Geschichte(n) vom Ostufer der Müritz"
- Serrahn: Ausstellung „Serrahner Waldgeschichten"
- Boek, Gutshaus, Dorfmuseum und Ausstellungen „Die Fischer von Boek" und „Kulturhistorische Zinnminiaturen"
- Blankenförde: Nationalparkinfostelle

GPS

Federow (Ortsmitte)	53°28'59.13" N	12°45'40.56" O
Schwarzenhof (Ortsmitte)	53°27'47.10" N	12°47'59.18" O
Boek (Ortsmitte)	53°23'46.02" N	12°47'51.09" O
Waren (Ortsmitte)	53°31'12.94" N	12°40'51.55" O

Der Galenbecker See in Mecklenburg-Vorpommern

Zwischen Ostsee und mecklenburgischer Seenplatte liegt der Galenbecker See, ca. 32 Kilometer nordöstlich von Neubrandenburg, am Fuß der Brohmer Berge. Nordöstlich an den See schließt sich die Friedländer Große Wiese an, eines der größten Durchströmungsmoore Deutschlands. Der durchschnittlich nur 0,75 m tiefe See hat eine Fläche von ca. 590 ha. Wegen der herausragenden Bedeutung des Gebietes als Brut- und Nahrungsgebiet für viele Vogelarten, wurde 1939 das gleichnamige Naturschutzgebiet ausgewiesen, das eine Fläche von 1015 ha umfasst. Der See und das angrenzende Moor sind zudem „Feuchtgebiet internationaler Bedeutung" und Natura 2000 Gebiet.

» Lebensräume

Große Röhrichtzonen säumen die Ufer des Sees, an die im Nordwesten und Süden Bruchwälder angrenzen. Insbesondere die Teufelsbrücke, eine im Nordosten in den See hineinragende Halbinsel, und das Kalkflachmoor am südöstlichen Seeufer sind bedeutsame Standorte von stark bedrohten Kalkflachmoor-, Pfeifengraswiesen- und Feuchtwiesenpflanzen.

Durch Entwässerung der umgebenden Moorflächen seit den 1960er Jahren sowie durch Nährstoffeinträge im Zusammenhang mit Karpfenzucht und intensiver landwirtschaftlicher Nutzung wurde der Galenbecker See stark geschädigt. 2003 bis 2007 wurde das EU-LIFE-Projekt „Naturraumsanierung Galenbecker See" vom Staatlichen Amt für Umwelt und Natur Ueckermünde umgesetzt, um die Lebensräume von Tier- und Pflanzenarten zu verbessern.

» Besondere Vogelarten

Am Galenbecker See gibt es ca. 120 Brutvogelarten, darunter auch einige europaweit bedrohte Arten wie Rohrdommel und der Wachtelkönig. Wasserralle und Tüpfelsumpfhuhn sind am röhrichtbestandenen Ufer des Galenbecker Sees zu finden. Im Gebiet brüten Seeadler und hin und wieder kommen Schreiadler auf Nahrungssuche vorbei. Sie brüten in den angrenzenden Brohmer Bergen. Besondere Singvögel sind Bartmeisen, Schilf- und Drosselrohrsänger, Schlagschwirle und Sperbergrasmücken. Auch für durchziehende Vögel ist der See von großer Bedeutung. Weil die weiten Schilfzonen im Herbst vielen Singvögeln – vor allem Rohrsängern – als Schlaf- oder Rastplatz dienen, betrieb die Vogelwarte Radolfzell hier im Rahmen des Mettnau-Reit-Illmitz-Programms bis vor wenigen Jahren eine Beringungsstation. Aber auch Wasservögel nutzen das Gebiet zum Zwischenstopp und zum Überwintern, sodass in den vergangenen Jahren Singschwäne, Saat-, Bläss- und Graugänse sowie Zwerg- und Gänsesäger im Winterhalbjahr regelmäßig beobachtet werden konnten. Ab Mitte September bietet sich dem Beobachter am Galenbecker See ein besonderes Schauspiel: Während der Abenddämmerung fallen 5000 bis 7000 Kraniche ein. Sie fressen tagsüber auf den abgeernteten Maisäckern in der Friedländer Großen Wiese und nutzen die Sandbänke im Südostteil des Sees zum Übernachten. Der Kranicheinfall ist von der neuen Beobachtungseinrichtung am „Alten Hafen" bei Heinrichswalde gut zu sehen.

Oben: Für Schwäne und Enten ist der See ein wichtiger Rast- und Überwinterungsplatz.
Mitte: Bekassine, die sich vor einer Gefahr an den Boden drückt ("Schreckstellung").
Unten: Der Seeadler (hier Altvogel) ist am Galenbecker See häufig zu beobachten.

Fotos: E. Hoyer.

Neben zahlreichen Vogelarten finden am Galenbecker See auch Biber und Fischotter geeignete Lebensräume.

» Reisezeit

Am Galenbecker See bekommen Vogelbeobachter zu jeder Jahreszeit etwas geboten. Im späten Frühjahr und im Frühsommer sind Blaukehlchen, Sprosser, Rohrsänger, Sperbergrasmücken und andere Brutvögel zu sehen und vor allem zu hören. Für Wasservögel, besonders für Gänse, ist das Winterhalbjahr zwischen Oktober und März die beste Zeit.

Vor zu viel Betrieb muss man sich am Galenbecker See nicht fürchten. Sowohl Angeln als auch Wassersport sind im Naturschutzgebiet nicht erlaubt und auch Radfahrer schauen nur sporadisch vorbei. So bleibt das Gebiet ein idyllischer Ort für ungestörte Naturbeobachtungen.

» Beobachtungseinrichtungen

Ein Naturlehrpfad führt von Galenbeck (nahe der Kirche) zu einem Beobachtungsstand am See. Dieser ermöglicht eine gute Sicht über die Wasserfläche. Weiterhin befindet sich eine Beobachtungseinrichtung „Am alten Hafen" bei Heinrichswalde. Von hier aus lässt sich der abendliche Kranicheinfall gut beobachten. Bei Fleethhof befindet sich ein weiterer Beobachtungsstand, der den Blick auf die neue Überflutungsfläche nordwestlich des eigentlichen Sees ermöglicht.

» Weitere Freizeitmöglichkeiten

Neben dem See sind auch die im Text erwähnten angrenzenden Gebiete (Brohmer Berge und Friedländer Große Wiese) einen Besuch wert. Besonders schön lässt sich das Gebiet per Rad auf der „Eiszeitroute Mecklenburgische Seenplatte" von Schwichtenberg nach Strasburg erkunden. Auf dieser Rundroute kann Eiszeitlandschaft mit dem Rad „erfahren" werden.

Etwa 10 km nördlich des Galenbecker Sees liegt der – deutlich kleinere – Putzarer See, ebenfalls ein nährstoffreicher Flachsee.

In Galenbeck gibt es eine Burgruine aus dem 14. Jahrhundert zu sehen. Die Heimatstube in Ferdinandshof zeigt landwirtschaftliche Geräte aus dem gesamten vergangenen Jahrhundert (Öffnungszeiten: Mittwoch 10–16 Uhr) und im nahe gelegenen Schwichtenberg kann man Einblicke in das Leben der Leute „früher" gewinnen. Hier gibt es auch eine Schmalspurbahn und einen Findlingsgarten. Im Sommer lädt der Schmiedegrundsee bei Neuensund zum Baden ein.

Informationsmaterial/Literatur:

Hoyer, E. (1992): Naturführer Landschaftsschutzgebiet Brohmer Berge mit NSG Galenbecker See und Friedländer Große Wiese. Verlag Erich Hoyer.
Hoyer, E. (1997): Wunderbare Natur Norddeutschland. Hinstorff-Verlag.

Typische Vogelarten und deren Status
h = häufig, r = regelmäßig, s = seltener
J = Jahresvogel (kein Brutvogel), B = Brutvogel,
W = Wintergast, D = Durchzügler, N = Nahrungsgast

Art	Status (beste Beobachtungszeit)
Bartmeise	rB (ganzjährig)
Bekassine	rB (März – Okt.)
Beutelmeise	rB (April – Juli)
Blaukehlchen	sB (April – Juli)
Blässgans	hD (Okt. – März)
Blessralle	hB (ganzjährig)
Drosselrohrsänger	sB (Mai – Juli)
Eisvogel	sB (ganzjährig)
Fischadler	rN (April – Sept.)
Flussseeschwalbe	rN (April – Juli)
Graugans	rB (März – Okt.)
Graureiher	J (ganzjährig)
Gänsesäger	hW (Okt. – März)
Haubentaucher	sB (März – Okt.)
Kiebitz	sB (März – Okt.)
Knäkente	sB (April – Aug.)
Kormoran	rB (ganzjährig)
Kornweihe	rD (Okt. – März)
Kranich	rB (März – Okt.)
Krickente	rJ (Mai – Okt.)
Lachmöwe	B (Feb. – Okt.)
Löffelente	sD (Aug. – Sept.)
Nachtigall	sB (April – Juli)
Neuntöter	rB (Mai – Aug.)
Pirol	rB (Mai – Aug.)
Raubseeschwalbe	rD (Juli – Sept.)
Rohrdommel	sB (April – Mai)
Rohrweihe	rB (März – Sept.)
Rotmilan	rB (März – Okt.)
Saatgans	hD (Okt. – März)
Schellente	rD (Winterhalbjahr)
Schilfrohrsänger	hB (April – Sept.)
Schlagschwirl	rB (Mai – Juli)
Schnatterente	rB (April – Nov.)
Schreiadler	sD (Aug. – Sept.)
Seeadler	rB (ganzjährig)
Silberreiher	J (ganzjährig)
Singschwan	rD (Nov. – März)
Sperbergrasmücke	rB (Mai – Juli)
Sprosser	hB (Mai – Juli)
Sturmmöwe	N (Juli – Nov.)
Teichrohrsänger	hB (April – Juli)
Trauerseeschwalbe	sB (April – Aug.)
Tüpfelsumpfhuhn	sB (April – Juni)
Wachtelkönig	sB (Mai – Juli)
Wasserralle	hB (März – Okt.)
Weißbartseeschwalbe	rN (April – Aug.)
Zwergmöwe	rD (April – Mai)
Zwergsäger	hW (Nov. – März)
Zwergschwan	rW (Okt.)
Zwergtaucher	rB (ganzjährig)

Anfahrt

Mit Bahn und Bus:
Bahnanschlüsse haben Ferdinandshof, Jatznick und Strasburg (Uckermark). Von Friedland fahren Busse nach Galenbeck und Heinrichswalde. Von Ferdinandshof fahren Busse nach Heinrichswalde.

Mit dem Auto:
Über die Autobahn A 20, Abfahrt Strasburg über die L 282 Richtung Friedland, hinter Wittenborn über die L 312 Richtung Gehren / Heinrichswalde nach Galenbeck. Über die B 109 nach Ferdinandshof nach Heinrichswalde.

Adressen

Unterkünften in umliegenden Gemeinden und Hinweise zu Sehenswürdigkeiten finden Sie über: Tourist-Information Strasburg, Pfarrstr. 22a, 17335 Strasburg, Tel.: 039753/22584, E-Mail: touristeninfo@strasburg.de www.strasburg.de oder www.eiszeitroute.com

GPS

Heinrichswalde (Ortsmitte)	53°36'46.51" N	13°46'40.74"
Galenbeck (Ortsmitte)	53°37'10.24" N	13°42'17.41"
Fleethof (Ortsmitte)	53°39'20.59" N	13°42'11.35"

Die Friedländer Große Wiese grenzt nördlich an den See. Foto: E. Hoyer

16

Die Dannenberger Marsch und Elbtalaue in Niedersachsen
Vogelwelt im ehemaligen Grenzland

Südöstlich von Hamburg, zwischen Lauenburg und Schnackenburg, erstreckt sich über etwa 100 km entlang der Elbe das Biosphärenreservat Niedersächsische Elbtalaue. Das 2002 ausgewiesene Schutzgebiet mit einer Größe von 56 760 ha ist Teil des UNESCO-Biosphärenreservates „Flusslandschaft Elbe" und enthält ein FFH- und ein EU-Vogelschutzgebiet. Es grenzt an vier weitere Bundesländer: Schleswig-Holstein, Mecklenburg-Vorpommern, Brandenburg und Sachsen-Anhalt. Die Dynamik der Elbe formte die Lebensräume in diesem ehemaligen Urstromtal mit seinen Moränen, nacheiszeitlich entstandenen Dünenzügen und Flugsandfeldern. Durch Entwässerungsmaßnahmen, den Bau von Hochwasserschutzdämmen und durch landwirtschaftliche Nutzung entstand eine Kulturlandschaft mit neuen Lebensräumen. Ziel des Biosphärenreservates ist es, ein Miteinander von naturverträglicher menschlicher Nutzung und – in begrenztem Maße – natürlicher Dynamik zu erhalten und zu fördern.

» Lebensräume

Der Elbstrom selbst ist Nahrungsquelle, Zugleitlinie, Rast- und Überwinterungsplatz für viele Wat- und Wasservogelarten. Entlang des Elbufers wurden im 19. Jahrhundert zahlreiche Steinbuhnen in die mäandrierende Elbe gebaut, um die Fließgeschwindigkeit des Stromes zu erhöhen und Sandablagerungen im Fahrwasser zu verhindern. Dadurch wird seither auch die Entstehung von Neben- und Altarmen verhindert. Da sich die feinkörnige Fracht des Flusses im Bereich der Buhnenfelder ablagert, entstanden mit der Zeit Flachwasser-, Schlamm- und Schlickflächen, die zahlreichen Wasservögeln und Limikolen als Nahrungsflächen dienen.

An das Ufer schließt sich die Aue an. Wegen der jährlichen Überflutungen wird sie überwiegend extensiv als Grünland genutzt. Die Feuchtwiesen haben eine besondere Bedeutung als Rast- und Nahrungsflächen

Die Taube Elbe ist Brutgebiet von Rohrsängern und Uferschnepfen, auch zahlreiche Gänse überwintern hier. Foto: K. Wasmer.

für Enten, Gänse und Limikolen und als Brutlebensraum für den Wachtelkönig. Mancherorts sind noch Reste einer naturnahen Weich- und Hartholzaue mit ihrer typischen Abfolge von Gebüschen zu Wäldern vorhanden. Auch einige ehemalige Altarme der Elbe liegen in der Auenlandschaft (z. B. die Taube Elbe). Sie sind heute mehr oder weniger stark verlandet, stellen aber dennoch wichtige Feuchtgebiete für brütende, rastende und überwinternde Arten dar.

Eine Besonderheit sind die sogenannten Bracks, bei Deichbrüchen entstandene Auskolkungen, deren Wasserstand von dem der Elbe abhängt und die zahlreichen Pflanzen, Vogel-, Insekten- und Amphibienarten als Lebensraum dienen.

Binnendeichs schließt sich an die Aue die Elbmarsch an. Die fruchtbaren Schwemmböden werden überwiegend ackerbaulich genutzt. Hier gliedern Kleinstrukturen wie Gebüsche, Bäume und Feldgehölze die Landschaft.

Im ehemaligen Urstromtal gibt es umgeben von Feuchtlebensräumen viele Binnendünen unterschiedlicher Größe, Trockenheit und Nutzung: trockene Wälder, Sandmagerrasen und zum Teil auch Offenbodenflächen. Im Lee der Dünen entwickelten sich auch kleine Moore.

Die sandige Geest, die das Urstromtal begrenzt oder in Form von Geestinseln in der Marsch liegt, ist überwiegend mit Kiefernforsten bewachsen oder wird ackerbaulich genutzt.

» Besondere Vogelarten

Im Biosphärenreservat weisen Vogelbeobachter ca. 250 Vogelarten nach, darunter rund 100 Brutvogelarten.

Im Winter dominieren Gänse-, Zwergsäger, Schell- und Pfeifenten auf der Elbe. Weitere Entenarten wie Krick-, Löffel-, Spieß- und Schnatterenten schwimmen vor allem auf dem Durchzug in großer Zahl auf den Nebengewässern. Auf wenigen Altwassern brüten noch Trauerseeschwalben, in den Röhrichten und Seggensümpfen leben die schwer zu entdeckenden Tüpfelsumpfhühner und Wasserrallen, gelegentlich auch Kraniche. Teich- und Schilfrohrsänger sind hier im Mai auffällige Brutvögel.

Die charakteristische Vogelart des Grünlandes ist der Weißstorch. Er ist gleichzeitig wichtige Schirm- und Flaggschiffart zahlreicher Naturschutzprojekte in der Region. Diese kommen auch anderen Arten wie beispielsweise dem (zumindest optisch) unscheinbaren Wachtelkönig zugute. Mit Wiesenschafstelze, Kiebitz, Rotschenkel, Uferschnepfe und Großem Brachvogel findet sich eine typische Wiesenbrütergemeinschaft. Während des Frühjahrszuges kommen u. a. auch Grünschenkel, Wald-wasser-, Bruchwasser-, Flussufer-, und Kampfläufer hinzu. Im Winter dominieren nordische Gäste; vor allem Saat- und Blässgänse bestimmen das Bild der Wiesen: 70 000 Gänse sind keine Seltenheit und auch Sing- und Zwergschwäne überwintern in großer Zahl im Gebiet. Raubwürger sitzen nun vereinzelt auf ihren Warten und über den Wiesen suchen

Der Ortolan hat im Gebiet einen Verbreitungsschwerpunkt in Niedersachsen. Sein Rückgang ist vor allem auf Monotonisierung und Ausräumung der Agrarlandschaft, Pestizideinsatz und großflächigen Anbau von Wintergetreide zurückzuführen.
Foto: H.-J. Fünfstück

Typische Vogelarten, deren Status und günstige Beobachtungszeit (in Klammern)
h = häufiger, r = regelmäßiger, s = seltener
B = Brutvogel, J = Jahresvogel (kein Brutvogel), W= Wintergast, D = Durchzügler,
** nur Nemitzer Heide

Art	Status (beste Beobachtungszeit)
Beutelmeise	rB (Apr. – Aug.)
Blässgans	rW (Sept. – April)
Brachpieper **	sB (Mai – Aug.)
Braunkehlchen	rB (Mai – Sept.)
Bruchwasserläufer	rD (Mai)
Großer Brachvogel	rB (ganzjährig)
Grünschenkel	rD (Apr. – Mai)
Gänsesäger	sB, rW (Nov. – März)
Heidelerche	rB (April – Okt.)
Kampfläufer	rD (April – Mai)
Kiebitz	rB (ganzjährig)
Kornweihe	rW (Okt. – März)
Krickente	sB, rD (März – Nov.)
Löffelente	sB, rD (März – Okt.)
Mittelspecht	rB (ganzjährig)
Nachtigall	rB (Apr. – Aug.)
Neuntöter	rB (Mai – Aug.)
Ortolan	rB (Mai – Aug.)
Pfeifente	hD (Sept. – März)
Raubwürger	sW (Okt. – März)
Rotmilan	rB (Febr. – Okt.)
Rotschenkel	sB, rD (April – Sept.)
Saatgans	rW (Sept. – April)
Schlagschwirl	sB (Mai – Juli)
Schnatterente	rB, rD (März – Okt.)
Schwarzkehlchen	rB (März – Okt.)
Schwarzmilan	rB (April – Aug.)
Schwarzstorch	sB (April – Aug.)
Seeadler	sB (ganzjährig)
Singschwan	rW (Nov. – Feb.)
Sperbergrasmücke	sB (Mai – Aug.)
Spießente	rD (März – April)
Uferschnepfe	sB (März – Juli)
Wachtelkönig	sB (Mai – Juli)
Weißstorch	rB (April – Aug.)
Wiesenschafstelze	rB (Mai – Aug.)
Ziegenmelker	sB (Mai – Aug.)
Zwergschwan	rW (Nov. – Feb.)
Zwergsäger	rW (Nov. – März)

Kornweihen, Raufußbussarde und Seeadler nach Nahrung. Vor allem in den Wäldern stehen Nestbäume für Schwarzstorch, Rot- und Schwarzmilan, Wespenbussard und Seeadler. In diesem Lebensraum finden sich auch Kraniche, Pirole, Nachtigallen und Mittelspechte. Biber und Fischotter kommen ebenfalls in den Auwäldern vor. Die hecken-, baum- und gebüschreiche Ackerlandschaft hat mit Sperbergrasmücken, die hier ihre westliche Verbreitungsgrenze erreichen, und mit den aus vielen Agrarlandschaften längst verschwundenen Ortolanen zwei echte Besonderheiten zu bieten. Auf Büschen und Stauden sitzen Neuntöter und Schwarzkehlchen, in feuchteren Wiesen auch Braunkehlen. Die trockenen Sanddünen sind Lebensraum von Heidelerchen und Ziegenmelkern.

» Reisezeit

Für Vogelbeobachter bietet sich ein Besuch im Biosphärenreservat Elbtalaue das ganze Jahr über außer vielleicht im Hochsommer an. März und April eignen sich bestens, um Watvögel und Enten zu beobachten, die auf ihrem Zug gen Norden hier einen Zwischenstopp einlegen oder hier überwintern. Ende März und Anfang April kommen Weiß- und Schwarzstörche aus ihren Winterquartieren. Anfang Mai erscheinen die Ortolane, meist eine Woche später Pirole, Sperbergrasmücken und Neuntöter. Wer Bläss- und Saatgänse sowie Zwerg- und Singschwäne sehen möchte, kommt am besten im Spätherbst oder Winter. Zu dieser Zeit halten sie sich zu Tausenden auf Wiesen und Äckern auf.

» Beobachtungsmöglichkeiten

Das Gebiet zwischen Hitzacker und Gartow eignet sich sehr gut, sich mit den typischen Lebensräumen und Arten der Elbtalaue vertraut zu machen.
Die Auenlandschaft lernt man am besten auf einer kleinen Wanderung von Gartow nach Pevestorf kennen (ca. 6 km). Vom Parkplatz im Osten des Gartower Sees aus verläuft eine alte Eichenallee durch die Elbmarsch nach Nordosten. Sie führt zum Elbholz, einem Auwald, der eines der ersten Seeadlerbrutpaare Niedersach-

Anfahrt

Mit dem Zug:
Von Hannover und Hamburg nach Uelzen, Lüneburg oder Brahlstorf. Von Lünburg aus mit der Bahn bis Hitzacker, ansonsten mit dem Bus und/oder Fahrrad in die Region.

Mit dem Auto:
Aus Berlin: Auf der A24 in Richtung Hamburg, über die Abfahrt Neustadt-Glewe auf die B191. Dieser über Ludwigslust nach Dannenberg folgen.
Aus Hannover: Auf der B3 nach Celle. Weiter auf der B191 nach Uelzen
Aus Hamburg: Auf der A7 in Richtung Hannover. Am Maschener Kreuz auf die A250 nach Lüneburg.

Adressen

Biosphärenreservatsverwaltung Niedersächsische Elbtalaue
Am Markt 1, 29456 Hitzacker, Tel.: 05867/9673-0,
Internet: www.elbtalaue.niedersachsen.de,
E-Mail: info@elbtalaue.niedersachsen.de
Öffnungszeiten: Mo.-Fr. 09.00-12.00 Uhr, Mo.-Do. 14.00-15.30 Uhr

Informationszentrum Biosphaerium Elbtalaue, Schloss Bleckede
Schlossstraße 10, 21354 Bleckede, Tel.: 0585295140,
Internet: www.biosphaerium.de, E-Mail: info@biosphaerium.de
Öffnungszeiten: Apr.-Okt.: Di-So 10.00-18.00 Uhr,
Nov.-März: Mi-So 10.00-17.00 Uhr

Zusätzliche Informationsstellen: Storkenkate Preten (Preten), Haus des Gastes (Neuhaus), InfoKomm Elbtalaue (Dannenberg), Tourist-Info Gartow (Gartow). Weitere Infos unter www.elbtalaue.niedersachsen.de

Unterkünfte:
Flusslandschaft Elbe GmbH
Schlossstr. 10, 21354 Bleckede, Tel.: 05852/9519880,
Internet: www.erlebnis-elbe.de, www.die-elbtalaue.de
Elbtalaue-Wendland-Touristik GmbH
Lübeln 2, 29482 Küsten, Tel.: 05841/96290
E-Mail: info@elbtalaue-wendland.de, Internet: www. elbtalaue-wendland.de

Schifffahrten:
www.reederei-helle.de, www.raddampfer-kaiser-wilhelm.de,
www.personenschifffahrt-wilcke.de, www.elbeschiffstouren.de

GPS		
Parkplatz ElbSchloss Bleckede	53°17'43.33" N	10°43'53.76" O
Parkplatz Taube Elbe	53°07'42.50" N	11°07'04.15" O
Parkplatz Festung Dömitz	53°08'26.95" N	11°14'43.77" O
Parkplatz Gartower See/Elbholz	53°01'39.00" N	11°28'11.28" O
Parkplatz Nemitzer Heide	52°59'23.28" N	11°19'58.44" O

sens beherbergte. Entlang des Weges und im Elbholz selbst lassen sich Waldvögel wie Mittelspecht und Waldlaubsänger beobachten und mit etwas Glück kann man in den angrenzenden Wiesen im Frühsommer Kraniche mit ihren Jungen sehen (am besten vom Beobachtungsturm am Weg aus). Folgt man dem Weg weiter nach Nordwesten entlang des Elbdeichs, ist man inmitten der halb offenen Auenlandschaft mit ihren typischen Vogelarten: Schwarzmilane brüten in Pappelgehölzen, Weißstörche suchen im Deichvorland nach Nahrung, in den feuchten Hochstaudenfluren singen Rohrsänger und Feldschwirle, auf den Hecken sitzen vereinzelt Neuntöter und hie und da ist eine der heimlichen Sperbergrasmücke zu hören. Von Pevestorf aus gelangt man günstig mit dem Ruftaxi zurück zum Ausgangspunkt in Gartow (ca. 7 km).

Die Taube Elbe, ein Totarm der Elbe, liegt östlich von Hitzacker und nördlich von Dannenberg. Im Winter ist das Gewässer ein bedeutender Rast- und Schlafplatz für Enten und Gänse. Im Sommer lassen sich hier Rohrsänger, Trauer- und auf dem Durchzug auch Weißflügel-Seeschwalben beobachten. Auch Uferschnepfen und Bekassinen leben in den Feuchtwiesen dieser Niederungslandschaft. Die besten Beobachtungsmöglichkeiten hat man vom Elbdeich aus, der im Süden des Gewässers verläuft.

Ortolane, die in der mit Hecken und Gehölzen strukturierten Ackerlandschaft der Gegend noch recht verbreitet sind, kann man am besten südöstlich von Dannenberg beobachten. Sie sind vor allem um Felder mit Hackfrüchten (Kartoffeln, Rüben) zu finden.

Am Rand des Biosphärenreservats, östlich der Ortschaft Trebel, findet man im Naturschutzgebiet Nemitzer Heide einen ganz anderen Lebensraumtyp. Es gibt ein übersichtliches Wegenetz (Karte am Parkplatz). In den Randbereichen singen Baumpieper, die großen Heideflächen sind dicht von Feld- und Heidelerche besiedelt. Mit etwas Glück kann man hier auch einen der wenigen Brachpieper sehen – es ist das letzte Brutvorkommen der Art in Niedersachsen. Wer bis spätabends oder nachts im Gebiet bleibt, hat gute Chancen, Ziegenmelker und Waldschnepfen zu erleben.

Es besteht zudem die Möglichkeit, die Elbtalaue von der Wasserseite aus zu erkunden. Schifffahrten werden u. a. ab Bleckede, Boizenburg, Dömitz und Hitzacker angeboten (s. Adressen).

Das NABU Besucherzentrum Elbtalaue auf der Festung Dömitz informiert im Rahmen einer Ausstellung über die Lebensräume im Biosphärenreservat und bietet auch zahlreiche Exkursionen, Radtouren und Vorträge an. Auch das Informationszentrum Bioshaerium Elbtalaue, Schloss Bleckede, bietet eine Ausstellung und Führungen zur Natur, Kultur und Geschichte in der Region. Naturkundliche Führungen ins Biosphärenreservat werden auf Anfrage durchgeführt. Daneben gibt es dort ein umfangreiches Umweltbildungsangebot für Kinder und Jugendliche.

» Weitere Freizeitangebote

In der Umgebung gibt es schöne historische Städte zu besichtigen: Bleckede, Hitzacker (hier gibt es auch ein archäologisches Freilichtmuseum) und Dannenberg sind Teile der Deutschen Fachwerkstraße. Auch Lüneburg mit seiner schönen Altstadt, dem mittelalterlichen Rathaus und verschiedenen Museen (z. B. Museum für das Fürstentum Lüneburg, Brauerei-, Salz-, Textil- und Naturkundemuseum) ist nicht weit.

Wer das Gebiet im Rahmen einer längeren Radtour erkunden möchte: Der Elberadweg von Prag (Moldau) bis nach Cuxhaven führt durch das Biosphärenreservat: www.elberadweg.de.

Eine durch Hecken und Gehölzstreifen reich gegliederte Agrarlandschaft ist ein geeigneter Lebensraum für Ortolane. Foto: K. Wasmer.

Infomaterial/Literatur:

Meier-Peithmann, W. & W. Plinz (Hrsg., 2002): Aus der Vogelwelt des Hannoverschen Wendlandes. Lüchow-Dannenberger Ornithologische Jahresberichte 15/16. Köhring, Lüchow.

Moning, C. & F. Weiß (2010): Vögel beobachten in Norddeutschland. Kosmos Verlag, Stuttgart.

Neuschulz, F., W. Plinz & H. Wilkens (1994): Elbtalaue. Landschaft am großen Strom. Naturerbe Verlag Jürgen Resch, Überlingen.

Das Naturschutzgebiet Stechlin in Brandenburg

Ganz im Norden Brandenburgs fällt ein See aus der Vielzahl der Gewässer im Nordosten Deutschlands heraus: der Stechlinsee. Er ist einer der wenigen oligotrophen (=nährstoffarmen) Seen der Gegend. Unter diesen Klarwasserseen ist er mit Abstand der größte (425 ha). Er ist der Kern des hier beschriebenen fast 90 km² großen Naturschutzgebietes (NSG) Stechlin, das wiederum in den 680 km² großen Naturpark Stechlin-Ruppiner Land eingebettet ist.

Das eiszeitlich geformte und hügelige Gebiet schließt weitere, kleinere und sehr unterschiedliche Seen ein, die in großen, teilweise naturnahen Wäldern liegen, beispielsweise den nährstoffreichen (= eutrophen) Dagowsee. Die nährstoffarmen Seen ziehen in der Regel keine Vogelmassen an, denn die Nährstoffarmut bedingt eine geringe Produktivität und somit auch eine schmale Ernährungsgrundlage. Dennoch ist die „Blaue Perle" Brandenburgs, wie der Stechlinsee auch genannt wird, und ihre Umgebung vor allem wegen bundesweit seltener Brutvogelarten für Vogelbeobachter einen Besuch wert. Auch an anderen Tiergruppen Interessierte kommen auf ihre Kosten. Für den Schutz der Klarwasserseen und Tieflandbuchenwälder und die dazu gehörigen Tiergemeinschaften hat das Gebiet zwischen Fürstenberg und Rheinsberg – 60 km nördlich von Berlin – bundesweit eine herausragende Bedeutung und ist in das europäische Schutzgebietssystem Natura 2000 als Fauna-Flora-Habitat (FFH-Gebiet) und als EU-Vogelschutzgebiet integriert.

» Lebensräume

Zunächst sind es die Seen mit einer Gesamtfläche von ca. 1200 Hektar, die das Augenmerk auf sich lenken, allen voran der große, glasklare und fast 70 Meter tiefe Stechlinsee. An seine Ufer grenzen nur wenige kleine Schilfflächen, wie es für nährstoffarme Seen typisch ist. Größtenteils grenzen Wälder an das Ufer. Sie bedecken etwa drei Viertel des gesamten Naturschutzgebietes. Davon sind etwa 2500 Hektar Laub- (vorwiegend Buchenwald) und 150 Hektar Moorwald. Ein großer Teil der Wälder besteht aus Kiefernforsten. Landwirtschaftliche Nutzflächen sind rar. Nur etwa 350 Hektar werden als Grünland genutzt.

Es gibt elf Totalreservate, die insgesamt 661 Hektar umfassen. 45 Hektar davon sind Seefläche. Sie dürfen nicht bewirtschaftet und abseits der Wege nicht betreten werden. Außerhalb dieser Gebiete werden entsprechend der Vorgaben der NSG-Verordnung die Wälder im Naturschutzgebiet bewirtschaftet und die Gewässer von Fischereiwirtschaft und Anglern genutzt.

Es gibt eine Vielzahl von Mooren unterschiedlicher Größe und Naturnähe und auch unterschiedlichen Typs im NSG, wobei offene Moorflächen vor allem im Norden liegen. Ein Fremdkörper in der von Wäldern und Seen dominierten Landschaft ist das ehemalige Atomkraftwerk im Südwesten des Gebietes, das bei Ausflügen im Gebiet glücklicherweise weitgehend außer Sicht bleibt. Ziel der in Menz ansässigen Naturparkverwaltung ist der Rückbau zur „grünen Wiese".

» Besondere Vogelarten

Insgesamt stellte man im NSG Stechlin 155 Vogelarten fest, von denen 93 regelmäßig dort brüten. 20 weitere sind nur unregelmäßige oder nicht sicher nachgewiesene Brutvögel. Entsprechend der naturräumlichen Ausstattung des Gebietes dominieren Wald- und Wasservogelarten. Vor allem für Schellente, Rohrdommel, Fischadler und Zwergschnäpper ist das Brutgebiet bedeutend. Rund zehn Fischadlerpaare brüten im Gebiet und suchen am Stechlinsee und den anderen Gewässern nach Nahrung. Als kleine Entschädigung für den störenden Anblick des Atomkraftwerkes kann man Fischadler auf den Masten der abgehenden Hochspannungsleitungen beobachten. Auf Strommasten brütet rund die Hälfte der Paare des Gebietes (bitte eine Beobachtungsdistanz von etwa 300 Metern einhalten und auf den Wegen bleiben). Die Leitungsschneisen kommen Heidelerchen zugute.

Seeadler sind dagegen eher selten anzutreffen. 2004 brütete nach vermutlich 20-jähriger Abwesenheit erstmalig wieder ein Paar im NSG. Über 25 Jahre verschwunden war der Wanderfalke, der seit 1998 in Folge eines Wiederansiedlungsprojektes außerhalb des Gebietes wieder brütet (Baumbrüter). Der Wappenvogel des Naturparks Stechlin-Ruppiner Land und gleichzeitig die Charakterart der Klarwasserseen ist die Schellente. Sie findet in den Altbuchenbeständen ausreichend Nistplätze in Baumhöhlen. Gänsesäger, die ebenfalls in Baumhöhlen brüten, sind als Brutvögel dagegen sehr selten. Von 1967 bis 2000 waren sie sogar verschwunden. Erst danach konnte die Art wieder brütend nachgewiesen werden (ein Paar seit 2001). Haubentaucher brüten dagegen in den schmalen Röhrichtzonen, seltener auf Schwimmblattvegetation oder im Geäst von ins Wasser gestürzten Bäumen.

Eine die Vogelbeobachter besonders anziehende Art ist der Zwergschnäpper, der hier an seiner westlichen Arealgrenze lebt. Er besiedelt im NSG schattige und luftfeuchte Buchenwälder, sofern eine Strauchschicht weitgehend fehlt und der Stammraum möglichst frei von Flughindernissen ist. Das untere Kronenstockwerk muss dagegen ausreichend Ansitzwarten aufweisen. 2002 brüteten 12 bis 13 Paare im Gebiet, während in anderen Jahren teilweise von größeren Bestandszahlen ausgegangen wird. Ein häufiger Waldvogel ist der Schwarzspecht. Seine Höhlen werden unter anderem von über 100 Hohltaubenpaaren im Gebiet genutzt. Mittel- und Kleinspecht besiedeln hauptsächlich die Eichenmischwälder, der Grünspecht auch die lichten Kiefernforste.

Typische Brutvögel der Moore sind Kranich und Waldwasserläufer. Ersterer brütet auch in den Verlandungszonen verschiedener Seen (insgesamt etwa 10 Paare). Dort brüten auch die wenigen Bekassinen und in den größeren Schilfröhrichten Rohrdommeln (gegenwärtig ca. 5 bis 7 Reviere) und die mittlerweile selten gewordenen Drosselrohrsänger.

Die Vogelfauna des Gebietes wurde bereits in den 1960er Jahren umfassend untersucht und war zu diesem Zeitpunkt sogar besser dokumentiert als heute. Seitdem hat es einige Veränderungen gegeben, die von Klemens Steiof und Wolfram Scheffler zusammengestellt wurden (in Lütkepohl & Flade 2004). Als Brutvogel verschwunden sind Graureiher, Schreiadler und Raubwürger. Auch die baumbrütende Kolonie von Mauerseglern erlosch Ende der 1990er Jahre. Als neuer Brutvogel wurde die Beutelmeise festgestellt.

» Reisezeit

Der Stechlinsee selbst wird im Frühling und Sommer weitgehend nur von den Brutvögeln besiedelt. Größere Mengen Wasservögel trifft man fast ausschließlich in den Wintermonaten an, wenn die kleineren und flacheren Seen zugefroren sind, aber der tiefe und deswegen spät zufrierende Stechlinsee noch eisfreie Stellen aufweist. Spechte findet man am einfachsten im März und April, auch wenn sie ganzjährig anwesend sind. Ganzjährig sind auch Seeadler da. Die Fischadler treffen Ende März aus den Winterquartieren ein. Etwa zeitgleich ist der Gesang der Heidelerche auffällig und das Rufen der Rohrdommel zu vernehmen. Rohrschwirl, Teich- und Schilfrohrsänger sind nicht vor Mitte April zurück, Drosselrohrsänger meist erst Anfang Mai. Danach treffen beispielsweise noch Wespenbussarde und Neuntöter ein. Als letzte kehren Ende Mai die Zwergschnäpper aus den südasiatischen Winterquartieren zurück.

» Beobachtungsmöglichkeiten

Eine Reihe von ruhigen und idyllischen Wanderwegen durchziehen das Gebiet. Konkrete Beobachtungsorte zu nennen ist schwer. Die Vogeldichte ist gering und – außer in be-

Typische Vogelarten, deren Status und günstige Beobachtungszeit (in Klammern) im NSG Stechlin.
h = häufig, r = regelmäßig, s = selten. B = Brutvogel, J = Jahresvogel (kein Brutvogel), W= Wintergast, D = Durchzügler

Art	Status
Baumfalke	rB (Mai – Sept.)
Bekassine	sB (März – Sept.)
Drosselrohrsänger	sB (Mai – Aug.)
Fischadler	rB (April – Okt.)
Flussseeschwalbe	sB (April – Sept.)
Gartenbaumläufer	hB (ganzjährig)
Gartenrotschwanz	hB (April – Sept.)
Grünspecht	rB (ganzjährig)
Gänsesäger	sB, rW (ganzjährig)
Habicht	rB (ganzjährig)
Haubentaucher	rB (März – Nov.)
Heidelerche	rB (März – Sept.)
Hohltaube	hB (März – Okt.)
Kolkrabe	rB (ganzjährig)
Kranich	rB (März – Okt.)
Krickente	sB, rW (ganzjährig)
Mittelspecht	rB (ganzjährig)
Nebelkrähe	rB (ganzjährig)
Neuntöter	rB (Mai – Aug.)
Pirol	rB (Mai – Aug.)
Rohrdommel	sB (März – Nov.)
Rohrschwirl	sB (Mai – Aug.)
Rohrweihe	rB (April – Sept.)
Rotmilan	rB (März – Okt.)
Schellente	rB, rW (ganzjährig)
Schilfrohrsänger	rB (Mai – Aug.)
Schwarzmilan	rB (April – Aug.)
Schwarzspecht	hB (ganzjährig)
Seeadler	sB, rW (ganzjährig)
Waldbaumläufer	hB (ganzjährig)
Waldschnepfe	rB (März – Okt.)
Waldwasserläufer	rB (März – Okt.)
Wanderfalke	sB (ganzjährig)
Wespenbussard	rB (Mai – Aug.)
Ziegenmelker	rB (Mai – Aug.)
Zwergschnäpper	rB (Juni, Juli)

Die Schellente ist der Wappenvogel des Naturparkes Stechlin-Ruppiner Land und ein regelmäßiger Brutvogel im Gebiet. Foto: W. Willner.

stimmten Winterphasen – nicht auf bestimmte Punkte konzentriert. Das Gebiet ist eher mit Muße, vielleicht verbunden mit einem Kurzurlaub, zu genießen. Wenn man die arttypischen Lebensräume in Ruhe zur richtigen Zeit erkundet, wird man so gut wie alle Arten finden, daneben auch weitere interessante Tiere und Pflanzen, die man in anderen Gegenden Deutschlands nicht oder nur kaum zu Gesicht bekommt.

Günstige Ausgangsorte für Exkursionen sind Neuglobsow, Menz oder Rheinsberg. Neuglobsow ist auf Tourismus ausgerichtet (und an Wochenenden und während der Ferienzeit zeitweise überlaufen) und bietet zahlreiche Parkmöglichkeiten. Am leicht erreichbaren Ostufer des Stechlinsees bei Neuglobsow liegt beispielsweise ein totholzreicher Mischwald mit riesigen Buchen.

Eine umfangreiche Ausstellung des Naturparks befindet sich im Besucherinformationszentrum NaturParkHaus Stechlin. Als informativer Einstieg ist der Besuch durchaus empfehlenswert. Die für einen längeren Aufenthalt unentbehrlichen Wanderkarten sind dort ebenfalls erhältlich.

» Weitere Beobachtungs- und Freizeitmöglichkeiten

Auch unter anderen Tiergruppen kann man echte „Spezialitäten" des Gebietes finden, so z. B. unter den Libellen (Keilfleck-Mosaikjungfer, Zweifleck, Östliche Moosjungfer, Kleine Zangenlibelle). Eine kleinwüchsige Fischart, die Fontane- oder Tiefenmaräne (*Coregonus fontanae*) des Stechlinsees ist übrigens die einzige endemische Wirbeltierart Brandenburgs. Man wird sie jedoch kaum zu Gesicht bekommen.

Naturkundliche Führungen unterschiedlicher Dauer, Rad- und Kanutouren und auch baugeschichtliche Exkursionen im gesamten Naturpark Stechlin-Ruppiner Land kann man über die Naturparkverwaltung und den Tourismusverband buchen. Bademöglichkeiten gibt es z. B. in Neuglobsow (Stechlinsee) und bei Menz (Roofensee). An Wochenenden kann es voll werden! In Neuglobsow gibt es einen Boots- und Fahrradverleih. Auch in der weiteren Umgebung des Naturparks finden sich zahlreiche weitere Bade- und Freizeitmöglichkeiten sowie Unterkünfte (auch Campingplätze).

Anfahrt

Mit Bahn und Bus:
Mit dem Regionalexpress gelangt man in 45 Minuten im Stundentakt von Berlin Hbf nach Gransee, von dort aus mit dem Bus nach Neuglobsow oder nach Menz.

Mit dem Auto:
Die Anreise mit dem PKW ist von Berlin aus über die B 96 am einfachsten. Über Gransee oder Fürstenberg/Havel erreicht man Menz bzw. Neuglobsow. Von Hamburg kommt man über die A 24 und fährt bei Pritzwalk (Abfahrt 19) ab, dann Richtung Rheinsberg und weiter nach Menz bzw. Neuglobsow. Das Straßennetz dünnt sich aus je näher man an den Stechlinsee kommt, viele Wege dürfen nicht befahren werden oder sind nur schwer befahrbar (was dem Vogelbeobachter durchaus entgegen kommen kann).

Mit dem Fahrrad:
Das Fahrrad ist das ideale Fortbewegungsmittel im Gebiet, zumal viele Wege nicht mit dem PKW befahren werden dürfen oder man mit dem PKW erhebliche Umwege in Kauf nehmen muss. Fahrradverleihe gibt es vor Ort (z. B. in Neuglobsow, Fürstenberg/Havel oder Rheinsberg).

Adressen

Naturparkverwaltung Stechlin-Ruppiner Land, Friedensplatz 9, 16775 Stechlin-Menz.
Tel.: 033082/40710, E-Mail: np-stechlin-ruppiner-land@lugr.brandenburg.de
Internet: www.np-srl.brandenburg.de

Tourismusverband Ruppiner Land e.V., Fischbänkenstr. 8, 16816 Neuruppin.
Tel.: 03391/659630, E-Mail: info@ruppiner-reiseland.de
Internet: www.ruppiner-reiseland.de

Besucherzentrum NaturParkHaus Stechlin, Kirchstr. 4, 16775 Stechlin, OT Menz,
E-Mail: post@naturparkhaus.de, Internet: www.naturparkhaus.de

GPS		
Neuglobsow (Ortsmitte)	53°08'52.44" N	13°03'16.95" O
Menz (Ortsmitte)	53°06'08.21" N	13°02'47.42" O
Rheinsberg (Ortsmitte)	51°00'36.02" N	13°21'32.44" O

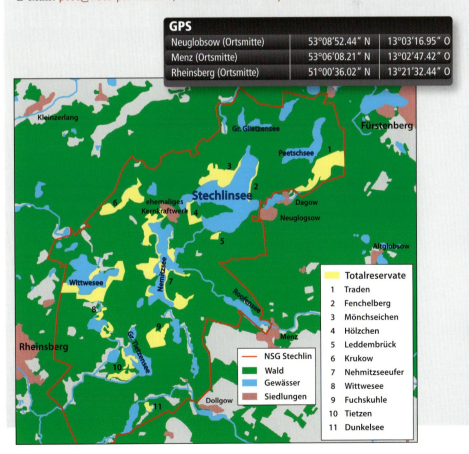

Literatur

Lütkepohl, M. & M. Flade (Hrsg., 2004): Das Naturschutzgebiet Stechlin. Verlag Natur & Text in Brandenburg GmbH, Rangsdorf, 268 Seiten. Hervorragende Zusammenstellung von 35 Beiträgen von Fachautoren zu unterschiedlichen gebietsrelevanten naturkundlichen Themen, u.a. über Vögel, Säugetiere, Libellen, Flora, Landschaftsgeschichte und die naturräumlichen Grundlagen.

Der Gülper See in Brandenburg
Bekanntes Brut- und Rastgebiet im Havelland

Im westlichen Brandenburg durchzieht die Havel eine dünn besiedelte Niederungslandschaft und bildete das einstmals größte zusammenhängende Feuchtgebiet im mitteleuropäischen Binnenland. Im Zentrum dieser Niederung liegt der Gülper See. Er wird vom Rhin durchflossen, der westlich des Gülper Sees in die Havel mündet. Das außerordentlich vogelreiche Gewässer liegt ca. 7 km westlich der Ortschaft Rhinow im Landkreis Havelland und somit etwa 70 km westlich von Berlin. Noch heute gilt es als eines der wichtigsten Durchzugs- und Überwinterungsgebiete für Wat- und Wasservögel Deutschlands und hat trotz sinkender Bestände eine hohe Bedeutung für Wiesenbrüter. Die gesamte Seefläche und Teile der angrenzenden Niederung umfassen über 900 Hektar und sind seit 1978 als Feuchtgebiet internationaler Bedeutung und seit 1967 als Naturschutzgebiet geschützt. Ferner ist der Gülper See Bestandteil des insgesamt 283 Quadratkilometer großen Europäischen Schutzgebietes/Natura 2000 Gebietes „Niederung der Unteren Havel".

» Lebensräume

Im Zentrum des Gebietes liegt der Gülper See mit einer Größe von rund 660 ha. Er entstand nach der Weichsel-Eiszeit aus einer durch Schmelzwasser ausgewaschenen Mulde. Der Flachsee ist nur etwa zwei, im Bereich des Abflusses auch bis zu drei Meter tief. Noch vor 25 Jahren war er ein eutropher, wasserpflanzenreicher Klarwassersee, der sich inzwischen wegen verstärkter Nährstoffzufuhr zu einem Trübsee mit starken Algenwachstum und Sichtweiten im Sommer von unter 50 cm gewandelt hat.

Der Gülper See liegt in einer weitgehend offenen Landschaft. Im Westen, Norden und Nordosten säumen breite Schilfgürtel das Gewässer. Im Südosten und Süden gehen die flachen Ufer in extensiv beweidetes Grünland und stellenweise sogar in Magerrasen über. Die weitere Umgebung bilden vor allem feuchte Wiesen, aber auch

Schilfrohrsänger beziehen ab Mitte April ihre Brutreviere am Gülper See.

Foto: C. Moning.

Äcker, Kiefernforste (v.a. im Süden), Weiden- und Pappelgehölze.

» Besondere Vogelarten

Der Gülper See hat sowohl für Brut- als auch für Gastvögel eine herausragende Bedeutung. Wasservögel wie Knäk-, Krick- und Löffelente brüten hier. Regelmäßige Brutvögel im Röhricht des Sees sind Rohrweihen, Rohrdommeln (ca. 5 bis 10 Reviere), Teich- und Schilfrohrsänger, Rohrschwirle, Beutel- und Bartmeisen (stark schwankender Bestand). Flussseeschwalben brüten auf Schwimmblattpflanzen auf dem See.

In den sumpfigen und moorigen Feuchtwiesen leben noch typische Wiesenvögel, wie z.B. Bekassinen, Tüpfelsumpfhühner, Wachtelkönige und Kiebitze. In angrenzenden Gebieten brüten Kraniche, Schwarz- und Rotmilane, See- und Fischadler sowie Ortolane, in den Ortschaften Weißstörche und Schleiereulen.

Rastvögel der Uferzonen sind Kampfläufer, Wald- und Bruchwasserläufer, Grün- und Rotschenkel, Kiebitze (zeitweise über 20 000), Goldregenpfeifer (bis zu 3000) und weitere Limikolenarten. Auf dem Durchzug können große Ansammlungen von Zwergmöwen und Trauerseeschwalben beobachtet werden, unter denen sich immer wieder auch die selteneren Weißflügel- und Weißbart-Seeschwalben finden lassen. Im Winter füllt sich der See mit nordischen Gästen. Sing- und Zwergschwäne, Spießenten, Löffelenten, Gänse- und Zwergsäger rasten oder überwintern im Gebiet. Grau-, Saat- und Blässgänse kommen zu Tausenden (zusammen manchmal bis 100 000!). Selten, aber regelmäßig, findet man in den Schwärmen Zwerg- und Rothalsgänse. Mittlerweile hat der See und sein Umfeld auch eine hohe Bedeutung als Kranichrastplatz: Bis zu 10 000 Individuen sind es, die hier im Herbst aus allen Richtungen kommend abends die Flachwasserzonen zum Schlafen aufsuchen.

In den Gräben nördlich des Sees sind Biberbaue nicht zu übersehen. Am einfachsten lassen sich die Tiere bei Sonnenaufgang beobachten.

» Reisezeit

Das Gebiet ist ganzjährig ein hervorragendes Ziel. Besonders eindrucksvoll ist ein Besuch im Herbst (Oktober, November), wenn zigtausend Gänse und Kraniche beim abendlichen Einflug die Akustik dominieren. Im beginnenden Frühling treten Enten auf dem Durchzug in großer Zahl auf. Der Limikolendurchzug beginnt Ende Februar (Kiebitz, Goldregenpfeifer) und erreicht von Mitte April bis Mitte Mai seinen Höhepunkt, wenn Kampfläufer, Dunkle Wasserläufer, Bruchwasserläufer und Grünschenkel und im Gebiet rasten.

Ab März kann man die dumpfen Rufe der Rohrdommel hören, meist in den Abendstunden. In den Apriltagen füllen sich auch die Reviere der Röhrichtbewohner: Rohrweihen kommen bereits Anfang April. Rohrschwirle, Teich- und Schilfrohrsänger erreichen das Gebiet um die Monatsmitte und ab Anfang Mai „knarren" die ersten Drosselrohrsänger. Um die Monatswende April/Mai sind auch die meisten Zwergmöwen und Trauerseeschwalben zu sehen, gelegentlich dazwischen auch die selteneren Weißflügel-Seeschwalben.

Der Rückzug der Limikolen setzt Mitte Juli ein. Im August und Sep-

Typische Vogelarten am Gülper See, deren Status und günstige Beobachtungszeit (in Klammern)
h = häufiger, r = regelmäßiger, s = seltener, J = Jahresvogel, B = Brutvogel, W = Wintergast, D = Durchzügler, N = Nahrungsgast.

Art	Status (beste Beobachtungszeit)
Bartmeise	rB (ganzjährig)
Bekassine	rB (April–Sept.)
Beutelmeise	rB (April–Aug.)
Blässgans	hW (Okt.–März)
Braunkehlchen	sB, rD (Ende April–Aug.)
Bruchwasserläufer	rD (Mai, Juli–Aug.)
Drosselrohrsänger	rB (Mai–Aug.)
Eisvogel	sB (ganzjährig)
Fischadler	rD (April, Aug.–Sept.)
Flussseeschwalbe	rB (Mai–Aug.)
Goldregenpfeifer	rD (März, Okt.–Nov.)
Grauammer	rB (ganzjährig)
Graugans	rB (ganzjährig)
Großer Brachvogel	rD (März–Juli)
Gänsesäger	hW (Nov.–März)
Haubentaucher	rB (ganzjährig)
Kampfläufer	rD (März–April, Juli–Aug.)
Kiebitz	hB (März–Sept.)
Kleinspecht	rB (März, April)
Knäkente	sB, rD (März–Juni)
Kormoran	hB, (ganzjährig)
Kornweihe	rW (Okt.–März)
Kranich	sB, hD, sW (ganzjährig)
Krickente	sB (März–Nov.)
Löffelente	sB, rD, (April–Nov.)
Neuntöter	rB (Mai–Aug.)
Ortolan	rB (Mai–Aug)
Pirol	rB (Mitte Mai–Aug.)
Rohrdommel	rB (ganzjährig)
Rohrschwirl	rB (Mitte April–Juni)
Rohrweihe	rB (April–Sept.)
Rothalsgans	sW (Okt.–März)
Rotmilan	rB (März–Okt.)
Saatgans	hW (Okt.–März)
Schellente	rW (Okt.–März)
Schilfrohrsänger	rB (Ende April–Aug.)
Schnatterente	hB (März–Okt.)
Schwarzmilan	rB /April–Aug.)
Seeadler	sB, rW (ganzjährig)
Silberreiher	rW (Sept.–März)
Singschwan	rW (Okt.–März)
Spießente	rD (März–April, Sept.–Nov.)
Tafelente	sB, hD, hW (ganzjährig)
Trauerseeschwalbe	rD (Mai, Aug)
Tüpfelsumpfhuhn	sB (April–Juni)
Wachtelkönig	sB (Mai–Juli)
Wasserralle	rB (März–Okt.)
Zwergsäger	sW (Nov.–März)
Zwergtaucher	sB (März–Okt.)

Am Bärengraben nördlich des Gülper Sees ist die Biberbaue (links) unübersehbar. In der Umgebung kann man Neuntöter, Grauammern und manchmal Ortolane beobachten. Foto: T. Brandt.

tember kann man oft mehr als zehn Arten gleichzeitig sehen. Im Sommer sind auch Tausende von Graugänsen vor Ort. Wenn der Limikolenzug im Oktober abklingt, füllt sich die Wasserfläche und das angrenzende Grünland erneut mit Enten und nordischen Gänsen.

» Beobachtungsmöglichkeiten

Am Südufer ermöglicht ein Beobachtungsturm hervorragende Einblicke auf die Wasserfläche und viele am See rastende Limikolen. Der Turm ist von der Straße Prietzen – Gülpe aus über einen kleinen Fußweg erreichbar (beginnt ca. 2 km westlich von Prietzen an einer Informationstafel), der durch den Kiefernwald etwa 200 m nach Norden führt. Von diesem zentralen Beobachtungsturm aus kann man auf dem Deich in Richtung Prietzen (Osten) zuerst durch den Kiefernwald und dann am Südufer des Sees entlang gehen. Man passiert zwei Beobachtungshütten und gelangt zur Bockmühle 300 m westlich des Ortsrandes von Prietzen. In diesem Bereich lässt sich eine Kormorankolonie einsehen.

Folgt man dem Weg nördlich von Prietzen, gelangt man zu den Feuchtwiesen, die im Frühling oft überschwemmt sind. Hier rasten zur entsprechenden Zeit zahlreiche Enten und Limikolen.

Das Westufer erreicht man über die Ortschaft Gülpe (Busverbindung). Vom Ortskern aus (Weißstorchnest auf der Kirche) kann man nach Norden gehend den Deich überqueren und erreicht so einen Grünlandbereich, in dem sich im beginnenden Frühling ebenfalls Limikolen aufhalten können. Auf jeden Fall kommen hier ab Mai Braunkehlchen und Neuntöter vor. In der Folge führt der Weg östlich der Gülper Havel an Röhricht, Gebüschen und Wiesen vorbei, bis man schließlich den Rhin erreicht, der den Gülper See durchfließt und hier in die Gülper Havel mündet.

An das Nordufer gelangt man von Rhinow aus über die L 17, indem man auf dieser noch die Ortschaft Kietz durchquert. Ein erster Zugang ergibt sich 300 m nach dem Ortsausgang über einen Plattenweg, der nach Süden (links) abzweigt und nach kurzer Strecke nur noch zu Fuß begangen werden darf. Nach einem halben Kilometer erreicht man auf dem Weg Grünlandflächen, die im Frühling ebenfalls lange überschwemmt sind. Hier kann man in den meisten Jahren ab April nachts Tüpfelsumpfhühner hören, ab Mai auch Wachtelkönige. Nach etwa 2 km erreicht man, immer noch östlich des Sees, eine Schranke. Man kann den Weg in westliche Richtung fortsetzen und gelangt nach weiteren 2 km an eine Pumpstation, wo der Bärengraben von Norden her zum See führt (Biberbaue entlang des Grabens). Parallel zum Graben kommt man nach 1,5 km wieder zurück auf die Landesstraße L 17. Entlang des Grabens wachsen große Hybridpappeln. Sie sind als Landmarke schon von weitem zu sehen und nützlich, falls man den Platz an der Pumpstation über den Weg am Bärengraben direkt ansteuern möchte. An dem Weg kann man Neuntöter, Grauammern und Ortolane sehen. An der Pumpstation (Parkplatz) beginnt ein sehr lohnenswerter Weg auf dem Deichweg weiter nach Westen. Unterwegs erhält man sehr interessante Einblicke in Feuchtwiesen und Röhrichte. In den Gehölzen nördlich des Deiches brüten Schwarzmilane und Kolkraben. Der Weg ist besonders geeignet, um zur passenden Jahreszeit die in den Schilfflächen brütenden Rohrdommeln, Rothalstaucher, Beutelmeisen, Rohrschwirle und Rohrsänger zu beobachten. 2009 brütete hier auch das Kleine Sumpfhuhn. Im Schilf steht ein Mast mit einer besetzten Nisthilfe für Fischadler, die sich von hier schön beobachten lassen. Schließlich gelangt man näher an das Seeufer und kann gut auf die Wasserfläche des Sees blicken. An ehemaligen Schlammpoldern vorbei gelangt man schließlich zur Gahlbergs Mühle und an den Rhin (s. o.).

In den Herbstmonaten trifft man auf den landwirtschaftlichen Nutzflächen um den See Kranich- und Gänsetrupps an, beispielsweise an der L 17 zwischen Kietz und Strodehne.

Seeadler sind am Gülper See regelmäßig zu sehen. Adulte Vögel erkennt man an dem weißen Schwanz.
Foto: B. Volmer.

Im Röhricht am Gülper See brüten Bartmeisen, Rohrschwirle, Drossel-, Schilfrohrsänger und Rohrdommeln.
Foto: C. Moning.

» Weitere Beobachtungs- und Freizeitmöglichkeiten

Nur ca. 5 km südlich des Gülper Sees liegt die Große Graben Niederung, die im Frühjahr unbedingt besucht werden muss. Dann ist die Niederung großflächig überschwemmt und Tausende Enten und Hunderte Limikolen nutzen das reiche Nahrungsangebot.

10 km südlich des Gülper Sees liegt der Schollener See (direkt westlich der Ortschaft Schollene). Das 500 ha große Naturschutzgebiet ist ebenfalls ein bedeutendes Gebiet für Wasser- und Röhrichtvögel. Das Havelländische Luch liegt etwa 30 km südöstlich des Gülper Sees und ist vor allem für sein Großtrappenvorkommen bekannt.

Infomaterial/Literatur:

Haase, P. & T. Ryslavy (2005): Das Europäische Vogelschutzgebiet (SPA) Niederung der Unteren Havel. Naturschutz und Landschaftspflege in Brandenburg 14: 78-81.

Rutschke, E. & H. Liebherr (1996): Wasser – Wiesen – Wasservögel: Ramsargebiet „Niederung der Unteren Havel/Gülper See". Falke 43: 348-351.

Wagner. C. & C. Moning (2009): Vögel beobachten in Ostdeutschland. Kosmos Verlag, Stuttgart.

Anfahrt

Mit Bahn und Bus:
Mit öffentlichen Verkehrsmitteln ist das Gebiet nicht leicht zu erreichen. Die Ortschaft Rhinow wird von Rathenow (nächster Bahnhof) etwa alle zwei Stunden mit einem Bus angefahren und ist für Besucher, die auf den ÖPNV angewiesen sind, der beste Ausgangspunkt. Einige Busse halten auch in Prietzen, das näher am Südufer des Sees liegt.

Mit dem Auto:
Aus westlicher Richtung über die A 2 kommend verlässt man die Autobahn auf der Abfahrt Brandenburg und fährt dann in nördliche Richtung die B 102 über Brandenburg und Rathenow bis nach Rhinow. Hier muss man entscheiden, ob man sich zunächst dem Südufer (Richtung Gülpe) oder dem Nordufer (über Kietz in Richtung Strohdene; um die Mittagszeit Gegenlicht) des Gülper Sees widmen möchte.

Mit dem Fahrrad:
Das Gebiet kann man mit dem Rad grundsätzlich gut erschließen, da die Landschaft eben ist. Da einige Wege nicht mit dem PKW befahren werden können, ist ein Fahrrad oftmals sogar das ideale Fortbewegungsmittel.

Adressen

Naturparkverwaltung Westhavelland, Dorfstraße 5, 14715 Havelaue-Parey, Tel.: 033872/74310, E-Mail: np-westhavelland@lua.brandenburg.de
Fremdenverkehrsverein Westhavelland, Freier Hof 5, 14712 Rathenow, Tel.: 03385/514992, E-Mail: fvv-westhavelland@rathenow.de, www.fremdenverkehrsverein-westhavelland.de
Informationspunkt Ländchen Rhinow, Lilienthalstraße 3, 14728 Rhinow, Tel.: 033875/30200

GPS		
Prietzen (Ortsmitte)	52°43'55.44" N	12°16'42.59" O
Gülpe (Ortsmitte)	52°43'36.73" N	12°13'30.14" O
Kietz (Ortsmitte)	52°45'23.74" N	12°19'03.39" O
Strodehne (Ortsmitte)	52°45'48.99" N	12°13'47.34" O

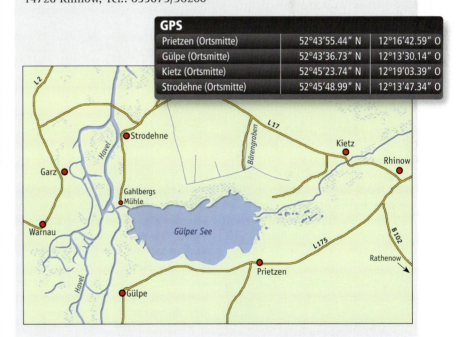

ANZEIGE

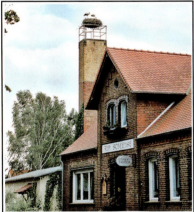

NSG Gülper See – Untere Havel

Gästehaus zwischen Wiesen und Wasser, gef. Wanderungen und Bootsfahrten. Wir zeigen mehr als 100 Vogelarten. Storch, Schwalbe, Eule, Biber direkt am Haus. Kraniche und Gänse im Herbst und Winter. Rundumservice.

Fam. Froreck,
Tel.: 039382/7121
www.guelpersee-unterehavel.de

ANZEIGE

Bruderhof
Hohenferchesar
D-14798 Havelsee
Tel: 0175 - 2813731
oder 033834 - 50472
Fax: 033834 - 51890

Komfortable FeWos in ruhigem, alten Gutshof direkt am Ufer des Pritzerber Sees. Zu jeder Jahreszeit ideal für Vogeltouren vor Ort und Umgebung – Untere Havel, Gülper See, Großtrappenschutzgebiet „Havelländisches Luch" und Belziger Landschaftswiesen. Sing- und Zwergschwan, Rohrdommel, See- und Fischadler, Wiesenweihe, Kranich- und Gänse-Hotspot, Wachtelkönig, Raubwürger, Ortolan ...

E-Mail: info@bruderhof.de   Internet: www.bruderhof.de

Storchendorf und Teichland
Linum in Brandenburg
Artenvielfalt und Kranichrast im Oberen Rhinluch

Das Rhinluch bildet den Nordteil des Havellands, einer ausgedehnten, in der letzten Eiszeit geformten Niederungslandschaft 45 km nordwestlich von Berlin. Wenig geläufig ist der Name Luch, der im Duden als Sumpf definiert wird und aus dem Urslawisch-Polabischen kommt (lucá = offenes Feuchtland). Die nach dem Rückzug der Eismassen entstandenen Seen verlandeten, es bildeten sich Sümpfe und Moore. Der Rhin durchfließt die Niederung und leiht dem Rhinluch seinen Namen. Im Gegensatz zum geheimnisvollen Namen, wissen viele Vogelbeobachter um die Schönheit, die Erlebnisqualität und um die vogelkundliche Besonderheit der weiten Landschaft. Nicht zuletzt beherbergt das Europäische Vogelschutzgebiet einen der größten Kranichrastplätze Mitteleuropas.

» **Lebensräume**

Das Obere Rhinluch, in dem Linum und das Teichland liegen, war bis zum 18. Jahrhundert nicht erschlossen. Es dominierten Erlenbrüche, Weidengebüsche, Seggenrieder, Röhrichte und andere Verlandungsgesellschaften. Zu Beginn des Jahrhunderts nahm die Heu- und Streuwiesennutzung zu, es entstanden Pfeifengraswiesen und erste Weiden. Eine intensive Kultivierung der Niedermoorsenke begann mit dem Bau des Ruppiner Kanals 1786 bis 1788. Die inneren Bereiche des Luchs konnten damit abgetorft werden, was in den darauffolgenden hundert Jahren auf zirka 70 Prozent der Fläche auch geschah. 1880 war das Luch weitgehend abgetorft und versumpfte wieder. Es entstanden sekundäre Röhrichte und Seggenrieder und Teile des Luchs verbuschten. Anfang des 20. Jahrhunderts bildeten sich aus Torfbrachen auch die ersten 12 der heute 36 Teiche des Teichlands Linum. Die aktuellen 240 ha werden zur Karpfenzucht genutzt.

Die Teiche präsentieren sich heute mit einer reichen Verlandungsvegetation, die vor allem aus Schilf und Rohrkolben besteht und Lebensraum einer ausgeprägten Schilfbrütergemeinschaft ist. Dauerhafte Siedlungen, die Luchdörfer, etablierten sich erst ab 1925 im Moor. Bis 1990 wurde die Niedermoornutzung durch Entwässerung, hohe Düngergaben und die Anlage von Saatgrasland für eine intensive Tierhaltung mit großen Tierproduktionsanlagen verstärkt. Mit der Wende verringerte sich die

Drosselrohrsänger sind im Teichland weit verbreitet und sehr auffällig. Foto: C. Wagner.

Nutzungsintensität. Die heutige Vegetation ist durch extensives Grünland, Brachen und junge Nasswiesen geprägt. Im weiteren Umland, vor allem südlich der A 24, ist Maisanbau weit verbreitet. Im Herbst liegen hier die Hauptnahrungsflächen für die Kraniche.

» Besondere Vogelarten

Das Teichland wird von zahlreichen Vogelarten als Brutgebiet genutzt. Knäk-, Schnatter- und Kolbenenten brüten auf den Teichen, Schellenten bevorzugen die angebotenen Nistkästen und brüten selbst in den Höhlungen der Linden entlang der Dorfstraße. Rothalstaucher, Rohr- und Zwergdommeln, Rohrweihen, Bartmeisen, Rohrschwirle, Schilf- und Drosselrohrsänger nutzen die ausgedehnten Schilffelder zur Nestanlage und zur Jungenaufzucht. Die Gebüsche und Baumgruppen des Teichlands bieten Beutelmeisen, Neuntötern, Feldschwirlen, Sperbergrasmücken und Nachtigallen Lebensraum. Auch Eisvögel und Schlagschwirle lassen sich zur Brutzeit beobachten. Weißstörche kommen in Zahlen mit überregionaler Bedeutung in Linum vor, das sich deswegen auch als „Storchendorf Linum" bezeichnet. Jährlich finden ca. 10 bis 15 Paare in den Ort, um hier auf einer Dorflinde, auf aufgestellten Nistmasten, Schornsteinen oder auch auf der Dorfkirche ihre Jungen großzuziehen. Die Störche profitieren von den ausgedehnten, nahrungsreichen Wiesen im Rhinluch. Viele Greifvogelarten sind im Gebiet vertreten. So wird man im Laufe eines Tages Fischadler, Rot- und Schwarzmilane, Seeadler sowie Baumfalken bei der Jagd beobachten können. Etwas abseits – beispielsweise an der Straße Linum-Kremmen oder von Linum nach Kuhhorst und der Straße von Betzin nach Jahnberge – hat man auch gute Chancen Ortolane zu sehen.

Das Rhinluch hat sich in den letzten Jahren zum zeitweise bedeutendsten Kranichrastplatz in Mitteleuropa entwickelt und im Jahr 2008 hinsichtlich der Rastzahlen erstmals auch die Rügen-Bock-Region überholt. Am 14. Oktober 2008 wurden unglaubliche 80 500 Kraniche (bzw. 86 600 im gesamten Rastgebiet Rhin-Havelluch) gezählt. Wöchentlich aktualisierte Zahlen lassen sich auf der Internetseite des Landschaftsfördervereins Oberes Rhinluch e.V. nachlesen. Die Gründe für die hohe Anzahl von Kranichen sind vielfältig. Beispielsweise liegt das Linumer

Beutelmeisen brüten in den ufernahen Büschen.
Foto: C. Wagner

Storchendorf Linum: Die Jungstörche auf der Dorfkirche sind schon fast flügge.
Foto: C. Wagner.

Typische Vogelarten in Linum, deren Status und günstige Beobachtungszeit (in Klammern)
h = häufiger, r = regelmäßiger, s = seltener
J = Jahresvogel, B = Brutvogel, W = Wintergast,
D = Durchzügler, N = Nahrungsgast

Art	Status (beste Beobachtungszeit)
Bartmeise	rB (ganzjährig)
Bekassine	sB, rD (März – Okt.)
Beutelmeise	hB (April – Aug.)
Bruchwasserläufer	rD (Mai, Aug. – Sept.)
Drosselrohrsänger	hB (April – Aug.)
Eisvogel	sB (ganzjährig)
Fischadler	sB, rD (April – Sept.)
Flussseeschwalbe	rB (Mai – Juli)
Goldregenpfeifer	rD (März, Okt. – Nov.)
Kampfläufer	rD (April – Mai, Okt.)
Kiebitz	rB, hD (Feb. – Nov.)
Knäkente	sB, rD (Mitte März – Aug.)
Kolbenente	sB, rD (Mitte April – Mitte Sept.)
Kranich	sB, hD, sW (ganzjährig)
Nachtigall	hB (April – Aug.)
Neuntöter	hB (Mai – Aug.)
Ortolan	rB (Mai – Aug.)
Rohrdommel	sB (ganzjährig)
Rohrschwirl	hB (Mitte April – Aug.)
Rohrweihe	rB, rD (April – Sept.)
Rothalstaucher	sB (April – Aug.)
Rotmilan	rB (März – Okt.)
Saat- und Blässgans	hD, hW (Sept. – April)
Schellente	sB, rD (März – Okt.)
Schilfrohrsänger	rB (April – Aug.)
Schlagschwirl	rB (Mai – Juli)
Schleiereule	rB (ganzjährig)
Schwarzmilan	rB (April – Aug.)
Seeadler	sB, rW (ganzjährig)
Silberreiher	rJ (ganzjährig)
Singschwan	rD (Okt. – März)
Sperbergrasmücke	rB (Mitte Mai – Aug.)
Weißstorch	hB (April – Aug.(Sept.))
Zwergdommel	sB (Mitte Mai – Aug.)
Zwergschwan	sD (Feb.)

Einige Lachmöwen und Flussseeschwalben brüten auf bereitgestellten Flößen. Blick vom Beobachtungsturm (5). Foto: C. Wagner.

Teichgebiet zentral auf der westeuropäischen Zugroute der Kraniche. Auf dieser Zugroute ziehen die skandinavischen, baltischen, polnischen und westrussischen Brutvögel in die spanische Extremadura. Die Kraniche finden auf den Teichen und überstauten Wiesen, die extra so reguliert werden, dass die Vögel im flachen Wasser stehen können, optimale, ruhige und feindgeschützte Übernachtungsflächen. Weiterhin profitieren die Kraniche von den abgeernteten Maisfeldern der Region, wo sie Ernterückstände fressen können. Nicht zuletzt scheint das gute Kranichmanagement zu greifen. Auch für Besucher wurde Einiges getan; die Infrastruktur der Beobachtungseinrichtungen ist hervorragend. Bei dem Kranichspektakel vergisst man fast, dass alljährlich noch bis zu 70000 nordische Bläss- und Saatgänse sowie viele verschiedene Entenarten hier rasten und im Teichgebiet in manchen Jahren auch gute Nahrungsflächen für Limikolen vorhanden sind.

» Reisezeit

Herausragende Anziehungspunkte für Vogelbeobachter sind die Störche im Ort, die Schilfbrüter im Teichland, die Wasservogel- und Limikolenrast auf den abgelassenen Teichen und natürlich der spektakuläre Kranichdurchzug im Spätherbst. So ist das Gebiet bis auf den Winter immer eine Reise wert. Die Schilfbrütergemeinschaft ist mit der spät ankommenden Zwergdommel ab Mitte bis Ende Mai komplett. Somit ist dies ein sehr guter Zeitpunkt für einen Besuch der Teiche. Dann brüten und füttern auch Weißstörche im Ort. Flussseeschwalben streiten sich um die Plätze auf den Brutflößen und Rotbauchunken rufen aus den Tümpeln. Ab Ende Juni beginnt der Limikolenrückzug aus den nordischen Brutgebieten und es sammeln sich im Verlauf des Spätsommers viele Enten und Gänse auf den Teichen, welche je nach aktuellem Wasserstand ganz unterschiedlich interessant sein können. Die meisten Besucher werden allerdings von der überaus spektakulären Kranichrast angezogen. Dieses Erlebnis ist besonders gut von Anfang Oktober bis Mitte November – am Besten bei einer der angebotenen Führungen – zu erleben. Danach wird es ruhiger, wobei Kraniche und nordische Gänse bis zum Zufrieren der Teiche im Gebiet bleiben.

» Beobachtungsmöglichkeiten

Das Linumer Teichland ist nur in einem Teilbereich für die Öffentlichkeit zugänglich. Allerdings existieren vier lohnende Beobachtungstürme und zwei Beobachtungshütten, von denen man einen sehr guten Überblick über die Teiche erhält. Von Berlin kommend, die A 24 bei der Ausfahrt Kremmen verlassend, findet man 900 m nach dem Ortseingangsschild auf der rechten Seite das NABU-Naturschutzzentrum Storchenschmiede Linum (1). Nach weiteren 500 m, weist ein Schild „Teichland" den Weg nach rechts zu den Teichen. Diese „Zu den Teichen" genannte Straße kann man 900 m bis zu einem Parkplatz (2) befahren. Der weitere Weg über den sogenannten „Schwarzen Damm" führt geradeaus mitten ins Gebiet und an zwei Beobachtungshütten (3, 4) vorbei zu einem ersten Beobachtungsturm (5), von dem aus die Flussseeschwalbenkolonie einsehbar ist. Letztendlich gelangt man zum äußersten Aussichtsturm (6), von dem sich das Kranichspektakel sehr schön beobachten lässt, auch wenn die Schlafplätze nicht eingesehen werden können. Die Umrundung der kleinen Teiche bei (7) führt zu weiteren lohnenden Einblicken. Zwergdommel, Beutelmeise, Bartmeise, Drosselrohrsänger und Kolbenente sind hier zu beobachten. Von dem Beobachtungsturm bei (8) hat man am Mittag jedoch Gegenlicht. Ein Muss ist der Besuch des Beobachtungsturms bei (9) wenig

Anfahrt

Mit Bahn und Bus:
Linum liegt nur 45 km nordwestlich des Zentrums von Berlin. Trotzdem benötigt man im Normalfall zweieinhalb bis drei Stunden für die Anfahrt mit öffentlichen Verkehrsmitteln. Der nächste Bahnhof liegt in Kremmen, 12 km von Linum entfernt. Von dort mit Bus nach Linum (nur wochentags).

Mit dem Auto:
Man verlässt die A 24 Berlin–Hamburg von Berlin kommend an der ersten Abfahrt nach dem Dreieck Havelland – der Anschlussstelle „Kremmen" – und folgt der B 273 zuerst Richtung Norden, um dann über Flatow nach ungefähr 11 km Linum zu erreichen. Von Hamburg kommend nimmt man die Ausfahrt „Fehrbellin" und erreicht Linum über Tarmow und Hakenberg.

Adressen

Storchenschmiede Linum: NABU-Naturschutzzentrum, Information, Öffentlichkeitsarbeit und ein umfangreiches Angebot an Veranstaltungen. Die Storchenschmiede ist Mitglied der AG Kranichschutz und sorgt in diesem Rahmen mit für die Besucherlenkung vor allem im Herbst während der Kranichrast. Außerdem ist das Naturschutzzentrum an Naturschutzprojekten in Linum und dem Linumer Teichland beteiligt.

Adresse: Storchenschmiede, Nauener Straße 54, 16833 Linum, Tel.: 033922-50500,
E-Mail: storchenschmiede@nabu-berlin.de, www.nabu-berlin.de/projekte/linum.

Öffnungszeiten sind von Ende März bis zum Ende der Kranichrast im November Dienstag bis Freitag von 10.00 bis 16.00 Uhr und Samstag, Sonn- & Feiertag von 10.00 bis 18.00 Uhr sowie nach Vereinbarung.

Landschaftsförderverein Oberes Rhinluch e. V.: Ziel des Vereins ist, Natur und Landschaft im Oberen Rhinluch zu erhalten oder zu entwickeln. Vorträge, Exkursionen, Ausstellungen, Arbeitseinsätze, Kranichzählungen.
Adresse: Am Markt 24, 16766 Kremmen,
Tel.: 033055-22099, E-Mail: vorstand@oberes-rhinluch.de, www.oberes-rhinluch.de.

Vogelschutz-Komitee e.V., Nauener Str. 25a, 16833 Linum, Tel.: 033922/90631
E-Mail.: info@vogelschutz-komitee.de, www.vogelschutz-komitee.de

GPS		
NABU-Naturschutzzentrum Storcheschmiede Linum	52°45'30.99" N	12°52'47.97" O

Abendlicher Kranicheinflug in die Linumer Teiche.   Foto: D. Damschen.

südlich des Parkplatzes. Die beiden Teiche östlich davon sind Brutplatz von Zwergdommel, Rothalstaucher und Kranich. Auch der Schlagschwirl singt in der Umgebung. Rotbauchunke und Biber runden das Artenspektrum ab.

Die Arbeitsgemeinschaft Kranichschutz, die sich aus dem NABU, dem Landesumweltamt Brandenburg und dem Landschaftsförderverein „Oberes Rhinluch" zusammensetzt, plant im Rahmen der Besucherlenkung weitere Beobachtungstürme an sehr interessanten Stellen nordöstlich von Linum. Außerdem sollen weitere Ablenkfütterungen mit Beobachtungseinrichtungen etabliert werden. Die Storchenschmiede gibt Auskunft über den Planungsstand der Maßnahmen und bietet Führungen zu den Störchen und Kranichen an.

» Weitere Beobachtungs- und Freizeitmöglichkeiten

Linumhorst liegt inmitten extensiv genutzter Wiesen und Weiden des Rhinluchs östlich des Teichlands. Viele Wege in diesem Bereich sind gesperrt, die öffentlich befahrbaren allerdings lohnen sich fast ganzjährig zur Beobachtung von Kranichen. Im Winterhalbjahr lassen sich auf den Wiesen auch nordische Gänse und im Frühjahr Limikolen beobachten.

An der Straße Linum-Kuhhorst wird eine Ablenkfütterung für Kraniche mit Sichtschutz und Parkplatz betrieben.

Der Kremmener See und der Kremmener Rhin bilden den naturnahen Rest in einer ehemals weiträumigen Niedermoorlandschaft. Der See ist nur mit dem Boot adäquat zugänglich. Informationen gibt ein Faltblatt Wasserwandern, das bei der Gemeinde Fehrbellin erhältlich ist.

ANZEIGE

Urlaub, wo Preis und Leistung stimmen!

Vogelschutz-Gebiet Oberes Rhinluch
jederzeit
Erlebnis für Natur- und Vogelfreunde:
brütende Störche, rastende Kraniche u.v.m.

Wir fördern den Vogelschutz im Teichland Linum und Rhinluch
Landpension Adebar
Im Storchendorf Linum, 16833 Fehrbellin-Linum, Nauener Str. 25
www.landpension-adebar.de • ferien@landpension-adebar.de • Tel: 03 39 22 - 902 87

Kooperationspartner des Vogelschutz-Komitee e. V. (BBG)
16833 Fehrbellin-Linum, Nauener Str. 25 A
www.vogelschutz-komitee.de • info@vogelschutz-komitee.de • Tel: 03 39 22 - 906 31

Infomaterial/Literatur:

Fischer, S. (2002): Vogelkundlicher Jahresbericht für das Linumer Teichgebiet und Umgebung 2001. NABU Berlin, Berlin und Linum.

Wagner, C. & C. Moning (2009): Vögel beobachten in Ostdeutschland - Die besten Beobachtungsgebiete zwischen Rügen und dem Thüringer Wald. Kosmos, Stuttgart.

Wir danken Henrik Watzke herzlich für die Durchsicht des Textes.

Niederrhein zwischen Bienen und Kranenburg in Nordrhein-Westfalen

Wasser- und Wiesenvögel an der niederländischen Grenze

Dort wo der Rhein Deutschland verlässt, liegen zwischen den Ortschaften Bienen, Emmerich, Kleve und Kranenburg einige für den Vogelschutz besonders wertvolle Gebiete. Dazu gehören der Bienener Altrhein, die Hetter, die Emmericher Ward als rechtsrheinische, die Düffel mit dem Kranenburger Bruch, die Rindernschen Kolke und Salmorth als linksrheinische Gebiete. Allen gemeinsam ist, dass landwirtschaftliche Nutzflächen das Gesicht der Landschaft prägen, die fast nur von Wasserflächen und einzelnen Gehölzbeständen unterbrochen werden. Ihre große Bedeutung liegt in den gewaltigen Vogelmassen, vor allem sind es Saat- und Blässgänse, die zeitweise im Gebiet rasten. Unter den Brutvögeln gibt es außerdem Arten, die in Nordrhein-Westfalen mittlerweile selten geworden oder andernorts ganz verschwunden sind. So brüten innerhalb des Bundeslandes nur noch hier Trauerseeschwalben. Aber auch Arten, die man in weiten Teilen Deutschlands vergeblich suchen wird, z.B. Uferschnepfe und Steinkauz, sind hier noch regelmäßige Brutvögel.

» Lebensräume

Der größte Teil des Gebietes besteht aus Grün- und Ackerlandschaften, in die Altwässer, Abgrabungsgewässer und Gehölze wie Hecken, Kopfbaumreihen und Auwaldreste eingebettet sind.

Bienener Altrhein und Hetter (rechtsrheinisch)

Das ursprüngliche und naturnahe Altwasser erstreckt sich außendeichs über vier Kilometer entlang des rechten Rheinufers und ist über die Ortschaften Praest und Bienen zu erreichen. Im Gewässer findet man unterschiedliche Verlandungsstufen. Röhrichte und Weidengebüsche wachsen an den Ufern, Schwimmblattzonen bedecken größere Bereiche der Wasserfläche. Auf ihnen (und auf Nistflößen dazwischen) befindet sich eine Trauerseeschwalbenkolonie. Am Rande des Altwassers erstrecken sich feuchte Wiesen bis an den Deich. Vor allem kleinere Gehölze außendeichs und die Obstbaumbestände der Ortsrandlagen sind interessante Kleinstrukturen (Steinkauz).

Zwischen dem Bienener Altrhein und dem Rhein liegen Grünländereien, Ackerflächen und ein weiterer Altarm des Stroms, der Grietherorter Altrhein und die Ortschaft Grietherort. Südlich grenzt das Naturschutzgebiet Hetter an, ein ehemals ausgedehntes Bruchgebiet, das bereits um 1340 urbar gemacht wurde.

Salmorth und Emmericher Ward (links- und rechtsrheinisch)

Die Halbinsel Salmorth liegt rund 10 km stromabwärts am linken Rheinufer, nördlich der Kreisstadt Kleve. Sie ist etwa 6 Kilometer lang, befinet sich im Überschwemmungsbereich des Rheins und dient als Sommerpolder. Wiesen und Weiden bestimmen das Landschaftsbild. Gehölze, meist sind es Pappelreihen, Kopfweiden oder Weidengebüsche, gibt es nur wenige. Nach Süden grenzt der Griethauser Altrhein, der keine nennenswerten Verlandungsstrukturen aufweist, die Halbinsel ab. Die Emmericher Ward auf der gegenüberliegenden Rheinseite ist ebenfalls Bestandteil der Überflutungsaue und ähnelt der Halbinsel Salmorth weitgehend.

Der Steinkauz ist ein Charaktervogel der Weiden und Wiesen am Niederrhein. Seine Rufe sind vor allem von Februar bis April vielerorts zu hören.
Foto: H.-J. Fünfstück.

Düffel und Kranenburger Bruch (linksrheinisch)

Die Düffel ist ein etwa 6000 ha umfassender Grünlandkomplex nördlich der Ortschaft Kranenburg. Knapp zwei Drittel dieses rheinnahen Gebietes stehen heute unter Naturschutz. Seit dem Bau der Deiche wird das heute weitgehend intensiv genutzte Weideland der Niederung nicht mehr überflutet. Zahlreiche Hecken, Kopfweidenreihen und Gräben durchziehen die Landschaft. Trotz vieler Entwässerungsmaßnahmen in den letzten Jahrhunderten ist mit dem südlich angrenzenden Kranenburger Bruch einer der letzten Niedermoorbereiche am Niederrhein erhalten geblieben. Das 115 ha große FFH-Gebiet bietet neben dem hier vergleichsweise extensiv genutzten Grünland noch eine recht große Strukturvielfalt mit orchideenreichen Nasswiesen, ausgedehnten Schilfbeständen, Bruchwald, Hecken, schilfbestandenen Gräben in artenreichem Feuchtgrünland, Hochstaudenfluren, Blänken und einem Abgrabungsgewässer.

» Besondere Vogelarten

Das Gebiet gilt als einer der größten Überwinterungsplätze für arktische Gänse und eines der bundesweit bedeutendsten Brutgebiete für den in den meisten Teilen Deutschlands selten gewordenen oder ausgestorbenen Steinkauz. Am gesamten Niederrhein sind es jährlich bis zu 180 000 Gänse, von denen ein großer Teil auch hier überwintert. Die Feuchtwiesenbewohner Weißstorch, Kiebitz, Großer Brachvogel, Uferschnepfe, Rotschenkel und Bekassine kommen hier stellenweise in einigermaßen großen Beständen vor. Weißstörche haben das Gebiet seit 1992 wieder besiedelt und brüten z. B. in Zyfflich auf einem Mast im Dorfzentrum und in Kranenburg auf einer Nisthilfe in einer Pappel. Bei vielen Störchen handelt es sich um sogenannte Projektstörche aus einem niederländischen Auswilderungsprojekt. Ihr Bruterfolg ist sehr gering.

Das Gebiet beinhaltet am Bienener Altrhein und am Millinger Meer außerdem zwei der wenigen nordwestdeutschen Trauerseeschwalbenkolonien (zusammen zwischen 59 und 62 Paare in 2007, davon die meisten am Bienener Altrhein).

Im Kranenburger Bruch kann man mit etwas Glück auch Blau- und Schwarzkehlchen sehen. Rohrammern und Teichrohrsänger (ca. 60 bis 70 Paare) brüten in den Schilfröhrichten. Baumfalken, Bekassinen, Wasserrallen, Turteltauben, Eisvögel und Feldschwirle sind ebenfalls regelmäßige Brutvögel. Auf dem Durchzug können vor allem Bekassinen an einzelnen Tagen mit hohen Individuenzahlen gesehen werden.

Eines der wichtigsten Feuchtwiesengebiete am Niederrhein ist die Hetter. Es ist wohl das einzige in Nordrhein-Westfalen, in dem Kiebitz, Rotschenkel, Uferschnepfe, Großer Brachvogel und Bekassine brüten. Der Rückgang dieser Arten seit den 1970er Jahren ist dramatisch. So sank der Bestand der Uferschnepfe beispielsweise von 180 auf 35 Revierpaare, der Wachtelkönig ist ganz verschwunden. Schafstelze, Wiesenpieper, Feldlerche, Schwarzkehlchen, und Kuckuck brüten aber noch regelmäßig. Unter den Wasservögeln zählen Knäk-, Löffel-, Schnatter- und Reiherente zu den Brutvögeln. Auf dem Durch-

Der Bienener Altrhein ist am besten vom Deich aus einzusehen. Hier brüten Trauerseeschwalben und Haubentaucher.
Foto: T. Brandt.

zug kann man manchmal über 50 Braunkehlchen oder bis zu 300 Große Brachvögel sehen. Brachvögel und Uferschnepfen sind aber auch in den anderen ausgedehnten Grünlandgebieten zu beobachten.

» Reisezeit

Das Gebiet ist ganzjährig – vielleicht abgesehen vom Spätsommer – ein gutes Ziel. Ab Februar hört man abends die langgezogenen „Guuhk"-Rufe der Steinkäuze, auf den Gewässern rasten vor allem im März und April zahlreiche Enten unterschiedlicher Arten. Dann treffen auch die Wiesenlimikolen ein und ihre Balz dominiert stellenweise die Akustik der Wiesen und Weiden. Die Trauerseeschwalben erreichen den Bienener Altrhein Anfang Mai. Zu dieser Zeit kommen auch die meisten anderen Zugvögel wie Gelbspötter und Sumpfrohrsänger am Niederrhein an. Im Spätsommer tauchen die ersten Silberreiher als Nahrungsgäste auf. Ab Anfang Oktober kommen dann die Vorboten der riesigen Gänseschwärme aus den arktischen Regionen Sibiriens, um am Niederrhein zu überwintern.

» Beobachtungsmöglichkeiten

Den **Bienener Altrhein** kann man am besten vom Deich östlich des Sees einsehen. Man kann von hier aus gut die Trauerseeschwalben beobachten. Den Südzipfel des Altrheins und den Deich erreicht man über die Ortschaft Bienen (nächster Busanschluss) im Süden des Altrheins. Im Norden des Totarms liegt Praest. Die Grünländer zwischen dem Bienener Altrhein und dem Rhein erreicht man über die K 19, die südlich von Bienen nach Westen (Richtung Grietherbusch) in das Gebiet führt. Man passiert die Brücke über den Grietherorter Altrhein mit guten Beobachtungsmöglichkeiten. Etwa 100 Meter weiter gibt es einen Parkplatz, von dem aus ein kleiner Weg zu einem Beobachtungsstand führt. Auf dem Weg dorthin kann man im Auwaldrest ganzjährig Sumpf- und Weidenmeisen sowie Grünspechte sehen. Das Abgrabungsgewässer vor dem Beobachtungsstand wird vor allem von Gänsen als Schlafplatz genutzt, gelegentlich suchen hier zur Zugzeit Waldwasser- und Flussuferläufer nach Nahrung. Die Straße führt schließlich über eine weitere Brücke, ebenfalls ein guter Beobachtungspunkt, nach Grietherort und hier entweder geradeaus weiter in die offene Landschaft bis nah an den Rhein (Gänse), oder zu Beginn der Ortschaft links bis an den Rhein, wo man die Ufer und Buhnen nach Limikolen und Möwen absuchen sollte. Rechts führt ein Wirtschaftsweg in das Grünland (Gänse). Am Grietherorter Altrhein kann man während der Brutzeit Uferschnepfen und Rotschenkel beobachten.

In Bienen befindet sich ein Naturschutzzentrum, in dem man Informationen über das Gebiet erhält. Bienen kann von Praest (Bahnhof) aus mit dem Bus erreicht werden.

Düffel und Kranenburger Bruch

Einen schönen Rundweg mit Lehrpfad, der durch einen abwechslungsreich strukturierten Bereich des Kranenburger Bruches führt, erreicht man über die B 9. Nur wenige hundert Meter östlich der Auffahrt zur B 9/B 504 gibt es einen Parkplatz mit einer Übersichtstafel. Von diesem führt der Weg nach Osten, 500 m entlang der Bahn. Man überquert einen Graben und biegt am Wegende links auf die Hornderichstraße ab. Nach etwa 400 m überquert man einen weiteren Graben (Wallwässerung) und erreicht eine Kreuzung. Nach links abbiegend folgt man parallel zum Graben der Bruchschen Straße und verlässt diese schließlich nach 700 m nach Süden (links) in den „Kurzen Hufen". Bis zum Ausgangspunkt sind es dann etwa weitere 700 m.

Des weiteren bietet es sich an, das Gebiet mit dem Fahrrad zu erkunden, indem man von Kranenburg über die Kleyen nach Mehr und über Nütterden zurück nach Kranenburg fährt. Entlang der Route hört man im Frühling Nachtigallen, Blaukehlchen, Dorngrasmücken, Goldammern und Feldschwirle. Im Winter sieht man zahlreiche Blässgänse und die weniger häufigen Saatgänse. Darunter ist mit viel Glück auch einmal eine Kurzschnabelgans oder Rothalsgans zu beobachten. Häufiger werden von Jahr zu Jahr die Grau-, Weißwangen- und Nilgänse. Wacholder- und Rotdrosseln fressen zu dieser Zeit an den Beeren der zahlreichen Hecken. Sperber, Habicht und auch die bei Emmerich brütenden Wanderfalken machen gerade unter den Drosselvögeln und den im Winter am Niederrhein bleiben den Staren immer wieder Beute.

In Kranenburg befindet sich im alten Bahnhof ein sehr sehenswertes Besucherzentrum, das von der NABU-Naturschutzstation e.V. unterhalten wird (s. u.). Die Ortschaft ist vom Bahnhof Kleve mit dem Bus zu erreichen.

Salmorth mit Emmericher Ward

Die Halbinsel Salmorth erreicht man über die Ortschaft Griethausen. Von hier aus fährt man in Richtung Rhein

> Im reich strukturierten Kranenburger Bruch brüten regelmäßig Feldschwirle und Blaukehlchen. Mit Glück kann man auch Baumfalken und Turteltauben sehen.
>
> Foto: T. Brandt.

Typische Vogelarten am Niederrhein, deren Status und günstige Beobachtungszeit.
h = häufiger, r = regelmäßiger, s = seltener
J = Jahresvogel, B = Brutvogel, W= Wintergast, D = Durchzügler
Schwerpunktgebiete (wenn relevant): * = Bienener Altrhein

Art	Status	beste Beobachtungszeit
Baumfalke	sB	Mai – Aug.
Bekassine	sB, hD	März – Sept.
Blaukehlchen	rB	April – Aug.
Blässgans	hW	Okt. – März
Eisvogel	rB	ganzjährig
Feldschwirl	rB	Ende April – Aug.
Flussseeschwalbe	rB	April – Aug.
Graugans	rB	ganzjährig
Großer Brachvogel	sB	März – Aug.
Gänsesäger	hW	Nov. – März
Kiebitz	rB, hD, rW	ganzjährig
Knäkente	sB, rD	März – Juli
Krickente	sB	ganzjährig
Löffelente	sB, hD	März – Okt.
Pirol	sB	Mai – Aug.
Raubwürger	sW	Nov. – März
Rothalsgans	sW	Okt. – März
Rotschenkel	sB	April – Sept.
Saatgans	hW	Okt. – März
Schwarzkehlchen	rB	April – Sept.
Spießente	rD	März – April
Steinkauz	rB	ganzjährig
Teichrohrsänger	rB	April – Aug.
Trauerseeschwalbe *	rB	Mai – Aug.
Turteltaube	sB	Mai – Aug.
Uferschnepfe	rB	März – Juni
Wasserralle	rB	März – Aug.
Weißwangengans	rB, rW	Okt. – März
Wiesenpieper	rB	März – Okt.
Zwergsäger	rW	Nov. – März

Blässgänse gehören zu den besonders zahlreichen Wintergästen am Niederrhein. Die Familien halten im Winter noch zusammen. Man kann die Jungen leicht zwischen den meist zahlreicheren Altvögeln entdecken. Sie haben noch keine weiße Blesse. Foto: H.-H. Bergmann

über den Griethauser Altrhein (nächste Bushaltestelle) über die Rheinstraße (L 456) auf die Halbinsel bis zum Industriegebiet Spyck und hält sich links Richtung Kläranlage. Hinter dieser gelangt man an das linke Rheinufer. Die Weiterfahrt nach dem Halteschild ist für PKW nicht mehr erlaubt. Mit dem Fahrrad oder zu Fuß ist das aber möglich, man erreicht dann nach 2,5 km den Ort Schenkenschanz. Auf dem Weg dorthin kann man im Winter meist gut Gänse beobachten. Von Spyck aus erreicht man Schenkenschanz aber auch entlang des Griethauser Altrheins (Martin-Schenk-Straße), indem man zunächst parallel zur Rheinstraße nach Süden fährt und sich rechts hält und auf dem Deich entlang fährt. Südlich von Schenkenschanz kann man gelegentlich Große Brachvögel und Uferschnepfen an den überschwemmten Wiesenflächen sehen.

Auf der rechten Rheinseite liegt die **Emmericher Ward**. Sie erstreckt sich über rund 4 km Länge entlang des Stroms zwischen der Ortschaft Emmerich und der niederländischen Grenze. Das 320 ha große Naturschutzgebiet kann man am besten vom Deich aus einsehen. Um dort hinzugelangen fährt man von Kleve aus via B 220 über den Rhein nach Emmerich und fährt gleich an der ersten Abfahrt ab, unterquert die Straße auf der B 8 in nordwestliche Richtung bis zur Dorfmitte von Hüthum (Bushaltestelle Hüthum Kirche) und biegt links in die Kleyesche Straße ein. An deren Ende hält man sich links und erreicht den Deich. Dem Deich kann man über die niederländische Grenze hinweg folgen (ein Fahrrad ist günstig) und durch die Ortschaft Spijk (Parkplatz am Deich) weiter nach Westen fahren.

Einen Besuch startet man am sinnvollsten im NABU-Besucherzentrum Kranenburg (Adresse s. u.). Dort erhält man Informationen über die Naturschutzgebiete z.T. in aktuellen Faltblättern mit Karten. Die Ausstellung über die Entstehung der Landschaft ist sehenswert. In einem gut sortierten Shop kann man auch Kartenmaterial und Bücher erwerben. Der NABU bietet geführte Gänsetouren mit Reisebussen an.

» Weitere Beobachtungs- und Freizeitmöglichkeiten

Wer etwas Abwechslung von den offenen Wiesen- und Ackerlandschaften sucht, der kann einen Abstecher in den südlich an Kleve angrenzenden Reichswald unternehmen (große Faltkarte „Ketelwald" erhältlich). Mit 5100 Hektar Größe ist er das größte zusammenhängende Waldgebiet am Niederrhein. Leider wurden in der Nachkriegszeit große Bereiche mit Nadelholzmonokulturen aufgeforstet. Naturnahe, von Rotbuchen dominierte Waldbereiche findet man im Waldzentrum im NSG Geld-

enberg (Faltblatt erhältlich), das zwei unbewirtschaftete Naturwaldparzellen einschließt.

Etwa 40 km südöstlich von Kleve bei Xanten befindet sich am linken Rheinufer die Bislicher Insel, an deren südlichem Ende ein etwa 3 km langer Altarm des Rheins liegt (gut von der Straße bei Birten aus einsehbar). Auf der „Insel" (heute eine Halbinsel) gibt es einige Abgrabungsseen, vor allem aber Wiesen, Weiden und Äcker mit einem ähnlichen Vogelartenspektrum wie in den oben beschriebenen Gebieten. Ein guter Ausgangsort ist ein Parkplatz am Rhein (Gelderner Straße, Fähranleger). Ein Weg führt von hier aus in südöstliche Richtung auf die Halbinsel (kein Rundweg möglich).

Praest (Ortsmitte)	51°49'16.34" N	6°20'24.70" O
Bienen (Ortsmitte)	51°48'06.56" N	6°22'07.28" O
Grietherort (Ortsmitte)	51°47'32.84" N	6°19'28.54" O
Kranenburg (Ortsmitte)	51°47'24.63" N	6°00'21.52" O
Mehr (Ortsmitte)	51°48'35.98" N	6°03'08.04" O
Nütterden (Ortsmitte)	51°47'23.06" N	6°03'51.81" O
Griethausen (Ortsmitte)	51°49'25.45" N	6°09'59.38" O
Emmerich (Ortsmitte)	51°50'46.57" N	6°14'05.17" O
Hüthum (Ortsmitte)	51°50'59.03" N	6°12'10.19" O
Spijk (Ortsmitte)	51°51'02.46" N	6°09'02.82" O

Anfahrt

Mit Bahn und Bus:
Bahnhöfe gibt es in Kleve (bei entsprechender Gruppengröße kann man sich hier nach Absprache zu den NABU-Gänseexkursionen abholen lassen), Praest und Emmerich. Bushaltestellen gibt es in fast allen kleineren Gemeinden. Die günstig gelegenen sind unter den Beobachtungsmöglichkeiten aufgeführt.

Mit dem Auto:
Die Autobahn 3 führt rechtsrheinisch von Südosten kommend entlang des Niederrheins bis Emmerich. Von hier aus sind es etwa 5 km bis Kleve südlich des Rheins und von hier 10 km bis Kranenburg.
Die A 57 führt von Süden kommend bis Goch, 30 km südlich von Kleve. Sie hat bei Dinslaken Anschluss an die A42, die von hier nach Osten führt.

Mit dem Fahrrad:
Die einzelnen Gebietsteile sind weitläufig und somit gut bzw. oft am einfachsten per Rad zu erschließen. Es ist empfehlenswert, Karten zu den Rundwegen im Besucherzentrum Kranenburg zu besorgen.

Adressen

NABU-Besucherzentrum Kranenburg,
Bahnhofstraße 15, 47559 Kleve, Tel. 02826/91876-00
Internet: www.besucherzentrum-kranenburg.de
Öffnungszeiten: Di.-Fr.: 10-16 Uhr, Wochenende/Feiertage. 10-17 Uhr, Eintritt: € 2,-

Naturschutzzentrum im Kreis Kleve e.V., Niederstraße 3,
46459 Rees-Bienen, Tel. 02851/96330
Internet: www.nz-kleve.de

NABU-Besucherzentrum Kranenburg. Foto: T. Brandt.

Infomaterial/Literatur:

Bergmann, H.-H., H. Kruckenberg & V. Wille (2007): Wilde Gänse – Reisende zwischen Wildnis und Weideland. DRW-Verlag Weinbrenner, Leinfelden-Echterdingen.

Moning, C. & F. Weiß (2007): Vögel beobachten in Norddeutschland. Kosmos Verlag, Stuttgart.

Verbücheln, G. & K. van de Weyer (2004): Faszination Niederrhein. Mit allen Sinnen Natur erleben. 2. Auflage, Mercator-Verlag, Duisburg. *Hervorragender Reiseführer zu 20 Naturreisezielen am Niederrhein.*

Vossmeyer, A. (2006): 10 Jahre Artenschutzprojekt Trauerseeschwalbe *Chlidonias niger* am Niederrhein – Bilanz und Ausblick. Charadrius 42 (2): 49-55.

Wink, M., C. Dietzen & B. Giebing (2005): Die Vögel des Rheinlandes (Nordrhein). Atlas zur Brut- und Winterverbreitung 1990-2000. Beitr. Avifauna Nordrhein-Westfalen, Bd. 36.

www.nabu-naturschutzstation.de (hier alle Infos über das Besucherzentrum Kranenburg und über die von der NABU-Naturschutzstation betreuten Naturschutzgebiete Kranenburger Bruch, Hetter-Millinger Bruch, Emmericher Ward, Rindernsche Kolke, Düffel (nur landeseigene Flächen), Geldenberg

www.gelderse-poort.de

www.naturschutz-kleve.de (Infos über die Naturschutzgebiete in Kleve)

www.niederrheinstörche.de (zu Weißstorchvorkommen am Niederrhein)

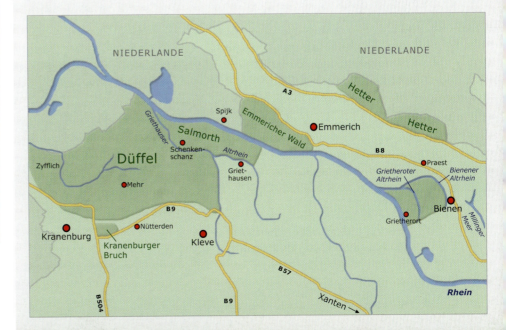

Die Diepholzer Moorniederung in Niedersachsen

Die Diepholzer Moorniederung erstreckt sich im südlichen Niedersachsen zwischen der Weser im Osten und der Hunte im Westen über 1180 km². Rund 240 km² sind im geologischen Sinne Hochmoore. Aber leider ist es schon lange nicht mehr schaurig „… übers Moor zu gehen …", wie Annette von Droste-Hülshoff einst schrieb, denn die Eingriffe des Menschen durch den Torfabbau sind unübersehbar und haben die Kulisse des Lebensraums Hochmoor erheblich reduziert. Dennoch gilt die Diepholzer Moorniederung heute als die am besten erhaltene und „renaturierte" Hochmoorlandschaft Niedersachsens. Viele der ursprünglich dort lebenden Tier- und Pflanzenarten konnten dank der jahrzehntelangen Bemühungen von Naturschützern bis heute erhalten werden, wenn auch teilweise nur in Restbeständen. So sind 180 km² des Naturraumes als Naturschutzgebiete ausgewiesen worden und 210 km² heute auch Bestandteil der niedersächsischen Natura 2000-Kulisse. Für Vogelbeobachter zeichnet sich die Diepholzer Moorniederung nicht nur durch die noch relativ zahlreichen typischen Moorvögel aus, sondern auch durch ihre Bedeutung als größter westdeutscher Kranichrastplatz.

» Lebensräume

Die bedeutendsten Lebensräume in der Diepholzer Moorniederung sind die Hochmoore, von denen landesweit nur noch klägliche Reste der ursprünglich 2500 km² übrig geblieben sind. Bei genauer Betrachtung ist die Landschaft der Hochmoore und deren Randbereiche recht vielgestaltig und besteht aus nassen Offenlandflächen, Inseln und Randgebieten, die mit Bäumen und Gebüschen bestanden sind, Wasserflächen sowie Sand- und Moorheiden. Teile der Hochmoore werden von Moorschnucken, einer genügsamen bodenständigen Schafrasse, beweidet und auf diese Weise von Gehölzaufwuchs freigehalten. Die Moorschnucken gehören somit zu den wichtigsten Helfern im Moorschutz. Ohne ihre Hilfe würden vor allem die Flächen, deren Wasserhaushalt unter den Eingriffen gelitten haben und nicht hinreichend wiedervernässt werden können, schnell verbuschen und als Lebensraum für die typischen Moorpflanzen und -tiere verloren gehen.

Zwischen den Hochmooren liegen intensiv genutzte (Feucht-) Wiesen, Ackerflächen und Wälder. Bei den Wäldern handelt es sich in der Regel um trockene Kiefernforste auf Sanderflächen und Geestrücken. Ursprüngliche Eichen-, Misch- und Bruchwälder sind selten geworden. So stark wie die Äcker, vor allem Maisfelder, das Bild der ursprünglichen Landschaft verwandelt haben, so sehr haben sie auch die Zusammensetzung der Vogelfauna verändert. Mit Umbrechen der dort früher vorhandenen Feuchtwiesen sind Uferschnepfen, Brachvögel und Braunkehlchen selten geworden. Vom Mais profitieren dagegen vor allem Kraniche und Saat-

Uferschnepfen brüten auf nassen Wiesen am Rande der Hochmoore.
Foto: M. Schäf.

gänse, die dort zu Tausenden nach der Ernte auf der Suche nach fressbaren Resten sind.

» Besondere Vogelarten

Typische Hochmoorvögel lassen sich trotz der Weitläufigkeit der Landschaft nur noch in wenigen Gebieten Deutschlands so gut beobachten wie in der Diepholzer Moorniederung. Rotschenkel, Großer Brachvogel, Bekassine, Raubwürger, Neuntöter, Schwarzkehlchen und Ziegenmelker gehören zu den typischen Brutvögeln der Moore und deren Randgebieten. Birkhuhn und Goldregenpfeifer sind heute allerdings ausgestorben. Dafür brütet der Kranich seit den 1990er Jahren im Gebiet. Der Bestand steigt seit 1998 stetig. 2009 waren es 25 Revierpaare, die in sieben Moorkomplexen brüteten. In den verbliebenen Feuchtwiesen an den Moorrändern gibt es u.a. noch einige Uferschnepfenpaare sowie Wachteln. In den Gewässern der Moore brüten Brand-, Krick-, Knäk-, Löffel-, Schnatter- und Reiherenten sowie Grau-, Kanada- und Nilgänse. In einigen der wiedervernässten Hochmoore kommen Lachmöwenkolonien und einzelne Sturmmöwenpaare vor, daneben auch Zwerg- und Schwarzhalstaucher.

In den Wäldern ziehen Baumfalken, die über den Hochmooren nach Libellen und Kleinvögeln jagen, ihre Jungen auf. 2006 und 2007 brüteten auch erstmals Seeadler in der Moorniederung. Es ist gegenwärtig das in Deutschland am weitesten westlich brütende Paar. Seltene Waldvögel sind Pirol, Schwarz-, Grün- und Kleinspecht, an den Waldrändern brütet auch die Heidelerche und im östlichen Naturraum der Ortolan. Rohr- und Wiesenweihen brüten meist im Wintergetreide, suchen im offenen Moor jedoch häufig nach Nahrung.

Auf dem Zug kann man viele Enten und Limikolenarten sehen, die vor allem auf nassen Äckern und Wiesen (Frühling) oder an den Gewässerrändern (Spätsommer) nach Nahrung suchen. Große Trupps von Goldregenpfeifern (nordische Unterart), Großen Brachvögeln, Rotschenkeln, Bruchwasserläufern und Kiebitzen sind oft zu beobachten, Alpenstrandläufer, Dunkler Wasserläufer und Waldwasserläufer dagegen seltener.

Im Winterhalbjahr sind vereinzelt Kornweihen, Wanderfalken, Seeadler, Sing- und Zwergschwäne zu sehen. Die wohl beliebtesten Vögel sind heute allerdings die Kraniche, die auf dem Zug in großen Schwärmen tagsüber auf den Äckern und Wiesen fressen und abends zu ihren Schlafplätzen in die Flachgewässer der Moore einfliegen. Im Herbst 2008 wurden synchron bis zu 77 500 Vögel gezählt.

» Reisezeit

Die Moore zeigen zu allen Jahreszeiten sehr unterschiedliche und faszinierende Gesichter. Von den Brutvögeln treffen die Kiebitze, Brachvögel und Kraniche als Erste bereits Ende Februar ein. Bekassinen und Uferschnepfen kommen Mitte März und Rotschenkel im April. Raubwürger sind ganzjährig anzutreffen. Ab Mai ist das Brutvogelspektrum mit der Ankunft der Ziegenmelker und Neuntöter komplett. Unter den Rastvögeln sind die Kraniche besonders beeindruckend. Erste Trupps erreichen die Moorniederung ab Oktober. Sie bleiben bis Dezember, einige Tausend überwintern sogar (2300 Kraniche am 30. Januar 2007). Der Frühjahrszug der Kraniche fällt in die Zeit von Ende Februar bis Anfang April. Verschiedene Limikolen kann man auf dem Durchzug vor allem im Spätsommer an den Gewässerufern sehen.

» Beobachtungsmöglichkeiten

Die besten und wirklich hervorragenden Beobachtungsmöglichkeiten ergeben sich von den drei Aussichtstürmen:

Typische Vogelarten, deren Status und günstige Beobachtungszeit (in Klammern) in der Diepholzer Moorniederung.
h = häufiger, r = regelmäßiger, s = seltener
B = Brutvogel, J = Jahresvogel (kein Brutvogel), W= Wintergast, D = Durchzügler

Art	Status (beste Beobachtungszeit)
Alpenstrandläufer	rD (März – Mai, Aug. – Sept.)
Baumfalke	rB (Mai – Sept.)
Bekassine	rB (März – Sept.)
Blaukehlchen	sB (April – Juli)
Blässgans	hW (Okt. – April)
Brandente	rB (März – Juli)
Braunkehlchen	sB, rD (Mai – Aug.)
Bruchwasserläufer	rD (Mai, Juli/Aug.)
Dunkler Wasserläufer	rD (April, Juni – Aug.)
Flussregenpfeifer	rB (April – Aug.)
Goldregenpfeifer	rD (März – April)
Großer Brachvogel	rB, hD (März – Okt.)
Grünschenkel	rD (April – Mai)
Grünspecht	rB (ganzjährig)
Heidelerche	rB (März – Aug.)
Kampfläufer	rD (März – Sept.)
Kiebitz	rB, hD, rW (ganzjährig)
Knäkente	rB (März – Aug.)
Kornweihe	rW (Okt. – April)
Kranich	rB, hD, rW (meist ganzjährig)
Krickente	rB (ganzjährig)
Löffelente	rB, hD (März – Juli)
Merlin	rD, sW (Okt. – April)
Neuntöter	rB (Mai – Aug.)
Nilgans	rB (ganzjährig)
Ortolan	rB (April – Juli)
Pirol	rB (Mai – Aug.)
Raubwürger	rB (ganzjährig)
Rohrweihe	rB (April – Sept.)
Rotschenkel	rB (April – Sept.)
Saatgans	hW (Okt. – April)
Schnatterente	sB (März – Juli)
Schwarzhalstaucher	sB (März – Sept.)
Schwarzkehlchen	rB (März – Okt.)
Schwarzspecht	rB (ganzjährig)
Seeadler	sB, rW (ganzjährig)
Singschwan	rD, rW (Okt. – April)
Spießente	rD (März – April)
Sumpfohreule	sB, rW (Okt. – April)
Tüpfelsumpfhuhn	sB (April – Juni)
Uferschnepfe	rB (März – Juni)
Wachtelkönig	sB (Mai – Juli)
Waldschnepfe	rB (meist ganzjährig)
Waldwasserläufer	rD (März – Sept.)
Wanderfalke	sW (Sept. – März)
Wiesenweihe	rB (Mai – Aug.)
Ziegenmelker	rB (Mai – Aug.)
Zwergschnepfe	sD, sW (Okt. – März)
Zwergschwan	sD, sW (Okt. – März)
Zwergtaucher	rB (März – Okt.)

ANZEIGE

kranichzeit.de genießen ...
Seit 20 Jahren Kranichbegegnungen und Beobachtungen, unterwegs in kleiner Gruppe aktuell in den
- Diepholzer Moore/D
- Hornborgasee/S
- Extremadura/Sp
- nahe Stralsund/D
- Laguna de Gallocanta/Sp

und Beobachtungen und Fotografie
Tel.: +49 (0) 461/ 430 75
info@naturerlebnisse.de • www.kranichzeit.de

GPS

Ströhen (Ortsmitte)	52°31'51.43" N	8°41'37.19" O
Wagenfeld (Ortsmitte)	52°33'00.96" N	8°35'09.24" O
Varrel (Ortsmitte)	52°37'18.99" N	8°44'01.09" O
Großer Turm	52°34'37.27" N	8°40'33.30" O
Kleiner Turm und Moorpadd	52°33'53.35" N	8°39'53.30" O

Anfahrt

Mit Bahn und Bus:
Die nächsten Bahnhöfe sind Diepholz und Nienburg (beide ca. 30 km entfernt), Busverbindungen sind rar.

Mit dem Auto:
Das Gebiet ist am einfachsten mit dem PKW zu erreichen. Ströhen erreicht man über die B 239 und kleinere Straßen von Süden und von Nordwesten. Von Osten erreicht man das Gebiet über die B 441 und die B 61. Eine gute Karte ist auf jeden Fall erforderlich.

Mit dem Fahrrad:
Die fast ebene Landschaft lädt zum Radfahren ein. Radwanderkarten sind in Buchläden und bei Gemeindeverwaltungen erhältlich. Ein großzügig ausgeschildertes Radwegenetz erleichtert die Orientierung.

Adressen

BUND, Diepholzer Moorniederung, Langer Berg 15, 49419 Wagenfeld/Ströhen, Tel.: 05774/371, Fax: 05774/1313.
Internet: www.bund-dhm.de   E-Mail: info@bund-dhm.de

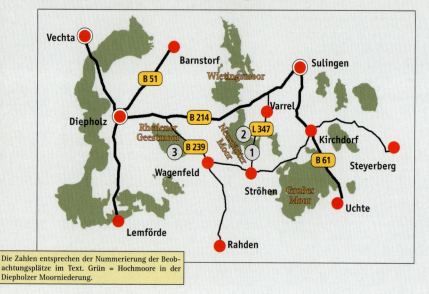

Die Zahlen entsprechen der Nummerierung der Beobachtungsplätze im Text. Grün = Hochmoore in der Diepholzer Moorniederung.

1) **Kleiner Turm Neustädter Moor mit „Moorpadd":** Der Kleine Turm ist Bestandteil eines aktiven Moorerlebnispfades, dem „Moorpadd". Die Strecke führt über Moorboden, Holzhäcksel, Brücken und die Moorloipe, einem Holzweg nach schwedischem Vorbild. Der Kleine Turm liegt nahe des BUND Büros, wo Infomaterial zum Kranichzug und weiteren Themen einem Kasten an der Hauswand entnommen werden kann. Der Aussichtssturm ist zu Fuß über einen geschotterten Weg zu erreichen (ca. 300 m) und bietet Einblicke in naturnahe Hochmoorflächen. Von hier aus kann man im Sommer beispielsweise Baumfalken bei der Jagd beobachten. Ein Picknicktisch und mehrere Bänke stehen direkt vor Ort. Auf dem Moorpadd laden weitere Bänke zum Verweilen ein.

2) **Großer Turm Hochmoorweg:** Der für Beobachter ganzjährig sicherlich interessanteste ist der dreistöckige und 12 m (!) hohe Turm am Hochmoorweg im Neustädter Moor (Fernglas, besser noch Spektiv mitbringen). Ein großes Flachgewässer vor dem Turm zieht zu den Zugzeiten zahlreiche Limikolen an. Nach Süden hin liegen trockenere Moorheiden. Kraniche, Rotschenkel, Raubwürger und Neuntöter brüten somit im Blickfeld des Beobachters. Auf dem Zug rasten Kraniche westlich des Turms in den Moorflächen.

Der Hochmoorweg biegt 4,5 km nördlich des Ortsausgangsschilds Ströhen von der L 347 links ab (braunes Hinweisschild). Er ist vom Parkstreifen (1 km von der L 347 entfernt) zu Fuß über einen streckenweise befestigten Weg zu erreichen (ca. 400 m). Der Parkplatz ist auch ein guter Ausgangspunkt für die Rundwege „Wildweg" (2,5 km Länge, von März bis Juli geschlossen) und „Beerenweg" (2 km). Die an Pflöcken in unterschiedlichen Farben ausgezeichneten Wanderwege sind in der Regel unbefestigt und nur mit festen Schuhen begehbar (Moor). Über den Schnuckenweg (7 km) erreicht man in Richtung Süden auch das BUND-Büro und den „Moorpadd" (s.o.).

3) **Turm am Rehdener Geestmoor:** Der Turm liegt unmittelbar am Moordamm, der von Süden nach Norden das Moor durchschneidet. Von hier aus kann man nach Norden und Westen in die Weite wiedervernässter Moorflächen blicken. Ein Parkplatz liegt direkt am Turm. Auf der Fahrt den Moordamm entlang (gepflastert) sind Beobachtungen verschiedener Moorvögel aus nächster Nähe möglich (Autofahrer sollten nicht aussteigen, Licht nach Möglichkeit aus lassen). In den entsprechenden Jahreszeiten fliegen Kraniche zu Tausenden ein und übernachten in den Wiedervernässungsgebieten. Zahlreiche Limikolen, z. B. Kiebitze, Große Brachvögel und Bruchwasserläufer nutzen die Flachgewässer.

» Weitere Beobachtungs- und Freizeitmöglichkeiten

Am Kleinen Turm und Moorpadd befindet sich gleichzeitig die Endstation der Ströher Moorbahn. Von hier aus gelangt man auf der ehemaligen Torfbahnstrecke über gut drei Kilometer zum Moorbahn-Bahnhoft in Ströhen/Han. Dort ist ein direkter Anschluss an die Fahrrad-Draisinenstrecke in das westfälische Rahden auf einer stillgelegten Eisenbahnstrecke möglich (www.spurwechsel-wagenfeld.de).

Rund eine halbe Stunde Autofahrt östlich des Gebietes liegt die Weserstaustufe Schlüsselburg, wiederum eine halbe Stunde weiter östlich das Steinhuder Meer. Ebenfalls eine halbe Stunde entfernt, allerdings in westliche Richtung, liegt der Dümmer (Infos über Naturschutzring Dümmer www.naturschutzring-duemmer.de).

Infomaterial

BUND Diepholzer Moorniederung (2003): Natur entdecken am Neustädter Moor. Infobroschüre zum Natur-Rundweg.

Die Weseraue bei Schlüsselburg in Nordrhein-Westfalen

Im nordöstlichen Westfalen liegt im Landkreis Minden-Lübbecke unweit der Grenze zu Niedersachsen das Feuchtgebiet internationaler Bedeutung „Weserstaustufe Schlüsselburg". Es erstreckt sich auf 21 km Länge entlang der Mittelweser nördlich von Petershagen und umfasst die Weseraue mit einer Staustufe und mehreren ehemaligen Sand- und Kiesabgrabungen. Seine hohe Bedeutung liegt vor allem in seiner Funktion als Rast- und Überwinterungsgebiet. Aber zahlreiche Wasservögel brüten auch in der Weseraue, dem bedeutendsten Brutgebiet des Weißstorches in Nordrhein-Westfalen. Neben den Gewässern sind Wiesen und Äcker Bestandteile des fast 2 750 ha großen Gebietes, das zu großen Teilen in sieben unterschiedlichen Naturschutzgebieten liegt. Dies sind die NSG Weseraue (765 ha), Staustufe Schlüsselburg (268 ha), Häverner Marsch (93 ha), Mittelweser (90 ha), Lahder Marsch (19 ha), Windheim (90 ha) und die Grube Baltus (63 ha). Große Flächen innerhalb der Schutzgebiete sind vom Land NRW aufgekauft worden.

» Lebensräume

Die Weser fließt als etwa 100 m breiter Fluss durch eine flache Landschaft, in der heute vor allem Ackerwirtschaft, weniger Grünlandwirtschaft betrieben wird. Die gesamte Weseraue ist hier etwa 2 km breit, dünn besiedelt und teilweise eingedeicht. Am Rand der Aue stehen kleine, auwaldähnliche Gehölze. Im nördlichen Teil des Gebietes gibt es kleinere Altwässer. Die an die Weser angrenzenden Flächen werden vor allem im Spätwinter regelmäßig überflutet.

Die Staustufe in der Weser selbst entstand 1956. Damals wurde hier eine Flussschlinge der Weser vom Schiffsverkehr abgeriegelt und aufgestaut. In der Folge stieg der Wasserstand in der davor liegenden Flussstrecke auf etwa 5 km und die Strömungsgeschwindigkeit verringerte sich so drastisch, dass die Weser hier einem langgestreckten See ähnelt. In ungenutzten Uferstreifen haben sich Röhrichte und Hochstaudenfluren entwickelt. Daran schließen sich überwiegend Wiesen und Weiden, teilweise unter Naturschutzgesichtspunkten bewirtschaftet, an.

Die Kies- und Sandgruben mit zusammen über 100 ha Wasserfläche sind teilweise unter Naturschutzgesichtspunkten nachgestaltet worden. Ihre Ränder sind heute weitgehend mit Gehölzen bewachsen.

» Besondere Vogelarten

Das Gebiet ist vor allem für rastende und überwinternde Enten, Gänse und Schwäne von großer Bedeutung. Die Gebietsbetreuer stellten bisher rund 80 Wat- und Wasservogelarten fest, rund 20 brüten im Gebiet. Auf den Feldern, vor allem auf Rapskulturen, fressen zahlreiche Sing- und Höckerschwäne, vereinzelt dazwischen Zwergschwäne. Bläss-, Saat- und Graugänse pendeln zwischen den Gewässern, die sie zum Trinken, zum Übernachten und fürs Komfortverhalten aufsuchen, und

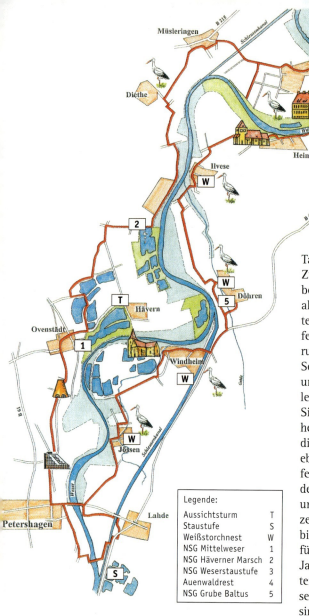

Legende:

Aussichtsturm	T
Staustufe	S
Weißstorchnest	W
NSG Mittelweser	1
NSG Häverner Marsch	2
NSG Weserstaustufe	3
Auenwaldrest	4
NSG Grube Baltus	5

Ein kleiner Beobachtungsturm erlaubt Einblicke in das NSG Mittelweser. Foto: T. Bran

dem Grünland und Äckern. Oftmals sind einige Weißwangengänse, in letzter Zeit zunehmend Nilgänse und selten Kurzschnabelgänse, dazwischen zu sehen. Große Zahlen von Reiher-, Tafel- und Schellenten, Gänse- und Zwergsägern, Kormoranen und Hauben- und Zwergtauchern nutzen vor allem die Weserstaustufe und die Kiesteiche. Für Schellenten ist die Staustufe eines der wichtigsten Überwinterungsgebiete in Nordwestdeutschland. Seltenere Gäste sind Schwarzhals- und im Winter Ohrentaucher. In den letzten Wintern waren regelmäßig Silberreiher an den Kiesteichen zu sehen. Verschiedene Möwenarten, auch die großen Mantelmöwen, kann man ebenfalls vor allem im Winter antreffen. Auf den Feldern rasten während des Zuges zahlreiche Goldregenpfeifer und Kiebitze, dazwischen häufig einzelne Kampfläufer. Der Vogelreichtum bietet eine gute Nahrungsgrundlage für Seeadler. Sie werden in den letzten Jahren häufiger beobachtet und brüten nicht weit entfernt in Niedersachsen. Als Brutvögel der Kiesteiche sind Haubentaucher, Grau- und Nilgänse, Flussregenpfeifer und Beutelmeisen häufig. Brandenten und Austernfischer, in manchen Jahren auch Sandregenpfeifer, brüten ebenfalls an den Kiesteichen – weit ab von der Nordseeküste.

Die Abgrabungen dienen z.B. Bekassinen, Grünschenkeln und Flussuferläufern als Trittsteine auf den Weg in ihre Brutgebiete. Im Spätherbst und Winter suchen hunderte von Wacholder- und Rotdrosseln die zahlreichen Weißdornsträucher im Grünland auf, um deren Beeren zu fressen.

Weißstörche brüten in den Dörfern entlang der Weser, z.B. in Jössen (geköpfte Esche), Windheim (Masten an Fährstelle), Döhren (Schornstein der ehemaligen Molkerei), Ilvese (Masten) und Schlüsselburg (Burg Schlüsselburg).

» Reisezeit

Das Gebiet ist ganzjährig, vor allem aber im Winter und zur Zugzeit ein lohnendes Ziel. Die Weser selbst mit den Staustufen ist von Oktober bis Februar am interessantesten, vor allem wenn die umliegenden Teiche und

GPS

Petershagen (Ortsmitte)	52°22'38.84" N	8°57'53.48" O
Döhren (Ortsmitte)	52°25'48.21" N	9°02'09.44" O
Ilvese (Ortsmitte)	52°27'26.30" N	9°01'48.66" O
Jössen (Ortsmitte)	52°23'46.80" N	8°59'42.22" O
Schlüsselburg (Ortsmitte)	52°28'57.46" N	9°04'18.04" O
Windheim (Ortsmitte)	52°24'53.09" N	9°00'41.71" O
Hävern (Ortsmitte)	52°25'39.71" N	8°59'39.59" O
Müsleringen (Ortsmitte)	52°29'24.05" N	9°01'44.31" O
Lahde (Ortsmitte)	52°22'13.23" N	8°59'29.95" O
Leese (Ortsmitte)	52°30'21.37" N	9°06'46.86" O

Anfahrt

Mit der Bahn und Bus:
Minden liegt etwa 30 km südlich des Gebietes und hat einen stark frequentierten Bahnhof. Mit dem Bus ab Minden östlich der Weser nach Norden über Wasserstraße nach Schlüsselburg (Linien 507/508/600) oder mit den Linien 501 und 504 westlich der Weser nach Buchholz oder weiter. Gute Ausgangspunkte sind z.B. Hävern und Müsleringen.

Mit dem Auto:
Anfahrt über die B61 (Minden – Stolzenau) westlich und über die B482 (Minden – Nienburg) östlich der Weser. Von dort aus über die kleineren Straßen in Richtung Weser beidseitig der Weser vorbeiführt (s. Infomaterial). Eine kleine, solarbetriebene Fahrradfähre fährt von April bis Oktober von Windheim nach Hävern.

Mit dem Fahrrad:
Das gesamte Gebiet ist eben und lädt zu Fahrradtouren ein. Empfehlenswert ist die gut ausgeschilderte und rund 50 km lange Storchenroute, die an den meisten Schutzgebieten

Adressen

Biologische Station Minden-Lübbecke, Nordholz 5, 32425 Minden, Tel.: 05704/1677 68-0, www.biostation-ml.de, E-Mail: info@biostation-ml.de

Stadt Petershagen, Stabstelle Tourismus, Bahnhofstr. 63, 32469 Petershagen, Tel. 05702/8220. www.petershagen.de, E-Mail: info@petershagen.de

Aktionskomitee „Rettet die Weißstörche im Kreis Minden-Lübbecke e.V", Portastr. 13, 32423 Minden, Tel.: 0571/807-2427.
E-Mail: aktionskomitee@minden-luebbecke.de,
Internet: www.stoerche-minden-luebbecke.de

Der Weißstorch ist die Zielart zahlreicher Naturschutzmaßnahmen im Landkreis Minden-Lübbecke.
Foto: T. Brandt.

Typische Vogelarten und ihr deren Status
(günstige Beobachtungszeit)

h = häufiger, r = regelmäßiger, s = seltener,
J = Jahresvogel, B = Brutvogel, W= Wintergast,
D = Durchzügler

Beobachtungsliste einiger typischer Vögel	Status (beste Beobachtungszeit)
Beutelmeise	rB (April-Sept.)
Beutelmeise	rB (April-Sept.)
Blässgans	hW (Okt.-April)
Eisvogel	rB (ganzjährig)
Flussseeschwalbe	rB (April-Sept.)
Graugans	hB (ganzjährig)
Grauspecht	rB (ganzjährig)
Grünspecht	rB (ganzjährig)
Gänsesäger	hW (Nov.-März)
Haubentaucher	hB (ganzjährig)
Heringsmöwe	rD (Apr.-Mai, Aug.-Okt.)
Hohltaube	rB (März-Sept.)
Knäkente	rD (März-Aug.)
Krickente	rJ (ganzjährig)
Löffelente	rB, hD (ganzjährig)
Mittelmeermöwe	sB (ganzjährig)
Nilgans	hB (ganzjährig)
Pfeifente	rD (Okt.-Mai)
Pirol	sB (Mai-Aug.)
Raubwürger	sW (Okt.-März)
Reiherente	hD (ganzjährig)
Saatgans	hW (Okt.-April)
Schellente	hW (Okt.-April)
Schnatterente	rD (ganzjährig)
Silbermöwe	hW (Sept.-März)
Singschwan	hW (Okt.-März)
Tafelente	rB, hW (ganzjährig)
Trauerseeschwalbe	rD (April-Aug.)
Zwergmöwe	rD (April/Mai)
Zwergschwan	rW (Okt.-März)
Zwergsäger	hW (Nov.-März)
Zwergtaucher	rW, sB (ganzjährig)

Seen zugefroren sind. Die Kiesteiche werden bereits ab Juli von Gastvögeln in großer Zahl aufgesucht, die dort bei geeigneter Witterung bis April bleiben. Die „üblichen" Brutvogelarten von Sand- und Kiesabgrabungen kann man von April bis August an den Kiesteichen sehen. Bei niedrigen Wasserständen im Sommer sind vegetationslose Ufer punktuell attraktive Rastplätze für durchziehende Limikolen.

» Beobachtungsmöglichkeiten

Für Vogelbeobachter stehen an den Kiesteichen und an der Weser verschiedene Beobachtungshütten zur Verfügung, die geruhsame Beobachtungen auch bei Regenwetter oder starkem Wind erlauben. Zwei stehen an den Kiesteichen im NSG Häverner Marsch (linkes Weserufer), eine bei Döhren, eine am Ostrand von Heimsen (beide rechts der Weser mit Blick auf die Weseraue). Eine 2009 errichtete rollstuhlgerechte Beobachtungshütte befindet sich in der Lahder Marsch. Zwei weitere Beobachtungsmöglichkeiten sind in der Windheimer Marsch und am Deich in Schlüsselburg geplant und werden 2001 fertiggestellt. Die Beobachtungshütten sind teilweise (noch) schlecht oder gar nicht ausgeschildert. Ein neuerer Infopunkt am Westende von Hävern hat einen kleinen Beobachtungsturm und liegt direkt an der Bushaltestelle „Hävern Schule". Der Turm ermöglicht einen Einblick das NSG Mittelweser (mittags Gegenlicht!) und auf eine neuere Abgrabung weiter westlich.

Höcker-, Sing- und Zwergschwäne sowie Gänse sieht man von den Straßen und Wegen aus auf den Äckern sitzen. Falls sie nah an den Straßen sind, sollte man nicht aus dem Auto steigen und die Vögel beunruhigen.

Immer wieder kann man von Straßen oder Wegen auf die Weser schauen. Diese Punkte liegen jedoch weit auseinander. Ein netter Platz mit Picknickmöglichkeit, Infotafel und Gebietskarte liegt in Windheim am rechten Weserufer. Das langgestreckte Gebiet ist am einfachsten mit dem Auto oder auf einer längeren Fahrradtour (Orientierung anhand der Storchenroute) zu erschließen. Das Gebiet wird von der Biologischen Station Minden-Lübbecke betreut.

» Weitere Beobachtungs- und Freizeitmöglichkeiten

Wer mehr von der Weseraue sehen möchte, der kann seine Reise nordwärts entlang der Weser fortsetzen. Im Kiesteichkomplex bei Landesbergen (NSG Domäne Stolzenau) existiert eine Lachmöwen- und Sturmmöwenkolonie. Bis 2004 brüteten hier auch Schwarzkopfmöwen.

An den beiden Kraftwerken Leese nördlich der Staustufe Schlüsselburg und Lahde (südlich) brüten seit Jahren Wanderfalken. Sie sind dort von etwa März bis Juni in der Nähe ihrer Brutplätze (Nistkästen) zu sehen. In Lahde befindet sich der Nistkasten an dem großen Kühlturm und ist von Süden aus zu sehen, in Leese steht er auf einer ringförmigen Plattform an einem Schornstein.

Das Steinhuder Meer liegt nur rund 30 km östlich des hier vorgestellten Gebietes. Etwa 15 km südöstlich liegt der Schaumburger Wald, einer der größten norddeutschen Eichenwälder mit über 400 Mittelspechtspaaren, außerdem Schwarz-, Grau-, Grün- und Kleinspechtvorkommen.

Industriemuseum „Glashütte Gernheim" in Gernheim, Heringsfängermuseum in Heimsen, zahlreiche Windmühlen in der Nähe (Mühlenroute).

Informationsmaterial/Literatur

Infobroschüre „Die Storchenroute". Bezug: Stadt Petershagen, Stabstelle Tourismus.
Bense, A. R. (2000): Altes Storchenland an Weser, Bastau und Dümmer. Edition Stadt + Buch, Hüllhorst.

Das Steinhuder Meer in Niedersachsen

Nur etwa 30 km westlich der niedersächsischen Landeshauptstadt Hannover liegt nördlich der Mittelgebirgsschwelle zwischen den Städten Wunstorf und Rehburg Niedersachsens größter See, das Steinhuder Meer. Der im Mittel nur 1,5 m tiefe Flachsee ist eingebettet in das rund 5700 ha große „Feuchtgebiet internationaler Bedeutung Steinhuder Meer" und genießt heute den Status eines Natura 2000-Gebietes.

Das Gebiet schließt sechs Naturschutzgebiete mit einer Gesamtgröße von rund 2500 ha ein sowie ein „Bundesprojekt von gesamtstaatlich repräsentativer Bedeutung" zum Schutz der über 1000 ha großen artenreichen Feuchtwiesen, den Meerbruchswiesen.

» Lebensräume

An die 32 km² große Seefläche mit großen Röhrichtbeständen und natürlichen Erlenbruchwäldern entlang der Ufer grenzt im Osten das „Tote Moor", ein heute weitgehend entwässertes und abgetorftes Hochmoor. Auf den Niedermoorböden im Süden und im Westen liegen Feuchtwiesen. Besonders die Meerbruchswiesen zwischen dem Seeufer und dem Dorf Winzlar sind sehr vogelreich. An das Westufer grenzt außerdem ein 20 ha großes Flachwassergebiet, der so genannte „Vogelbiotop". Eichen- und Buchenwälder liegen vor allem südlich des Sees; nördlich dagegen befinden sich hauptsächlich von Kiefern dominierte Mischwälder.

» Besondere Vogelarten

Bislang konnten über 260 Vogelarten im Gebiet nachgewiesen werden, ca. 150 sind regelmäßige Brutvögel. Das Steinhuder Meer liegt an der westlichen Arealgrenze des Seeadlers, dessen Brutpaare oft zu sehen sind. Großer Brachvogel, Rotschenkel und Bekassine brüten regelmäßig in den Feuchtwiesen, Ziegenmelker und Waldschnepfen sind zur Brutzeit im Hochmoor ausgesprochen gut zu beobachten. Baumbestandene Hochmoorbereiche werden unter anderem von Schwarz-, Grün- und Kleinspechten besiedelt. Karmingimpel brüten ab Ende Mai vor allem am Westufer. Die im Frühling sicher interessanteste Fläche ist das „Vogelbiotop" am Westufer. Hier brüten Löffel-, Krick-, Knäk- und Schnatterente, Schilfrohrsänger, Wasserralle und Rohrweihe. Auf den im Laufe des Sommers freifallenden Schlammflächen sind bislang etwa 30 Limikolenarten beobachtet worden. Im Winter besiedeln Tausende von Bläss- und Graugänsen, regelmäßig in geringerer Zahl auch Saat- und Weißwangengänse die Feuchtwiesen. In den Trupps sind gelegentlich einzelne Rothals- und Kurzschnabelgänse zu entdecken. Kornweihen und Raubwürger sind stete Wintergäste und auf den Grünlandflächen regelmäßig zu sehen.

» **Reisezeit**

Interessante Beobachtungen sind ganzjährig möglich. Der Limikolenliebhaber kommt in der Regel im April/Mai und zwischen Mitte Juli und September auf seine Kosten. Die großen Wasservogeltrupps sind ab September, Gänse vor allem von Oktober bis März zu beobachten. An Feiertagen und Wochenenden muss insbesondere während des Sommerhalbjahres mit starken und teilweise störenden Besucherverkehr gerechnet werden. Dafür ist man unter der Woche, vor allem morgens, oft allein.

» **Beobachtungseinrichtungen**

Zwei überdachte Beobachtungstürme am West- und Ostufer, sowie eine Aussichtsplattform im Nordosten des Sees bieten einen guten Überblick. Drei Verstecke am „Vogelbiotop" sind von Winzlar aus über einen 1,5 km langen Fußweg zu erreichen. Sie ermöglichen je nach Jahreszeit und Wasserstand die Beobachtung verschiedenster typischer Wasservögel, zum Beispiel Gänse, Enten, Rallen und Limikolen aus nächster Nähe. Etwa 400 m nordöstlich von Winzlar befindet sich direkt am Rundweg eine kleine Seeadler-Beobachtungsstation mit einem Münzfernrohr. Von hier aus kann man Seeadler ungestört bei der Brut beobachten. Ein Turm am Nordrand der Meerbruchswiesen eignet sich gut für Gänsebeobachtungen. Vor dem Turm grasen und baden Wasserbüffel, die in einem Versuchsprojekt als „Landschaftspfleger" eingesetzt werden. Im Hochmoor gibt es einen Moorerlebnispfad, der von Mardorf aus (Parkplatz Alte Moorhütte) in 10 min. erreichbar ist. Ein Teil der Feldwege in den Natur-

Bekassinen leben in den Hochmooren und Feuchtwiesen. Foto: B. Volmer.

Typische Vogelarten, deren Status (günstige Beobachtungszeit)
h = häufig, r = regelmäßig, s = selten
J = Jahresvogel, B = Brutvogel, W= Wintergast, D = Durchzügler

Art	Status (beste Beobachtungszeit)	Art	Status (beste Beobachtungszeit)
Alpenstrandläufer	rD (April, Juli – Okt.)	Reiherente	hD (ganzjährig)
Bartmeise	sB (ganzjährig)	Rohrschwirl	rB (April – Juli)
Baumfalke	rB (April – Sept.)	Rohrweihe	rB (März – Sept.)
Bekassine	rB, hD (März, April, Juli – Sept.)	Rotmilan	hB (Februar – Okt.)
Beutelmeise	rB (April – Sept.)	Rotschenkel	rB (April – Juli)
Blässgans	hW (Okt.– April)	Saatgans	rW (Okt.- April)
Braunkehlchen	rD (April – Aug.)	Schilfrohrsänger	sB (April – Juli)
Bruchwasserläufer	hD (Mai, Juli/Aug.)	Schlagschwirl	sB (Mai – Juli)
Fischadler	rB, rD (März – Okt.)	Schnatterente	rB, rD (ganzjährig)
Flussregenpfeifer	rB (April – Sept.)	Schwarzkehlchen	hB (März-Sept.)
Flussseeschwalbe	rD (Mai – Aug.)	Schwarzmilan	hB (März – Aug.)
Goldregenpfeifer	rD (März – April)	Seeadler	rB (ganzjährig)
Graugans	hB (ganzjährig)	Silberreiher	rD (ganzjährig)
Großer Brachvogel	rB (Febr. – Sept.)	Singschwan	sW (Okt.– März)
Gänsesäger	hW (Nov. – März)	Spießente	sB, rD (Febr. – Nov.)
Haubentaucher	hB (ganzjährig)	Tafelente	rB, hW (ganzjährig)
Kampfläufer	hD (März – Sept.)	Trauerseeschwalbe	rD (Mai)
Karmingimpel	rB (Mai – Juli)	Tüpfelsumpfhuhn	rB (März – Juni)
Kiebitz	hB, hD (ganzjährig)	Uferschnepfe	sD (März-Juni)
Kleinspecht	hB (ganzjährig)	Wachtelkönig	rB (Mai – Juli)
Knäkente	rB (Febr. – Aug.)	Waldschnepfe	rB (März – Juli)
Kormoran	hJ (ganzjährig)	Waldwasserläufer	sB, rD (März-Okt.)
Kranich	rB (Febr. – Nov.)	Wasserralle	hB (ganzjährig)
Krickente	hB (ganzjährig)	Weißflügelseeschwalbe	sD (Mai)
Löffelente	rB, hD (ganzjährig)	Ziegenmelker	hB (Mai – Aug.)
Neuntöter	hB (Mai – Aug.)	Zwergmöwe	hD (April/Mai)
Pfeifente	rD (Okt.-Mai)	Zwergsäger	hW (Nov. - März)
Raubwürger	sB, rW (ganzjährig)	Zwergtaucher	rB (März – Okt.)

Am Steinhuder Meer stehen Vogelbeobachtern Beobachtungshütten und eine Beobachtungsplattform zur Verfügung.
Foto: T. Brandt.

schutzgebieten ist für Besucher (auch für Vogelbeobachter!) aus Naturschutzgründen ganzjährig gesperrt.

Besucher, die sich über den See informieren wollen, können die Ausstellungen in der Ökologischen Schutzstation Steinhuder Meer in Winzlar oder im Naturpark Infozentrum Steinhude besuchen. Beide Einrichtungen und auch der NABU bieten Führungen zu unterschiedlichen Themen an (Programm im Internet oder gegen Rückporto anfordern).

» Weitere Freizeitmöglichkeiten

Fahrradverleih und Badestrände in Steinhude und Mardorf, Dinopark in Münchehagen, Torfmuseum in Neustadt/Rbge., Insektenmuseum mit tropischen Faltern in Steinhude.

Infomaterial

Brandt, T., D. Herrmann, B. Volmer & T. Beuster (2002): Naturerlebnis Steinhuder Meer – ein Reise- und Freizeitführer. Cadmos Verlag, Schwarzenbek.

GPS

Mardorf (Ortsmitte)	52°29'20.28" N	9°17'15.18" O
Winzlar (Ortsmitte)	52°26'47.07" N	9°15'28.52" O
Steinhude (Ortsmitte)	52°27'15.49" N	9°21'33.17" O

Anfahrt

Mit Bahn und Bus:
Bahnanschlüsse haben Neustadt am Rübenberge und (günstiger) Wunstorf. Von dort aus fahren Busse nach Mardorf (von Neustadt) bzw. nach Steinhude und Rehburg Winzlar (von Wunstorf über Hagenburg und Winzlar in Richtung Rehburg). Die Busanbindung zum Westufer (Winzlar, Rehburg) ist nur mäßig.

Mit dem Auto:
Über die Autobahn A2, Abfahrt Wunstorf Kohlenfeld oder Wunstorf Luthe. Dann über die B 441 Richtung Steinhude bzw. Rehburg. Fahrzeit von Hannover ca. 30 Minuten. Von Nordwesten über die B6 und Nienburg nach Neustadt/Rbge. bzw. Mardorf und Rehburg.

Adressen

Buchungsmöglichkeit von Unterkünften in den umliegenden Gemeinden.

Steinhuder Meer Tourismus GmbH
Tel. 05033/95010.
Internet: www.steinhuder-meer.de; E-Mail: steinhude@steinhuder-meer.de
Campingplätze in Mardorf, Wohnmobilstellplatz in Steinhude.

Infozentren/Ausstellungen, Exkursionen

Ökologische Schutzstation Steinhuder Meer, Hagenburger Str. 16, 31547 Rehburg-Loccum, Tel. 05037/9670;
E-Mail: info@oessm.org; Internet: www.oessm.org
An diese Adresse bitte auch besondere Beobachtungen melden.

Naturpark Steinhuder Meer, Am Graben 4-6, 31515 Steinhude, Tel. 05033/939134, E-Mail: info@naturpark-steinhuder-meer.de;
Internet: www.naturpark-steinhuder-meer.de

Rieselfelder Münster
in Nordrhein-Westfalen

„Die Tundra ist mitten in Deutschland"

Generationen von Vogelbeobachtern haben ihre ersten Kampfläufer, Rotschenkel, Bruchwasserläufer, Sichelstrandläufer und auch Uferschnepfen in den Rieselfeldern Münster gesehen. Sicherlich gehört das Europareservat heute zu den besten Gebieten Deutschlands, um zahlreiche Limikolen- und Entenarten, von denen die meisten das Gebiet auf dem Zug besuchen, aus nächster Nähe betrachten zu können. Nicht nur zufällig betitelten bereits 1972 Ornithologen, inspiriert durch die teilweise riesigen Vogelschwärme, ihr Buch über das Gebiet mit „Die Tundra ist mitten in Deutschland". Die Entstehungsgeschichte der wertvollen und heute als EU-Vogelschutzgebiet gemeldeten ehemaligen Klärteiche war zeitweise von zähen Auseinandersetzungen um deren Erhalt geprägt. Bereits 1901 wurden die Rieselfelder als Kläranlage für die wachsende Stadt Münster angelegt. 1968 wurde die Biologische Station gegründet und damit sieben Jahre bevor eine neue Kläranlage der Stadt Münster die Funktion der Rieselfelder übernahm und das Gebiet wiederum einige Jahre später durch Pläne zum Bau eines 90 Hektar großen Gewerbegebietes bedroht wurde. 1984 versagte die Bezirksregierung die Genehmigung zum Bau des Gewerbegebietes. Danach konnte sogar die Erweiterung des geschützten Gebietes von ursprünglich 233 Hektar auf 450 Hektar erreicht werden. Der neue Bereich wurde ab 1998 „vogelschutzgerecht" und beobachterfreundlich umgestaltet.

» Lebensräume

Im nördlichen (alten) Teil des Gebietes liegen die schachbrettartig angeordneten und durchnummerierten Klärteiche, die durchschnittlich etwa einen Hektar groß und maximal einen Meter tief sind. Sie sind durch

Kiebitze rasten in großer Zahl in den Rieselfeldern. Foto: H.-J. Fünfstück.

Dämme oder regelbare Be- und Entwässerungsgräben getrennt, in denen hauptsächlich Schilf und andere Röhrichtpflanzen wachsen.

Das südlich angrenzende Erweiterungsgebiet, das als Naturerlebnisgebiet gestaltet ist, besteht aus einem Mosaik von Flachwasserbereichen mit Röhrichten, Feuchtgrünlandflächen und mit Obstbaumreihen gesäumten Wegen.

» Besondere Vogelarten

Das Gebiet ist vor allem für seinen Wat- und Wasservogelreichtum bekannt. Praktisch alle in Mitteleuropa durchziehenden Limikolenarten sind zur geeigneten Zeit zu sehen. Kiebitze, Kampfläufer, Rot- und Grünschenkel, Bruch- und Waldwasserläufer, Alpen-, Sichel- und Zwergstrandläufer, Bekassinen sowie Dunkle Wasserläufer sind regelmäßige und meist sicher anzutreffende Arten. Seltenere Gäste sind Knutts, Regenbrachvögel, Teichwasserläufer und Säbelschnäbler.

Neben den Limikolen rasten oder brüten fast alle Entenarten im Gebiet. Häufig zu sehen sind Schnatter-, Krick-, Löffel-, Reiher- und Tafelenten. Brandenten brüten seit mehreren Jahren, Grau- und Kanadagänse gehören zum alltäglichen Bild. Auch Möwenfreunde kommen auf ihre Kosten. Herings-, Silber- und Lachmöwen sind vor allem zur Zugzeit häufig. Letztere brüten auch in einer Kolonie. Zwergmöwen, Trauerseeschwalben und – seltener – Flussseeschwalben nutzen zur Zugzeit die Wasserflächen zur Nahrungssuche. Zu den weniger weit verbreiteten Singvögeln Westfalens, die im Gebiet brüten, gehören Blaukehlchen, Bart- und Beutelmeise. Sehr selten sind Schilfrohrsänger, Drosselrohrsänger und Rohrschwirl. Man kann die sechs Arten meist in den Schilfröhrichten der Klärteiche finden. Als typische

Die Feuchtwiesen werden extensiv bewirtschaftet, zum Beispiel hier als Weide für die eindrucksvollen Heckrinder.
Foto: T. Brandt.

Typische Vogelarten in den Rieselfeldern Münster, deren Status und günstige Beobachtungszeit (in Klammern)
h = häufiger, r = regelmäßiger, s = seltener, J = Jahresvogel, B = Brutvogel, W = Wintergast, D = Durchzügler

Art	Status (beste Beobachtungszeit)	Art	Status (beste Beobachtungszeit)
Alpenstrandläufer	rD (April, Aug.–Okt.)	Reiherente	hB, hW (ganzjährig)
Bartmeise	rB (ganzjährig)	Rotschenkel	rB, rD (April, Aug.–Sept.)
Bekassine	sB, hD (März–April, Aug.–Okt.)	Sandregenpfeifer	rD (April–Mai, Aug.–Sept.)
Beutelmeise	sB (April–Aug.)	Schnatterente	hB, rW (ganzjährig)
Blaukehlchen	rB (April–Aug.)	Schwarzkehlchen	rB (Mitte März–Sept.)
Brandente	rB (März–Juli)	Sichelstrandläufer	rD (Aug.–Sept.)
Bruchwasserläufer	hD (Ende April–Mai, Juli–Sept.)	Spießente	rD (März–April, Sept.–Nov.)
Dunkler Wasserläufer	rD (Ende April–Mitte Mai, Aug.–Sept.)	Steinkauz	sB (ganzjährig)
Eisvogel	sB (ganzjährig)	Sumpfrohrsänger	hB (Mai–Aug.)
Flussregenpfeifer	sB, rD (Mitte April–Sept.)	Tafelente	sB, hW (ganzjährig)
Graugans	rB, hD, hW (ganzjährig)	Teichrohrsänger	hB (April–Aug.)
Großer Brachvogel	sD (März–Okt.)	Temminckstrandläufer	sD (Mai, Aug.–Sept.)
Grünschenkel	rD (April–Mai, Juli–Okt.)	Trauerseeschwalbe	sD (Mai, Aug.–Sept.)
Gänsesäger	rW (Nov.–März)	Tüpfelsumpfhuhn	sB (April–Sept.)
Haubentaucher	sB (März–Sept.)	Uferschnepfe	sB, rD (März–Juli)
Kampfläufer	hD (März–Okt.)	Waldwasserläufer	rD (Ende März–Sept.)
Kanadagans	hB, hW (ganzjährig)	Wasserralle	rB (März–Aug.)
Kiebitz	rB, hD, rW (ganzjährig)	Weißstorch	sB (April–Aug.)
Knäkente	sB (März–Juni), rD (März–Apr., Aug.–Sept.)	Zwergmöwe	sD (Ende April/Mai)
Krickente	rB, hD (ganzjährig)	Zwergschnepfe	rD (März–April, Sept.–Nov.)
Löffelente	rB, hD (Sept.–Okt.)	Zwergstrandläufer	rD (Mai, Aug.–Sept.)
Pfeifente	rW (Okt.–April)	Zwergtaucher	hB, rD (März–Okt.)

Ein Beobachtungsturm ermöglicht einen Blick über das südliche Schutzgebiet.
Foto: T. Brandt.

Bewohner von Obstwiesen brüten Steinkäuze am Rand des Gebietes und auf der Ochsenwiese. Hier lassen sich zur Zugzeit auch regelmäßig verschiedene Stelzen- und Pieperarten beobachten.

Die Liste der Ausnahmegäste und Seltenheiten der Rieselfelder Münster ist lang. Neben Arten wie Nachtreiher, Rotfußfalke, Odinshühnchen oder Seeschwalben hat das Gebiet auch Highlights wie Gasläufer (Mai 2006) und Bairdstrandläufer (August 2004) zu verzeichnen.

» Reisezeit

Das Gebiet ist vor allem zu den Zugzeiten, also im April/Mai und August/September besonders attraktiv, denn dann sind die meisten Limikolen zu sehen. Zu dieser Zeit kann man innerhalb eines Tages relativ leicht 10 bis 15 Watvogelarten beobachten. Im Frühling und Sommer sind eine Reihe andernorts selten gewordener Brutvögel anwesend. Blaukehlchen und Beutelmeisen besetzen ihre Reviere bereits Anfang April, Teichrohrsänger Ende April, Sumpfrohrsänger schließlich Mitte Mai. Bartmeisen sind am auffälligsten, wenn sie im Sommer in Familienverbänden durch das Schilf streifen (auf die etwas metallisch klingenden „pseng"-Rufe achten), Steinkäuze und Kormorane sind ganzjährig zu sehen. Im Winter kommen u. a. Gänsesäger und viele Möwen hierher, solange die Gewässer eisfrei bleiben.

» Beobachtungsmöglichkeiten

Das Gebiet ist mit 12 km zugänglichen Wegen für Besucher gut erschlossen. Die meisten Wege sind asphaltiert (jedoch für PKW gesperrt). Insgesamt stehen Beobachtern zwölf Beobachtungshütten – die meisten im Südteil – zur Verfügung, aus denen die Vögel oft aus nächster Nähe zu sehen sind. Im Erweiterungsgebiet besteht außerdem die Möglichkeit, von einem hohen Turm aus auf Wasserflächen und Feuchtwiesen zu schauen, allerdings aus einer entsprechend großen Entfernung (Spektiv sinnvoll). Aus

er etwa 12 m hohe Beobachtungsturm steht im entrum des Gebietes. Er bietet hervorragende Einlicke auf Wasser- und Grünlandflächen.
Foto: T. Brandt.

Die Rieselfelder sind für rastende Enten und Limikolen – im Bild Kiebitze, Bekassinen, Löffel- und Krickenten – von internationaler Bedeutung.
Foto: T. Brandt.

der Beobachtungshütte im Nordwesten des Erweiterungsgebiets lassen sich Limikolen z.T auf kürzeste Distanz beobachten. An verschiedenen Stellen weisen Informationstafeln auf gebietsspezifische Besonderheiten hin.

Einen Besuch startet man am sinnvollsten im Informationszentrum oder mit der Ausstellung im Rieselfeldhof. Dort erhält man auch einen kleinen, kopierten Gebietsplan (Auslage beachten).

» Weitere Beobachtungs- und Freizeitmöglichkeiten

Die westfälische Großstadt Münster ist nur wenige Kilometer entfernt und bietet ein breites kulturelles (und als eine der größten Universitätsstädte Deutschlands auch studentisches) Angebot. In der Stadt gibt es einen sehenswerten Zoo (Allwetterzoo Münster) und – gleich nebenan - ein informatives Naturkundemuseum. Auf dem Aasee in Münster werden immer wieder seltene Wasservögel beobachtet, deren Herkunft aber z.T. rätselhaft ist.

Etwa 70 km östlich (Fahrzeit ca. 1 Stunde) liegt zwischen Bielefeld und Paderborn die Senne.

Infomaterial/Literatur:

Anthes, N. & C. Sudfeldt (2000): Von der Kloake zum Vogelparadies: Das Europareservat Rieselfelder Münster. Der Falke 47: 380-388.

Biologische Station „Rieselfelder Münster" (1981): Die Rieselfelder Münster – Europareservat für Wat- und Wasservögel. Selbstverlag, Münster.

Harengerd, M., F. Pölking, W. Prünte & M. Speckmann (1972): Die Tundra ist mitten in Deutschland. Kilda-Verlag, Greven.

Moning, C. & F. Weiß (2007): Vögel beobachten in Norddeutschland. Kosmos, Stuttgart.

Rheinwald, G. & M. Schmitz (2007): Vögel zwischen Rhein und Weser. Ginster-Verlag, St. Katharinen.

Außerdem erscheinen regelmäßig die Jahresberichte der Biologischen Station „Rieselfelder Münster" mit Projektberichten und Wissenswertem zur Avifauna des Gebietes.

Internetseite mit Informationen zu Vogelbeobachtungen in Münster (Beobachtungsmeldungen, Fotos, Gebietsübersicht): www.rieselfelder-muenster.de

Anfahrt

Mit Bahn und Bus:
Ab Münster-Hauptbahnhof kann man mit dem Nahverkehrszug den Ortsteil Sprakel erreichen. Nach einem kurzen Fußweg (Richtung Gimbte) biegt man nach einer Brücke über den Fluss Aa rechts in die Straße Wöstebach ab, die direkt von Norden in das Gebiet führt.

Mit dem Auto:
Von der A1 wählt man die Abfahrt Greven und folgt dem Schiffahrter Damm (L587) in Richtung Münster. Von diesem fährt man bei Gelmer ab und biegt kurz darauf am Ortsanfang in die Gittruper Straße (anfangs gepflastert) ein. Nach der Ortschaft fährt man über den Dortmund-Ems-Kanal und biegt gleich danach links in die Straße Coermühle ein. Nach 1 km gelangt man an die Kreuzung mit dem Hessenweg und befindet sich damit am östlichen Rand der Rieselfelder. Rund 100 m über die Kreuzung hinweg liegt die Biologische Station, ein Parkplatz und der Lehrpfad. Ein weiterer Parkplatz befindet sich am Heidekrug und ist über die Straße Coermühle erreichbar.

Mit dem Fahrrad:
Das Gebiet ist gut per Rad zu erschließen. Es ist empfehlenswert, eine Übersichtskarte an der Biologischen Station mitzunehmen. Hier hängen auch die Ergebnisse der jeweils letzten Wat- und Wasservogelzählung aus.

Adressen

Biologische Station, Coermühle 181, 48157 Münster, Tel.: 0251/161760, Fax: 0251/161763, E-Mail: biolstat.ms@t-online.de
oder info@rieselfelder-muenster.de, Internet: www.rieselfelder-muenster.de

Gaststätte Heidekrug mit Infozentrum, Coermühle 100, 48157 Münster Tel.: 0251/5909-100, Internet: www.rieselfeldhof.de

Außergewöhnliche Beobachtungen können gemeldet werden an info@rieselfelder-muenster.de

GPS		
Biologische Station Rieselfelder Münster	52°01'42.59" N	7°39'18.32" O
Informationszentrum Rieselfeldhof	52°00'52.76" N	7°38'21.15" O
Parkplatz Kanalbrücke	52°01'18.85" N	7°39'52.18" O
Parkplatz Straße „Wöstebach"	52°01'22.94" N	7°38'45.89" O
Beobachtungshütte E1-Eckhütte	52°01'33.63" N	7°39'10.65" O
Aussichtsturm an der E1	52°01'26.83" N	7°39'14.07" O
Aussichtsplattform an der 18er Weide	52°01'22.02" N	7°39'20.18" O

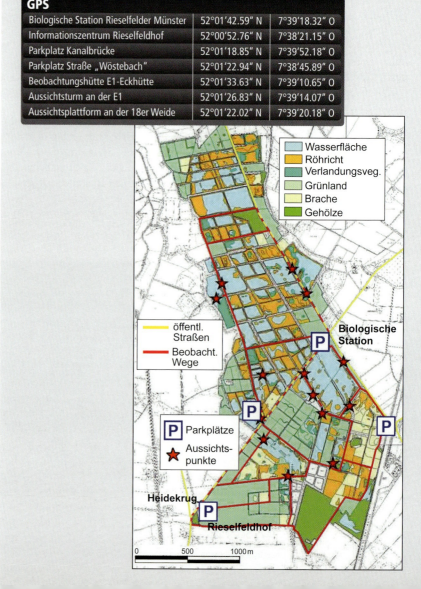

Die Senne in Nordrhein-Westfalen

Vögel des „desertum sinithi", der Wüste Senne

Zwischen Bielefeld und Paderborn haben die Gletscher der Saaleeiszeit mächtige Sandmassen abgelagert, so dass am Fuße des Teutoburger Waldes ein großes Sandgebiet entstand, die Senne. Weitläufige Sandheiden, auf denen Besenheide dominiert, sowie großflächige Sandmagerrasen bestimmen das Bild. In dem großen Gebiet finden sich zahlreiche natürliche Bachläufe, feuchte Täler, kleine Moore, Birken-Eichenwälder, Ausblasungswannen sowie Binnendünen und Kiefernwälder. Die Senne ist Lebensraum für viele seltene und spezialisierte Tier- und Pflanzenarten. Neben Brutvögeln wie Ziegenmelker, Schwarzstorch, Heidelerche und Wespenbussard kommt besonders unter den Insekten eine große Vielfalt vor.

Herzstück der Region ist der ca. 120 km² große Truppenübungsplatz Senne, der teilweise bereits seit Ende des 19. Jahrhunderts bis heute militärisch genutzt wird. Durch diese Nutzung wurde ein weitgehend unbesiedeltes Gebiet erhalten, das in dieser Größe heute einmalig im ansonsten dicht besiedelten Nordrhein-Westfalen ist. Die Weite und Unzerschnittenheit der historischen Kulturlandschaft ist beeindruckend.

Der Truppenübungsplatz Senne ist ein militärisches Sperrgebiet, das nicht betreten werden darf. Nur außerhalb der Schießzeiten darf das Gebiet auf wenigen Straßen durchfahren werden. Doch nicht nur der Truppenübungsplatz, sondern auch mehrere Naturschutzgebiete (NSG) wie „Moosheide", „Augustdorfer Dünenfeld" und „Schluchten und Moore am Oberen Furlbach" bieten eine abwechslungsvolle, artenreiche Landschaft. Der Truppenübungsplatz Senne und angrenzende Teilgebiete der Senne sind als Natura 2000-Gebiet (FFH- und EU-Vogelschutzgebiet) gemeldet.

» Lebensräume

Die Senne ist kein einheitlicher Naturraum. Sie umfasst vielmehr drei Teilräume: Obere, Untere und Drumlin-Senne. Allen drei Teilräumen war früher ein großer Heideanteil gemeinsam, der durch das in der frühen Neuzeit einsetzende Heidebauerntum entstand. Die nährstoffarmen Böden waren der Grund, warum das schon im Jahre 1001 von Kaiser Otto III als „desertum sinithi" („Wüste Senne") bezeichnete Gebiet lange unbesiedelt blieb. Durch die Plaggenwirtschaft der Heidebauern wurde die Nährstoffarmut noch verstärkt, so dass großflächige Sandmagerrasen und Heidegebiete, durch Übernutzung teilweise sogar offene Sandflächen entstanden. Mit dem Aufkommen von Mineraldünger wurde die Plaggenwirtschaft allerdings aufgegeben und große Heide- und Magerrasenflächen gingen verloren, vielfach auch durch Besiedlung, Industrialisierung, Straßenbau, Abgrabungen und Aufforstung. Heute sind die Reste der Heideflächen, die noch immer ca. 3000 Hektar ausmachen, im Wesentlichen auf den Truppenübungsplatz Senne beschränkt. Kleinere Vorkommen finden sich vor allem in den angrenzenden Naturschutzgebieten „Moosheide" und „Augustdorfer Dünenfeld".

Die Obere Senne, auch Trockensenne genannt, grenzt unmittelbar an die Höhenzüge des Teutoburger Waldes und hat einen tiefen Grundwasserstand. Hier finden sich die mächtigsten Sandablagerungen mit charakteristischen Sandginster-Heiden und Sandmagerrasen, weiterhin Ausblasungswannen, Binnendünen, Trockentäler und Wasser führende

Mit 250 Revieren beherbergt die Senne nahe zu ein Drittel des Bestandes der Heidelerche in Nordrhein-Westfalen.
Foto: H. Glader.

Kastentäler sowie Kiefernforste. Die Trockensenne wird hauptsächlich vom Truppenübungsplatz eingenommen. Durch die frühe militärische Nutzung wurden auf großen Flächen die Böden niemals mit chemischen Düngemitteln oder Pestiziden belastet. Neben den durch den militärischen Übungsbetrieb bedingten Prozessen wie Feuer und mechanische Störungen werden auf dem Übungsplatz großflächige Pflegemaßnahmen und Beweidung mit Heidschnucken durchgeführt, um Gehölzaufwuchs zu verhindern.

In der Unteren Senne (Feucht-Senne) rund um Hövelhof steht das Grundwasser hoch an, die Bäche treten aus ihren Erosionsbetten heraus, lagern mitgeführte Sande ab und schaffen sich so „Dammbetten", auf denen sie weiter fließen. Die hier einst landschaftsbestimmenden Feuchtwiesen verschwanden bis auf wenige Relikte im Zuge umfangreicher Entwässerungsmaßnahmen. Die Drumlin-Senne zwischen Brackwede und Stukenbrock unterscheidet sich von den anderen beiden Naturräumen durch zahlreiche 0,5 bis 2,5 km lange Drumlins. Diese langgezogenen, stromlinienförmigen Hügel entstanden durch abgelagertes Grundmoränenmaterial. Interessant ist in diesem Teilgebiet der Holter Wald, ein Primärwald mit einer von Buchen-Eichenwald dominierten Naturwaldzelle.

» Besondere Vogelarten

Die Vielfalt der Lebensräume spiegelt sich auch in der Avifauna der Senne wider. Mehr als 100 Brutvogelarten konnten bisher nachgewiesen werden. Die Senne beherbergt mit ca. 250 Revieren der Heidelerche nahezu ein Drittel des nordrhein-westfälischen Landesbestandes. Der melodische Gesang der Heidelerche dominiert schon im zeitigen Frühjahr die akustische Kulisse der Offenlandgebiete des Truppenübungsplatzes und der NSGs „Moosheide" und „Augustdorfer Dünenfeld". Auch den Balzflug des Baumpiepers kann man hier gut beobachten. In den offenen Gebieten brüten Schwarzkehlchen (30 bis 40 Paare) und – allerdings erstaunlich selten – auch Neuntöter und noch seltener Raubwürger. Über den offenen Heideflächen jagen gelegentlich Baumfalken Libellen oder Kleinvögel. Eine Besonderheit der Region ist der in NRW seltene Wiesenpieper, der mit über 50 Brutpaaren auf dem Truppenübungsplatz vorkommt. In den Wäldern brüten unter anderem Schwarzspechte, Hohltauben, Wespenbussarde

Typische Vogelarten der Senne, deren Status und günstige Beobachtungszeit in der Senne (in Klammern)
h = häufiger, r = regelmäßiger, s = seltener,
J = Jahresvogel, B = Brutvogel, W = Wintergast, D = Durchzügler, N = Nahrungsgast
Schwerpunktgebiete (wenn relevant): * = Truppenübungsplatz; ** = NSG Moosheide; *** = NSG Furlbachtal

Art	Status (beste Beobachtungszeit)	Art	Status (beste Beobachtungszeit)
Baumfalke	rB (Mai – Aug.)	Neuntöter	sB (Mai – Aug.)*
Baumpieper	hB (März – Okt.)**	Pirol	rB (Mai – Aug.)
Braunkehlchen	sB (April – Sept.)*	Raubwürger	sB (Apr. – Sept., sW (Nov. – März)*
Eisvogel	rB (ganzjährig)***	Raufußkauz	sB (ganzjährig)
Fischadler	sD (Aug. – Sept.)	Reiherente	rB (ganzjährig)
Gartenrotschwanz	rB (Mai – Aug.)**	Schellente	rD, B? (Sept. – April)
Gebirgsstelze	rB (März – Okt.)***	Schwarzkehlchen	rB (April – Sept.)*
Graugans	rB (ganzjährig)	Schwarzspecht	rB (ganzjährig)
Großer Brachvogel	sB (März – Juli)	Schwarzstorch	sB (April – Aug.)*
Grünspecht	rB (ganzjährig)	Silberreiher	sD (Sept. – Apr.)
Heidelerche	hB (März – Sept.)*/**	Uhu	sB (ganzjährig)
Hohltaube	rB (März – Okt.)	Waldohreule	rB (März – Juli)
Kiebitz	sB (März – Sept.)	Wanderfalke	sB (ganzjährig)*
Kolkrabe	sB (ganzjährig)*	Wasseramsel	rB (ganzjährig)***
Kornweihe	sW (Nov. – März)*	Wespenbussard	sB (Mai – Aug.)
Kranich	hD (Okt. – Apr.)*	Ziegenmelker	rB (Mai – Juli)*
Nachtigall	rB (April – Juli)	Zwergtaucher	rB (März – Okt.)

und Habichte. Halboffene, parkartig strukturierte Gebiete mit *Calluna*-Heideflächen und lichte Kiefernforste sind Lebensraum von Ziegenmelker und Gartenrotschwanz, letzteren kann man besonders regelmäßig im NSG „Moosheide" beobachten.

Der Ziegenmelker ist mit über 40 Brutpaaren in der Senne vertreten – nach dem Schwalm-Nette-Kreis das zweitgrößte Vorkommen in NRW. Da die Ziegenmelker fast ausschließlich auf dem Truppenübungsplatz brüten, ist ihre Beobachtung für Kurzzeitbesucher allerdings fast unmöglich. An den über weite Strecken natürlichen Fließgewässern kann man Wasseramseln (obere Bachläufe), Eisvögel und Gebirgsstelzen antreffen. Die Bäche sind auch Nahrungshabitat der ein bis zwei Paare Schwarzstörche, die jährlich in der Senneregion siedeln.

In der Feuchtsenne zwischen Hövelhof und Delbrück findet man noch Kiebitze und (selten) Große Brachvögel. Auf den Gewässern sind Reiher- und Tafelenten zu sehen, manchmal auch Schellenten.

GPS		
Augustdorf (Ortsmitte)	51°54′26.82″ N	8°43′59.39″ O
Oesterholz (Ortsmitte)	51°50′13.29″ N	8°49′48.01″ O
Schlangen (Ortsmitte)	51°48′32.48″ N	8°50′36.26″ O
Bad Lippspringe (Ortsmitte)	51°46′57.09″ N	8°49′07.06″ O
Sennelager (Ortsmitte)	51°46′26.81″ N	8°42′43.58″ O
Staumühle (Ortsmitte)	51°49′13.30″ N	8°43′20.89″ O
Hövelhof (Ortsmitte)	51°49′12.43″ N	8°39′28.63″ O
Riege (Ortsmitte)	51°50′57.59″ N	8°37′21.42″ O

Anfahrt

Mit der Bahn:
Die „Sennebahn" verbindet Bielefeld mit Paderborn und durchquert dabei die Senne in Nord-Süd-Richtung. Von den Regionalbahnhöfen kann man per Rad die Senne erkunden. Fahrräder können nach Reservierung (Tel.: 01805-600161) mitgenommen werden. Als Ausgangspunkte empfehlen sich Hövelhof (NSG Moosheide, Furlbach) und Schloss Holte-Stukenbrock (Holter Wald).

Mit dem Auto:
Über die A 33 bis Abfahrt 23 Stukenbrock-Senne, Richtung Stuckenbrock-Senne, ab hier sind Parkmöglichkeiten für das NSG Moosheide ausgeschildert (Parkplatz „Emsquellen"). Von der Abfahrt 23 nach Hövelhof, im Ort links Richtung Bentlake/Staumühle.

Adressen

Biologische Station Kreis Paderborn-Senne, Junkernallee 20, 33161 Hövelhof-Riege
Tel.: 05257-940905, E-Mail: info@bs-paderborn-senne.de, www.bs-paderborn-senne.de

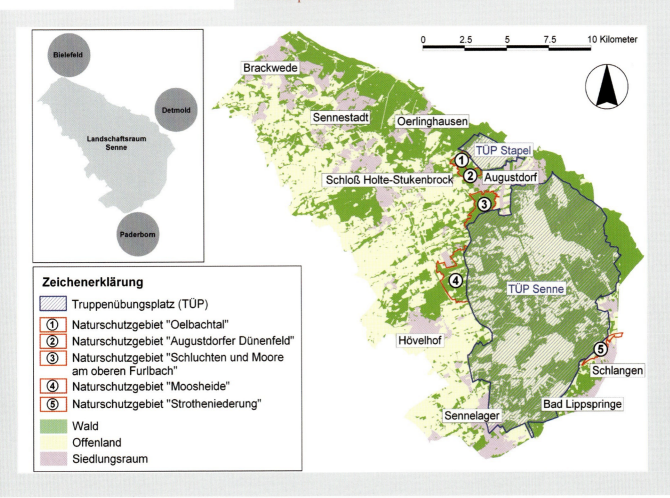

» Reisezeit

Die Senne bietet besonders im Frühjahr und Frühsommer schöne Beobachtungsmöglichkeiten. Spechte und andere Waldbewohner lassen sich am besten im zeitigen Frühjahr sehen. Große Brachvögel, Kiebitze, Heidelerchen und Schwarzkehlchen erscheinen im frühen März, Schwarzstörche erreichen das Gebiet meist in der zweiten Märzhälfte. Baumfalken und Gartenrotschwänze kommen Mitte April in ihr Brutgebiet. Als letzte kehren Ziegenmelker und Neuntöter im Mai aus Afrika zurück. Die typischen Fließgewässervögel sind meist ganzjährig im Gebiet. An den Stillgewässern (überwiegend Abgrabungsseen) kann man im Frühling und Herbst durchziehende Enten und sonstige Wasservögel beobachten, im Spätsommer gelegentlich auch Fischadler.

» Beobachtungsmöglichkeiten

Die gesamte Senne-Region ist durch Radwege gut erschlossen. Wegen der Größe des Gebietes benötigt man für schöne Beobachtungen Zeit und Geduld. Ein schnelles „Abhaken" vieler Arten innerhalb kurzer Zeit ist nicht möglich. Man sollte sich vielmehr Zeit nehmen, um diesen einzigartigen Landschaftsraum kennen zu lernen. Heidelerchen findet man in nahezu allen halboffenen Gebieten mit Heidestrukturen und trockenen Kiefernwäldern. Besonders geeignet zur Heidelerchen-Beobachtung ist das NSG „Moosheide". Die mancherorts selten gewordenen Gartenrotschwänze sind hier auch regelmäßig zu finden.

Die typischen Bachvögel findet man zum Beispiel am Furl- und Ölbach, sowie an der Strothe und der Ems. Das NSG „Schluchten und Moore am Oberen Furlbach" bietet sich an, um Schwarzspechte und Hohltauben zu beobachten. Der Raufußkauz ist seltener Brutvogel im an die Senne angrenzenden Teutoburger Wald.

» Sondergebiet Truppenübungsplatz

Das Betreten des Truppenübungsplatzes Senne ist streng verboten, da es sich um ein militärisches Sperrgebiet handelt. Es empfiehlt sich aus eigenem Interesse, die Schranken und

Trocken- und Feuchtbiotope liegen in der Senne dicht beieinander. Das Betreten des Truppenübungsplatzes ist allerdings stark reglementiert. Foto: C. Jülch.

Hinweisschilder des Truppenübungsplatzes, der ein Schieß- und Infanterie-Übungsplatz ist, unbedingt zu beachten.

Außerhalb der Schießzeiten ist die Durchfahrt über den Truppenübungsplatz auf bestimmten Durchgangsstraßen mit dem Pkw oder mit dem Fahrrad gestattet (Öffnungszeiten sind der lokalen Presse zu entnehmen oder auf www.augustdorf.de zu finden). Auf dem gesamten Platz gilt Halteverbot. Aus Sicherheitsgründen ist es nicht erlaubt anzuhalten und zu Fuß ins Gelände auszuschwärmen (Blindgängergefahr!). Die Einhaltung der Sicherheitsmaßnahmen wird von der „Range Control" streng überwacht. Besucher, die die sich nicht an die Vorschriften halten, riskieren eine hohe Geldbuße!

Aber auch die Durchfahrt über den Truppenübungsplatz Senne gestattet einen guten Überblick über die dortigen Lebensräume. Der Truppenübungsplatz wird je etwa zur Hälfte von Offenland und Wald- oder Forstflächen eingenommen. Im Offenland finden sich noch weiträumig die Reste der alten Westfälischen Heidelandschaft mit trockenen und feuchten Heideflächen, Heidemooren und offenen Binnendünen.

Mit etwas Glück sieht man am Straßenrand ein Schwarzkehlchen, einen Neuntöter, einen Raubwürger oder einen Baumfalken auf der Jagd. Seit 2006 brütet ein Wanderfalkenpaar auf dem Truppenübungsplatz Senne. Aber nicht nur die Vogelwelt lohnt einen Besuch: Im Mai und Juni ist die Luft erfüllt vom lauten Zirpen der Feldgrillen. Schalenwild (Damm- und Rothirsche, Rehe, Wildschweine) ist ausgesprochen zahlreich und verleiht dem Gebiet fast schon ein wenig afrikanisches Flair.

Durchfahrtsstraßen (vielfach Kopfsteinpflaster) führen von Augustdorf, Oesterholz, Schlangen, Bad Lippspringe, Sennelager und Staumühle aus in den Truppenübungsplatz hinein.

Ähnliche Lebensräume wie auf dem Truppenübungsplatz – wenn auch kleinflächiger – finden sich im westlich angrenzenden 440 ha großen Naturschutzgebiet „Moosheide", das – unabhängig von den Sperrzeiten des Truppenübungsplatzes – auf schönen Sandwegen und einem Naturlehrpfad entdeckt werden kann (Infobroschüre mit Wegbeschreibung erhältlich). Auch hier gibt es große Sandmagerrasen- und Heideflächen von teilweise mehr als 5 ha. Im Naturschutzgebiet entspringt die Ems. Ihre Quellen wurden wieder in einen natürlichen Zustand versetzt. Zur Landschaftspflege werden hier teilweise Senner-Pferde, die älteste deutsche Pferderasse, eingesetzt. Die schönen Tiere kann man vom Mai bis September auf einer großen Weidefläche am „Emsquellen-Parkplatz" im Naturschutzgebiet „Moosheide" bestaunen.

Im Naturschutzgebiet „Moore und Schluchten am oberen Furlbach" kann man eine schöne Wanderung entlang des Furlbaches (Infobroschüre mit Wegbeschreibung erhältlich) unternehmen, wobei man im Frühjahr verschiedene Spechtarten und Hohltauben entdecken kann. Der naturnahe Wald beeindruckt durch Schluchten, Riesenschachtelhalm und moorige Flächen. In allen Naturschutzgebieten sollte es selbstverständlich sein, die Wege nicht zu verlassen. Wer die Feuchtsenne entdecken will, sollte die Espelner und die Rengerings Wiesen sowie das Naturschutzgebiet „Erdgarten-Lauerwiesen" westlich von Hövelhof besuchen. Dort können Vogelarten des Feuchtgrünlandes, z.B. Großer Brachvogel und Kiebitz beobachtet werden. Bei einem längeren Aufenthalt im Gebiet der Senne lohnt zudem ein Besuch des Holter Waldes bei Schloß Holte, hier brüten mehrere Paare des Mittelspechts.

» Weitere Freizeitmöglichkeiten

Ein sehr lohnenswertes Ziel für Vogelbeobachter in der näheren Umgebung ist das NSG „Steinhorster Becken" bei Delbrück-Steinhorst. Es handelt sich um ein ca. 85 Hektar großes Wasservogelreservat, das in den 80er Jahren des vorigen Jahrhunderts im Retentionsraum eines Hochwasserrückhaltebeckens an der oberen Ems künstlich angelegt worden ist. Vom Abschlussdeich, der das Gebiet hufeisenförmig umgibt, sowie einem Aussichtsturm aus hat man sehr gute Möglichkeiten, zahlreiche Wat- und Wasservogelarten zu beobachten. Das Gebiet ist ganzjährig einen Besuch wert, denn neben den Brutvögeln bieten insbesondere die Gastvögel (Durchzügler, Wintergäste, Nahrungsgäste) manche ornithologische Kostbarkeit.

Die Biologische Station Kreis Paderborn-Senne bietet zahlreiche geführte Exkursionen zu verschiedenen Lebensräumen der Senne an (auch innerhalb des für die Öffentlichkeit gesperrten Truppenübungsplatzes Senne). Zu den Exkursionen sind teilweise Anmeldungen erforderlich. Einzelheiten sind im Internet unter www.bs-paderborn-senne.de zu erfahren. Die Station ist in Hövelhof-Riege im ehemaligen Schulgebäude untergebracht, in dessen Nähe bis 1925 Wiedehopfe brüteten. Hier erhält man Informationsmaterial über die NSGs „Moosheide" und „Moore und Schluchten am Oberen Furlbach" (keine festen Öffnungszeiten; Broschüren werden gegen Portokosten zugesandt). Einen schönen Eindruck vom Gebiet bekommt man bei der Radtour „Senne-Parcours Hövelhof" (ausgeschildert, Infobroschüre erhältlich) mit Start am Bahnhof Hövelhof.

Infomaterial/Literatur

Naturschutzzentrum Senne e.V. (Hrsg.) (2008): Senne und Teutoburger Wald. Verlag Kiper.
Kiper, T. (Hrsg.) (2001): Faszinierende Senne zu Fuß – das Wanderbuch für die Senne. (Detaillierte Beschreibung von 21 Wanderrouten in der Senne-Region). Verlag Kiper.
Kiper, T., P. Rüther & Ch. Venne (2007): Senne – Die Natur mit dem Rad erleben. (Detaillierte Beschreibung von Rad-Wanderrouten durch die Senne-Region.) Verlag Kiper.
Kiper, T., P. Rüther & C. Venne (2008): Radwanderkarte für die gesamte Senne. 1:50.000. Verlag Kiper.
Eine gute Informationsquelle mit der Möglichkeit eigene Routen zu planen: www.senne-portal.de

Der Dümmer in Niedersachsen
Wasser- und Wiesenvögel an der Hunte

Im Südwesten Niedersachsens liegt, umgeben von weitläufigen Grünländereien auf Niedermooren, der Dümmer. Der zweitgrößte See Niedersachsens und die angrenzenden Schutzgebiete Ochsenmoor und Osterfeiner Moor sind aufgrund ihrer hohen Bedeutung für Brut- und Rastvögel seit Jahrzehnten das Ziel von Vogelbeobachtern, die hier eine hervorragende Infrastruktur vorfinden.

Rund um den See wurden in den vergangenen zwei Jahrzehnten etwa 2500 ha Land aufgekauft und so vor allem für den Wiesenvogelschutz langfristig gesichert. Innerhalb dieser Gebietskulisse wurden 400 ha Ackerland in Grünland umgewandelt, die landwirtschaftliche Nutzung extensiviert und große vormals entwässerte Teilgebiete wieder vernässt. So entstand zusammen mit dem See ein rund 4500 ha großer Komplex aus unterschiedlichen, stark miteinander verbundenen Lebensräumen. Die Sünden der Vergangenheit, wie die Eindeichung des Dümmers im Jahr 1953 oder die Entwässerung der Niedermoore, konnten damit wenigstens in einem Teil der früher großräumig vernässten Niederung wieder gutgemacht werden. Der See und sein Umfeld sind heute ein Feuchtgebiet internationaler Bedeutung und „Natura 2000"-Gebiet – und einer der für den Vogelschutz wertvollsten Bereiche Niedersachsens.

» Lebensräume

Kern des Gebietes ist der rund 16 km² große, eingedeichte See (mittlere Wassertiefe 1,0 m, maximal 1,5 m) mit ausgedehnten Schwimmblattteppichen aus See- und Teichrosen und breiten Schilfzonen. Die breiteste Schilfzone liegt am Südufer des Sees. Westlich und südöstlich des Sees befinden sich kleinere von Schwarzerlen dominierte Bruchwälder.

Im Süden grenzt das rund 1000 ha große Ochsenmoor an den Dümmer an. Es besteht heute fast ausschließlich aus bewirtschafteten Feucht- und Nasswiesen und enthält vereinzelte Gewässer. Das etwa gleich große und ebenfalls hauptsächlich als Grünland genutzte Osterfeiner Moor liegt nördlich des Sees. Auch hier wurden für den Wiesenvogelschutz zahlreiche Wiedervernässungsmaßnahmen durchgeführt. Ortschaften befinden sich am Ostufer (Hüde und Lembruch) und am Nordwestufer (Olgahafen, Dümmerlohausen).

Der Dümmer beherbergt die größte Trauerseeschwalbenkolonie Niedersachsens. In manchen Jahren sind es über 100 Paare. Foto: F. Körner.

Bekassinen brüten im Feuchtgrünland des Ochsenmoores und des Osterfeiner Moores. Von Ende März bis Mai kann man hier ihre auffallenden Balzflüge sehen. Foto: F. Derer.

» Besondere Vogelarten

Das Gebiet gilt als Eldorado für Beobachter von Wasser- und Wiesenvögeln. Auf den Teich- und Seerosenteppichen im Süden der Seefläche brüten alljährlich etwa 100 Trauerseeschwalbenpaare, dazu Hunderte von Lachmöwen- und zahlreiche Haubentaucherpaare. Zwischen den Lachmöwen lassen sich auch einige Schwarzhalstaucher entdecken, die nahe der Kolonie ihre Nester anlegen. Im Schilfgürtel (vor allem am Süd- und Westufer) leben u.a. Blaukehlchen, Rohrschwirle, Schilfrohrsänger und Bartmeisen. Hier brüten auch Graugänse, Tafelenten und einige Rohrweihenpaare. Rohrdommeln sind im Sommerhalbjahr nur noch sporadisch zu hören oder zu sehen.

In den Feucht- und Nasswiesen brütet eine für heutige Verhältnisse stattliche Anzahl von Wiesenlimikolen. Kiebitze, Uferschnepfen, Große Brachvögel und Bekassinen wird man zur richtigen Jahreszeit auf jeden Fall antreffen. Fast alljährlich gehören auch Wachtelkönige und Tüpfelrallen zum Brutvogelspektrum. Selten brütet die Sumpfohreule im Gebiet; sie lässt sich hier nur in sehr mäusereichen Jahren nieder. Vor allem die bis Juli überstauten Flächen ziehen sowohl Brut-, als auch Rastvögel an. Hier wird man auch auf der Suche nach durchziehenden Limikolen schnell fündig, wie z.B. Kampfläufer, Grün- und Rotschenkel, Dunkle Wasserläufer oder Alpenstrandläufer. Aber auch von den Entenvögeln sind fast alle Arten zur geeigneten Jahreszeit zu beobachten. Pfeif-, Schnatter-, Löffel , Spieß-, Knäk- und Krickenten sind im Frühjahr häufig auf den dann überstauten Wiesen anzutreffen. Im Herbst und ggf. auch im Winter halten sie sich eher auf dem See auf. Für Schell-, Reiher- und Tafelenten sowie Gänse- und Zwergsäger ist das ausschließlich der Fall. Bless- und Saatgänse, dazwischen manchmal Weißwangengänse, pendeln zwischen dem See und den Wiesen hin und her.

Ab dem Spätsommer sind Silberreiher am Dümmer anwesend. Sie überwinterten in den letzten Jahren regelmäßig; im Winter 2007/2008 waren es sogar über 250 Individuen!

In den Bruchwäldern und Weidengebüschen rund um den See brüten Pirole, Nachtigallen und Gelbspötter, seltener Kleinspechte. Eine große Saatkrähenkolonie befindet sich südlich des Sees nahe Hüde.

Im Gebiet werden außerdem viele Seltenheiten beobachtet: Schwarzflügelbrachschwalbe, Stelzenläufer und Seidenreiher sind nur einige davon.

» Reisezeit

Der Dümmer ist ganzjährig ein hervorragendes Beobachtungsgebiet. Im Winter besuchen riesige Entenschwärme die Wasserfläche (vor allem die Südbucht). Ab Oktober treffen Bless- und Saatgänse zu Tausenden ein, zeitweise sind es deutlich mehr als 10 000. Ab Ende Februar be-

Typische Vogelarten am Dümmer, deren Status und günstige Beobachtungszeit (in Klammern)
h = häufiger, r = regelmäßiger, s = seltener; J = Jahresvogel, B = Brutvogel, W= Wintergast, D = Durchzügler
Schwerpunktgebiete (wenn relevant): * = Dümmer-Seefläche, ** = Ochsenmoor, *** = Osterfeiner Moor

Art	Status (beste Beobachtungszeit)	Art	Status (beste Beobachtungszeit)
Alpenstrandläufer	rD (April/Mai)	Rohrschwirl*	sB (Ende April–Aug.)
Bartmeise*	sB, sW (ganzjährig)	Rotschenkel	sB, rD (April–Sept.)
Bekassine	rB, hD (März–Sept.)	Saatgans	hW (Okt.–März)
Blaukehlchen*	rB (April–Aug.)	Schilfrohrsänger*	rB (Ende April–Aug.)
Blessgans	hW (Okt.–März)	Schwarzhalstaucher*	sB, rD (März–Okt.)
Braunkehlchen	sB (Ende April–Sept.)	Schwarzkehlchen	sB (März–Okt.)
Bruchwasserläufer	rD (Mai)	Seeadler	sD (ganzjährig)
Dunkler Wasserläufer	rD (April/Mai)	Silberreiher	hD, hW (Aug.–April)
Eisvogel	sB sW (ganzjährig)	Spießente	hD (März–April)
Feldschwirl	rB (Ende April–Aug.)	Sumpfohreule**, ***	sB, rW (Okt.–Feb.)
Fischadler*, ***	sB, rD (April–Sept.)	Teichrohrsänger*	hB (Ende April–Aug.)
Goldregenpfeifer	rD (März/April)	Trauerseeschwalbe*	rB, sD (Mai–Aug.)
Graugans	rB, hW (ganzjährig)	Tüpfelsumpfhuhn	sB (April–Juli)
Großer Brachvogel	rB (März–Aug.)	Uferschnepfe	rB (März–Juni)
Gänsesäger*	hW (Nov.–März)	Wachtelkönig**	rB (Mai–Juli)
Kampfläufer	rD (April/Mai)	Wanderfalke	rW (Nov.–April)
Kiebitz	hB, hD, rW (ganzjährig)	Wasserralle*	hB (März–Aug.)
Knäkente	sB, rD (März–Juli)	Weißstorch	sB (April–Aug.)
Kornweihe	rW (Nov.–März)	Weißwangengans	sW (Okt.–März)
Krickente	sB, hD, hW (ganzjährig)	Wiesenpieper	hB (März–Okt.)
Löffelente	rB, hD, sW (März–Okt.)	Wiesenschafstelze	hB (April–Sept.)
Pfeifente	rD, (Sept.–April)	Zwergmöwe*	rD (April/Mai)
Pirol	rB (Mai–Aug.)	Zwergsäger*	rW (Nov.–März)
Raubwürger	sW (Nov.–März)		

Nasse Wiesen im Ochsenmoor sind ein Magnet für Wiesenvögel. Foto: T. Brandt.

ginnt der Frühjahrsdurchzug. Dann kommen zusätzlich Tausende Kiebitze in das Gebiet, um hier zu rasten. Zwischen ihnen kann man oft Goldregenpfeifer entdecken. Löffel-, Schnatter-, Spieß- und Knäkenten sind ab März ebenfalls zahlreich anzutreffen. Im März kehren auch die dann bald brütenden Bekassinen, Uferschnepfen und Brachvögel in ihre Reviere zurück. Blaukehlchen singen ab Anfang April, Rohrschwirle sowie Teich- und Schilfrohrsänger sind ab Mitte April im Röhricht zu hören. Fischadler halten sich von Ende März bis September am See auf.

Der Winter ist die beste Zeit, um eine der seltenen Rohrdommeln zu sehen. Gänse- und Zwergsäger fischen von Oktober bis März auf dem See und seinen Nebengewässern.

» **Beobachtungsmöglichkeiten**

Die besten Beobachtungsmöglichkeiten bietet der 18 km lange Rundweg auf dem Dümmerdeich (Gehzeit 4,5 Stunden), vor allem das Süd- und Westufer. Das Westufer ist Bestandteil des Naturerlebnispfades Dümmerufer. Vom Deich aus erhält man gute Einblicke in den Röhrichtgürtel, in einen Erlenbruchwald, auf die Südbucht des Sees und stellenweise auch auf das Ochsenmoor. Der Aussichtsturm am Südufer ist hier der lohnenswerteste Anlaufpunkt.

Weitere Beobachtungstürme liegen direkt am Deichweg und zwar an allen „Seiten" des Dümmers: Der Westturm südlich vom Olgahafen am westlichen Seeufer (Blaukehlchen, Schilfrohrsänger), am nördlichen Ufer am Hunteausfluss und der Ostturm zwischen Hüde und Lembruch zwischen dem See und dem Naturschutzgebiet Hohe Sieben. Die den Ortschaften nahe gelegenen Strecken des Deiches sollte man an Sonn- und Feiertagen zwischen 10 und 18 Uhr meiden, wenn man ungestört Vögel beobachten möchte.

Das Ochsenmoor ist ebenfalls gut erschlossen. Nicht durch Sperren beruhigte Wege dürfen begangen oder sogar mit dem Auto befahren werden. Ideal um Wiesenbewohner zu beobachten, ist die Straße zwischen der Ortschaft Marl und dem Schäferhof. Rund 700 Meter östlich vor dem Schäferhof zweigt eine asphaltierte Straße nach Norden ab (Einbahnstraße!). Gleich rechts, also östlich dieser Straße, liegen sehr nasse Flächen, die bis Juli überschwemmt sind und einen wahren Magneten für Limikolen, Möwen und Trauerseeschwalben darstellen. Die Straße verläuft parallel zur Hunte. An ihrem Ende biegt man nach rechts ab und fährt parallel zum Randkanal nach Osten. Linker Hand liegen nasse Wiesen, die mit Hilfe einer kleinen Windmühle bewässert werden. Dann gelangt man – am Südturm vorbei – nach nur rund 100 Metern zu einem in einem kleinen Erlenbruchwald gelegenen Parkplatz. Dieser ist ein idealer Ausgangspunkt für Touren auf dem Rundwanderweg Dümmerdeich. Durch den Erlenbruchwald führt unweit des Parkplatzes ein kleiner Pfad in südliche Richtung. Über diesen erreicht man einen hohen Beobachtungsturm, von dem aus man einen weiten Blick über das Ochsenmoor hat. Von dort aus führt ein ebenfalls unbefestigter Weg nach Osten zur Naturschutzstation. Weg und Turm sind Bestandteil des Naturerlebnispfades Dümmer.

Im Osterfeiner Moor wurde 2006 eine neue, hervorragend positionierte Beobachtungshütte gebaut (barrierefrei). Von dort hat man einen guten Blick auf ein größeres Gewässer und nasse Wiesen. Die gesamte Bandbreite an Limikolen und Wasservögeln lässt sich hier im Laufe eines Jahres beobachten. In größerer Entfernung (Richtung Nordost) kann man ein Fischadlernest auf einem Leitungsmasten sehen. Dabei handelt es sich um den bislang am weitesten westlich gelegenen Fischadlerbrutplatz in Niedersachsen. Die Vögel brüteten hier erstmalig 2004, wechselten allerdings gelegentlich den Nistplatz. Die wenig frequentierte Beobachtungshütte liegt nördlich der Landesstraße 853 zwischen Dümmerlohhausen und Lembruch (s. Karte). Von einem Parkplatz

ANZEIGE

Vogelbeobachtungen im Naturraum Dümmerniederung mit Diepholzer Moorniederung

Das Hotel Garni „Zur Alten Post" ist familär geführt und bietet 23 moderne Hotelzimmer.
Es liegt am EU Vogelschutzgebiet Naturraum Dümmerniederung mit Diepholzer Moorniederung in Lembruch am Dümmer See. Die zentrale Lage ist idealer Ausgangspunkt für Beobachtungstouren zu Fuß, mit dem Fahrrad oder mit dem Auto in die artenreiche Vogelwelt der Region.

Bilder: DümmerWeserLand-Touristik & W.Rohlfes

Hotel Garni „Zur Alten Post"
Große Str. 36
49459 Lembruch / Dümmer See
Tel.: 05447/99400
www.Hotel-Garni-Zur-Alten-Post.de

an der Landesstraße sind es rund 800 Meter zu Fuß auf einem befestigten Weg, der durch Wiesen und an einem kleinen Gehölz vorbeiführt.

Vor allem Besuchern, die zum ersten Mal am Dümmer sind, sei eine Visite der Naturschutzstation empfohlen. Hier gibt es eine informative Ausstellung zum Thema Wiesenvogelschutz. Sehr gutes Informationsmaterial und Karten sind hier ebenfalls erhältlich. Die Ausstellung ist täglich von 10 bis 18 Uhr geöffnet, sie wird allerdings nicht personell betreut. Ein sehr hübscher und liebevoll vom Naturschutzring Dümmer e. V. gestalteter Erlebnisgarten liegt unmittelbar an der Station und lädt, vor allem auch mit Kindern, zum Verweilen ein.

Themenbezogene Naturerlebnisrouten (herausgegeben vom Naturpark Dümmer e. V.) gibt es u. a. zu den Themen „Frühling in den Wiesen", „Vogelkonzert am Dümmer", „Rund um die Hohe Sieben", „Blütenpflanzen am Wegesrand", „Insekten im Hochsommer", „Winter am See" und „Winter in den Wiesen". Zu allen Routen gibt es jeweils ein schön gestaltetes Faltblatt mit Karte, Artbeschreibungen und entsprechenden Hinweisen für das Gelände. Das Infomaterial ist ebenfalls in der Naturschutzstation erhältlich.

» Weitere Beobachtungs- und Freizeitmöglichkeiten

In Dümmerlohhausen westlich des Dümmers gibt es die Dümmer-Vogelschau, eine private Ausstellung von präparierten Vögeln (Dümmerstraße 7a, 49401 Dümmerlohhausen, Tel.: 05491/7848, E-Mail: info@duemmer-vogelschau.de), www.duemmer-vogelschau.de.

An der Ostseite des Sees liegt das Dümmer-Museum mit zahlreichen weiteren Informationen zum Dümmergebiet (Götkers Hof 1, 49459 Lembruch, Tel.: 05447/341, E-Mail: duemmermuseum@t-online.de, www.duemmer-museum.de).

Bademöglichkeiten, Unterkünfte und mehrere ufernahe Campingplätze gibt es in Hüde und in Lembruch. Dort kann man sich auch Tretboote und Fahrräder ausleihen.

Die Diepholzer Moorniederung liegt nur etwa eine halbe Autostunde entfernt in östlicher Richtung.

Infomaterial/Literatur:

Körner, F. & U. Marxmeier (2005): Die Trauerseeschwalbe *Chlidonias n. niger* am Dümmer – Ergebnisse des Artenhilfsprogrammes von 1992–2004. Vogelwelt 126 (3): 227-134.

Ludwig, J., H. Belting, A. J. Helbig & H. Bruns (1990): Die Vögel des Dümmer-Gebietes. Naturschutz und Landschaftspflege in Niedersachsen 21, Hannover.

Moning, C. & F. Weiß (2007): Vögel beobachten in Norddeutschland. Kosmos Verlag, Stuttgart.

Naturschutzring Dümmer (o. J.): Moor und Meer – Erlebnisrouten. Faltblattserie, herausgegeben vom Naturpark Dümmer e. V. Hervorragende Faltblattsammlung zu 10 Erlebnisrouten am Dümmer und in dessen Umgebung. Bezug: Naturschutzring Dümmer (Anschrift s. o.)

Richter, M., U. Marxmeier & F. Körner (2002): Optimismus im EU-Vogelschutzgebiet Dümmer: Statt Schlamm wieder klares Wasser? Falke 49: 202-207.

Internet:
www.nurd.de
www.life-duemmer.niedersachsen.de
www.duemmer.de
www.dammer-berge.de

GPS

(Hunte am) Schäferhof	52°28'20.61" N	8°18'11.91" O
Aussichtsturm am Südufer	52°29'16.96" N	8°19'42.30" O
Aussichtsturm am Westufer	52°31'17.83" N	8°18'36.34" O
Aussichtsturm am Osufer	52°30'35.02" N	8°21'23.70" O
Aussichtsturm am Nordufer	52°32'08.46" N	8°19'37.79" O
Beob.turm im Ochsenmoor	52°28'56.13" N	8°20'03.57" O

Anfahrt

Mit Bahn und Bus:
Einen Bahnhof gibt es in Lemförde, etwa 3 km südöstlich vom See entfernt.

Mit dem Auto:
Der Dümmer liegt etwa 40 km nordöstlich von Osnabrück und ist von dort oder von Diepholz aus über die B 51 erreichbar. Eine andere Möglichkeit ergibt sich über die A1, Abfahrt Neuenkirchen – Vörden und von dort über Damme nach Lembruch.

Mit dem Fahrrad:
Das Gebiet kann man hervorragend mit dem Fahrrad erschließen. Der Deich um den See ist bis auf ein Teilstück im Süden komplett befahrbar. Im Süden führt der Weg für Radfahrer von der Hunte entlang des Randkanals durch das nördliche Ochsenmoor zum Südturm. Vom Dümmerrundweg führen Stichwege zu den wichtigsten Beobachtungspunkten. Glücklicherweise ist der Deichweg nicht komplett befestigt, sodass er zumindest im Süden des Sees noch keine Sport- und Rennpiste ist. Ein guter Startplatz ist der Parkplatz am Südufer in der Nähe des Südturms oder am besten die Naturschutzstation etwas weiter südöstlich.

Adressen

Naturschutzstation Dümmer (mit einer Ausstellung im Stationsgebäude), Am Ochsenmoor 52, 49448 Hüde, Tel.: 05443/1393, E-Mail: naturschutzstation-duemmer@nlwkn-ol.niedersachsen.de, www.naturschutzstation-duemmer.niedersachsen.de

Führungen kann man über den Naturschutzring Dümmer e. V. buchen: (ebenfalls) Am Ochsenmoor 52, 49448 Hüde, Tel.: 05447/1367,
E-Mail: naturschutzring.duemmer@t-online.de
Internet: www.naturschutzring-duemmer.de

Das Schaumburger Bergland in Niedersachsen

Vögel am nördlichen Rand der Mittelgebirge

Im Schaumburger Land, etwa 40 Kilometer westlich von Hannover, schiebt sich die Grenze der Mittelgebirge weiter nach Norden als anderswo in Mitteleuropa. Somit ist diese Region vor allem für norddeutsche Vogelbeobachter das nächstgelegene Ziel, um typische Mittelgebirgsarten zu beobachten. Dazu gehören Wasseramseln, Tannenhäher, Uhus und Gebirgsstelzen. Die beiden Erstgenannten leben hier an ihrer nördlichen Arealgrenze in Deutschland. Andere Vogelarten wie Uhu, Grauspecht und Gebirgsstelze kommen weiter nördlich in der norddeutschen Tiefebene nur noch vereinzelt oder unregelmäßig vor.

Das Schaumburger Bergland in der Nähe der Weserstadt Rinteln ist gut zu erreichen. Es liegt nur 30 Kilometer südlich des Steinhuder Meeres, sodass die Tour hervorragend mit einem Besuch des größten niedersächsischen Sees kombiniert werden kann.

» **Lebensräume**

Das Schaumburger Bergland ist sehr vielgestaltig. Es umfasst Teile des Wesergebirges und grenzt an das FFH-Gebiet „Süntel, Wesergebirge, Deister" mit großflächigen Waldmeister-Buchenwäldern, Hainsimsen-Buchenwäldern, Schlucht- und Hangmischwäldern sowie Kalkfelsen. Der riesige Steinbruch „Messingsberg", in dem sich die „Erlebniswelt Steinzeichen Steinbergen" (ein Freizeitpark mit geologischem Schwerpunkt) befindet, liegt nahe dem FFH-Gebiet und ist Bestandteil des Vogelschutzgebietes „Uhubrutplätze im Weserbergland". Nur wenige hundert Meter nördlich des Steinbruchs durchfließt die – streckenweise naturnahe – Bückeburger Aue ein Tälchen mit extensiv genutzten Wiesen und Wäldern. Etwa 200 m westlich befindet sich der Ahrensburger Schlosspark mit mehreren kleinen Teichen.

Seit mindestens 1987 brüten Uhus im Gebiet. Im Steinbruch sind sie während der Brutzeit meist leicht zu beobachten.
Foto: B. Volmer.

Nördlich des Tals erstrecken sich die bis zu 360 m hohen Bückeberge, die im Süden einen relativ großen Laubholzanteil aufweisen, nördlich des Kamms jedoch weitgehend mit Fichten aufgeforstet wurden.

» Charakteristische Vogelarten

Das Schaumburger Land ist ornithologisch – vor allem aus arealkundlicher Sicht – besonders interessant. Den kleinen Landkreis Schaumburg durchzieht die Grenze zwischen Mittelgebirge und nordwestdeutscher Tiefebene und schließt Teile der niedersächsischen Börde ein. Er ist daher einer der wenigen Kreise, in denen man während der Brutzeit Seeadler, Uhus, Kraniche, Schwarzstörche, Große Brachvögel, Bekassinen, Grauspechte, Karmingimpel und Wasseramseln sehen kann. Im Steinbruch „Messingsberg" leben seit den achtziger Jahren Uhus (erster Brutnachweis 1987). Sie brüten seit mehreren Jahren in derselben Felsnische und sind von der gegenüberliegenden Kuppe mit einem Spektiv hervorragend zu sehen (s. u.). Im Steinbruch kann man auch regelmäßig äsende Mufflonherden beobachten (scheu!). Rotmilane brüten in dem Buchenwald östlich des Steinbruches. Im Abbaubereich nisten gelegentlich Flussregenpfeifer. Baumpieper und Hausrotschwänze singen überall.

An der Bückeburger Aue brüten nur wenige hundert Meter von der „Erlebniswelt Steinzeichen Steinbergen" entfernt mehrere Wasseramsel- und Eisvogelpaare. Gebirgsstelzen sind hier nicht zu übersehen. Das Fließgewässer gehört auch zum Nahrungsgebiet eines Schwarzstorchpaares. Im Buchenwald, der an die Aue grenzt, sind Hohltaube, Klein-, Grün-, Grau- und Schwarzspecht zu sehen. Die Nadelwälder der Bückeberge sind das nördlichste regelmäßige Brutgebiet von Tannenhähern in Deutschland (10 bis 20 Paare). Im Spätsommer fliegen die Tannenhäher gelegentlich aus den Bückebergen in die Dörfer und Tallagen, wo sie unter anderem Haselnüsse sammeln.

Das Gebiet bildet nicht nur die Arealgrenze verschiedener Vogelarten, sondern auch für weitere Tier- und Pflanzenarten. Im Steinbruch „Messingsberg", der auch für den Amphibienschutz eine hohe Bedeutung hat, kann man mit Glück auf Gelbbauchunken und Geburtshelferkröten treffen.

Typische Vogelarten, deren Status und günstige Beobachtungszeit (in Klammern).
h = häufig, r = regelmäßig, s = seltener
J = Jahresvogel, B = Brutvogel, D = Durchzügler

Art	Status (beste Beobachtungszeit)
Eisvogel	rB (ganzjährig)
Gebirgsstelze	hB (ganzjährig)
Grauspecht	rB (ganzjährig)
Grünspecht	rB (ganzjährig)
Hohltaube	rB (ganzjährig)
Kleinspecht	rB (ganzjährig)
Kolkrabe	rJ (ganzjährig)
Rotmilan	rB (März–Okt.)
Schwarzspecht	rB (ganzjährig)
Schwarzstorch	sB (April–Aug.)
Uhu	sB (ganzjährig)
Waldwasserläufer	rD (März/April, Juli–Okt.)
Wasseramsel	rB (ganzjährig)
Wespenbussard	sB (Mai–Aug.)

Teile der Bückeburger Aue wurden in den letzten zehn Jahren renaturiert und haben sich zu einem wertvollen Lebensraum entwickelt. Foto: T. Brandt.

» Reisezeit

Ein Ausflug in das Gebiet lohnt sich vor allem im Frühling. Von April bis etwa Ende Mai sind die jungen und alten Uhus im Steinbruch zu sehen. Danach haben die Jungvögel den engeren Nestbereich möglicherweise verlassen und sind tagsüber nur schwer in der Felswand zu finden. Die Tageseinstände der Altvögel wechseln häufig und sind nicht immer (leicht) zu sehen. Abends schließt der Park in der Regel bevor die Uhus aktiv werden. Im Winter ist die Erlebniswelt geschlossen.

An der Bückeburger Aue liegen die nördlichsten regelmäßigen Wasseramselbrutplätze in Deutschland. Foto: F. Derer.

An der Bückeburger Aue sind interessante Beobachtungen ganzjährig möglich. Wasseramseln sind immer leicht zu finden, wenn man das Gewässer sorgfältig beobachtet. Das trifft in der Regel auch auf die Eisvögel zu, die häufig an den Teichen im nahen Schlosspark Nahrung suchen. Man sollte die Vögel, die hier sehr scheu sind, nicht ganze Bachstrecken vor sich herjagen. Gebirgsstelzen sind ganzjährig anwesend, aber im Winter erheblich seltener. Im Frühling sind die Spechte auffällig. Dann suchen gelegentlich auch Waldwasserläufer an den Ufern der Aue nach Nahrung. Von April bis September sollte man auf Schwarzstörche achten. Zu dieser Zeit kann man auch Rotmilane, Mäusebussarde und gelegentlich Wespenbussarde beobachten.

» Beobachtungsmöglichkeiten

Ein Großteil des Gebietes ist frei zugänglich. Um den Steinbruch „Messingsberg" betreten zu können, muss man allerdings eine Eintrittskarte für den kulturellen Freizeitpark „Erlebniswelt Steinzeichen Steinbergen" lösen. Dafür kann man dort von Ende März bis Juni fast mit Sicherheit (wild lebende) Uhus beobachten. Zudem hat man von dem zum Freizeitpark gehörenden Aussichtsturm „Jahrtausendblick" auf dem Kamm des Wesergebirges in südliche Richtung einen hervorragenden Blick auf das Wesertal und das Weserbergland.

Steinbruchroute: Uhus beobachtet man am besten vom Bistro der Erlebniswelt Steinzeichen aus. Das Bistro liegt auf einer Kuppe gegenüber der langen Steinbruchwand. Das Spektiv (dringend zu empfehlen) stellt man am besten in der Nähe des fest installierten (aber nur mäßig guten) Fernrohres auf. Schräg gegenüber lag in den letzten Jahren – allerdings nicht 2010 – auf rund 2/3 der Wandhöhe der Uhuhorst in einer gut einsehbaren Felsnische. Der Besucherverkehr ist weit genug entfernt und scheint die Vögel nicht zu stören. Die Wand liegt noch in dem Teil des Steinbruches, der im Betrieb und somit nicht begehbar ist. Von oben, also auf dem Weg zum Aussichtsturm (Steinzeichen), kann man die Vögel nicht sehen. Von hier aus lassen sich jedoch verschiedene Sing- und Greifvögel beobachten. Auch von den Uhus abgesehen ist der Park, besonders für Familien mit Kindern, interessant. Er lässt sich am besten mit einem an der Kasse erhältlichen Übersichtsplan erkunden.

Bückeburger Aue: Diese Route führt vom Parkplatz der Erlebniswelt in die entgegen gesetzte Richtung über die Straße. Wenn man sich links hält, erreicht man in Höhe des Sportplatzes die Bückeburger Aue, die hier die Straße nach Obernkirchen unterquert. An der Straßenbrücke (Wasseramselnest darunter) geht man rechts in östliche Richtung an der Aue entlang (kostenfreier Parkplatz!), bleibt auf dem Weg, durchquert die alte Unterführung einer selten frequentierten Bahnstrecke und gelangt nach hundert Metern an eine kleine Brücke. Dies ist ein besonders gemütlicher Platz, um die typischen Fließgewässervögel zu beobachten. Etwas bachaufwärts, also jenseits der Brücke, gelangt man an einen renaturierten Gewässerabschnitt. Dieser ist ein Paradies für Limnologen, bietet aber auch eine Menge für Vogelbeobachter. Der Bereich lockt durchziehende Limikolen an, vor allem Waldwasserläufer. Man kann dem Bachlauf beliebig weit folgen, muss aber auf demselben Weg zurück.

Bückeberge: Man erreicht sie von den beschriebenen Parkplätzen bergauf in Richtung Obernkirchen. An der Gaststätte „Süße Mutter" biegt man rechts und sofort wieder links ab. Die Straße führt mehrere Kilometer durch den Wald (meist Mischwald). Schließlich gelangt man an eine Gaststätte und ein Schulungszentrum. Auf dem Parkplatz gegenüber kann man kostenlos parken, von hier an ist die Straße für den öffentlichen Verkehr gesperrt. Folgt man ihr, kann man zur richtigen Jahreszeit Tannenhäher hören und – mit Glück – auch sehen.

Besser ist es, wenn man die Wege nördlich des Zentrums abwandert, da diese durch Fichtenwälder führen, in denen die Häher brüten. Auch Fichtenkreuzschnäbel wird man hier zu Gesicht bekommen. Nur etwa 500 Meter östlich des Zentrums, also der gesperrten Straße zu Fuß folgend, erreicht man über eine Werkszufahrt die bekannten Obernkirchener Sandsteinbrüche. Hier gelangen 2007 sensationelle Funde von Dinosaurierfährten.

» Weitere Freizeitmöglichkeiten

Eine schöne Tour kann man mit der Fahrraddraisine von Rinteln in das südlich der Weser liegende Extertal unternehmen (hier ebenfalls gute Beobachtungsmöglichkeiten von Wasseramseln und anderen Fließgewässervögeln). Infos und Buchungen sind über Pro Rinteln e.V. möglich (Tel.: 05751/403-987).

Die Erlebniswelt Steinzeichen Steinbergen bietet verschiedene Attraktionen, Mitmachangebote, Workshops etc. zu den Parkthemen „Faszination Stein" und „Wunder des Lebens".

In Rinteln gibt es ein Spaßbad und andere Freizeitmöglichkeiten, ein Besucherbergwerk liegt in Kleinenbremen (von dem hier beschriebenen Gebiet über Bad Eilsen erreichbar, ca. 10 km).

Etwa 30 km nördlich des hier beschriebenen Gebietes liegt das Steinhuder Meer, das wir im Falken 1/2005 vorgestellt haben. Das Artenspektrum dort ist typisch für die norddeutsche Tiefebene und somit ein komplett anderes. Es schließt Brutvögel wie See- und Fischadler, Bekassine, Großer Brachvogel, Knäk- und Löffelente, Bartmeise und Karmingimpel ein. Im Winter sind am See Tausende Wasservögel anwesend. In Rinteln liegen entlang der Weser eine Reihe von Kiesteichen, an denen man ebenfalls zahlreiche Wasservögel beobachten kann, unter anderem auch Silberreiher.

Infomaterial/Literatur:

Brandt, T., L. Büttner & H. Küster (2005): Naturpfad Schaumburg – Landschaft und Natur entdecken. Zu Klampen Verlag, Springe.
Buschmann, H., B. Scheel & T. Brandt (2006): Amphibien und Reptilien im Schaumburger Land und am Steinhuder Meer. Natur & Text, Rangsdorf.
Otten, K. (2006): Bestandsentwicklung des Tannenhähers (*Nucifraga c. caryocatactes*) im Bückeberg (Landkreis Schaumburg). Vogelkundliche Berichte aus Niedersachsen 38: 101–110.

Anfahrt

Mit Bahn und Bus:

Mit der Bahn kommt man bis Rinteln und per Bus weiter nach Obernkirchen. In Buchholz aussteigen. Von dort aus sind es nur wenige hundert Meter zu Fuß zur „Erlebniswelt Steinzeichen Steinbergen" bzw. an die Bückeburger Aue. Um in die Bückeberge zu gelangen, muss man weiter in Richtung Obernkirchen fahren und an der Gaststätte „Süße Mutter" aussteigen. Bis in die Tannenhäherbrutgebiete sind es aber noch etwa 2,5 km entlang der Straße.

Mit dem Auto:

Das Gebiet liegt direkt (beidseitig) an der A 2. Von Hannover wählt man die Ausfahrt Obernkirchen (vorsicht, dies ist nur eine Ausfahrt), fährt links und gelangt nach etwa 1 km zum Parkplatz der Erlebniswelt. An der gleich dahinter liegenden Ampel kann man rechts fahren und sofort wieder rechts auf einen kostenlosen Parkplatz, der weniger als 200 m Luftlinie von dem ersten Parkplatz entfernt liegt. Von Westen (Westfalen) kommend wählt man von der A 2 die Abfahrt Bad Eilsen, fährt rechts und folgt der Beschilderung zur Erlebniswelt Steinzeichen. Unterkunftsmöglichkeiten gibt es vor allem in Rinteln (5 km entfernt), Campingmöglichkeiten sind beispielsweise in Rinteln am Doktorsee vorhanden.

Adressen

Erlebniswelt Steinzeichen Steinbergen, Arensburger Str. 4, 31737 Rinteln, OT Steinbergen, Tel.: 05751/917-590, E-Mail: info@steinzeichen.de, Internet: www.steinzeichen.de
Touristinfo Rinteln: 05751/403-988,
E-Mail: pro-rinteln@rinteln.de, www. prorinteln.de, hier auch Anmeldung für Draisinenfahrten.

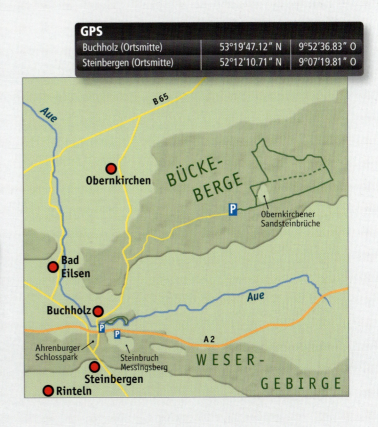

GPS		
Buchholz (Ortsmitte)	53°19'47.12" N	9°52'36.83" O
Steinbergen (Ortsmitte)	52°12'10.71" N	9°07'19.81" O

Krickenbecker Seen und Grenzwald
in Nordrhein-Westfalen

Fast schon versteckt liegt im bevölkerungsreichsten und dicht besiedelten Bundesland Nordrhein-Westfalen westlich der Großstädte Krefeld und Mönchengladbach eine Reihe wertvoller und sehr unterschiedlicher Schutzgebiete. Sie sind heute Bestandteil des 7221 ha großen EU-Vogelschutzgebiets mit dem etwas umständlichen Namen „Schwalm-Nette-Platte mit Grenzwald und Meinweg". Der größte Teil des Gebietes liegt auf trockenen und nährstoffarmen Sanden der Maashauptterrasse. Flugsande bildeten die zahlreich vorhandenen Binnendünen. Die Maas fließt nur wenige Kilometer westlich des Gebietes auf niederländischem Boden.

Insbesondere die großen Heideflächen und Sandmagerrasen, z.B. im Brachter Wald, beherbergen große Bestände von Vogelarten, die anderswo in Nordrhein-Westfalen selten sind, z.B. Ziegenmelker und Heidelerchen. Die Infrastruktur erleichtert Vogelbeobachtern den Zugang zu diesen Lebensräumen.

» Lebensräume

Der größte Teil des Gebietes besteht aus einem geschlossenen Wald, den weitgehend Kiefernforste einnehmen. Naturnäher sind die wenigen vorhandenen Reste des ursprünglichen Eichen-Birkenwaldes. In den trockenen, sandigen Gebietsteilen liegen aber auch bedeutende Heide- und Sandtrockenrasenflächen, z.B. in den Naturschutzgebieten Brachter Wald und Elmpter Schwalmbruch. Im Brachter Wald findet sich als Folge früherer militärischer Nutzung ein Mosaik aus (meist streifenförmigen und mit Heide bewachsenen) Offenlandflächen und Wald.

Es gibt aber auch wassergebundene Lebensräume. Niedermoore liegen vor allem in den Bachauen von Schwalm und Nette. Im Nettetal entstanden infolge von Torfabbau die Krickenbecker Seen, die heute eine große Bedeutung für Wasservögel haben. In ihrer Umgebung wurden in den letzten Jahren weitere Gewässer angelegt. Diese kleineren Stillgewässer sind unabhängig vom stärker verschmutzten Nettewasser und sollen auf nährstoffarme Lebensräume angewiesenen Pflanzen- und Tierarten ein Überleben sichern. Die Planung und Umsetzung der Gewässeranlagen erfolgte durch die Biologische Station Krickenbecker Seen in Zusammenarbeit mit dem Kreis Viersen. In den Bachauen befinden sich Bruchwälder, Röhrichte und feuchte Wiesen. Im Südwesten des Gebietes liegen in der Nähe der Schwalm renaturierte Altarme und im Druckwasserbereich der geologischen Terrassenkante außerdem kleine Zwischenmoore mit Birkenbrüchen und Gagelbeständen.

» Besondere Vogelarten

Das Gebiet ist vor allem für seine große Zahl trockene Lebensräume besiedelnder Vögel bekannt, z.B. Ziegenmelker (etwa 50 Reviere) und Heidelerche (150 bis 200 Brutpaare). Hier ist eines von drei bedeutenden Brutgebieten dieser Arten in Nordrhein-Westfalen. Beide Arten brüten vor allem im NSG Brachter Wald und Umgebung, in geringerer Zahl aber auch in den NSG Elmpter Schwalmbruch sowie im hier nicht weiter beschriebenen NSG Lüsekamp und Boschbeek mit dem Meinweg-Bereich.

Aber auch Wasservögel und andere an feuchte Lebensräume gebundene Arten sind als Brutvögel vergleichsweise üppig vertreten, so z.B. Zwergtaucher, Wasserralle, Eisvogel und Blaukehlchen. Von letzterer Art brüteten um die Jahrtausendwende immerhin jährlich rund 50 Paare im Gebiet und damit etwa 50% des landesweiten Bestandes. Sie konzentrieren sich vor allem in den Moorrandbereichen des NSG Lüsekamp und Boschbeek sowie des NSG Elmpter Schwalmbruch. Dort leben auch die meisten Schwarzkehlchen und Wiesenpieper. Auf den Moorgewässern sind die meisten Zwergtaucher zu

Hause. Nachtigallen verschwanden in den letzten Jahren aus diesen beiden Gebieten, brüten heute jedoch selten weiter nördlich im Nettetal, auch außerhalb der Schutzgebiete.

Die Feuchtwälder an Schwalm und Nette werden seit einigen Jahren vom Mittelspecht besiedelt. Wespenbussarde dagegen, von denen rund ein Dutzend Paare im Gebiet brüten, bevorzugen die trockenen Kiefernforste entlang der Grenze.

Die Röhrichtzonen der Krickenbecker Seen sind bedeutende Brutplätze von Wasserralle und Teichrohrsänger. Aus der näheren Umgebung stammen auch die sporadischen Brutzeitbeobachtungen von Schwarzmilan und Bekassine. Im Winter konzentrieren sich die Wasservögel auf den Seeflächen. Dann sind Gänse- und Zwergsäger und mehrere Entenarten regelmäßig zu sehen. Rohrdommeln sind ebenfalls hier und außerdem im Elmpter Schwalmbruch regelmäßige Wintergäste. Schwieriger wird es, wenn man Limikolen beobachten möchte. Die sind nur auf dem Durchzug zu sehen und relativ selten, dann meist an den neu angelegten Gewässern direkt am Wanderweg im NSG Lüsekamp oder an freien Uferstellen der Krickenbecker Seen.

Raubwürger findet man am ehesten auf den offenen Flächen am Brachter Wald und im NSG Elmpter Schwalmbruch. Kornweihen jagen über den Äckern und Wiesen und fliegen zum Übernachten Röhrichtflächen an.

» Reisezeit

Das Gebiet ist ganzjährig – vielleicht abgesehen vom Spätsommer – ein gutes Ziel. Es ist aber je nach Gebietsteil unterschiedlich interessant. Im Winter sind die Krickenbecker Seen, sofern sie eisfrei sind, am lohnendsten. Dann halten sich hier vor allem Tafelenten, Zwerg- und Gänsesäger auf. Auch Rohrdommeln sind dann seltene Wintergäste. Raubwürger und Kornweihen sind die Gäste der offenen Landschaften. Im Frühling lohnen sich auch die weiter südlich gelegenen Naturschutzgebiete, vor allem ab April, wenn Blau- und Schwarzkehlchen sowie Heidelerchen singen und somit leicht zu beobachten sind. Dann hört man von den Gewässern auch die Balztriller der Zwergtaucher.

Schwarzkehlchen brüten in den Heideflächen der Naturschutzgebiete. Foto: M. Schäf.

Baumfalken kommen Ende April an. Eine Nachtexkursion mit dem Ziel Ziegenmelker wird erst ab Anfang Mai von Erfolg gekrönt sein. Zu dieser Zeit treffen auch die Wespenbussarde und Pirole in ihren Revieren ein. Im Frühsommer dienen die Seen mehreren Hundert Graugänsen als Mauserplatz. Im Spätsommer sind sie auch ein Rastplatz für durchziehende Trauerseeschwalben und von einzelnen Fischadlern. Von September bis Oktober rasten zahlreiche Löffelenten auf den Seen. Eisvögel sind ganzjährig entlang der Bäche und Seeufer zu sehen.

» Beobachtungsmöglichkeiten

Die Teilgebiete lassen sich über zahlreiche unterschiedlich lange Wege erschließen, von denen wir einige vorstellen.

Einen Besuch der Krickenbecker Seen startet man am einfachsten am Infozentrum der Biologischen Station im Ortsteil Hombergen (erreichbar über die B 509, L 373). Von hier aus gelangt man auf die farbig markierten und zwischen 3,7 und 10,2 km langen Rundwege, die u.a. um die Seen führen. Über den kurzen befestigten Fußweg auf dem Damm bis zum Schloss Krickenbeck kann man drei der vier Seen überblicken. Eine Beobachtungsplattform mit Blick auf den Hinsbecker Bruch erreicht man durch (!) das Infozentrum.

Durch das NSG Brachter Wald führen vier markierte Rundwege, von denen man einen Einblick in die typischen Lebensräume wie Heideflächen, Sandtrockenrasen, trockene Wälder bekommt. Das Zentrum des NSG erreicht man beispielsweise über die Ortschaft Brüggen-Genholt, St. Barbara-Str. (Parkplatz vor dem Zaun des ehemaligen Munitionsdepots). Von hier aus gelangt man auf den Roten Rundweg (4,5 km, weitgehend befestigt) oder auf den Weißen Rundweg (beliebige Länge wählbar, befestigt). Eine Aussichtsplattform mit Blick über eine Tonkuhle erreicht man über beide Wege. Heidelerche, Schwarzkehlchen und Ziegenmelker kann man zur geeigneten Tages- und Jahreszeit ziemlich sicher sehen, außerdem die zahlreichen Damhirsche und Zauneidechsen, mit Glück auch Schlingnattern.

Auch den Elmpter Schwalmbruch kann man über drei farbig markierte Rundwege erschließen. Am ein-

Typische Vogelarten, deren Status und günstige Beobachtungszeit (in Klammern)

h = häufiger, r = regelmäßiger, s = seltener
B = Brutvogel, W = Wintergast, D = Durchzügler

Schwerpunktgebiete (wenn relevant):
* = Krickenbecker Seen;
** = Elmpter Schwalmbruch und Lüsekamp;
*** = Brachter Wald

Art	Status (beste Beobachtungszeit)
Bekassine *	sB (März – Sept.)
Blaukehlchen **	hB (April – Aug.)
Eisvogel	hB (ganzjährig)
Fischadler *	sD (Aug. – Sept.)
Graugans *	rB (ganzjährig)
Grünschenkel	sD (April – Mai, Aug.)
Gänsesäger *	hW (Nov. – März)
Heidelerche ***	hB (März – Sept.)
Hohltaube	hB (März – Okt.)
Knäkente *	sD (März, April)
Kornweihe	sW (Nov. – März)
Krickente	rB (ganzjährig)
Löffelente *	hD (Sept. – Okt.)
Nachtigall	rB (April – Juli)
Pirol **	rB (Mai – Aug.)
Raubwürger ***	rW (Nov. – März)
Rohrdommel	sW (Okt. – März)
Schwarzkehlchen **	hB (April – Sept.)
Schwarzmilan *	sB (April – Juli)
Schwarzspecht ***	hB (ganzjährig)
Spießente *	sD (März – April)
Tafelente *	hW (Okt. – März)
Teichrohrsänger *	hB (April – Aug.)
Trauerseeschwalbe *	sD (Mai, Aug – Sept.)
Uferschwalbe	hB (April – Sept.)
Wasserralle *	rB (März – Aug.)
Wespenbussard ***	rB (Mai – Aug.)
Wiesenpieper **	hB (März – Okt.)
Ziegenmelker ***	rB (Mai – Juli)
Zwergsäger *	rW (Nov. – März)
Zwergtaucher **	rB (März – Okt.)

GPS		
Hombergen (Ortsmitte)	51°20'34.52" N	6°15'44.46" O
Brüggen (Ortsmitte)	51°14'18.59" N	6°11'01.53" O
Brüggen-Genholt (Ortsmitte)	51°15'21.86" N	6°11'02.23" O

Anfahrt

Mit Bahn und Bus:
Mit der Bahn kann man über Viersen bis Kaldenkirchen fahren. Von dort aus sind es nur etwa 4 km bis zu den Krickenbecker Seen (nach Norden; Busverbindung bis Hinsbeck). Die südlicheren Gebietsteile erreicht man vom Bahnhof Viersen-Boisheim aus; sie sind aber schwierig mit öffentlichen Verkehrsmitteln zu erreichen!

Mit dem Auto:
.... ist das Gebiet von Süden oder Osten kommend über die Autobahnen A 52 (Brachter Wald, Elmpter Schwalmbruch) und A 61, Abfahrt Kaldenkirchen (Krickenbecker Seen) aus Richtung Mönchengladbach zu erreichen.

Von Nordosten anreisend wählt man die A 40 (Abfahrt Straelen) und/oder die Bundesstraße 221, dann auf die B 509 bis Nettetal/Hinsbeck. Der Beschilderung „Krickenbecker Seen" folgen. Über die B 221 gelangt man zu den südlicheren Gebietsteilen.

Die beschriebenen Gebietsteile liegen einige Kilometer auseinander. Von den nördlicher gelegenen Krickenbecker Seen bis zum NSG Lüsekamp und Boschbeek sind es rund 20 Kilometer Luftlinie.

Mit dem Fahrrad:
Die Gebietsteile sind gut per Rad zu erschließen. Es ist empfehlenswert, Karten (zum Teil in den Faltblättern enthalten) zu den Rundwegen der Gebiete im Infozentrum zu besorgen.

Adressen

Infozentrum der Biologischen Station Krickenbecker Seen, Krickenbecker Allee 36, 41334 Nettetal, www.bsks.de; E-Mail: info@bsks.de. Das Infozentrum ist mittwochs bis sonntags von 11-18 Uhr geöffnet, Eintritt frei.

Kreis Viersen, Amt für Bauen, Landschaft u. Planung, Rathausmarkt 3, 41747 Viersen, www.kreis-viersen.de, E-Mail: post@kreis-viersen.de

NABU-Naturschutzhof Nettetal, Sassenfeld 200, 41334 Nettetal, Tel.: 02153/89374, E-Mail: naturschutzhof@nabu-krefeld-viersen.de, www.nabu-krefeld-viersen.de

NABU-Naturschutzstation Haus Wildenrath, Naturparkweg 2, 41844 Wegberg, Tel.: 02432/ 902740, E-Mail: info@nabu-naturpunkt.de, www.nabu-wildenrath.de

Naturpark Schwalm-Nette, Willy-Brandt-Ring 15, 41747 Viersen, Tel.: 02162/81709-408, www.naturparkschwalm-nette.de; E-Mail: info@naturparkschwalm-nette.de

Bezoekerscentrum Nationalpark „De Meinweg", Meinweg 2, NL-6075 NA Herkenbosch, Tel.: 0(031)-475-528500, Eintritt frei, Öffnungszeiten: Di.–So., 10-17 Uhr.

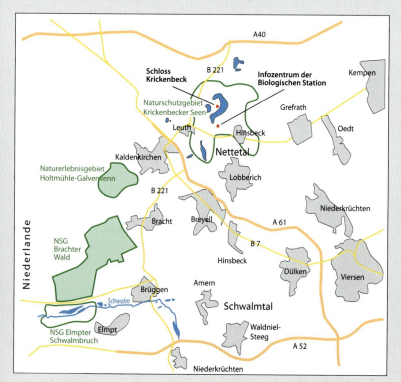

fachsten startet man an dem letzten Parkplatz südlich der Verbindungsstraße von Brüggen nach Swalmen/NL. Dort beginnen unterschiedlich lange Wanderwege durch das „Naturerlebnisgebiet". Die Ausschilderung anderer Zugänge (z.B. über Elmpt) ist schlecht oder fehlt.

Informationen über das Gebiet erhält man am Infozentrum der Biologischen Station Krickenbecker Seen (Adresse s.u.). Die Ausstellung zur Entstehung der Landschaft ist sehenswert. In einem gut sortierten Shop kann man Faltblätter, Kartenmaterial und Bücher erwerben.

» Weitere Beobachtungs- und Freizeitmöglichkeiten

Vom Bezoekerszentrum Nationalpark „De Meinweg" in Roerdalen-Herkenbosch lassen sich wunderbare Wanderungen durch die Heide- und Waldlandschaften des Nationalparks Meinweg unternehmen. Die Landschaft des niederländischen Nationalparks grenzt nahtlos an das Naturschutzgebiet Lüsekamp und Boschbeek auf deutscher Seite an.

Der Naturschutzbund (NABU) unterhält den Naturschutzhof Nettetal mit einem großen Außengelände, auf dem naturnahe Landnutzung und Gartengestaltung am Beispiel von Teichen, einer Obstwiese sowie Lehräckern mit alten Getreidesorten gezeigt werden (rollstuhltauglich). Der Naturschutzhof ist ganzjährig geöffnet. Führungen werden angeboten.

Das ebenfalls vom NABU geführte Haus Wildenrath liegt nicht weit südlich in Wegberg und zeigt vor allem alte Haustierrassen. Von hier werden auch Führungen in die Umgebung angeboten.

Infomaterial/Literatur

Pleines, S. & A Reichmann (2005): Das EU-Vogelschutzgebiet Schwalm-Nette-Platte mit Grenzwald und Meinweg. Charadrius 40: 177-187.

Verbücheln, G. & K. van de Weyer (2004): Faszination Niederrhein. Mit allen Sinnen Natur erleben. 2. Auflage, Mercator-Verlag, Duisburg. Hervorragender Reiseführer zu 20 Naturreisezielen am Niederrhein.

Wink, M., C. Dietzen & B. Giebing (2005): Die Vögel des Rheinlandes (Nordrhein). Atlas zur Brut- und Winterverbreitung 1990-2000. Beitr. Avifauna Nordrhein-Westfalen, Bd. 36.

Der Kreis Viersen (Adresse s. o.) hat eine Faltblattreihe zu den Gebieten Brachter Wald und Holtmühle-Galgenvenn herausgegeben, die neben guten Gebietsinfos auch (teilweise nicht mehr ganz aktuelle) Karten mit Rundwegen enthält (im Infozentrum erhältlich).

Die Vogelsbergteiche in Hessen

Wat- und Wasservögel am Rande des Vulkans

Zwischen Frankfurt und Fulda liegen die erloschenen Vulkane des Vogelsberges. Sie sind das größte zusammenhängende Basaltmassiv Europas und heute überwiegend bewaldet. Da hier natürliche Stillgewässer fehlen, wurden bereits während des Mittelalters in Lössmulden flache Stauteiche zur Fischzucht angelegt. Die Teiche liegen durchschnittlich auf einer Höhe von 450 m ü. NN am südöstlichen Rand des Vogelsbergplateaus. Sie wurden über lange Zeiträume vergleichsweise extensiv genutzt, sodass sich eine seltene Teichbodenvegetation ausbilden konnte und die Gewässer eine überragende Bedeutung für Brut- und Rastvögel erlangten: Obwohl die Teiche relativ klein sind, haben sie besondere Bedeutung als Rastplatz für ziehende Wasservögel, da in der weiteren Umgebung vergleichbare Feuchtgebiete fehlen. Zum Schutz der über die Jahrhunderte entstandenen Kulturbiotope wurden Mitte der 1970er Jahre, als die traditionelle Karpfenwirtschaft nicht mehr kostendeckend betrieben werden konnte, drei der sechs größeren Teiche, der Ober-Mooser Teich (31 ha), der Reichloser Teich (11 ha) und der Rothenbachteich (11,2 ha), als Naturschutzgebiet ausgewiesen und so vor Wassersportnutzung geschützt. Die drei Teiche liegen nur wenige Kilometer auseinander. Trotz der Unterschutzstellung wurden Ober-Mooser und Reichloser Teich, die sich bisher in privater Hand befanden, zunehmend intensiv fischereiwirtschaftlich genutzt, mit negativen Auswirkungen auf die Vogelfauna. Ende 2003 wurden die beiden Teiche vom Naturschutzbund (NABU) Hessen erworben. Sie werden seither im Rahmen eines umfangreichen Managementprojektes mit heimischen Fischarten extensiv bewirtschaftet. Die Gewässer sind Teil des EU-Vogelschutzgebietes „Vogelsberg" (52 000 ha) und als FFH-Gebiet gemeldet.

» Lebensräume

Durch die lange extensive Bewirtschaftung mit regelmäßigem Ablassen der Teiche konnte sich eine in Mitteleuropa seltene Teichbodenvegetation (Nanocyperion) ausbilden, die sich bei abgesunkenem Wasserstand auf dem entblößten Uferschlamm einstellt. Uferwärts folgen in der Regel ausgedehnte Schachtelhalmbestände, Röhrichtgürtel und Seggenwiesen. Im tieferen Wasser findet sich eine artenreiche Wasserpflanzengesellschaft. Alle drei Teiche zeichnen sich durch seltene Pflanzenarten aus. Die weitere Umgebung der Gewässer wird durch Land- und Forstwirtschaft bestimmt, große Flächen sind mit Fichten bepflanzt.

Der 31 ha große und nur 1 bis 1,5 m tiefe Ober-Mooser Teich, der sich aus mehreren kleinen Teichen zusammensetzt, grenzt direkt an die Ortschaft Ober-Moos. Er wird von Grünland und einem Fichtenforst begrenzt und bildet mit angrenzenden Wiesen, Weiden und Waldflächen ein 56,5 ha großes Naturschutzgebiet.

Der Reichloser Teich, der im Jahr 1717 angelegt wurde, weist im Nordwesten einen breiten Röhrichtgürtel auf und wird im Süden von Forst begrenzt. Da der Teichdamm relativ nährstoffarmes Wasser bis zu einer Höhe von 4 m aufstaut, ist die Sommertemperatur des Wassers recht niedrig.

Als einziger der Vogelsbergteiche ist der Rothenbachteich komplett

Schwarzstörche sind an den Vogelsbergteichen regelmäßige Nahrungsgäste. Im Bild ein Vogel im 2. Kalenderjahr. Foto: H.-J. Fünfstück.

von Wald umgeben. Da er niemals in Privatbesitz war, fand hier keine auf Ertrag ausgerichtete fischereiliche Nutzung statt.

Alle drei Teiche werden durch den NABU weiterhin extensiv bewirtschaftet und im dreijährigen Rhythmus abgelassen und abgefischt. In den „Hälterteichen" werden die auf diese Weise abgefischten Fische sortiert. Ein Teil von ihnen setzt man wieder zurück in die Teiche. Bei dieser Bewirtschaftung sind ausschließlich einheimische Arten im Spiel. Im Ober-Mooser Teich läuft zudem ein Ansiedlungsprojekt des seltenen Schlammpeitzgers. Die extensive Bewirtschaftung ist für die Erhaltung des seltenen Ökosystems wichtig. Auch Brutvögel wie der Schwarzhalstaucher profitieren sehr vom Abfischen der größeren Fische.

» Besondere Vogelarten

Ihre größte Bedeutung haben die vergleichsweise kleinen Vogelsbergteiche als nahrungsreiche „Trittsteine" für verschiedene Vogelarten vor allem auf dem Zug. Hier wurden schon fast alle in Mitteleuropa zu erwartenden Enten- und Watvogelarten beobachtet. Allein auf dem Ober-Mooser Teich kann man im Herbst Entenansammlungen von bis zu 1200 Vögeln antreffen, darunter regelmäßig Krick-, Knäk-, Pfeif-, Schnatter-, Spieß-, Löffel-, Reiher- und Tafelenten. Gänse- und seltene Zwergsäger sind ebenfalls regelmäßige Gäste. Im Herbst suchen seit einigen Jahren zunehmend Silberreiher das Gebiet auf. Sie sind auch im Winter anwesend, solange die Teiche nicht zugefroren sind. Auch Merline kommen im Winter in das Gebiet, in dem man sie mit etwas Glück bei der Vogeljagd beobachten kann. Für den Fischadler sind die Teiche ein wichtiger Rastplatz in Hessen. Besonders im Herbst können hier regelmäßig mehrere

Typische Vogelarten, deren Status und günstige Beobachtungszeit (in Klammern) an den Vogelsbergteichen.
h = häufiger, r = regelmäßiger, s = seltener
B = Brutvogel, J = Jahresvogel (kein Brutvogel), W= Wintergast, D = Durchzügler, N = Nahrungsgast

Art	Status (beste Beobachtungszeit)	Art	Status (beste Beobachtungszeit)
Alpenstrandläufer	rD (März – Mai, Aug. – Sept.)	Krickente	sB, rW (ganzjährig)
Baumfalke	rN (Mai – Sept.)	Löffelente	sB, rD (März – Okt.)
Bekassine	rD (März – Sept.)	Merlin	sW (Okt. – April)
Bruchwasserläufer	rD (Mai, Juli/Aug.)	Neuntöter	sB (Mai – Aug.)
Fischadler	rD (März/April, Aug/Sept.)	Pirol	sB (Mai – Aug.)
Flussregenpfeifer	rD (April – Aug.)	Raubwürger	sW (Okt. – März)
Flussuferläufer	rD (Mai – Aug.)	Rohrweihe	sB (April – Sept.)
Grünschenkel	rD (April – Mai)	Schnatterente	rD (März – Juli)
Haubentaucher	rB (März – Nov.)	Schwarzhalstaucher	rB (April – Sept.)
Kampfläufer	sD (März – Sept.)	Schwarzstorch	rN, rD (April – Aug.)
Kiebitz	rD (ganzjährig)	Silberreiher	rD (Aug. – Dez.)
Knäkente	sD (März – Aug.)	Teichrohrsänger	rB (Mai – Aug.)
Kolkrabe	rJ (ganzjährig)	Tüpfelsumpfhuhn	sB (April – Juni)
Kormoran	rJ (ganzjährig)	Waldwasserläufer	rD (März – Sept.)
Kornweihe	sW (Okt. – März)	Zwergtaucher	rB (April – Okt.)

Individuen bei der Jagd beobachtet werden. Bei niedrigen Wasserständen nutzen Limikolen die trockenfallenden Uferbereiche der Teiche als Nahrungsquelle, wobei allerdings keine hohen Individuenzahlen erreicht werden. Langbeinige Limikolen wie Rotschenkel, Uferschnepfe und Großer Brachvogel überwiegen. Für die Trauerseeschwalbe ist das Teichgebiet ebenfalls einer der wichtigsten hessischen Rastplätze: Trupps mit mehr als 30 Individuen wurden hier beobachtet.

Mehr als 100 Brutvogelarten leben an und in Nähe der Teiche. Hauben- und Zwergtaucher ziehen hier regelmäßig ihre Jungen groß, ebenso Schwarzhalstaucher mit zwei bis drei Brutpaaren am Ober-Mooser Teich, einer der wenigen Brutplätze der Art in Hessen. Der Schwarzhalstaucher ist auf eine extensive Bewirtschaftung der Teiche angewiesen. Durch die Pflegemaßnahmen könnte – das ist zumindest die Hoffnung der örtlichen Naturschützer – die Kolonie in den kommenden Jahren noch wachsen. Von den Entenvögeln brüten mehrere Paare Krickenten, meist im

Fischreiche Bäche wie hier am Rothenbachteich sind wichtige Nahrungsressourcen für Schwarzstörche. Foto: T. Brandt.

GPS

Reichlos (Ortsmitte)	50°27'37.22" N	9°25'37.84" O
Bermuthshain (Ortsmitte)	50°28'25.63" N	9°18'52.23" O
Ober-Moos (Ortsmitte)	50°27'25.03" N	9°22'02.08" O
Parkplatz Teichhaus Obermoser Teich	50°27'28" N	9°21'43" O
Wanderparkplatz Rothenbachteich	50°28'03" N	9°20'16" O

Anfahrt:

Mit Bus und Bahn:
Das Teichgebiet ist leider mit öffentlichen Verkehrsmitteln nur sehr schlecht zu erreichen. Von Fulda oder Gießen mit dem RE nach Lauterbach, weiter mit dem Bus nach Grebenhain, von dort mit dem Bus nach Freiensteinau-Ober-Moos Kirche, dann ist es nur noch ein kurzer Fußweg zum Ober-Mooser-Teich. Auf der Strecke fahren teilweise Anruf-Sammeltaxis. Nähere Infos zur Anfahrt: Verkehrsgesellschaft Oberhessen: www.vgo.de, hier werden sogar Karten angezeigt. Gute Verbindungen dauern von Fulda oder von Gießen ca. drei Stunden.

Mit dem Auto:
Über die A66/B40 Frankfurt/Fulda bis Abfahrt 47 Steinau oder Fliedern. Weiter in Richtung Freiensteinau und Ober-Moos. Zwischen Ober-Moos und Nieder-Moos direkt an der Landstraße findet sich ein Parkplatz nahe des kleinen Teichhauses (Ober-Mooser Teich). Von Ober-Moos nach Reichlos, ca. 200 m vor dem Ortsschild die erste Straße rechts runter. Am Ende der Ortschaft parken, zu Fuß ca. 10 min bis zum Teich (Reichloser Teich). Der Rothenbachteich findet sich direkt an der Landstraße zwischen Ober-Moos und Bermuthshain, Parkplatz auf der rechten Seite. Von hier sind es nur wenige Meter bis zum Gewässer.

Adressen:

Informationen zum NABU-Projekt finden sich im Internet:
www.hessisches-naturerbe.de

Ansprechpartner: Schutzgebietsbetreuer Manfred Jäger, Freiensteinau, Tel.: 06644/7978 (Vermitttlung von Führungen zu den Teichen), Berthold Langenhorst, NABU LV Hessen, Tel.: 06441/67904-17
E-Mail: berthold.langenhorst@nabu-hessen.de

Naturschutz-Infozentrum
(direkt am Parkplatz auf dem Hoherodskopf)
Tel.: 06044/9669330, www.naturerlebnis-vogelsberg.de

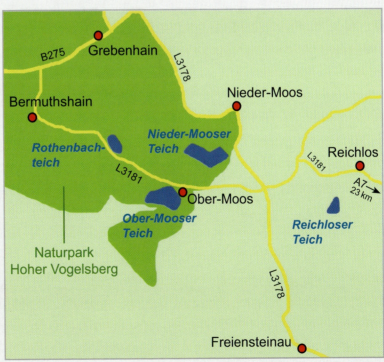

flachen Einlauf der Teiche. Die Tafelente ist mit bis zu 30 Brutpaaren vertreten, auch Reiherenten brüten. Als Folge der maßvollen Beweidung auf den Feuchtwiesen des Ober-Mooser Teiches riefen hier 2004 drei Tüpfelsumpfhühner. Im Röhricht brüten Teichrohrsänger und gelegentlich Rohrweihen. Für Graureiher aus der Kolonie im nahen Naturschutzgebiet „Wäldchen am Oppenrod" und Kormorane stellen die Teiche ein wichtiges Nahrungsgebiet dar. Die in den Waldgebieten des Naturparks „Hoher Vogelsberg" brütenden Schwarzstörche (2006 mehrere Paare) nutzen die Teiche ebenfalls als Nahrungsgewässer.

» Reisezeit

Ein Besuch lohnt sich besonders zur Zugzeit von August bis November sowie während der Zeit des Frühjahrszuges. Zwischen Dezember und Februar frieren die Teiche häufig zu, sodass keine Wasservögel da sind. Man kann neben den häufiger überwinternden Singvögeln wie Rot- und Wacholderdrossel dann mit Glück überwinternde Raubwürger sehen.

Im Sommer bieten insbesondere der Ober-Mooser und der Rothenbachteich gute Beobachtungsmöglichkeiten für Brutvögel. Die Schwarzhalstaucher treffen im April ein. Von Mai bis September jagen oft Baumfalken an den Teichen, dann sind auch Teichrohrsänger im Schilf und die Neuntöter in den Randbereichen des Ober-Mooser Teichs anwesend. Bei der Reiseplanung ist zu berücksichtigen, dass das Vogelsbergplateau relativ hoch liegt, und daher hier häufig die Temperaturen deutlich niedriger sind als in tieferen Lagen.

» Beobachtungsmöglichkeiten

Alle drei Teiche haben eine überschaubare Größe und lassen sich gut mit dem Fernglas oder Spektiv absuchen, sodass das Verhalten der Wasservögel schön zu beobachten ist. Der Ober-Mooser Teich lässt sich auf Wegen und einer kleinen Straße bequem umrunden (eine Stunde), vom Rundweg aus kann man die Wasserfläche zumeist gut überblicken. Das denkmalgeschützte kleine Teichhaus am Ober-Mooser Teich dient im Sommerhalbjahr an ausgewählten Wochenend- und Feiertagen als Informationsstelle (Termine auf der NABU-Homepage, s. u.). NABU-Aktive aus der Region sind dann als Ansprechpartner anwesend. Im Herbst 2010 wurde am Südufer des Ober-Mooser Teichs eine Vogelbeobachtungshütte errichtet. Am Rothenbachteich hat man den besten Überblick vom „Mönch", der direkt an einer für Fahrzeuge gesperrten Foststraße liegt. Von hier kann man Reiher und manchmal sogar Schwarzstörche am gegenüberliegenden Ufer gut beobachten. Der Reichloser Teich lässt sich von Wegen entlang der Nordost- und Westseite gut überblicken. Ein Verlassen der Wege ist an allen Teichen unnötig und störend.

» Weitere Beobachtungs- und Freizeitmöglichkeiten

- Der nahegelegene Klesberger Weiher (1,45 ha) bei Steinau, der ebenfalls vom NABU gepflegt wird, lohnt sich auch zur Vogelbeobachtung.
- Das Touristenziel im Naturpark „Hoher Vogelsberg" ist der 763 m hohe Hoherodskopf. Neben zahlreichen Ausflugslokalen findet sich hier ein Naturschutz-Infozentrum, das mit einer schönen Ausstellung über Tiere und Lebensräume des Naturparks informiert. Auf dem Hoherodskopf startet auch der 2,5 bis 3-stündige Höhen-Rundweg „H", auf dem sich mit Buchenwald, Hochmoor, Forellenteichen und Heidelandschaft eine vielseitige Landschaft sowie eine gute Aussicht bietet. Im Naturpark brüten Schwarzstorch, Kolkrabe, Tannenhäher und weitere Waldvögel.
- Im Vogelsberggarten (6 ha) auf dem Schlossberg Ullrichstein wird das alte Kulturland rund um die Burgruine wieder nach alten Wirtschaftsverfahren gepflegt und bewirtschaftet. Parkplatz am Museum im Vorwerk, der Eintritt in den Garten ist frei. Infos: http://www.vogelsberggarten.de
- In Schotten findet sich ein Vogelpark: www.vogelpark-schotten.de

Infomaterial/Literatur

Bibelriether, H. (1997): Naturland Deutschland. Kosmos-Verlag, Stuttgart.

Der Rothenbachteich ist als einziger Teich komplett von Wald umgeben.
Foto: T. Brandt.

Das Biosphärenreservat Mittelelbe in Sachsen-Anhalt

Etwa 40 Kilometer südöstlich von Magdeburg erstreckt sich im Elbtal von Barby bis Lutherstadt Wittenberg einer der weitläufigsten Hartholzauenwälder Mitteleuropas. Die Elbe und die Mulde mit ihren Nebenarmen, Altwassern, Flutrinnen und großflächigen Auwäldern bestimmen hier das Landschaftsbild. Zwischen der Saalemündung und Dessau erstreckt sich beidseitig der Elbe das Naturschutzgebiet Steckby-Lödderitzer Forst, ein Auwald, dessen ursprünglicher Charakter stellenweise bis heute erhalten blieb. Oberhalb von Dessau säumen ebenfalls Weich- und Hartholzwälder sowie Wiesen den Strom. Trotz schwerer Eingriffe, z. B. der Elbeindeichung, sind für viele, teilweise seltene Vogelarten wichtige Lebensräume übrig geblieben, die die Mittelelbe zu einem interessanten Ausflugsziel für Vogelbeobachter machen.

Das hier vorgestellte Gebiet umfasst den südlichen Teil des heutigen sachsen-anhaltinischen Biosphärenreservats Mittelelbe (als Teil des länderübergreifenden Biosphärenreservats Flusslandschaft Elbe), das bereits 1979 – in der damals kleineren Gebietsfläche von 3850 ha – die Anerkennung der UNESCO und 1991 das Prädikat Europareservat erhielt.

» Lebensräume

Im Mittelpunkt des Gebietes steht die Elbe mit ihren Nebenflüssen und den zahlreichen Altarmen und Altwassern (vom Fluss abgeschnittene Altarme). Am Fluss und den anderen Gewässern wachsen Röhrichte und von Weidenbüschen dominierte Weichholzauen. Daran schließen sich artenreiche und große Hartholzauen mit einem großen Anteil von Stieleichen und Eschen an.

Flussuferläufer sind von Mai bis September an den Ufern der Elbe regelmäßig zu sehen. Im Bild ein Vogel im oberseits gebänderten Jugendkleid. Foto: P. Meister.

Landwirtschaftliche Nutzflächen sind vor allem Wiesen, die unterschiedlich intensiv genutzt werden.

» Besondere Vogelarten

Wasser- und Watvögel sind im Gebiet auf oder an Wasserflächen verbreitet und vor allem auf dem Zug und im Winter häufig. Aber auch Waldvögel finden in den großen Auwäldern Lebensräume. Ziegenmelker und Heidelerchen besiedeln die lichten, trockenen Wälder, Sperbergrasmücken die Waldränder. Fisch- und Seeadler, Rohrdommel, Schwarzstorch und Grauspecht sind sehr seltene Brutvögel oder brüten nur sporadisch. Häufiger sind Schwarz- und Grünspecht sowie Mittelspechte – letztere vor allem in den Eichenwäldern der Hartholzaue. Schwarz- und Rotmilane brüten in vergleichsweise großer Zahl (jeweils meist mehr als 20 Paare)

Rohrweihen, im Bild ein Männchen, sind im Biosphärenreservat Mittelelbe häufige Brutvögel.
Foto: H. Glader.

Typische Vogelarten, deren Status und günstige Beobachtungszeit (in Klammern) an der Mittelelbe bei Dessau.
h = häufiger, r = regelmäßiger, s = seltener, B = Brutvogel, W = Wintergast, D = Durchzügler

Art	Status (beste Beobachtungszeit)	Art	Status (beste Beobachtungszeit)
Alpenstrandläufer	rD (März – Mai, Aug. – Sept.)	Ortolan	rB (Mai – Aug.)
Baumfalke	sB (Mai – Sept.)	Pirol	hB (Mai – Aug.)
Bekassine	rD (März, April, Juli – Sept.)	Reiherente	hD (ganzjährig)
Blässgans	hW (Okt. – April)	Rohrdommel	sB (März – Sept.)
Bruchwasserläufer	rD (Mai, Juli – Sept.)	Rohrschwirl	sB (April – Aug.)
Eisvogel	rB (ganzjährig)	Rohrweihe	hB (April – Sept.)
Feldschwirl	rB (April – Aug.)	Rothalstaucher	sB (April – Aug.)
Fischadler	sB (April – Sept.)	Rotmilan	hB (März – Okt.)
Flussregenpfeifer	rB, rD (April – Sept.)	Saatgans	hW (Okt. – April)
Flussseeschwalbe	sD (April, Juli – Sept.)	Schellente	hW (Okt. – April)
Flussuferläufer	sB, rD (Mai – Sept.)	Schlagschwirl	sB (Mai – Juli)
Goldregenpfeifer	rD (März – April, Sept. – Okt.)	Schnatterente	rD (ganzjährig)
Graugans	hB (ganzjährig)	Schwarzmilan	hB (April – Aug.)
Großer Brachvogel	rD (März – Sept)	Schwarzspecht	hB (ganzjährig)
Grünspecht	rB (ganzjährig)	Schwarzstorch	sB, rD (April – Aug.)
Gänsesäger	hW (Nov. – März)	Seeadler	sB, rW (ganzjährig)
Haubentaucher	hB (ganzjährig)	Singschwan	hW (Okt. – März)
Heidelerche	rB (April – Sept.)	Sperbergrasmücke	rB (Mai – Aug.)
Kampfläufer	rD (März – Mai, Juli – Aug.)	Tafelente	rB, hW (ganzjährig)
Kiebitz	rB, hD (ganzjährig)	Trauerseeschwalbe	sD (Mai, Juli – Aug.)
Knäkente	rD (März – Aug.)	Tüpfelsumpfhuhn	sB (April – Aug.)
Kolkrabe	rB (ganzjährig)	Wachtelkönig	sB (Mai – Aug.)
Kornweihe	rW (Nov. – März)	Weißstorch	sB, rD (April – Aug.)
Kranich	sB (März – Okt.)	Wespenbussard	rB (Mai – Aug.)
Mittelspecht	hB (ganzjährig)	Ziegenmelker	sB (Mai – Aug.)
Nebelkrähe	hB (ganzjährig)	Zwergschwan	sW (Okt. – März)
Neuntöter	hB (Mai – Aug.)	Zwergsäger	rW (Nov. – März)

vor allem in den Wäldern, suchen aber im Offenland oder über den Gewässern nach Nahrung.

In den Röhrichten singen Rohrschwirle und Teichrohrsänger. Auch Haubentaucher brüten dort. Tüpfelsumpfhühner (bis zu 15 Reviere) brüten in jährlich schwankenden Beständen in den Verlandungszonen der Altwässer. Wachtelkönige, die nicht jährlich im Gebiet brüten, können aber mit bis zu 30 Rufern manchmal relativ häufig sein.

Wiesen und Äcker sind Rastplätze der Goldregenpfeifer, während Flussuferläufer meist entlang der sandigen und kiesigen Elbuferbereiche nach Nahrung suchen. Andere Watvögel wie Bruchwasserläufer und Kampfläufer suchen hauptsächlich überschwemmte Wiesen oder freifallende Schlammflächen auf.

Seltene Durchzügler an der Elbe und an deren Altwassern sind Trauer- und Flussseeschwalben. Im Winter kann man unter den zahlreichen Entenvögeln Schellenten, Zwerg- und Gänsesäger beim Tauchen beobachten.

» Reisezeit

Das Gebiet bietet ganzjährig interessante Beobachtungsmöglichkeiten. Im Winter sind auf der Elbe und ihren Seitengewässern viele Wasservögel zu sehen. Zu dieser Zeit rasten auch Hunderte von Singschwänen, Tausende Bläss- und Saatgänse auf den umliegenden Wiesen und Äckern. Im Spätwinter und im zeitigen Frühjahr kann man die Spechte, z.B. Grün-, Klein-, Mittel- und Schwarzspechte, in den Auwäldern am besten finden. Schwarzmilane und Schwarzstörche erreichen das Gebiet Ende März, Rohrschwirle und Rohrsänger erst Ende April. Schließlich kommen Pirole, Neuntöter, Sperbergrasmücken und als Letzte Schlagschwirle im Mai aus den Winterquartieren.

» Beobachtungsmöglichkeiten

Es gibt zahlreiche Wanderwege, auf denen man das Gebiet erkunden kann. Besonders empfehlenswert sind die „Auenpfade" (siehe Karte). Sie sind zwischen einem und 25 Kilometern lang. Auf ihnen kann man repräsentative Ausschnitte der Kul-

GPS

Oranienbaum (Ortsmitte)	51°47'51.76" N	12°24'23.41" O
Dessau (Ortsmitte)	51°50'19.41" N	12°14'42.57" O
Steutz (Ortsmitte)	51°52'40.08" N	12°04'32.69" O
Steckby (Ortsmitte)	51°53'37.44" N	12°01'44.52" O
Trebbichau (Ortsmitte)	51°48'52.36" N	12°00'22.82" O

Anfahrt

Mit Bahn und Bus:

Dessau, das zentral im hier beschriebenen Gebiet liegt, hat einen Bahnhof. Von hier aus kann man Busverbindungen nutzen.

Mit dem Auto:

Über die A 9 (Berlin – Leipzig), Abfahrt Dessau Ost Richtung Oranienbaum (zum Auenzentrum) oder über die A14 (Magdeburg – Leipzig), Abfahrt Calbe in Richtung Aken.

Mit dem Fahrrad:

Das ebene Gebiet eignet sich hervorragend für Fahrradtouren, zumal einige Wege nicht mit PKW befahren werden dürfen.

Adressen

Informationszentrum Auenhaus im Biosphärenreservat Mittelelbe
Am Kapenschlösschen 3, 06785 Oranienbaum
Tel.: 034904/40610; E-Mail: bioresme@lvwa.sachsen-anhalt.de,
www.biosphaerenreservatmittelelbe.de

Öffnungszeiten: Mai – Oktober,
Mo – Fr: 10:00 – 17:00 Uhr; Sa, So, Feiertag: 11:00 – 17:00 Uhr

November – April
Mo – Fr: 10:00 – 16:00 Uhr; Sa, So, Feiertag: 13:00 – 16:00 Uhr
(nicht von Dezember – März)

Landesverwaltungsamt Sachsen-Anhalt
Biosphärenreservatsverwaltung, Kapenmühle
Postfach 1382, 06813 Dessau
Tel.: 034904/4210; Fax.: 034904/42121, E-Mail: bioresme@lvwa.sachsen-anhalt.de
Internet: www.mittelelbe.com, www.gartenreich.net

Besondere Beobachtungen bitte an folgende Adresse melden:
Staatliche Vogelschutzwarte Steckby
Zerbster Straße 7, 39264 Steckby

Während der Öffnungszeiten sind hier auch Informationen über die Vogelfauna erhältlich (zwischen 9:00 und 15:00 Uhr).

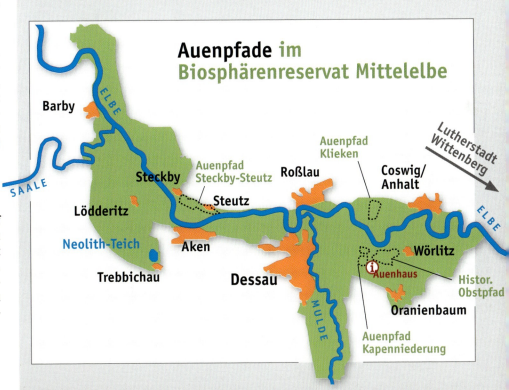

Vegetationsreiche Gräben durchziehen die Hartholzaue am Auenpfad Kapenniederung. Foto: T. Brandt.

tur- und Naturlandschaft des Biosphärenreservats kennenlernen. Jedoch sind nicht alle der Pfade für Vogelbeobachter ergiebig.

- Der Auenpfad „Klieken" (ca. 3,5 km) führt an Weich- und Hartholzauenwald vorbei und ermöglicht einen Blick über die Alte Elbe, ein saniertes Altwasser mit Schwimmblattpflanzen und Röhrichten. Von zwei Beobachtungstürmen aus kann man die in den Gehölzbeständen brütenden Schwarzmilane auf ihren Nahrungsflügen und Haubentaucher bei der Balz beobachten.
- Der Auenpfad „Steckby-Steutz" (ca. 3,5 km) führt entlang der Elbterrassen durch unterschiedliche Lebensräume, beispielsweise Auwald, Binnendünen und Halbtrockenrasen. Ähnliche Einblicke gewinnt man auf dem Auenpfad „Elbaue Aken" (ca. 5,5 km) auf der anderen Elbseite.
- Der „Obstpfad" (ca. 1,5 km) führt an über 70 Obstbaumsorten vorbei. Er soll ein Bewusstsein für dieses Kulturgut schaffen und dessen landschaftsästhetischen und ökologischen Wert vermitteln.
- Wasservögel kann man hervorragend von einem Aussichtspunkt am Neolith-Teich bei Trebbichau beobachten. Der Teich entstand durch Bodensenkungen infolge des früheren Braunkohleabbaus. Das Gebiet selbst ist nicht zugänglich.
- Zwischen Dessau und Oranienbaum liegt nördlich der Landesstraße 131 das schöne Informationszentrum des Biosphärenreservates, das Auenhaus. Im Freigelände findet sich u. a. ein Bauerngarten mit Picknickmöglichkeiten. Vom Infozentrum aus gelangt man über den Auenpfad „Kapenniederung" (ca. 2,3 km) zu einer 11 500 m² großen Biberfreianlage, in der man das Symboltier des Reservates, den Biber, in seinem Bau beobachten kann.

» Weitere Beobachtungs- und Freizeitmöglichkeiten

Ein Teil des Biosphärenreservats ist das in der zweiten Hälfte des 18. Jh. entstandene Gartenreich Dessau-Wörlitz. Das 142 km² große Gebiet mit seinen Parkanlagen, Alleen und historischen Gebäuden steht unter Denkmalschutz und ist im Jahr 2000 von der UNESCO als Weltkulturerbe anerkannt worden.

Für Vogelbeobachter interessant ist das Naumann-Museum in Köthen mit einer großen ornithologischen Sammlung (ca. 30 km westlich von Dessau).

Infomaterial/Literatur

Biosphärenreservatsverwaltung Flusslandschaft Mittlere Elbe (2005): Die Auenpfade – Informations- und Leitsystem. Sehr gutes und nützliches Faltblatt mit Karten für alle 12 Auenpfade zwischen Saalemündung und Wörlitz.

Landesamt für Umweltschutz Sachsen-Anhalt, Fachbereich Naturschutz, Hrsg. (2005): 25 Jahre Biosphärenreservat an der Mittleren Elbe. Naturschutz im Land Sachsen Anhalt 42, Sonderheft.

Schwarze, E. & H. Kolbe (2006): Die Vogelwelt der zentralen Mittelelbe-Region, Halle/Saale.

Weber, M., U. Mammen, G. Dornbusch & K. Gedeon (2003): Die Vogelarten nach Anhang I der Europäischen Vogelschutzrichtlinie im Land Sachsen-Anhalt. Naturschutz im Land Sachsen-Anhalt 40, Sonderheft.

Außerdem gibt es eine Vielzahl sehr guter Faltblätter zu den einzelnen Auenpfaden und über den Biber. Sie sind im Informationszentrum Auenhaus – einem günstigen Ausgangspunkt für eine Gebietserkundung – zu bekommen.

Wiesen und Auwälder säumen die Elbe bei Dessau. Foto: T. Brandt.

Die Goitzsche und der Muldestausee bei Bitterfeld-Wolfen in Sachsen-Anhalt
Vogelbeobachtung im ehemaligen Braunkohletagebau

Wo einst Bagger im Tagebau nach Braunkohle schürften, sind im Zuge von Renaturierungsmaßnahmen östlich des Ortsteils Bitterfeld neue Lebensräume für Tiere und Pflanzen entstanden. Im Gebiet, das ca. 30 km nördlich von Leipzig liegt, wurden mehrere größere Seen mit einer Gesamtwasserfläche von ca. 30 km² angelegt, die heute eine Vielzahl von Wasservogelarten anlocken. Von den Seen sind der Große Goitzschesee (sprich: Gottsche, 13,5 km²), Muldestausee (6,3 km²) und Seelhausener See (6,2 km²) die größeren. Ein paar kleinere (u.a. Auensee, Holzweißiger See, Ludwigsee, Paupitzscher See und Neuhäuser See) liegen südlich von Bitterfeld im Landschaftsschutzgebiet Goitzsche. Aber nicht nur offene Wasserflächen, sondern auch Röhricht bestandene Flachwasserbereiche, Feuchtgebiete, Sandtrockenrasen und Pionierwälder entstanden auf dem Gebiet des ehemaligen Tagebaus. Sie bilden heute ein Mosaik unterschiedlicher Lebensräume mit einer vielfältigen Fauna und Flora. Die nördlichen Teile des hier vorgestellten Gebietes liegen im Naturpark Dübener Heide und sind als Naturschutzgebiet ausgewiesen. Der südliche Bereich besteht aus dem Landschaftsschutzgebiet Goitzsche, das die rund 1000 Hektar große Goitzsche Wildnis einschließt. Sie wurde 2000 vom Bund für Umwelt und Naturschutz Deutschland (BUND) erworben und ist heute im Besitz der BUNDstiftung. Ziel ist hier eine natürliche Entwicklung der Landschaft ohne Nutzung.

» **Lebensräume**

Die heutige Landschaftsstruktur ist das Resultat einer intensiven Nutzung. Aus einem Auwaldgebiet südöstlich von Bitterfeld entstand durch den Abbau von Braunkohle ab 1949 der Tagebau Goitzsche. Der Name Goitzsche stammt aus der slawischen Besiedlungszeit und bezeichnete den früheren Auwald. Im Rahmen dieser Nutzung wurden 850 Millionen Kubikmeter Erde bewegt, sechs Dörfer dem Erdboden gleichgemacht, Straßen verlegt und der Fluss Mulde auf einer Länge von 9,2 km umgeleitet, um 315 Millionen Tonnen Braunkohle zu fördern. Viele Tiere und Pflanzen verloren ihren Lebensraum. Im Frühjahr 1991 wurde der Tagebau geschlossen und mit der Sanierung des insgesamt ca. 60 km² großen Gebietes begonnen. Bereits am 7. Mai 1999 wurde die Flutung der Goitzsche mit Wasser aus dem Unterlauf der Mulde über einen alten Muldearm gestartet. Sie war ursprünglich langfristig bis 2006 geplant. Das Muldehochwasser im August 2002 verkürzte diesen Plan jedoch rasant: Ein Damm brach

Brachpieper brüten in den offenen Bereichen am Rande der ehemaligen Tagebaue.
Foto: H.-J. Fünfstück.

Typische Vogelarten im Bereich der Bergbaufolgelandschaft Goitzsche, deren Status und günstige Beobachtungszeit (in Klammern)
h = häufiger, r = regelmäßiger, s = seltener, ? = Status unsicher; J = Jahresvogel, B = Brutvogel, W = Wintergast, D = Durchzügler
Schwerpunktgebiete (wenn relevant): * = Muldestausee, ** = Goitzschesee, *** = kleinere Seen bei Holzweißig und Petersroda

Art	Status (beste Beobachtungszeit)
Bekassine	rD (Aug./Sept.)
Blässgans	hW (Okt.–März)
Brachpieper***	sB (Ende April–Aug.)
Braunkehlchen***	sB (Ende April–Sept.)
Bruchwasserläufer	rD (Juli/Aug.)
Drosselrohrsänger***	rB (Ende April–Aug.)
Dunkler Wasserläufer	sD (April/Mai)
Eisvogel	sB, sW (ganzjährig)
Fischadler*,**	sB, rD (April–Sept.)
Flussregenpfeifer	rB, rD (April–Sept.)
Flussseeschwalbe	sB, rD (Ende April–Aug.)
Flussuferläufer	rD (Mai/Juni, Aug.)
Grauammer	rB, rW (ganzjährig)
Graugans	rB, hW (ganzjährig)
Grünschenkel	rD (Juli/Aug.)
Grünspecht	rB (ganzjährig)
Gänsesäger**	hW (Nov.–März)
Heidelerche	rB (Ende März–Sept.)
Kleinspecht	sB (ganzjährig)
Kranich	sB, rD (März–Nov.)
Krickente	sB, hD, hW (ganzjährig)
Mittelmeermöwe	rD (ganzjährig)
Neuntöter	hB (Mai–Aug.)
Pfeifente	rD, (Sept.–April)
Pirol	rB (Mai–Aug.)
Prachttaucher	sW (Nov.–März)
Raubwürger	sW (Nov.–März)
Rotmilan	rB (Ende Febr.–Nov.)
Saatgans	hW (Okt.–März)
Schellente	sB?, hW (Okt.–April)
Schwarzkehlchen***	sB (März–Okt.)
Schwarzmilan	rB (April–Aug.)
Schwarzspecht	rB (ganzjährig)
Seeadler	sB, sW (ganzjährig)
Silbermöwe	rD (ganzjährig)
Silberreiher	sD (unklar)
Steinschmätzer***	rB (April–Aug.)
Steppenmöwe	sD (unklar)
Turteltaube	rB (Mai–Aug.)
Waldwasserläufer	sB, rD (April, Juli/Aug.)
Wasserralle	sB (März–Aug.)
Wendehals	rB (April–Aug.)
Wespenbussard	sB (Mai–Aug.)
Wiesenpieper	hB (März–Okt.)
Wiesenschafstelze	hB (April–Sept.)
Zwergsäger***	rW (Nov.–März)

Sachsen-Anhalt. Seine Tiefe beträgt 35 m.

Ein wesentlicher Faktor für die hohe Artenvielfalt in dem ehemaligen Tagebaugebiet sind die unterschiedlich großen Wasserflächen. Neben den großen Seen, die das Gebiet prägen, liegen im Gebiet Gewässer unterschiedlicher Größe bis hin zu zahlreichen temporären Kleinstgewässern. Im Süden des Großen Goitzschesees findet sich ein großflächiges Flachwasser- und Feuchtgebiet mit weitläufigen Schilfgürteln. Durch den Bergbau entstanden zahlreiche Rohbodenflächen, die erst allmählich durch Sukzession und infolge von Rekultivierung wieder besiedelt werden. Die Goitzsche als Tagebaulandschaft ist durch eine sehr spezielle Vegetation gekennzeichnet. Neben Kiefern-, Robinien- und Pappelaufforstungen und Pionierwäldern mit Birke und Zitterpappel beherrschen von Landreitgras dominierte Grasfluren weite Teile der Kippenflächen. Stellenweise sind Sandtrockenrasen mit Silbergras und Sandstrohblumen zu sehen, die im Sommer prächtig blühen. An den Tagebaurestseen breiten sich Schilfgürtel aus.

Die so entstandene Landschaftsstruktur mit weitläufigen Offenlandgebieten und zahlreichen Wasserflächen dient vielen Vogelarten als Rast- und Brutgebiet.

» Besondere Vogelarten

Im Gebiet kann man sowohl eine Vielzahl von Wat- und Wasservögeln sehen, als auch die Bewohner unterschiedlicher Wald- und Offenlandtypen.

Eine besondere Attraktion des Gebietes ist das Fischadlerpaar, das nördlich des Muldestausees auf einem Leitungsmasten brütet. Über eine Kamera werden zur Brutzeit die Bilder vom Horst direkt auf einen Fernseher in das Informationszentrum „Haus am See" am Muldestausee übertragen (s.u.). Ein weiteres Paar siedelte sich 2008 südlich des Goitzschesees auf einem Kunsthorst an und brütete 2009 erstmals erfolgreich. Es lohnt sich außerdem bei Gittermasten auf Kolkrabennester zu achten. 2006 brüteten an der Goitzsche drei Paare in Masten.

Auf dem Muldestausee, vor allem im Mündungsbereich der Mulde, kann man zur Zugzeit verschiedene Limikolen z.B. Waldwasserläufer, Flussuferläufer, Grünschenkel, Dunkle Wasserläufer und Flussregenpfeifer sowie Seeschwalben sehen. In der Nähe des Muldestausees und in den Feuchtgebieten der südlichen Goitzsche brüten Kraniche.

Auf der Bärenhofinsel im Goitzschesee brütet ein Seeadlerpaar, in den Röhrichten des Sees u.a. Haubentaucher und Tafelenten, in einigen Uferzonen haben Uferschwalben ihre Kolonien angelegt. Auf den Sandinseln fand man bis 2006 kleine Möwenkolonien. Meist handelte es sich um Sturmmöwen, daneben brüteten aber auch Steppen-, Mittelmeer- und Silbermöwen. Dazwischen balzte 2006 auch ein Paar Schwarzkopfmöwen. Auf einer Sandinsel brüteten bis 2006 außerdem Flussseeschwalben, deren Bruten allerdings komplett ausfielen – wie auch die der Großmöwen. Dies wurde auf Prädation durch Säugetiere zurückgeführt. Ob die Möwen zurückkehren werden oder sich innerhalb des Gebietes neue Brutplätze suchen ist ungewiss, 2007 und 2008 blieben die Inseln unbesetzt. Ersatzweise bauten der Naturschutzbund Bitterfeld-Wolfen und der BUND für die Flussseeschwalben zwei Brutflöße. Auf diesen zogen 2008 14 Paare etwa 21 Jungvögel auf.

Seit der Schließung von zwei Hausmülldeponien in der Nähe sind vor allem die Großmöwen im Gebiet nicht mehr so häufig. Insbesondere das Bitterfelder Ufer wird im Winter noch von großen Möwenschwärmen aufgesucht. Es handelt sich zwar hauptsächlich um Lach- und Sturmmöwen, doch sind auch immer einige Großmöwen dabei.

Eine große Kormorankolonie liegt am südwestlichen Ufer des Großen Goitzschesees, die Vögel lassen sich das ganze Jahr über beobachten. Während der Zugzeit und im Winter bevölkern Hunderte bis Tausend Wasservögel den Muldestausee und den Goitzschesee. Blässrallen (bis zu 6000), Höckerschwäne (mehrere Hundert), Tafel- und Reiherenten sind dann häufige, Singschwäne, Schell-, Krick- und Pfeifenten sowie Gänsesäger regelmäßige, Kolbenenten und Mittelsäger seltene Gäste. Zwergsäger findet man vor allem von Dezember bis März in größerer Zahl auf dem Seehausener See. Mit viel Glück

und innerhalb von drei Tagen stieg der Wasserstand um ca. sieben Meter und damit über den geplanten Sollwert. Heute liegt der Wasserspiegel 75 m über NN, teilweise ist der See 48 m tief.

Der nordöstlich liegende Muldestausee, auch ein ehemaliger Tagebau, wurde bereits 1975/76 geflutet und ist mit seiner Wasseroberfläche von 6,3 km² der viertgrößte See in

Der gut einsehbare Mündungsbereich der Mulde in den Stausee ist zu allen Jahreszeiten ein guter Beobachtungspunkt. Foto: C. Jülch.

sieht man dann auch einen Seetaucher, Berg-, Samt-, Trauer- oder Eiderenten. Abends suchen im Winter Saat- und Blässgänse die Wasserfläche zum Übernachten auf. Tagsüber sind sie auf Äckern in der Umgebung zu finden.

Die kleineren Gewässer in der Goitsche Wildnis und deren Ufer sind Brutplätze von Hauben- und Zwergtauchern, Rohrweihen, Teich- und Drosselrohrsängern (rund zwei Dutzend Paare). Möglicherweise brüten hier auch Schellenten.

Die teils kargen, teils mit Ruderalflora bewachsenen Böschungen der ehemaligen Abbauflächen sind Lebensraum von Rebhühnern, Wendehälsen, den seltenen Brachpiepern (bis zu zehn Paare 2007, vor allem im „Sonnental" am Südufer des Goitzschesees), Neuntötern (häufig), Heidelerchen, Schwarz- und Braunkehlchen sowie Grauammern. Vereinzelt brüten hier auch Sperbergrasmücken und Ziegenmelker (fünf Reviere).

In den Reliktbeständen des ehemaligen Goitzschewaldes findet man neben Spechten (u. a. Schwarz-, Grün- und Kleinspecht) auch Pirole. Hier befinden sich auch die Nester von Rot- und Schwarzmilanen. Die artenreichste Brutvogelfauna haben die Übergangsbereiche zwischen verritztem und unverritztem Gelände. So wurden z. B. im Rahmen einer Brutvogelkartierung im Bereich der Schwedenschanze 47 Brutvogelarten nachgewiesen. Darunter befanden sich mehrere in der Roten Liste aufgeführte Arten wie Steinschmätzer, Neuntöter und Braunkehlchen.

» Reisezeit

Das Gebiet ist ganzjährig ein gutes Reiseziel. Im Winter sind es vor allem die großen Wasserflächen mit Enten und Gänsen, die Vogelbeobachter anziehen. Im Frühling kommen ab März die „spannenden" Offenland- und Röhrichtarten aus ihren Winterquartieren. Schwarzkehlchen besetzen ihre Reviere bereits im März, im April folgen Feldschwirl, Braunkehlchen, Steinschmätzer, Brachpieper und Drosselrohrsänger. Zuletzt treffen Sperbergrasmücken, Ziegenmelker, Sumpfrohrsänger, Gelbspötter und Neuntöter ein.

Die Fischadler sind von Ende März bis Ende August/Anfang September an ihrem Nest zu sehen, Seeadler sind ganzjährig im Gebiet. Die Seeschwalben treffen im April in der Kolonie ein. Im Fühling sind auch die Rufe der Rohrdommeln zu hören.

» Beobachtungsmöglichkeiten

Um das gesamte Gebiet kennenzulernen, das außer Vögeln weitere interessante Naturschätze (v. a. Pflanzen und Insekten) beherbergt, sollte man mehrere Tage einplanen. Es ist gut mit (Rad-)Wegen erschlossen, die aber teilweise nicht mit dem Auto befahren werden dürfen (Radfahren bietet sich an). Sinnvollerweise beginnt man einen Ausflug mit einem Besuch im Haus am See nördlich des Muldestausees. Eine nett gestaltete und sehr gut betreute Ausstellung vermittelt Hintergrundwissen über die Region und den Braunkohleabbau, d. h. über die Entstehung der Landschaft, sowie über die heimischen Tiere. Auf einem Großbildfernseher kann man live dem Geschehen auf einem Fischadlernest zusehen. Nördlich des Muldestausees befindet sich in Ufernähe eine Plattform, von der aus man den Nistplatz der Fischadler aus entsprechender Entfernung auch direkt einsehen kann. Auf dem Weg dorthin wird man auf jeden Fall Neuntötern und Pirolen begegnen, vielleicht auch Turteltauben und den entlang des Ufers jagenden Rohrweihen. An einem flachen, Röhricht bestandenen Gewässer wird man Biberspuren finden und vielleicht die dort lebenden Kraniche antreffen. Der Weg dorthin ist bereits Teil des 16 km langen Naturlehrpfades, der sich nördlich und östlich des Sees im Landschaftsschutzgebiet Dübener Heide erstreckt.

Ein guter Platz, um einen Blick auf den Mündungsbereich der Mulde zu werfen, ist der Parkplatz unmittelbar östlich der Muldebrücke. Von einer kleinen Beobachtungsplattform aus sieht man eine Kiesbank, die häufig

Am Südufer des Goitzschesees entwickelt sich die Verlandungszone noch. Uferschwalben brüten in den Uferabbrüchen. Foto: T. Brandt.

Drosselrohrsänger brüten in den Schilfstreifen entlang der Seen. Ihr knarrender Gesang ist schon von Weitem zu hören. Foto: H.-J. Fünfstück.

vom Enten, Limikolen (z. B. Flussregenpfeifer, Waldwasserläufer, Flussuferläufer und Grünschenkel), und Seeschwalben frequentiert wird. Im Winter halten sich hier beeindruckend große Ententrupps auf (vor allem Schellenten). In den Gebüsch- und Baumbeständen um die Plattform brüten Klein-specht und Neuntöter, unter der Muldebrücke selbst zahlreiche Mehlschwalben.

Den Goitzschesee erschließt man von einem befestigten Weg aus, der von Bitterfeld entlang der Südseite verläuft. Er ist Teil des Goitzsche Rundweges. Von diesem kann man (noch) fast durchgängig auf den See blicken.

Die kleineren, aber sehr reizvollen Seen in der Goitzsche Wildnis erreicht man entweder von dort über die nach Süden führenden befestigten Wege, die weitgehend durch Wälder führen, oder von Petersroda aus.

» **Weitere Beobachtungs- und Freizeitmöglichkeiten.**

Wer Wanderfalken beobachten möchte, findet ein Paar im Chemiepark in Wolfen, wo sie am Schornstein brüten.

Nördlich des Muldestausees liegen die ornithologisch interessanten Naturschutzgebiete „Tiefkippe Schlaitz" und „Schlauch Burgkemnitz".

Am Goitzschesee gibt es einen Badestrand und Imbissmöglichkeiten. Paddeln, Segeln und Surfen ist auf einem großen Teil des Sees erlaubt. Auf dem Goitzschesee verkehrt ein Fahrgastschiff (Adresse siehe rechts).

Ein schön gelegener Campingplatz (Heidecamp) liegt am Nordufer des Muldestausees bei Schlaitz (die hinterste = östlichste Parzelle ist am ruhigsten und am wenigsten frequentiert, mit Heidelerche, Grünspecht und Turteltaube). Am Großen Goitzschesee gibt es ebenfalls einen Campingplatz.

Die Einkaufsmöglichkeiten in Bitterfeld sind am Wochenende begrenzt.

GPS		
Bitterfeld (Ortsmitte)	51°37'34.51" N	12°19'39.66" O
Petersroda (Ortsmitte)	51°34'08.84" N	12°17'22.62" O
Schlaitz (Ortsmitte)	51°39'36.84" N	12°25'37.05" O
Haus am See	51°64'93.25" N	12°41'87.40" O
Parkplatz	51°64'97.91" N	12°41'73.35" O
Aussichtspunkt Fischadler	5°.65'65.58" N	12°38'93.97" O

Anfahrt

Mit Bus und Bahn

Bitterfeld lässt sich mit dem IC oder ICE der Deutschen Bahn gut erreichen, Informationen zum Nahverkehr vor Ort finden sich hier: www.vetter-bus.de/index.php. Für die Erkundung des Gebietes empfiehlt es sich Fahrräder mitzunehmen oder zu leihen.

Mit dem Auto

Auf der A9 Berlin-Nürnberg bis zur Abfahrt 13 Richtung Bitterfeld B 100. Auf der B 100 durch Bitterfeld hindurch, weiter über Mühlbeck und Pouch bis nach Schlaitz. Dort links in die Ernst-Thälmann-Straße einbiegen, nach 500 m wieder links in die Freiheitsstraße und schließlich nach weiteren 800 m links in die Seestraße abbiegen, am Ende der Straße findet sich ein Parkplatz für das Haus am See. Es gibt mehrere Parkplätze entlang der B 100 und am Muldestauseeeinlauf und -auslauf.

Adressen

Meldungen besonderer Beobachtungen bitte an: NABU Fachgruppe Ornithologie und Naturschutz Bitterfeld-Wolfen, Sigmar Fischer (Tel.: 03494/22998) oder Manfred Richter (Tel.: 03494/24161 bzw. 034906/22391), E-Mails an f.vorwald@t-online.de

Stadt- und Tourismusinformation Bitterfeld-Wolfen, Markt 7, 06749 Bitterfeld-Wolfen, Tel.: 03494/6660-316, -318, E-Mail: stadtinfo@bitterfeld-wolfen.de, Internet: www.bitterfeld-wolfen.de;

Informationszentrum für Umwelt und Naturschutz, Haus am See Schlaitz, Am Muldestausee 2, 06774 Muldestausee, OT Schlaitz, Tel.: 034955/21490, Montag bis Freitag nach Vereinbarung, Sonn- und Feiertage: November–März 13–16 Uhr, April–Oktober 14–17 Uhr und nach Vereinbarung, www.informationszentrum-hausamsee-schlaitz.de; Eintritt: 2,00 Euro, Kinder: 1,00 Euro.

BUND – Wildnis – Infopunkt am Pegelturm, Bernsteinpromenade 2, Tel.: 0176/77087906, täglich geöffnet von 10–18 Uhr (im Winter bis zur Dämmerung).

Buchungen Fahrgastschiff über Vetter-Touristik, Tel. 03494/36690.

Infomaterial/Literatur:

Beiche, S. (2001): Die Avifauna der Goitzsche. Lausitzer und Mitteldeutsche Bergbau-Verwaltungsgesellschaft m. b. H. (Bezug über die LMBV, Tel.: 0341/2222-2158).

Kuhlig, A. & M. Richter (1998): Die Vogelwelt des Landkreises Bitterfeld. Bitterfelder Heimatblätter, Sonderheft 1998, Hrsg: Landratsamt Bitterfeld, Kreismuseum Bitterfeld. Bezug über: Haus am See (s. u.) oder Kreismuseum Bitterfeld, Tel.: 03493/401113.

Schönfelder, G., F. Gränitz & T. Poroda (2004): Bitterfeld und das untere Muldetal. Bölau Verlag, Köln (mit Abschnitten z. B. über die Goitzsche und den Muldestausee, Entwicklung der Gebiete, Geologie und Landschaft).

Der Nationalpark Hainich in Thüringen

In der Mitte Deutschlands, nahe der Stadt Eisenach in Thüringen, ist der Hainich eine Mittelgebirgslandschaft, die von der collinen bis in die submontane Stufe reicht. Mit rund 13 000 ha bedeckt ihn der größte zusammenhängende Laubwald Deutschlands. Fast zwei Drittel davon wurden Ende 1997 als 13. deutscher Nationalpark ausgewiesen. In diesem Gebiet bestimmte über Jahrzehnte das Militär die Geschichte, so dass sich „im Schatten" des nur wenige Kilometer entfernten „Eisernen Vorhangs" ein wertvolles Naturparadies entwickeln konnte, da die Forstwirtschaft hier nur wenig Einfluss nahm. Auf Teilflächen entstanden im Laufe der letzten 50 Jahre Waldbestände, die natürlichen Wäldern sehr nahe kommen. Für die darin vorkommenden Arten und Lebensgemeinschaften, u.a. die Waldvogelgemeinschaften, trägt Deutschland eine besondere Verantwortung.

» Lebensräume

Der Muschelkalk-Höhenzug, der Ausgangsgestein und Topografie des Hainich bestimmt, ist zu drei Vierteln bewaldet. Dabei spielen Laubmischwälder die dominierende Rolle. Doch wie (fast) alle Wälder in Mitteleuropa wurde auch der „Urwald mitten in Deutschland", wie das Gebiet in einem Werbeslogan genannt wird, über viele Jahrhunderte genutzt und verändert, so dass man auch hier nicht mehr von einem „echten Urwald" sprechen kann. Dennoch sind im Nationalpark Hainich Kalkbuchenwälder in einer bemerkenswerten Größe und Naturnähe erhalten geblieben, und der Besucher kann die mit ca. 5000 ha größte nutzungsfreie Laubwaldfläche Deutschlands auf dem Weg zur „sekundären Wildnis" erleben.

Wegen dieser Voraussetzungen kommt dem Gebiet besondere Bedeutung für den Erhalt der Vogellebensgemeinschaften mitteleuropäischer Laubmischwälder zu.

» Charakteristische Vogelarten

Im Hainich konnten bislang fast 190 Vogelarten nachgewiesen werden, darunter 108 als Brutvögel (Stand 2009). Eine aktuelle Liste ist unter www.nationalpark-hainich.de abrufbar.

Entsprechend der vorhandenen Lebensräume geben Waldarten im wahrsten Sinne des Wortes den Ton an. Bei einer Exkursion an einem Frühlingsmorgen sind typische Waldvögel wie Singdrossel, Kleiber, Ringeltaube, Buchfink und Waldlaubsänger nicht zu überhören, während Kernbeißer und Trauerschnäpper schon genaueres Hinhören erfordern. Schwieriger ist es, die seltenen und wohl nur unregelmäßig brütenden Schwarzstörche oder die heimlichen Habichte und Sperber anzutreffen. Dank des Höhlenreichtums finden auch Hohltaube und Waldkauz zahlreiche natürliche Brutplätze. Sieben Spechtarten wurden im Hainich nachgewiesen. Neben dem Großen Buntspecht als häufigster Art steht der Mittelspecht mit etwa 70 Paaren bereits an zweiter Stelle. Hier bestätigen sich die Erkenntnisse aus anderen Gebieten: Die Art kommt in alten Laubwäldern – die aber vielfach verschwunden sind – auch ohne Eichen gut zurecht. Der Grauspecht, bundesweit stark rückläufig, weist in den totholzreichen Waldbeständen des Hainich mit mindestens 15 Brutpaaren einen stabilen Bestand auf, während der Grünspecht (etwa 10 bis 15 Brutpaare) in den Übergangszonen vom Wald zum Offenland zu finden ist. Auch der Schwarzspecht ist regelmäßiger Brutvogel im Nationalpark. Dagegen scheint der Kleinspecht relativ selten zu sein, mancherorts wird er wegen seiner heimlichen Lebensweise aber sicherlich nur übersehen.

Ein weiterer seltener Vertreter der Spechte im Hainich ist der Wendehals. Sein Lebensraum sind reich strukturierte Waldrand- und Offenlandflächen. Hier finden sich auch Baumpieper, Neuntöter, Raubwürger, Grasmücken (mit einem großen Bestand der Sperbergrasmücke) und Feldschwirl. Im Offenland jagen auch die im Gebiet seltenen Baumfalken. Bemerkenswert sind die großen Vorkommen von Braunkehlchen, Schwarzkehlchen und Grauammer auf den ehemaligen Schießbahnen. Wird die Schafbeweidung gemäß dem Motto des Nationalparks „Natur Natur sein lassen!" eingestellt, werden diese Offenlandarten stark zurückgehen oder sogar vollständig verschwinden. Auch auf Nadelwaldarten wie Hauben- und Tannenmeise, Wintergoldhähnchen und Fichtenkreuzschnabel werden Vogelbeobachter in Zukunft verzichten müssen, denn der im Hainich angepflanzte Nadelwald (aktuell 3% der Nationalparkfläche) wird langfristig dem Laubwald weichen müssen.

Erwartungsgemäß spielen Wasservögel im Nationalpark kaum eine Rolle, da geeignete Lebensräume selten sind. Man kann aber mit Zwergtauchern, Teich- und Blässhühnern rechnen. Die Zugzeiten haben mit Arten wie Bienenfresser, Trauerente und verschiedenen Limikolen in den letzten Jahren aber immer wieder Überraschungen gebracht.

» Reisezeit

Vor allem das Frühjahr bietet sich für vogelkundliche Exkursionen in den Hainich an. Ab Ende Februar, vor allem aber in März und April, kann man die Spechte am besten finden, denn sie machen durch Rufe und Trommeln auf sich aufmerksam. Im Frühling sind auch die Zugvögel wieder im Gebiet. Doch auch zu anderen Jahreszeiten können schöne Beobachtungen gelingen: Sei es im Sommer, wenn flügge Neuntöter auf den Hecken sitzen, im Herbst, wenn auf dem Durchzug die Kraniche über den Hainich ziehen, oder im Winter, wenn man Kornweihen beim Jagdflug über die verschneiten Flächen beobachten kann.

Die Hohltaube gilt als mäßig häufiger Brutvogel des Hainichs. Sie besiedelt die Altholzbestände und brütet häufig in ungenutzten Schwarzspechthöhlen. Foto: R. Groß.

» Wanderwege und Beobachtungseinrichtungen

Das Gebiet ist von 16 (Rund-) Wanderwegen mit einer Gesamtlänge von ca. 100 km durchzogen. Die einzelnen Rundwege sind zwischen 2,5 und 11,7 km lang und sind über die neun Wanderparkplätze am Rande des Gebietes zu erreichen. Die meisten Wanderwege führen von Norden in den Nationalpark. Alle Wege, mit Ausnahme des Nachtigallenweges, eignen sich zur Beobachtung von Waldarten.

Für Vögel des Offenlandes bieten sich die Wege im Umfeld des Parkplatzes Zollgarten bei Kammerforst (ca. 1 km entfernt befindet sich eine Beobachtungskanzel) sowie der Steinbergweg und der Nachtigallenweg an. Bekassinen, Braun- und Schwarzkehlchen oder Grauammern kann man mit etwas Glück vom Steinbergweg aus sehen, der im westlichen Bereich des Parks angelegt wurde.

Typische Vogelarten, deren Status (günstige Beobachtungszeit)
h = häufig, r = regelmäßig, s = selten; J = Jahresvogel, B = Brutvogel, W= Wintergast, D = Durchzügler

Art	Status (beste Beobachtungszeit)	Art	Status (beste Beobachtungszeit)
Baumfalke	sB (Mai - Sept.)	Schwarzkehlchen	hB (März - Sept.)
Bekassine	rB (März - Sept.)	Schwarzspecht	rB (ganzjährig)
Bergfink	rW (Okt. - Febr.)	Schwarzstorch	sB (April - Okt.)
Braunkehlchen	hB (April - Sept.)	Sommergoldhähnchen	hB (März - Sept.)
Bruchwasserläufer	sD (Mai, Aug.)	Sperbergrasmücke	hB (Mai - Aug.)
Fichtenkreuzschnabel	sB (ganzjährig)	Tannenmeise	hB (ganzjährig)
Gebirgsstelze	sB (März - Okt.), ganzjährig?	Trauerschnäpper	hB (April - Aug.)
Grauammer	rB (ganzjährig?)	Turteltaube	rB (Mai - Aug.)
Grauspecht	hB (ganzjährig)	Wachtel	sB (Mai - Okt.)
Grünspecht	hB (ganzjährig)	Wachtelkönig	sB (Mai - Juli)
Hohltaube	rB (ganzjährig)	Waldkauz	hB (ganzjährig)
Kleinspecht	sB (ganzjährig)	Waldlaubsänger	hB (April - Juni)
Mittelspecht	hB (ganzjährig)	Waldohreule	sB (ganzjährig)
Neuntöter	rB (Mai - Aug.)	Waldschnepfe	rB (März - Juli)
Raubwürger	rB (ganzjährig)	Waldwasserläufer	sD (April - Okt.)
Rohrweihe	sB (April - Okt.)	Wendehals	sB (Mai - Aug.)
Rotmilan	sB (März - Okt.)	Wespenbussard	sB (Mai - Sept.)
Schafstelze	sB (April - Aug.)	Zwergtaucher	sB (März - Okt.)
Schlagschwirl	rD (Juni - Aug.)		

Vögel der Gewässer und der Feuchtgebiete lassen sich am besten vom Nachtigallenweg ganz im Süden des Nationalparks beobachten. Ausgangspunkt ist der Parkplatz „Kindel" nordöstlich der Ortschaft Großenlupnitz. Dieser Weg führt auch zu einer Beobachtungsplattform, die einen Blick über den so genannten Silbersee ermöglicht. Der etwa 3 km lange, barrierefreie Erlebnispfad Brunstal ist auch von Rollstuhlfahrern und Sehbehinderten nutzbar und über Mülverstedt erreichbar. Darüber hinaus werden von Nationalparkführern individuelle naturkundliche Wanderungen zu verschiedenen Themen angeboten. Nähere Auskunft erteilen die Nationalpark-Informationsstellen.

Ein entsprechendes Faltblatt mit einer Übersicht über die Wanderwege ist über die Nationalparkverwaltung in Bad Langensalza erhältlich.

» Weitere Freizeitmöglichkeiten

Ein besonderer Anziehungspunkt ist der 2005 eröffnete Baumkronenpfad an der Thiemsburg. Das dortige Nationalparkzentrum bietet vielfältige Informationen, auch zur Vogelwelt.

Ein 31,5 km langer, bequemer Wanderweg („Rennstieg") führt von Eigenrieden, das von Mühlhausen per Bus zu erreichen ist, quer über den Hainich nach Behringen, was wiederum von Eisenach per Bus zu erreichen ist. Etwa 8,5 km der Wegstrecke führen durch den Nationalpark. Wer die Gegend mit dem Fahrrad erkunden möchte, kann Räder in Eisenach, Bad Langensalza, Mühlhausen oder Mihla leihen. Daneben werden auch Kutschfahrten durch den Hainich angeboten (Auskunft bei Nationalpark-Informationen) und der Abenteuerspielplatz bei Kammerforst lädt Kinder zum Austoben ein.

Ein Freilichtmuseum befindet sich in Niederdorla einige Kilometer nördlich des Nationalparks.

Infomaterial/Literatur:

Klaus, S. & T. Stephan (2003): Nationalpark Hainich. Rhino-Verlag, Arnstadt.

GPS		
Ausgangspunkt Parkplatz „Zollgarten" bei Kammerforst	51°06'32.95" N	10°26'08.39" O
Beobachtungskanzel am „Betteleichenweg"	51°05'45.06" N	10°25'54.98" O
Ausgangspunkt Parkplatz „Nachtigallenweg" an B 84	51°00'22.82" N	10°26'32.72" O
Beobachtungskanzel am „Nachtigallenweg"	51°00'22.87" N	10°25'36.88" O

Anfahrt

Mit Bahn und Bus:
Eisenach wird von mehreren ICE- bzw. IC-Linien angefahren. Gute Ausgangspunkte sind auch die Bahnhöfe Bad Langensalza und Mühlhausen. Von den Bahnhöfen verkehren Busse zum Nationalpark.

Mit dem Auto:
Autobahn A 4, Abfahrt Eisenach-Ost oder Gotha. Der Nationalpark ist großräumig ausgeschildert, so dass die neun Wanderparkplätze am Rande des Gebietes sowie die täglich geöffneten Infostellen leicht zu erreichen sind.

Adressen

Nationalpark Hainich Verwaltung
Bei der Marktkirche 9, 99947 Bad Langensalza, Tel.: 03603/39070, Fax: -390720
E-Mail: np_hainich@forst.thueringen.de, www.nationalpark-hainich.de

Nationalpark – Information und Ausstellung

- Nationalparkzentrum Thiemsburg, Tel.: 03603/893137
- Harsberg, 99826 Lauterbach, Tel.: 036924/47586
- Obergut, Straße der Einheit, 99986 Kammerforst, Tel. 036028 / 36893

Öffnungszeiten: 1.4.-31.10.: Mo.-Fr. 10-18 h, Sa./So./Feiertage 10-16 h
1.11.-31.3.: Mo.-So. 10-16 h

Tourismusverband Hainichland
Bei der Marktkirche 9, 99947 Bad Langensalza, Tel. 03603/ 89 26 58
E-Mail: info@hainichland.de, www.hainichland.de

Das Rückhaltebecken Straußfurt in Thüringen
Bedeutendes Vogelrastgebiet zwischen Thüringer Wald und Harz

Eingebettet zwischen den Höhenzügen des Thüringer Walds im Süden und den Ausläufern des Harzes im Norden liegt das Rückhaltebecken Straußfurt inmitten des Thüringer Beckens. Die Senke gehört neben der Magdeburger Börde und der Leipziger Tieflandsbucht zu den fruchtbarsten Regionen Deutschlands. Dementsprechend ist das Gebiet durch intensive landwirtschaftliche Nutzung geprägt. Das Rückhaltebecken liegt am Westrand von Straußfurt und wurde von 1952 bis 1962 erbaut, um Hochwasser der Unstrut, die das Staubecken und auch das Thüringer Becken von West nach Ost durchfließt, aufnehmen zu können. Es ist von Mai bis Oktober geflutet und hat sich im wasserarmen Thüringen zu einem herausragenden Rastgebiet für Wasservögel entwickelt, auch weil keine nennenswerten menschlichen Aktivitäten wie Bootsverkehr, Badebetrieb, Fischerei oder Jagd erlaubt sind. Das Rückhaltebecken Straußfurt ist Teil des von Thüringen an die EU gemeldeten Natura 2000 Gebiets bzw. Europäischen-Vogelschutzgebiets „Gera-Unstrut-Niederung um Straußfurt".

» **Lebensräume**

Das Rückhaltebecken Straußfurt war zunächst als grünes Becken, welches nur bei Hochwasser geflutet wird, konzipiert. Heute ist es bei normaler Stauhöhe ein flaches Gewässer. Im Juli und August kommt es aufgrund von Erwärmung und Nährstoffreichtum regelmäßig zur Bildung von Algenteppichen. Die Größe der Wasserfläche beträgt etwa 250 ha. Ost- und Westseite bestehen aus befestigten Dämmen, Nord- und Südufer dagegen sind naturnah gestaltet. Vor allem der Einlauf der Unstrut an der Südwestseite (1) weist großflächige Schilf- und Rohrkolbenbestände auf. Bei extremen Hochwasserereignissen, kann das Becken auf einer Fläche von bis zu 700 ha überstaut werden. Dann

Die Bekassine gehört zu den klassischen spät ziehenden Limikolenarten, die am Rückhaltebecken Straußfurt zahlreich beobachtet werden können. Foto: C. Wagner.

sind auch die Bereiche westlich der regulären Wasserflächen überflutet. Sie werden normalerweise als Mähwiesen, Rinderweiden und Ackerflächen genutzt. Entlang der Unstrut befinden sich Baumreihen, die überwiegend aus Pappeln und teilweise auch aus Kopfweiden bestehen.

» Interessante Arten

Aktuell brüten zehn Wasservogelarten regelmäßig auf dem Rückhaltebecken. Dies sind Höckerschwan, Schnatter-, Stock-, Tafel- und Reiherente sowie Zwerg- und Haubentaucher, Blässhuhn, Wasserralle und Teichhuhn. Weitere Arten wie Brandgans und Knäkente brüten unregelmäßig, sind aber stetig zu beobachten. Beutelmeisen, Drosselrohrsänger und Blaukehlchen nutzen die Verlandungszonen. Im westlich anschließenden Grünland kann man Rohrweihen, Rot- und Schwarzmilane, Raubwürger, Neuntöter und Grauammern beobachten.

Zur Mauser und Herbstrast versammeln sich mehrere Tausend Wasservögel auf dem See. Für Höckerschwan, Graugans, Löffelente, Tafelente und Haubentaucher wurden thüringenweit die höchsten Rastbestände festgestellt. Herausragend ist auch die Bedeutung als Kranichschlafplatz (mehr als 1000 Individuen). Im Frühjahr und vor allem im Herbst treten regelmäßig Kiebitz- und Goldregenpfeifer, Kiebitze, Flussregenpfeifer, Große Brachvögel, Bekassinen, Flussuferläufer, Dunkle Wasserläufer, Rot- und Grünschenkel, Bruchwasserläufer, Kampfläufer, Alpenstrandläufer, Zwerg-, Lach-, Sturm- und Großmöwen sowie Trauerseeschwalben auf. Die großen Vogelansammlungen ziehen insbesondere im Herbst regelmäßig Seeadler und Wanderfalken an. Nordische Gänse überwintern seit einigen Jahren vermehrt in Straußfurt. Auch Bergpieper sieht man im Winter regelmäßig an der Talsperre. Bisher wurden am Rückhaltebecken Straußfurt 228 Vogelarten nachgewiesen.

» Reisezeit

Die Beobachtungsbedingungen am Rückhaltebecken ändern sich im Jahresverlauf stark. Verantwortlich sind die jahreszeitlich regelmäßig schwankenden Wasserstände, die einen sehr großen Einfluss auf die an Wasser gebundenen Vogelarten haben. Im Frühjahr ist der See abgelassen und bietet vor allem für spät ziehende Limikolen sehr gute Rastbedingungen. Diese werden umso mehr angelockt, da im Umkreis kaum weitere Rastflächen vorhanden sind. Der Einstau erfolgt in der zweiten Aprilhälfte bis Anfang Mai. Danach wird der Wasserstand stabil gehalten, was den brütenden Wasservögeln günstige Bedingungen bietet. Aufgrund seiner Störungsarmut und des konstanten Wasserstands ist Straußfurt einer der wichtigsten Mauserplätze Thüringens für Wasservögel, besonders für Tafel- und Reiherente. Mit dem Ablassen des Speicherbeckens im Oktober verschwinden allmählich rastende Graugänse, Löffelenten, Tauchenten und Lappentaucher, die vorher regelmäßig große Ansammlungen bildeten. Dafür finden Krickenten, Kraniche, spät ziehende Limikolen, wie Bekassine und Alpenstrandläufer sowie regelmäßig mehr als 1000 Kiebitze in den ab Mitte Oktober vorhandenen großflächigen Flachwasserbereichen gute Rastbedingungen vor. Früh ziehende Limikolenarten müssen dagegen mit den Algenteppichen vorliebnehmen und sind deswegen in geringerer Zahl anzutreffen. Im Winter ist das Rückhaltebecken weitgehend trocken. Je nach Restwasserflächen halten sich trotzdem zirka 2000 Vögel – vor allem Stockenten – im Beckenbereich auf.

Die Goldammer, hier ein Männchen im Prachtkleid, gehört zu den häufigen Bewohnern der angrenzenden Hecken und Feldgehölze. Foto: C. Wagner.

Typische Vogelarten des Rückhaltebeckens Straußfurt, deren Status und günstige Beobachtungszeit (in Klammern)

h = häufiger, r = regelmäßiger, s = seltener, J = Jahresvogel, B = Brutvogel, W = Wintergast, D = Durchzügler.

Art	Status (beste Beobachtungszeit)
Alpenstrandläufer	hD (März–April und Juli–Nov.)
Bartmeise	rD, rW (Aug.–Feb.)
Bekassine	hD (März–April und Juli–Nov.)
Bergpieper	rW (Mitte Okt.–April)
Beutelmeisen	sB (April–Sept.)
Blaukehlchen	sB (April–Aug.)
Brandgans	sB, rD (März–Juni)
Bruchwasserläufer	hD (April und Juli–Aug.)
Drosselrohrsänger	sB (Ende April–Aug.)
Dunkler Wasserläufer	hD (April und Aug.–Okt.)
Fischadler	rD (März–April, Aug.–Sept.)
Flussregenpfeifer	hD (März–April und Juli–Sept.)
Flussuferläufer	hD (April–Mai und Juli–Sept.)
Goldregenpfeifer	hD (März–April)
Grauammer	rB (ganzjährig)
Graugans	hB (ganzjährig)
Grauspecht	sB (ganzjährig)
Großer Brachvogel	hD (März–April und Aug.–Dez.)
Grünschenkel	hD (April–Mai)
Haubentaucher	hB, hD (März–Nov.)
Kampfläufer	hD (März–April und Juli–Sept.)
Kiebitz	hD (Feb.–März und Aug.–Nov.)
Kolbenente	rD (Juli–Sept.)
Kranich	hD (Okt.–Dez.)
Mittelmeermöwe	hD (Juli–Nov.)
Nachtigall	rB (Ende April–Aug.)
Neuntöter	rB (Mai–Aug.)
Nordische Gänse	rD (Okt.–März)
Pfeifente	rD (Sept.–Nov.)
Raubwürger	sB, rW (ganzjährig)
Reiherente	sB, hD (März–Nov.)
Rohrweihe	rD (März–Sept.)
Rotmilan	rB (März–Nov.)
Schnatterente	sB, hD (März–Nov.)
Schwarzhalstaucher	rD (April–Okt.)
Schwarzkehlchen	rB (Mitte März–Okt.)
Schwarzmilan	rB (April–Aug.)
Steppenmöwe	hD (Okt.–Dez., v. a. Feb.)
Tafelente	sB, hD (März–Nov.)
Wasserralle	rB (Mai–Nov.)
Wiesenschafstelze	hB (April–Sept.)
Zwergtaucher	sB, hD (ganzjährig)

Der Polder westlich des Rückhaltebeckens ist strukturreich und bietet Rohrweihen, Rot- und Schwarzmilanen, Raubwürgern, Neuntötern und Grauammern Lebensraum.
Foto: H. Laußmann.

Außerdem halten nordische Gänse recht lange in Straußfurt durch.

» **Beobachtungsmöglichkeiten**

Es gibt eine Reihe erreichbarer Punkte, die einen Überblick über den See ermöglichen. Wenn man auf der B 4 von Erfurt Richtung Straußfurt fährt, kann man südlich von Straußfurt nach links in den Ort Henschleben abbiegen. Die „Straße der Einheit" führt ins Dorf, um nach 300 m an einer T-Kreuzung zu enden. Hier biegt man nach links in die „Hauptstraße" ab und hält sich nach 50 m vor der Kirche nach rechts. Ein kleines Sträßchen führt auf einen Damm, von dem man einen ersten sehr guten Blick über das Becken und den Mündungsbereich der Unstrut hat (1). Dies ist ein guter Platz für die Beobachtung von Schilf bewohnenden Vogelarten. Man kann dem Damm weiter folgen, muss aber spätestens in einer Rechtskurve (Pumpwerk) parken. Der Westdamm (2) darf nicht betreten werden, es lohnt sich aber mit dem Spektiv den Dammfuß nach Limikolen abzusuchen. Vor allem im Herbst kann man hier Glück haben. Der Weg links des gesperrten Damms führt in und um den Polder (3). Zur Brutzeit ist diese Wanderung recht lohnend. Wenn man zu Fuß unterwegs ist, kann man am Nordrand des Polders und später am Nordrand des Teilstaubeckens bis nach Straußfurt gehen. Mit dem Auto fährt man zurück in den Ort Henschleben und kann dann der „Hauptstraße" nach Osten folgend nach knapp 300 m einen weiteren Übersichtspunkt über das Becken (4) erreichen.

Ein sehr wichtiger Übersichtspunkt liegt auf der Nordseite des Rückhaltebeckens am Ortsrand von Straußfurt. Man nimmt die B 4 von Henschleben nach Straußfurt hinein und biegt 100 m nördlich des Ortseingangs nach links auf die B 176 ab. Die Straße führt kurz darauf unter der Eisenbahnlinie hindurch. Nach 800 m, direkt hinter der Bushaltestelle „Straußfurt, Schwerstedter Straße", biegt man links in die Straße „Am Staudamm" ab und gelangt so nach 100 m zu einer Sammelstelle für Altglas, wo man gut parken und beobachten kann (6). Enten und Limikolen halten sich gerne hier auf. Ein weiterer guter Übersichtspunkt erschließt sich, wenn man vom Parkplatz 900 m dem nach Westen führenden Feldweg folgt und dann den kleinen Fußpfad nach links nimmt. Er führt in 600 m zum Seeufer und zu einem weiteren guten Übersichtspunkt.

» **Weitere Beobachtungs- und Freizeitmöglichkeiten**

Wie Grabfunde belegen, war das Thüringer Becken um Straußfurt schon

Der Flussregenpfeifer ist ein häufiger Durchzügler am Rückhaltebecken Straußfurt.
Foto: C. Moning.

in der Jüngeren Steinzeit und Bronzezeit besiedelt. Die Gemeinde wird im Jahr 744 als Stuffefurte erstmals schriftlich erwähnt. Der Name bedeutet wohl eine „von Strauchwerk gesäumte Furt". Sehenswert ist vor allem die Kirche St. Petri, die zwischen 1616–1620 durch Umbau einer älteren Kirche entstanden ist.

Das Straußfurter Hölzchen im Norden der Gemeinde ist eine bewaldete Erhebung, die als Kultstätte genutzt wurde. Rot- und Schwarzmilane brüten hier. Auf der benachbarten Adonisröschenwiese kann man im April/Mai die gelben Blüten des Frühlingsadonisröschens (*Adonis vernalis*) entdecken.

Ornithologisch interessant sind die 9 km südwestlich von Straußfurt gelegenen Herbslebener Teiche, die vor allem Schilfvögeln Lebensraum bieten. So beherbergt das NSG und Europäische Vogelschutzgebiet den einzigen regelmäßig besetzten thüringischen Brutplatz der Bartmeise. Das Teichgebiet erreicht man von Straußfurt über Schwerstedt, Ballhausen nach Bad Tennstedt fahrend. In Bad Tennstedt biegt man nach links Richtung Herbsleben auf die L 1027 ab. Direkt am nördlichen Ortseingangsschild von Herbsleben zweigt die Zufahrt zu den Herbslebener Teichen nach links ab. Der Plattenweg führt nördlich einer Kleingartenanlage am Betriebsgelände eines Kalkwerks vorbei in 1,8 km zu einem ausgeschilderten Parkplatz an einer Übersichtstafel. Weiter geradeaus gehend kann man die relevanten Teiche einsehen.

Die Lehnstedter Höhe, 7 km östlich des Zentrums von Weimar bzw. 38 km südöstlich von Straußfurt, hat eine gewisse Berühmtheit als traditioneller und zuverlässiger Rastplatz des Mornellregenpfeifers erlangt. Die beste Zeit für die Beobachtung dieses seltenen Durchzüglers ist vom 20. bis zum 30. August. Man verlässt die A 4 an der Anschlussstelle Apolda, fährt nach Norden Richtung Mellingen und Apolda, und erreicht 2,3 km nach Passieren des Ortsausgangsschilds von Mellingen die Einfahrt des links liegenden Flugplatzes. Die lokalen Experten möchten, dass die landwirtschaftlichen Wege, obwohl nicht explizit gesperrt, nicht befahren werden, um Konflikte mit Landwirten zu vermeiden. Deswegen stellt man sein Auto am Flugplatz ab. Der Weg nach Osten führt in maximal 1,5 km leicht bergauf bis zu dem linkerhand erkennbaren trigonometrischen Punkt (vier Holzstangen), der ein guter Anhaltspunkt ist. Wenn man hier kein Glück hat, muss man die angrenzenden Bereiche nach umgepflügten Äckern absuchen.

Anfahrt

Mit Bahn und Bus:
Straußfurt ist gut an das Streckennetz der Deutschen Bahn angeschlossen und der Bahnhof liegt in Gehentfernung zum Rückhaltebecken. Eine Umrundung des Gebiets zu Fuß ist möglich (11 km). Weil jedoch Ost- und Westdamm nicht betreten werden dürfen, muss man zwischen Straußfurt und Henschleben ein kleines Teilstück auf der Bundesstraße gehen (ca. 2,5 km). Deswegen lohnt sich die Mitnahme eines Fahrrads oder man fährt bis Henschleben mit dem Bus und beginnt seine Wanderung dort.

Mit dem Auto:
Straußfurt besitzt keine Autobahnausfahrt. Es liegt 20 km nördlich von Erfurt und kann von dort über die B 4 oder die L 2142 angefahren werden.

Adressen

Verwaltungsgemeinschaft Straußfurt, Bahnhofstraße 13, 99634 Straußfurt, Tel.: 036376/513-0, Fax: 036376/513-21, E-Mail: post@vgstraussfurt.de; Internet: www.vg-straussfurt.de

GPS		
Henschleben (Ortsmitte)	51°08'30.83" N	10°58'20.50" O
Straußfurt (Ortsmitte)	51°09'46.50" N	10°59'35.98" O

Infomaterial/Literatur:

Laußmann, H. & S. Frick (2008): Die Vogelwelt des Rückhaltebeckens Straußfurt mit besonderer Berücksichtigung der Wasservögel im Zeitraum 2001–2005. Anzeiger des Vereins Thüringischer Ornithologen 6, 1-32.

Wagner, C. & C. Moning (2009): Vögel beobachten in Ostdeutschland – Die besten Beobachtungsgebiete zwischen Rügen und dem Thüringer Wald. Franckh-Kosmos-Verlag, Stuttgart.

Das Teichgebiet Niederspree in Sachsen

Die Oberlausitzer Heide- und Teichlandschaft ist eines der größten zusammenhängenden Teichgebiete Deutschlands. Die ersten der über tausend Teiche in dieser eiszeitlich geformten Landschaft entstanden bereits im späten Mittelalter. Da eine landwirtschaftliche Nutzung der nährstoffarmen Sandböden nur schwer möglich war, nutzte man den Wasserreichtum zur Anlage von Fischteichen, denn zahlreiche Bäche und Flüsse fließen aus dem südlich angrenzenden sächsischen Hügelland in das weitgehend ebene Niederungsgebiet. Dieser Wasserreichtum spiegelt sich auch in dem aus dem Sorbischen stammenden Namen der Landschaft „Lausitz" wieder, der so viel wie „Sumpfland" bedeutet.

Im letzten Jahrhundert, vor allem während der 1970er und 1980er Jahre, wurde die Fischteichnutzung zunehmend intensiviert. Trotz der Intensivierung weisen einige Teichkomplexe wie das Teichgebiet Niederspree im östlichen Teil dieser Landschaft noch ein Mosaik unterschiedlicher Lebensräume auf. Sie bieten zahlreichen, auch seltenen Vogelarten einen Lebensraum. Die Teiche werden im Allgemeinen im Herbst abgefischt und sofort oder nach einer wechselnden Trockenphase wieder bespannt. Diese Wasserdynamik erweitert die Vielfalt an Lebensräumen. Das Teichgebiet Niederspree ist Naturschutzgebiet und war von 1997 bis 2006 Bestandteil des Naturschutzgroßprojektes Teichgebiete Niederspree – Hammerstadt.

» Lebensräume

Für Vögel sind vor allem die zahlreichen flachen Fischteiche von Bedeutung. Sie sind mehr oder weniger breit von Röhrichten aus Schilf und Rohrkolben gesäumt. Stellenweise wachsen Weidenbüsche. Die Teiche sind in unterschiedliche Waldtypen eingebettet. Erlenbruchwälder wachsen vor allem an den Rändern älterer Teiche, alte Mischwälder und Kiefernforsten stehen auf trockeneren Böden, z. B. den Dünen. Stellenweise wachsen sehr alte Eichen. Offene Flächen sind eher selten, aber die Randgebiete der Teichlandschaft werden weitgehend als Äcker und Wiesen genutzt, oft sind es pflanzenarten- und insektenreiche Sandmagerrasen. An den Norden des Teichgebietes grenzt

Der „Haubentaucherweg" führt streckenweise durch naturnahe Erlenbruchwälder.
Foto: T. Brandt.

unmittelbar der für die Öffentlichkeit gesperrte Truppenübungsplatz Oberlausitz an, der durch sein Wolfsvorkommen bekannt geworden ist.

» Besondere Vogelarten

Das Gebiet ist vor allem für Wasservögel interessant, die man hier ganzjährig in großer Zahl sehen kann, zumindest solange die wasserführenden Teiche nicht zugefroren sind. Es brüten Graugänse, Haubentaucher, Schwarzhalstaucher und mehrere Entenarten. Stock-, Tafel- und Reiherenten sind die häufigsten Entenvögel, Schnatter-, Krick- und Löffelenten kommen seltener vor, Zwergdommel und Kleines Sumpfhuhn sind Ausnahmegäste.

Das Schutzgebiet beherbergte bis vor wenigen Jahren auch eine Lachmöwenkolonie. Unter den Greif- und Singvögeln sind interessante und seltene Arten zu sehen. Seeadler und Fischadler suchen im Gebiet regelmäßig nach Nahrung. Ersterer brütet auch in der Nähe der Teiche. Habicht, Wespenbussard und Baumfalke sind seltene Brutvögel.

In den Wäldern singen unter den zahlreichen Singvogelarten Pirole und Gartenrotschwänze, in den Röhrichten und den Weidengebüschen entlang der Dämme bauen Beutelmeisen ihre Nester. Dort brüten auch gelegentlich Rohrdommeln. Überraschend häufig sind Drosselrohrsänger, die selbst aus schmalen Röhrichtstreifen ihren charakteristischen, knarrenden Gesang hören lassen. Klein- und Mittelspechte leben vor allem in den Misch- und Erlenwäldern. Schwarzspecht und Buntspecht besiedeln auch die Kiefernwälder.

In den Randbereichen brüten entlang der Äcker und Wiesen Ortolane und Neuntöter. Man sollte auch die Leitungen entlang der Straßen nach diesen beiden Arten absuchen.

Andere interessante Tierarten im Gebiet sind Fischotter, Ringelnatter (auf den Dämmen häufig), Rotbauchunke, Wechselkröte, Laubfrosch, Rothirsch und die Seltenheiten unter den 43 nachgewiesenen Libellenarten.

» Reisezeit

Das Gebiet ist ganzjährig ein lohnendes Ziel, auch im Winter, solange die Teiche nicht vollständig zugefroren sind. Spechte lassen sich im zeitigen Frühjahr am einfachsten finden. Beutelmeisen treffen Anfang April im Gebiet ein, Drosselrohrsänger, Ortolane und Neuntöter erst im Mai. Schwarzhalstaucher und Haubentaucher sind vor allem im Frühling und Sommer anwesend. Im Sommer die-

ANZEIGE

Vogelbeobachtungen im *NG Niederspree* in Ostdeutschland und in der gesamten *Oberlausitzer Heide-Teichlandschaft*

Hotelpension Weiser mit EZ, DZ, Mehrbettzimmern sowie Ferienwohnungen. Angeboten werden geführte Wanderungen und Fahrradtouren zur Naturbeobachtung.

Vogelarten: z. B. Ortolan, Fitis, Neuntöter, Zilpzalp, Ziegenmelker, Schwarzspecht, Grünspecht, See- und Fischadler. Am Haus großer Garten, Fahrten mit Pensions-Kleinbus.

Tel.: 035894/30470
E-Mail: info@pensionweiser.de
www.pensionweiser.de

Typische Vogelarten, deren Status und günstige Beobachtungszeit (in Klammern) im Teichgebiet Niederspree
h = häufiger, r = regelmäßiger, s = seltener
B = Brutvogel, J = Jahresvogel (kein Brutvogel), W= Wintergast, D = Durchzügler

Art	Status (beste Beobachtungszeit)	Art	Status (beste Beobachtungszeit)
Alpenstrandläufer	rD (März - April, Aug. – Sept.)	Rohrdommel	sB, sW (ganzjährig)
Baumfalke	sB (April - Sept.)	Rohrweihe	rB (April – Sept.)
Bekassine	sB, rD (März – Sept.)	Rothalstaucher	rD (März - Nov.)
Beutelmeise	rB (April – Aug.)	Rotmilan	sB (März – Okt.)
Drosselrohrsänger	rB (Mai – Aug.)	Rotschenkel	rD (April – Mai, Aug. – Sept.)
Dunkler Wasserläufer	rD (April, Juli - Aug.)	Saatgans	rW (Okt. – März)
Flussregenpfeifer	sB, rD (April – Sept.)	Sandregenpfeifer	rD (April, Aug. - Sept)
Flussseeschwalbe	rD (April, Juli – Sept.)	Schellente	rB, rW (ganzjährig)
Graugans	hB (ganzjährig)	Schnatterente	sB, rD (März - Nov.)
Grünschenkel	rD (Apri - Mai, Juli – Sept.)	Schwarzhalstaucher	sB (April - Sept.)
Haubentaucher	hB, hD (März-Nov.)	Schwarzmilan	sB (April – Aug.)
Kampfläufer	rD (März - /April, Juli - Aug.)	Schwarzspecht	rB (ganzjährig)
Kiebitz	sB, hD (März - Okt.)	Schwarzstorch	sB (April – Aug.)
Kolkrabe	rB (ganzjährig)	Seeadler	sB (ganzjährig)
Kormoran	hJ (ganzjährig)	Tafelente	hB, hW (ganzjährig)
Kranich	sB (März – Sept.)	Trauerseeschwalbe	rD (Mai, Juli - Aug.)
Krickente	sB, rD (ganzjährig)	Tüpfelsumpfhuhn	sB (April – Sept.)
Mittelspecht	sB (ganzjährig)	Waldschnepfe	sB (März – Juni.)
Nebelkrähe	hB (ganzjährig)	Waldwasserläufer	rD (März – April, Juli – Sept.)
Neuntöter	rB (Mai – Aug.)	Wasserralle	rB (März – Okt.)
Ortolan	sB (Mai – Aug.)	Wespenbussard	sB (Mai – Aug.)
Pirol	rB (Mai – Aug.)	Zwergtaucher	sB (April – Sept.)
Reiherente	hB, hW (ganzjährig)		

Anfahrt

Mit Bahn und Bus:
Mit der Bahn über die Strecke Berlin-Görlitz erreichbar, Bahnhöfe in Rietschen (über Daubitz ca. 6 km zum Gebiet) und Hähnichen (über Quolsdorf ca. 4 km).

Mit dem Auto:
Von Görlitz über die B115 (ca. 35 km) nach Rietschen, dann in Richtung Ost nach Daubitz, gleich östlich der Ortschaft der Beschilderung „NSG Niederspreer Teichgebiet" folgen (und Beifahrer auf Ortolane auf der Leitung achten). Ein guter Ausgangspunkt am Kerngebiet ist der Parkplatz in der Nähe von Schloss Niederspree.
Von Dresden über die A4 und von Berlin über die A13, dann A15 an Cottbus vorbei, Abfahrt Bad Muskau.

Mit dem Fahrrad:
Das Gebiet kann man am besten mit dem Fahrrad erkunden. Achtung: teilweise Sandwege.

Adressen

Natur- und Touristinformation,
Turnerweg 6, 02956 Rietschen
Tel.: 035772/40235;
E-Mail: kontakt@erlichthof.de

Kontaktbüro „Wolfsregion Lausitz"
(Vorträge und Führungen)
Am Erlichthof 15, 02956 Rietschen
Tel. 035772/46762, Fax: 035772/46771
E-Mail: kontaktbuero@wolfsregion-lausitz.de
Internet: www.wolfsregion-lausitz.de

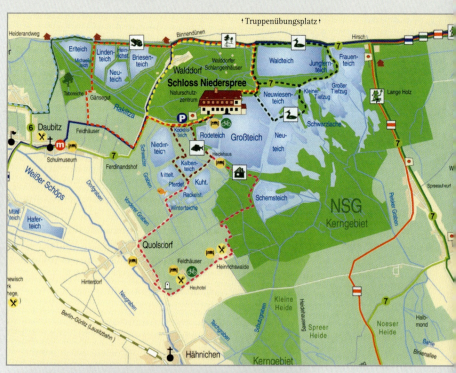

GPS

Daubitz (Ortsmitte)	51°23'47.48" N	14°49'38.89" O
Rietschen (Ortsmitte)	51°23'53.39" N	14°47'14.20" O

nen die Teiche Tausenden von Enten, Schwänen und Gänsen als Rast- und Mauserplatz.

» Beobachtungsmöglichkeiten

Im Gebiet gibt es eine Reihe von Wanderwegen, die teilweise auf den Dämmen zwischen den Teichen entlang führen. Sitzbänke laden zum Verweilen und zum ruhigen Beobachten ein. Die Wanderwege (z.B. Haubentaucherweg, Rotbauchunkenweg, Dünenweg) sind gut mit entsprechenden Symbolen ausgeschildert. Einige sind sehr lang (z.B. der Unkenweg 10,9 km), sodass man wohl gern auf ein Fahrrad zurückgreifen wird. Die Wege darf man im Naturschutzgebiet nicht verlassen, Hunde sind an der Leine zu führen.

Die Wasservögel, Rohrsänger und Beutelmeisen kann man von den Dämmen zwischen den Teichen aus hervorragend beobachten. Ein Spektiv ist hilfreich, wenn man auch die größeren Wasserflächen absuchen oder genauer das Verhalten der Vögel beobachten möchte.

Verpflegung muss man sich allerdings mitbringen. Im Gebiet selbst gibt es keine Einkehr- oder Einkaufsmöglichkeiten, und auch in den kleineren Ortschaften sind sie begrenzt. Picknicktische sind aber stellenweise vorhanden.

» Weitere Beobachtungs- und Freizeitmöglichkeiten:

Es gibt einen Naturkundlichen Ringwanderweg (1,5 km) am Erlichthof in Rietschen mit einem Museum und einem Beobachtungsturm mit Blick auf den Oberteich der Teichgruppe Rietschen.

Die Muskauer Heide ist durch das Wolfsvorkommen bekannt geworden. Mittlerweile gibt es viele Veranstaltungen (Vorträge, Exkursionen, „Wolfstage") zum Thema Wolf, die über das Kontaktbüro „Wolfsregion Lausitz" gebucht werden können.

Sehr zu empfehlen ist das Senckenberg Museum für Naturkunde in Görlitz (ca. 40 km) mit einer hervorragenden Ausstellung über die Naturräume der Oberlausitz.

Infomaterial/Literatur

Makala, M. (2005): Sachsens Teichlandschaften – mehr als nur Schlaraffenland für den Fischotter. ALG Wasser-Report 26: 3-11.
Zweckverband Naturschutzregion Neiße (2003): Wandern zwischen Teich und Heide – Teichgebiete Niederspree - Hammerstadt. Faltblatt mit Karte.

Mittelspechte leben im Teichgebiet vor allem in Misch- und Erlenbruchwäldern.
Foto: M. Schäf.

Der Nationalpark Sächsische Schweiz in Sachsen

Südöstlich von Dresden, an der deutsch-tschechischen Grenze, liegt der 1990 ausgewiesene Nationalpark Sächsische Schweiz, der eine Fläche von 94 km² umfasst und in zwei Teilbereiche unterteilt ist, die von einem 288 km² großen Landschaftsschutzgebiet umgeben sind. An den südlichen Gebietsteil schließt sich der zum selben Naturraum gehörige Nationalpark Böhmische Schweiz in der Tschechischen Republik an. Das Schutzgebiet liegt im Elbsandsteingebirge, welches sein heutiges Gesicht durch die erodierende Wirkung der Elbe bekam: Vor rund 100 Millionen Jahren der Grund eines Kreidemeeres, ragt der Sandstein heute bis zu 450 m empor und bildet Berge, skurrile und zerklüftete Felstürme, Tafelberge, Ebenen und Schluchten. Es entstand eine Landschaft der Extreme, in der getrennt durch steile Felswände vegetationsreiche Täler an karge Felsstandorte angrenzen. Neben dem vorherrschenden Sandstein tragen kegelförmige Basaltschlote und Hänge aus Granit zur Vielfalt der Lebensräume bei. Bis zum Ende des 18. Jahrhunderts war die Sächsische Schweiz weitgehend unbesiedelt und hatte nicht einmal einen eigenen Namen. Danach setzte eine zunehmende touristische Nutzung ein. Heute zählt das Gebiet rund 3 Millionen Besucher jährlich. Es ist mittlerweile überwiegend eine mehr oder weniger genutzte Kulturlandschaft.

» Lebensräume

Wälder bedecken den Nationalpark. In Tälern und Schluchten dominieren, bedingt durch das feucht-kühle Klima, moos- und farnreiche Laubwälder. In höheren Lagen herrschen warme und trockene Bedingungen. Hier finden sich neben Riff-Kiefernwäldern verschiedene Typen von Buchen- und Mischwäldern. Daneben gibt es vegetationslose Felsplateaus und naturnahe Fließgewässer. In den Ebenen, vor allem um die Siedlungen, findet man mit Wiesen und Feldern auch Lebensräume des offenen Landes.

Während auf etwa der Hälfte der Nationalparkfläche noch Pflegemaßnahmen durchgeführt werden, wird vor allem in den Kernzonen natürliche Dynamik zugelassen. Hier gilt das Nationalpark-Motto: „Natur Natur sein lassen".

» Charakteristische Vogelarten

Von den über 160 Vogelarten, die in der Nationalparkregion nachgewiesen wurden, brüten etwa 90 Arten. In den Buchenwäldern der Basaltkegel und in den Wäldern der Bachtäler und Schluchten singen Laubsänger, Meisen und Drosseln. Charakterart insbesondere der Buchenwälder ist der Schwarzspecht. Auf dessen Höhlen ist wiederum der Raufußkauz angewiesen, während andere Höhlenbrüter dieser Urwälder wie Wald- und Sperlingskäuze oder Hohltauben auch andere (Specht-)Höhlen nutzen können. Zwergschnäpper und Grünlaubsänger sind sehr seltene Brutvögel im Nationalpark, die hier an ihre westliche Verbreitungsgrenze stoßen; auch Halsbandschnäpper haben schon im Gebiet gebrütet. Wo Fichten dominieren, brüten Tannenhäher, Erlenzeisige und Fichtenkreuzschnäbel. In den Bächen jagen

Eisvögel und tauchen Wasseramseln, während Gebirgsstelzen zwischen Steinen nach Insekten suchen. Auch die in den Felsen brütenden, heimlichen Schwarzstörche kommen zur Nahrungssuche an die Gewässer. Auf Felsvorsprüngen und in Felsnischen brüten außerdem Wander- und Turmfalken, Uhus, Mausersegler, Dohlen und Kolkraben. Von 1997 bis 2001 brütete sogar ein Würgfalkenpaar im Gebiet. Seit 2006 wurde die Art aber nicht mehr im Nationalpark beobachtet. Im Offenland der Ebenen brüten Feldlerchen, Wiesenpieper und Braunkehlchen. Hecken- und Gebüschstrukturen werden von Neuntöter und Grasmücken besiedelt. Im Winter jagen hier Raubwürger und Kornweihen. Die vegetationsarmen Ufer an der Elbe suchen Flussuferläufer und Flussregenpfeifer nach Nahrung ab, in dichterer Ufervegetation brüten Sumpfrohrsänger und selten auch Schlagschwirle. Auf dem Durchzug lassen sich hier Greifvögel beobachten und im Winter, wenn andere Gewässer zugefroren sind, nutzen zahlreiche Wasservögel wie Tafel-, Reiher- und Schellenten sowie Gänsesäger die offene Elbe.

» Reisezeit

Die beste Reisezeit für Vogelbeobachter ist das späte Frühjahr und der Frühsommer. Die singenden Brutvögel sind dann in der dichten Vege Spechte und Eulen lassen sich fast nur sehr früh im Jahr entdecken. Im Sommer ist es oft sehr still im Wald und im Herbst und Winter, wenn viele Zugvögel das Gebiet bereits verlassen haben, sind viele Wege verschneit und nicht begehbar.

» Beobachtungsmöglichkeiten

Vögel beobachten kann man von den zahlreichen Wanderwegen aus. Spezielle Beobachtungseinrichtungen gibt es keine. Um Wasseramseln, Eisvögel und Gebirgsstelzen in und an den Bächen zu beobachten, lohnt sich eine Wanderung durch das Kirnitzschtal von Bad Schandau zur Neumannmühle oder weiter nach Hinterhermsdorf. Auch Wanderungen im Polenz-, Sebnitz- und Bielatal sind lohnenswert.

Typische Buchenwälder auf Basaltgestein finden sich im Bereich des Kleinen und Großen Winterbergs, man erreicht sie am besten von Schmilka aus. Auch die Wälder um Großdorf (Hankehübel, Gickelsberg) oder der Panoramaweg von Bad Schandau-Ostrau nach Lichtenhain sind einen Besuch wert. Wer Felsenbrüter sehen möchte, dem seien die zahlreichen Wege im Süden des Gebietes empfohlen (z. B. im Bereich der Schramm- und Affensteine oder des Kleinen und Großen Zschand) aber auch die Bärensteine und der bekannte Lilienstein. Im Nationalpark werden zahlreiche naturkundliche Führungen angeboten (Broschüre bei der Nationalparkverwaltung und auf deren Homepage erhältlich) und die Ausstellungen in den Informationsstellen und im Nationalparkzentrum bieten viele Hintergrundinformationen. Eine Ausstellung zum Nationalpark gibt es in Bad Schandau, Infostellen auf dem Großen Winterberg und in der Amselfallbaude (siehe Adressen).

» Weitere Freizeitmöglichkeiten

Ein Netz von ca. 400 km Wanderwegen, ergänzt durch spezielle Pfade für Bergwanderungen, lädt im Nationalpark zu ausgedehnten Touren ein (Wegegebote beachten!) und Kletterfreunde kommen auf den 745 ausgewiesenen (!) Kletterfelsen und mit ca. 11 600 Kletterwegen auf ihre Kosten. Selbstverständlich lohnt sich auch ein Besuch im angrenzenden Nationalpark Böhmische Schweiz. In Bad Schandau gibt es ein Heimatmuseum mit einer Ausstellung u. a. zum Naturraum und zur Landschaftsgeschichte, im Stadtmuseum von Pirna kann man Informationen über die Geologie des Gebietes bekommen. Ein weiteres Heimatmuseum findet man in Sebnitz.

Schwarzspechte zimmern Höhlen, die im Nationalpark u. a. von Raufußkäuzen und Hohltauben genutzt werden. Im Bild ein Männchen, erkennbar an dem komplett roten Vorderscheitel. Foto: W. Willner.

Das Polenztal im westlichen Teilbereich des Nationalparks in der Nähe von Hohnstein. Foto: H. Riebe.

Typische Vogelarten der Nationalparkregion, deren Status und günstige Beobachtungszeit (in Klammern)
h = häufig, r = regelmäßig, s = seltener
J = Jahresvogel, B = Brutvogel, W = Wintergast, D = Durchzügler

Art	Status (beste Beobachtungszeit)
Baumpieper	rB (Mai – Sept.)
Bergfink	rD, rW (Okt. – März)
Birkenzeisig	sJ (ganzjährig)
Braunkehlchen	rB (Mai – Sept.)
Fischadler	rD (März – April, Aug. – Okt.)
Flussregenpfeifer	rD (April – Sept.)
Flussuferläufer	rD (Mai – Aug.)
Gebirgsstelze	hB (Feb. – Okt.)
Grauspecht	sJ (ganzjährig)
Grünlaubsänger	sB (Juni – Aug.)
Gänsesäger	rB, rW (Nov. – März)
Halsbandschnäpper	sB (Mai – Aug.)
Hohltaube	rB (März – Sept.)
Kolkrabe	rJ (ganzjährig)
Kornweihe	rD (Okt. – März)
Raubwürger	sW (Okt. – März)
Raufußkauz	rJ (März – Juli)
Schellente	rD, rW (Okt. – März)
Schwarzspecht	rJ (ganzjährig)
Schwarzstorch	sB (April – Aug.)
Sperlingskauz	rJ (März – Juli)
Tannenhäher	sJ (ganzjährig)
Turteltaube	sB (Mai – Sept.)
Uhu	rJ (ganzjährig)
Wachtel	sB (Mai – Sept.)
Waldlaubsänger	rB (Mai – Aug.)
Waldschnepfe	rB (März – Sept.)
Wanderfalke	rB (ganzjährig)
Wasseramsel	rJ (ganzjährig)
Wendehals	sB (Mai – Sept.)
Wespenbussard	sB (Mai – Aug.)
Zwergschnäpper	sB (Juni – Aug.)

Anfahrt

Mit Bus, Bahn und Schiff:
Von Dresden mit der Bahn nach Bad Schandau oder Sebnitz (halbstündlich) oder mit der Fähre von Dresden nach Bad Schandau (von Mai bis Oktober etwa stündlich).
Die beiden Teilgebiete sind durch die Elbfähre Schöna–Hensko (ab Bhf. Schöna, nach Bedarf) und den Nationalparkexpress (Königstein–Mezní Louka, 4x täglich) verbunden.
Eine im Nationalparkzentrum erhältliche Broschüre enthält neben aktuellen Fahrplänen auch eine Übersichtskarte und Wandertipps.

Mit dem Auto:
Von Dresden auf der B 172 nach Bad Schandau.

Adressen

Staatsbetrieb Sachsenforst - Nationalparkverwaltung Sächsische Schweiz, An der Elbe 4, 01814 Bad Schandau, Tel.: 035022/900600, E-Mail: poststelle.sbs-nationalparkamt@smul.sachsen.de, Internet: www.nationalpark-saechsische-schweiz.de
Nationalparkzentrum Sächsische Schweiz, Dresdner Str. 2b, 01814 Bad Schandau, Tel.: 035022/50230,
www.saechsische-landesstiftung.de/de/Nationalparkzentrum.html
Besondere Beobachtungen melden Sie bitte an Herrn Augst:
ulrich.augst@smul.sachsen.de

Unterkünfte
Tourismusverband Sächsische Schweiz, Tel.: 03501/47 01 47, E-Mail: info@saechsische-schweiz.de, www.saechsische-schweiz.de

Ausstellungen
Nationalparkzentrum, Dresdner Str. 2b, 01814 Bad Schandau, Tel.: 035022/50240, Öffnungszeiten: April–Okt. tägl. 9–18 Uhr, Nov.– März tägl. 9–17 Uhr (montags geschlossen), Januar geschlossen.
Nationalpark-Informationsstelle Amselfallbaude zwischen Rathen und Rathewalde (Tel.: 035975/81219), Öffnungszeiten: April u. Oktober: 10-16 Uhr, Mai – Sept.: 10-17 Uhr, täglich geöffnet)
Nationalpark-Informationsstelle Eishaus auf dem Großen Winterberg 1, 01814 Bad Schandau (Tel.: 035022/40050), Öffnungszeiten wie Amselfallbaude
Forsthistorisches Freigelände in Hinterhermsdorf: frei zugänglich, auch für Kinder interessant, Parkplatz an der Buchenparkhalle.

GPS

Bad Schandau (Ortsmitte)	50°55'00.93" N	14°09'12.77" O
Hinterhermsdorf (Ortsmitte)	50°55'21.99" N	14°21'22.98" O
Schmilka (Ortsmitte)	50°53'34.29" N	14°13'46.15" O
Gickelsberg (Ortsmitte)	51°06'41.58" N	14°18'15.19" O
B. Schandau-Ostrau (Ortsm.)	50°55'17.28" N	14°10'30.99" O
Lichtenhain (Ortsmitte)	50°56'46.62" N	14°14'16.77" O
Nationalparkzentrum	50°55'11.53" N	14°09'06.16" O
Eishaus (Großer Winterberg)	50°53'49.47" N	14°15'40.48" O
Neumannmühle	50°55'28.57" N	14°17'12.87" O
Amselfall	50°58'23.64" N	14°04'32.74" O

Die Rheinauen
in Rheinland-Pfalz und Hessen

Zwischen den Kuckucksuhren in der touristisch berühmten Drosselgasse in Rüdesheim am Rhein sind die Touristen näher an der Vogelwelt als es auf den ersten Blick scheint: Im nahe gelegenen Rhein liegen nämlich die vier Inseln Rüdesheimer Aue, Fulder-Aue, Ilmen-Aue und Mariannenaue und bilden mit den angrenzenden Stillwasserflächen das Europareservat „Rhein zwischen Eltville und Bingen", das eine überragende Bedeutung als internationaler Rast- und Überwinterungsplatz für Wasservögel hat. Das Gebiet liegt länderübergreifend in Hessen und Rheinland-Pfalz und umfasst 470 ha. Es erstreckt sich über 17 Kilometer entlang des zeitweise bis zu fast einem Kilometer breiten Rheins. Die vier Inseln und besonders wertvolle vorgelagerte Uferzonen sind als Naturschutzgebiete ausgewiesen. Gemeinsam mit dem östlich angrenzenden 165 ha großen Naturschutzgebiet Haderaue-Königsklinger Aue findet sich an der am meisten befahrenen Binnenwasserstraße Europas ein wertvolles Rückzugsgebiet für viele Vogelarten, das auch als Natura 2000-Gebiet gemeldet ist.

» Lebensräume

Bevor der Rhein ab Bingen durch das enge Mittelrheintal des Rheinischen Schiefergebirges fließt, wird der Abfluss durch harte Quarzitfelsen am Binger Loch behindert, weshalb der Strom zwischen Mainz und Bingen nur eine sehr geringe Fließgeschwindigkeit aufweist. Mitgeführter Kies, Sand und Schlick wurde abgelagert und bildete Inseln, weshalb der Abschnitt „Inselrhein" genannt wird. Die Inseln, die man hier Auen nennt, wurden ursprünglich durch die Dynamik des Flusses stetig verändert. Seit dem 19. Jahrhundert kam es jedoch zunehmend zu menschlichen Eingriffen, in deren Folge die Inseln weitgehend festgelegt wurden. Trotzdem konnten sich im Bereich des Inselrheins noch Reste eines dynamischen Lebensraumes halten: Zwischen den Leitwerken (Steinaufschüttungen) haben sich große seichte Stillwasserzonen mit Sand- und Schlammbänken entwickelt, die störungsarme Rastplätze für Zugvögel bilden. Die Inseln und die Uferbereiche auf der Südseite des Rheins weisen eine abwechslungsreiche Auenlandschaft mit Schilfröhricht auf; Weichholzauen, Feuchtwiesen sowie kleine unbewachsene Kies- und Sandstrände bilden ein vielfältiges Mosaik. Vom Hartholzauenwald gibt es nur noch einen geringen Restbestand, da in den 1950er Jahren zunehmend Hybridpappeln (auch auf den Inseln) angepflanzt wurden. Nahe den drei ehemaligen Inseln Sandaue, Harter Aue und Haderaue finden sich vom Rhein abgeschnittene Altwässer. Vor allem im östlichen Teil des Gebietes ist die natürliche Auenvegetation teilweise durch Obstbauflächen und Äcker ersetzt.

» Besondere Vogelarten

In den Rheinauen wurden bisher 234 Vogelarten nachgewiesen, von denen 136 hier brüten. Im Auwald leben Grün- und Mittelspecht, Beutelmeise, Pirol und Nachtigall. In den hohen Bäumen brüten Schwarzmilane und Hohltauben. In den offenen Gebieten kann man Steinkäuze und Kiebitze sehen. Letztere gehören zu den häufigsten Rastvögeln. Auf den Schlammbänken, die bei Niedrigwasser frei fallen, suchen im Spätsommer Limikolen nach Nahrung. Unter den 29 bislang nachgewiesenen Arten sind Flussuferläufer häufige Gäste, aber auch Sandregenpfeifer, Alpenstrandläufer, Kampfläufer, Grün- und Rotschenkel, Bekassine, Großer Brachvogel und seltener Zwerg- und Sichelstrandläufer wurden beobachtet. Auf den Kiesbänken brüten Flussregenpfeifer, während sich Haubentauchernester auf den Altwässern, z.B. dem Sporkenheimer Altrhein finden. Die große Bedeutung des Gebietes für den Vogelschutz wird aber vor allem während der kalten Jahreshälfte deutlich, wenn tausende Entenvögel auf den Wasserflächen rasten oder überwintern. Graugänse, Reiher-, Tafel-, Stock-, Krick-, Schell- und Schnatterente sind dann besonders häufig. Seltener lassen sich Sterntaucher, Singschwan, Blässgans, Trauer-, Samt- und Bergente blicken. Der Inselrhein ist der größte Möwenschlafplatz Süddeutschlands und bietet daher hervorragende Möglichkeiten zur Möwenbeobachtung. Regelmäßig überwintern Sturm-, Mittelmeer-, Steppen-, Silber- und Heringsmöwen. Auf dem Durchzug lassen sich auch Schwarzkopf- und Zwergmöwen sowie Küsten-, Fluss- und Trauerseeschwalbe sehen. Mit etwas Glück kann man im Herbst auch Fischadler beobachten.

» Reisezeit

Besonders interessant ist das Gebiet während des Winterhalbjahrs und der Zugzeit, wenn zahlreiche Wasservögel überwintern oder rasten. Watvögel sieht man hauptsächlich auf dem Wegzug im Spätsommer. Aber auch das Frühjahr und der Frühsommer eigenen sich für interessante Beobachtungen. Dann tönt der Gesang von Nachtigall, Pirol oder Teichrohrsänger durch die Rheinauen und Kormorane, Graureiher und Weißstörche füttern ihre Jungen.

» Beobachtungsmöglichkeiten

Das Gebiet ist recht lang gestreckt und sollte daher am besten mit dem Rad oder in Einzeletappen erkundet werden. Auf dem Rheinauenpfad (ca. 15 km einfache Strecke) entlang des rheinland-pfälzischen Rheinufers (Südufer), der mit Informationstafeln über die Lebensräume, Pflanzen und Tiere informiert, lässt sich das Gebiet der Rheinauen gut entdecken. Der Pfad beginnt an den Pfeilern der ehemaligen Hindenburgbrücke, die im zweiten Weltkrieg gesprengt wurde und nun von der Vogelwelt genutzt wird: Wir konnten auf einem alten Brückenpfeiler ein Paar der Mittelmeermöwe beim Füttern seiner Jungvögel beobachten. Von hier hat man auch einen guten Blick auf den östlichen Bereich der Rüdesheimer Aue, wo in den Bäumen die Nester von Graureihern und mehr als 100 Brutpaaren des Kormorans zu entdecken sind (ein Spektiv ist empfehlenswert). Der Weg führt vorbei an Weichholzauenresten, Schilfröhrichten, Feuchtwiesen und kleinen Sandstränden. Es bietet sich immer wieder die Gelegenheit, vom Ufer aus die Vögel im Flachwasser und

Typische Vogelarten, deren Status und günstige Beobachtungszeit (in Klammern)
h = häufig, r = regelmäßig, s = seltener; B = Brutvogel, W = Wintergast, D = Durchzügler

Beobachtungsliste einiger typischer Vögel	Status (beste Beobachtungszeit)	Beobachtungsliste einiger typischer Vögel	Status (beste Beobachtungszeit)
Alpenstrandläufer	rD (Juli-Okt.)	Pfeifente	rW (Sept.-März)
Bekassine	rD (März-April, Juli-Aug.)	Pirol	rB (Mai – Aug.)
Bergente	sW (Sept.-März)	Reiherente	hW (Aug.-April)
Beutelmeise	rB (April – Sept.)	Rotschenkel	sD (Juli-Aug.)
Blässgans	sW (Nov.-März)	Saatgans	sW (Nov.-März)
Eiderente	sW (Okt.-März)	Samtente	sW (Okt.-März)
Eisente	sW (Okt.-März)	Sandregenpfeifer	sD (Juli-Sept.)
Eisvogel	rB (ganzjährig)	Schellente	hW (Sept.-April)
Fischadler	rD (März-April, Aug.-Okt.)	Schnatterente	rW (Sept.-März)
Flussregenpfeifer	rB (April-Sept.)	Schwarzkopfmöwe	rD (Mai, Aug.-Sept.)
Flussseeschwalbe	rD (April-Sept.)	Schwarzmilan	rB (April-Aug.)
Graugans	hB (ganzjährig)	Silbermöwe	hW (Sept.-März)
Grauspecht	rB (ganzjährig)	Steinkauz	sB ganzjährig
Grünschenkel	rD (Juli-Okt.)	Sterntaucher	sW (Okt.-März)
Grünspecht	rB (ganzjährig)	Sturmmöwe	hW (Okt.-März)
Gänsesäger	rW (Okt.-März)	Tafelente	rW (Sept.-April)
Haubentaucher	sB (ganzjährig)	Trauerente	sW (Okt.-März)
Heringsmöwe	rD (Apr.-Mai, Aug.-Okt.)	Trauerseeschwalbe	rD (April-Aug.)
Hohltaube	rB (März-Sept.)	Weißstorch	sB (April-Sept.)
Kiebitz	rB (März-Okt.)	Zwergmöwe	sD (April-Mai)
Kormoran	rB, hW (ganzjährig)	Zwergstrandläufer	sD (Juli-Okt.)
Krickente	rW (Sept.-April)	Zwergsäger	rW (Okt.-März)
Mittelmeermöwe	sB (ganzjährig)	Zwergtaucher	rW (April-Okt.)

GPS		
Bingen (Ortsmitte)	49°58'08.28" N	7°53'44.38" O
Bingen-Gaulsheim (Ortsmitte)	49°57'59.01" N	7°57'35.96" O
Eltville (Ortsmitte)	50°01'30.11" N	8°07'03.99" O
Rüdesheim (Ortsmitte)	49°58'44.19" N	7°55'34.88" O
Heidenfahrt (Ortsmitte)	50°00'33.66" N	8°05'54.94" O
Sporkenheim (Ortsmitte)	49°58'36.02" N	8°00'32.61" O

Anfahrt

Mit der Bahn:
Stündlich von Koblenz oder Mainz bis Bingen-Gaulsheim, von hier 10 min Fußweg bis zum NABU-Naturschutzzentrum Rheinauen. Alternativ halbstündig mit dem Linienbus ab Hbf Bingen.

Mit dem Auto:
Über die A 60 aus Richtung Mainz oder Bingen, Ausfahrt Bingen-Ost. Das Naturschutzzentrum ist innerorts ausgeschildert. Vor dem Zentrum gibt es einen Besucherparkplatz.

Adressen

NABU-Naturschutzzentrum Rheinauen, Öffnungszeiten: Werktags von 9-16 Uhr, am Wochenende auf Anfrage
An den Rheinwiesen 5,
55411 Bingen-Gaulsheim,
Tel.: 06721-14367,
E-Mail: kontakt@nabu-rheinauen.de, www.NABU-Rheinauen.de
www.auenservice.de

Tourist Information Bingen
Rheinkai 21, 55411 Bingen,
Tel: 06721/184-205 oder -206
tourist-information@bingen.de
www.bingen.de

auf den Inseln oder den Kiesflächen der Inselränder zu beobachten. Der Auenweg führt bis nach Heidesheim-Heidenfahrt, von wo aus man den Weg Richtung Mainz fortsetzen und das Naturschutzgebiet Haderaue - Königsklinger Aue entdecken kann.

Oder man fährt auf dem Radweg an der Südseite des Winterdammes zurück. Er führt an Obstanbauflächen, Brachen, Wiesen, alten Streuobstwiesen und den Altwässer „Alte Sandlache" und Sporkenheimer Altrhein entlang. Der Radweg mündet kurz vor Bingen-Gaulsheim in die Hauptstraße ein und führt nach ca. 300 m rechts in die Straße „An den Rheinwiesen". Sie führt zum NABU-Naturschutzzentrum Rheinauen, das mit einer kleinen Ausstellung und einem Naturgarten über die Rheinauen informiert.

Der NABU bietet fünfmal im Jahr ornithologischen Schiffsexkursion entlang des Europareservates von Bingen bis Eltville an. Vom Fahrwasser aus erhält man gute Einblicke in die Vogelwelt der Inseln und der ufernahen Auwälder.

» Weitere Freizeitmöglichkeiten

Entlang des Fußweges von Rüdesheim durch die Weinberge zum „Niederwald-Denkmal" lassen sich an einem Felsen Zippammern beobachten, die dort brüten. Ein Besuch im Naturschutzgebiet „Untere Nahe" lohnt sich. Es lässt sich auf dem „Flusspfad Untere Nahe" erkunden. Vor allem für Kinder interessant ist der 5,5 km lange „Erlebnispfad Binger Wald" (Info-Broschüre erhältlich bei der Stadt Bingen, Information zu Führungen unter Tel.: 0171/4775014).

Informationsmaterial/Literatur

Das NABU-Naturschutzzentrum Rheinauen gibt einen umfangreichen Landschaftsführer über das Europareservat und die Broschüre „Naturerbe Inselrhein" heraus sowie eine Broschüre über das NSG Sandlache. Der Landschaftsführer und die Broschüren sind auch als pdf-Datei auf der Internetseite des Naturschutzzentrums zu finden: www.nabu-rheinauen.de/downloads

Folz, H.G. (1999): Phänologie der Zug- und Rastvögel im nördlichen Rheinhessen 1965-1999. Eigenverlag, Engelstadt.

Der Pirol ist ein Charaktervogel der Rheinauen. Foto: K. Uhlenhaut.

Biebricher Schlosspark und Schiersteiner Aue in Wiesbaden/Hessen

Inmitten eines der am dichtest besiedelten Gebiete Deutschlands kann man auf einer kurzen Exkursion eine „merkwürdige", jedoch interessante Vogelgemeinschaft kennen lernen: In der hessischen Landeshauptstadt Wiesbaden ist es vor allem die mittlerweile stattliche Zahl frei lebender Papageien, die immer wieder Vogelbeobachter in den Schlosspark des Stadtteils Biebrich nahe des Rheins lockt. Und nur wenige Kilometer entfernt, in der Schiersteiner Aue am westlichen Stadtrand findet sich die größte Ansammlung von Weißstörchen in Hessen, die – weil sie hier besonders gut zu beobachten sind – viele Besucher anzieht. Beide Gebiete sind stark frequentierte Naherholungsgebiete, daher leicht erreichbar und auch eine nette Abwechslung, wenn es einen in die Rhein-Main-Gegend führt.

» Lebensräume

Der von einer Mauer umgebene Biebricher Schlosspark hat bedeutende alte Baumbestände. Die meisten der größeren Bäume sind Platanen, Rosskastanien und Stieleichen. Wie es für einen Park typisch ist, besteht ein Großteil der Fläche aus Rasen und Gebüschstreifen. Im Norden steht die Ruine der Moosburg mit einem kleinen künstlichen See. Der Park wird im Süden durch das Schloss vom nahen Rhein abgegrenzt.

Nur sechs Kilometer entfernt an der Westgrenze Wiesbadens erstreckt sich die Schiersteiner Aue, innerhalb der das Naturschutzgebiet Niederwallufer Bucht mit einem Auwaldrest und dem Gebiet des Wasserwerkes mit einigen Teichen, Röhricht und Wiesen liegt. Das NSG beginnt am Schiersteiner Hafen und verläuft von dort beidseitig des Rheindeiches in westliche Richtung.

» Besondere Vogelarten

Im Biebricher Schlosspark sind es vor allem „Neubürger" unter den Vögeln, die besonders auffällig und in der Tat auch spannend sind. Hunderte von Halsbandsittichen (*Psittacula krameri*) und auch ein paar Dutzend der farblich sehr ähnlichen, aber deutlich größeren Alexandersittiche (*Psittacula eupatria*) brüten in den Höhlen der Platanen. Meist erkennt man schon an den abgebissenen Blüten oder Trieben am Boden, wo sich die langschwänzigen Sittiche bevorzugt aufhalten. Die Alexandersittiche sind außer an ihrer Größe (deren Einschätzung zu Beginn der Beobachtungen ohne direkte Vergleichsmöglichkeit mit dem kleineren Halsbandsittich schwer fällt) an ihrem rotbraunen Fleck am Flügelbug und dem vollständig roten Schnabel zu erkennen.

Die Wiesbadener Halsbandsittiche wurden erstmalig Mitte der 1970er Jahre beobachtet. Unklarheit besteht darüber, woher die Vögel kommen. Da die ersten beobachteten Papageien nicht beringt waren, gingen die Beobachter anfangs davon aus, dass jene auf die frei fliegenden Sittiche von Köln zurückgingen und von dort aus den Rhein hinaufgewandert seien. Später wurden auch beringte Papageien gesehen, was auf verschiedene Quellen der Wiesbadener Population hindeutet. Andere Beobachter vermuten deshalb, dass die ersten Vögel in Wiesbaden bei einer Exotenausstellung geflohen sind. Wie auch immer, heute können Halsbandsittiche im gesamten Stadtgebiet beobachtet werden. Vorkommens-

In Wiesbaden kann man vielerorts ganze Schwärme von Halsbandsittichen sehen. Foto: M. Schäf.

schwerpunkte im Stadtgebiet sind der Schlosspark Biebrich mit mehreren hundert Vögeln und der Kurpark am Staatstheater mit einigen Dutzend.

Die ersten Alexandersittiche wurden 1987 im Biebricher Schlosspark entdeckt, 1988 wurde das erste Brutpaar festgestellt, und bereits 2001 gab es im Park 60 Vögel. Sie sind scheuer als die Halsbandsittiche und schwieriger zu sehen.

Selbst weniger häufige, heimische Vogelarten sind in der Stadt zu entdecken. So konnten wir 2006 in der Nähe der Moosburgruine ein Mittelspechtrevier ausfindig machen. Buntspecht und Grünspecht besiedeln die Anlage ebenfalls. Mitten im Park existiert eine kleine Saatkrähenkolonie (2006: 12 Nester). Schwarzmilane kreisen häufig, mitunter überraschend im Tiefflug über den Park. Sie brü-

ten vermutlich in den Auwäldern der Rheininseln, über denen wir – vom Biebricher Schloss aus – Mitte April mehrere Schwarzmilane gleichzeitig sehen konnten. Die Artenzusammensetzung der Kleinvögel entspricht der einer typischen Park-Artengemeinschaft. Trauerschnäpper, Kernbeißer und Gartenrotschwanz gehören zu den selteneren (wahrscheinlichen) Brutvögeln. Nicht so richtig auf sei-

Das Biebricher Schloss in Wiesbaden und der angrenzende Schlosspark sind ein gutes Ziel für kulturell und ornithologisch interessierte Besucher. Foto: C. Jülch.

Vor allem die zahlreichen Höhlen in den Platanen

Die Wiesbadener Halsbandsittiche wurden erstmalig Mitte der 1970er Jahre beobachtet.
Foto: M. Braun.

ne Kosten kommt, wer Wasservögel erwartet. Dafür ist der Teich an der kleinen Moosburgruine doch zu unnatürlich.

In der Schiersteiner Aue sind zwar auch Halsbandsittiche zu sehen, hier ist es jedoch die große Zahl der brütenden Weißstörche, die das Gebiet interessant macht. Rund 20% aller hessischen Brutpaare sind hier auf einer kleinen Fläche konzentriert. Nester werden vor allem auf den hohen Strommasten angelegt, auf einem befinden sich sogar neun Nester. Andere Paare brüten auf Bäumen, auf eigens hierfür aufgestellten Masten mit Nisthilfen, auf einem Hochsitz und auf einer Gartenlaube. Wasservögel wie Haubentaucher und Löffelente sind in kleiner Zahl auf den Teichen zu sehen, Wasserrallen hört man aus dem Röhricht rufen. Im Schilf lebt auch eine kleine Zahl von Blaukehlchen, Rohrammern und Teichrohrsängern. Einige Graugansbpaare brüten ebenfalls hier. Nachtigallen singen in den Auwaldresten und feuchten Gebüschen vor allem zwischen dem Deich und dem Rhein. In Wiesbaden-Schierstein liegt auch ein wichtiger Schlafplatz der Papageien.

geien und Staren Nistmöglichkeiten.
Foto: C. Jülch.

Anreise

Mit Bus und Bahn

Biebricher Schlosspark: Von Wiesbaden Hauptbahnhof mit dem Bus 14 bis zur Haltestelle Schloss, Wiesbaden Biebrich (Richtung Wal-Markt, Wiesbaden Biebrich, 14 Min; an Sonntagen Richtung Oderstraße, Wiesbaden-Schierstein), von hier sind es nur wenige Minuten bis zum südlichen Parkeingang. Der Schiersteiner Hafen wird vom Bus 23 angefahren.

Mit dem Auto

A66 (Rhein-Main-Schnellweg) bis zur Abfahrt 4 „Wiesbaden Biebrich", Biebricher Allee nach Süden Richtung Biebrich, nach den Bahnschienen rechts in die Äppelallee, sofort wieder links in die Straße „Am Schlosspark". An der Parkmauer stehen Parkplätze zur Verfügung. Zum Schiersteiner Hafen folgt man einfach der Äppelallee in westliche Richtung, überquert die A643 folgt anschließend der Rheingaustraße (K648), in Schierstein links Richtung Hafen.

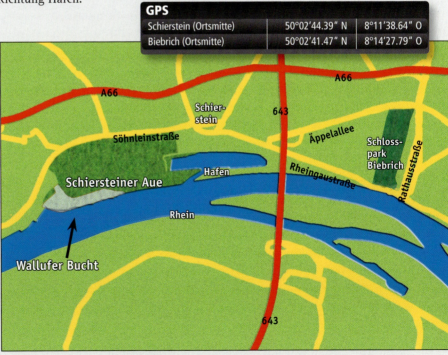

GPS		
Schierstein (Ortsmitte)	50°02'44.39" N	8°11'38.64" O
Biebrich (Ortsmitte)	50°02'41.47" N	8°14'27.79" O

Vom Rheinufer in Höhe des Biebricher Schlosses kann man häufig Schwarzmilane bei der Nahrungssuche beobachten. Manchmal überqueren sie dabei auch den Schlosspark. Foto: H.-J. Fünfstück.

» Beobachtungszeit

Eine günstige Zeit für einen Besuch ist der zeitige Frühling, wenn die Bäume noch unbelaubt sind. Die Sittiche sind dann auf Brutplatzsuche und rivalisieren laut lärmend um die zahlreichen Höhlen in den Platanen und Kastanien. Man kann dann auch die Spechte noch gut finden. Später im Jahr sind die Vögel in den dicht belaubten Bäumen nur schwierig zu entdecken. Im Winter halten sich die Papageien tagsüber im Park auf, abends fliegen sie in Trupps zu ihren Schlafplätzen außerhalb des Parks. Am Pfingstwochenende ist der Park wegen eines Reitturniers für den Publikumsverkehr nur gegen Eintritt begehbar.

Die Schiersteiner Aue ist vor allem im Frühling und frühen Sommer ein lohnendes Reiseziel. Dann bauen die Störche ihre Nester, und auch die anderen Brutvögel sind vergleichsweise auffällig, sodass man auch eine Chance hat, Blaukehlchen und Nachtigall zu sehen.

Ein recht großer Teil der Weißstörche bleibt über den Winter im Gebiet. Dann werden sie gefüttert. Auf den Teichen sind auch während der Zugzeit Wasservögel zu sehen, im Winter ist der Rhein ein gutes Ziel, um Wasservögel zu beobachten.

» Im Gebiet unterwegs

Der Biebricher Schlosspark ist von einem dichten Wegenetz (befestigte und unbefestigte Wege) durchzogen. Viele Bänke laden zum entspannten Vogelbeobachten ein.

Die Schiersteiner Aue ist von den Parkplätzen am Hafen leicht erreichbar (ca. 200 m). Das Gebiet erstreckt sich beiderseits des Rheindeiches, auf dem ein befestigter Weg angelegt wurde. Von diesem Weg blickt man von oben auf die nahen Teiche und Röhrichtflächen. Die dahinter liegenden Wiesen und die vielen Storchennester sind von hier ebenfalls einsehbar. Ein zweiter Weg führt nur etwa 100 m parallel dazu am Rheinufer entlang, er ist im Spätwinter oder Frühling gelegentlich überschwemmt.

» Weitere Freizeitmöglichkeiten

Für interessierte Obstkundler bietet sich ein Besuch des pomologischen Gartens an, der am Westrand des Biebricher Schlossparks liegt.

Nur rund 30 km westlich von Wiesbaden liegt das Europareservat Rheinauen mit seiner hohen Bedeutung vor allem für überwinternde Vögel.

Typische Vogelarten, deren Status und günstige Beobachtungszeit (in Klammern) im Biebricher Schlosspark (B) und in der Schiersteiner Aue (S)
h = häufiger, r = regelmäßiger, s = seltener, B = Brutvogel, D = Durchzügler

Art	Status (beste Beobachtungszeit)
Alexandersittich (B)	hB (ganzjährig)
Blaukehlchen (S)	sB (April – Sept.)
Buntspecht (B,S)	rB (ganzjährig)
Eisvogel (S)	sB (ganzjährig)
Gartenrotschwanz (B)	sB (Mai – Sept.)
Graugans (S)	rB (ganzjährig)
Grünspecht (B, S)	sB (ganzjährig)
Halsbandsittich (B, S)	hB (ganzjährig)
Haubentaucher (S)	sB (ganzjährig)
Kernbeißer (B)	rB (ganzjährig)
Löffelente (S)	D (Aug. – Mai)
Mittelspecht (B)	sB (ganzjährig)
Nachtigall (S)	sB (Mai – Aug.)
Nilgans (B)	sB (ganzjährig)
Saatkrähe (B)	rB (ganzjährig)
Schwarzmilan (B, S)	rB (April – Aug.)
Wasserralle (S)	rB (ganzjährig)
Weißstorch (S)	hB (ganzjährig)

Das Naturschutzgebiet Kühkopf-Knoblochsaue in Hessen

Der Rhein bildete vor vielen Jahrhunderten zwischen den Städten Gernsheim und Oppenheim seinen längsten Mäander am Oberrhein. Bei der Begradigung dieses Rheinabschnittes wurde die über 10 km lange Schleife 1828/1829 durchstochen. Hierdurch entstand, nur 30 km südlich von Frankfurt und 15 km westlich von Darmstadt, die Rheininsel „Kühkopf". Dieses Gebiet und die nördlich anschließenden Wälder der „Knoblochsaue" sind bereits seit 1952 mit ca. 2400 ha als Hessens größtes Naturschutzgebiet „Kühkopf-Knoblochsaue" geschützt. Das Prädikat Europareservat und der Schutz als EU-Natura 2000 Gebiet belegen seine ökologische Bedeutung.

» Lebensräume

An den noch durchströmten „Altrhein" schließen sich im alten Flussbett umfangreiche Verlandungszonen an. Stillwasserzonen in ruhigen Altarmen wechseln sich mit Weichholzauen ab, die ihr Gesicht auch heute noch erkennbar verändern. In den ausgedehnten Kopfweidenwäldern, die einst auf dem Niveau der Weichholzaue angelegt worden sind, wurde die traditionelle Nutzung der Bäume vielerorts aufgegeben, so dass lichte Silberweidenwälder entstehen. Durch dauernde Auflandung (Sedimentation) bei Hochwassern haben hier bereits Pflanzengesellschaften der Hartholzaue Fuß gefasst. Die nach dem 2. Weltkrieg gepflanzten Hybridpappel-Plantagen werden an vielen Stellen durch Stieleichen ersetzt. Übrig bleiben Stümpfe und abgestorbene Stämme als neue Lebensräume – nicht nur für viele Vogelarten.

Die Hartholzauewälder, die in Mitteleuropa zu den artenreichsten natürlichen Lebensgemeinschaften zählen, liegen vor allem im Nordwesten der Insel und in der Knoblochsaue. Waldfreie Gebietsteile werden als Mähwiesen gepflegt.

» Besondere Vogelarten

In den vergangenen 20 Jahren wurden im Naturschutzgebiet und der näheren Umgebung 250 Vogelarten beobachtet, 121 davon brüten hier. Das Gebiet ist auffallend reich an

Charaktervogel des Kühkopfes und gleichzeitig Symbol des Naturschutzes ist der Schwarzmilan. Foto: H. Zettl.

Spechten. Sechs Arten leben hier in hoher Dichte. Der Mittelspecht hat seinen Bestand seit 20 Jahren auf ca. 100 Brutpaare vervierfacht, was örtliche Beobachter auf die Aufgabe der Waldbewirtschaftung zurückführen. Wald- und Gartenbaumläufer kann man schon im Spätwinter am südlichen Altrheinarm nebeneinander singen hören. Auf den Dammwegen fallen im März die zahlreichen Schwanz- und Weidenmeisen auf. Das Blaukehlchen besiedelt das Gebiet mit wachsendem Bestand und brütet neuerdings auch am Rande der Rapsfelder mitten in der Feldflur. Das Gesamtgebiet ist dicht von Greifvögeln besiedelt. Im Jahre 2001 brüteten allein 62 Schwarzmilanpaare innerhalb des NSG, darüber hinaus auch Mäuse- und Wespenbussard, Rotmilan, Habicht, Sperber, Rohrweihe, Turm- und Baumfalke. Fischadler rasten auf dem Zug im April und im Spätsommer regelmäßig, Kornweihen überwintern im Gebiet. Der Kühkopf ist ein traditioneller Überwinterungsplatz für ca. 3000 Saatgänse, die dort schlafen und tagsüber in den nahe liegenden Feldern äsen. In wachsender Zahl überwintern auf den Rapsäckern der Umgebung Höcker- und Singschwäne.

» Reisezeit

Zahl und Artenvielfalt der Wasservögel ist sehr stark vom Wasserstand abhängig. Da das Naturschutzgebiet zur Überschwemmungsaue des Rheins gehört, können Schwankungen bis zu 7 m betragen. Bei Niedrigwasser sind daher die Altarme trocken; bei Hochwasser ist das Gebiet stellenweise nicht zugänglich. Wasservögel sind also nicht oder kaum zu sehen.

Die besten Beobachtungsmöglichkeiten sind bei Mittelwasser, das etwa einen Wasserstand von 1,5 bis 3 m am Pegel Worms entspricht und in der meisten Zeit des Jahres auftritt. Ab 5 m am Pegel Worms ist der Kühkopf unzugänglich. Vogelbeobachter finden optimale Bedingungen, wenn zu Zugzeiten nach Hochwasser auf den Wiesen noch Restwassertümpel stehen. Ab Mai und bei hohen Wasserständen können die dann häufig auftretenden Stechmücken („Rheinschnaken") das entspannte Beobachten stark behindern. Abwehrmittel werden empfohlen!

» Beobachtungseinrichtungen

Das beschriebene Gebiet ist recht groß und lohnt mehr als nur einen Tagesausflug. Auf dem Kühkopf selbst kann man in einer mehrstündigen Wanderung zwischen Erfelden im Osten und dem Rhein im Westen die größte ökologische Vielfalt auf dem nördlichen Dammweg erleben. Auf einer Beobachtungsstrecke von rund 6 km finden sich dort drei Beobachtungsstände und viele Informationstafeln an geeigneten Plätzen. Der Dammweg ist schmal und für Fußgänger und Radfahrer gleichermaßen zugelassen. Zur Schonung der Nerven wird empfohlen, früh aufzubrechen und die Sonntage zu meiden. Für den Rückweg sollte dann der auf Teilstrecken von Obstbäumen gesäumte, zentrale Weg der Insel benutzt werden, der durch Offenland führt und für die Beobachtung von Greifvögeln günstig ist. Er führt auch zum Informationszentrum des Naturschutzgebietes bei Stockstadt.

Typische Vogelarten, deren Status (günstige Beobachtungszeit)
h = häufig, r = regelmäßig, s = selten
J = Jahresvogel, B = Brutvogel, W = Wintergast, D = Durchzügler

Art	Status (beste Beobachtungszeit)	Art	Status (beste Beobachtungszeit)
Baumfalke	sB, rD (April – Sept.)	Pfeifente	hD, hW (Okt. – März)
Beutelmeise	rB (April – Sept.)	Pirol	hB, hD (Mai – Aug.)
Blaukehlchen	hB (April – Sept.)	Rohrweihe	sB, sD (April – Sept.)
Blässgans	rW (Okt. – März)	Rotmilan	rB, hD (März – Aug.)
Fischadler	rD (April, Aug. – Okt.)	Saatgans	hW (Okt. – März)
Gartenrotschwanz	hB (Mai – Aug.)	Schafstelze	hB, hD (April – Sept.)
Grauammer	rB, rD (März – Sept.)	Schellente	hW (Okt. – März)
Graugans	hJ (ganzjährig)	Schnatterente	hD, hW (Aug. – April)
Grauspecht	rJ (ganzjährig)	Schwarzkelchen	rB, rD (März – Sept.)
Grünspecht	rJ (ganzjährig)	Schwarzmilan	hB (April – Aug.)
Haubentaucher	rJ (ganzjährig)	Schwarzstorch	rD (April – Aug.)
Kampfläufer	rD (März – April, Juli – Sept.)	Spießente	rD, sW (Febr. – April)
Kleinspecht	hJ (ganzjährig)	Weißstorch	rB (hD April – Aug.)
Kornweihe	rW (Okt. – März)	Wespenbussard	sB, rD (Mai – Aug.)
Kranich	hD (Okt. – Nov.)	Zwergsäger	rW (Okt. – März)
Krickente	hD, hW (Aug. – April)	Zwergtaucher	rJ (ganzjährig)
Mittelspecht	hJ (ganzjährig)		

In der Knoblochsaue bieten ein Beobachtungsstand gegenüber einem ständig wasserführenden Seitenarm mit dem ungewöhnlichen Namen „Aquarium" sowie der „Mistweg" nahe dem Forsthaus Knoblochsaue gute Beobachtungsmöglichkeiten. Beide Plätze sind vom Parkplatz am Eingang des Waldes auf einem Dammweg erreichbar. Auch die Brücke über den Schusterwörther Altrhein im Norden des NSG ist als Beobachtungsplatz besonders zu empfehlen.

» Weitere Freizeitmöglichkeiten

Das Informationszentrum Kühkopf-Knoblochsaue, nahe der Stockstädter Brücke informiert über das Naturschutzgebiet, bietet Führungen und Vorträge an. Literatur über das Gebiet kann hier erworben werden. Eine Ausstellung, in der auf einem Modell des Gebiets per Knopfdruck Hochwasser simuliert werden kann, informiert über den Lebensraum Aue inklusive Tier- und Pflanzenwelt. Außerhalb findet sich ein Auenerlebnispfad. Öffnungszeiten: Samstag, Sonntag und Feiertags 9.00-17.00 Uhr. Fachexkursionen ins Gebiet werden von dort auf Anfrage durchgeführt. Das Hofgut Guntershausen, direkt neben dem Infozentrum, fördert Umweltpädagogik, Kultur und Geschichte im ländlichen Raum, wobei verschiedene Veranstaltungen angeboten werden (www.hofgut-guntershausen.de).

Infomaterial

Klemp, H. (1997): Der Atem der Auen – Streifzüge durch Kühkopf und Knoblochsaue. Fraund, Mainz.
50 Jahre Naturschutzgebiet Kühkopf-Knoblochsaue.
Bezug:Regierungspräsidium Darmstadt, Wilhelminenstraße 1-3, 64278 Darmstadt.

GPS		
Erfelden (Ortsmitte)	49°50'06.12" N	8°28'08.78" O
Stockstadt (Ortsmitte)	49°48'33.57" N	8°28'01.15" O

Anreise

Der Kühkopf ist jederzeit über je eine Brücke (Parkplätze s. Karte) in Stockstadt oder Erfelden zu Fuß oder per Fahrrad zugänglich.

Mit der Bahn:
Regelmäßig verkehren die Bahnlinien S7 des RMV oder ein RE ab Frankfurt oder Mannheim nach Stockstadt oder Riedstadt/Goddelau. Von hier aus sind jeweils noch etwa eine halbe Stunde Fußweg zu den Brücken zu rechnen. Von Darmstadt aus sind die beiden Orte mit dem Bus 5505 zu erreichen.)

Mit dem Auto:
Über die Autobahnen A67 bzw. A5 auf die B44. Zwischen Gernsheim und Groß-Gerau liegen Stockstadt und Erfelden. Ausgeschilderte Parkplätze gibt es an beiden Brücken. Der Kühkopf ist nicht befahrbar.

Adressen

Hessisches Forstamt Groß-Gerau
Robert-Koch-Straße 3
64521 Groß-Gerau
Tel.: 06152-92490
E-Mail: forstamtgrossgerau@forst.hessen.de, www.hessen-forst.de

Infozentrum Kühkopf-Knoblochsaue
Öffnungszeiten: Samstags, Sonntags sowie an Feiertagen 9.00-17.00 Uhr, sowie auf Anfrage
Tel.: 06158-86980
(postalisch bei Forstamt Groß-Gerau)
E-Mail: infozentrum.kuehkopf@t-online.de
www.kuehkopf.hessen.de

Auf der Website gibt es aktuelle Informationen, umfangreiche Artenlisten und Adressen für Übernachtungsmöglichkeiten. Übernachtungsmöglichkeiten auch in Frankfurt und Darmstadt.

Das Naturschutzgebiet Wagbachniederung in Baden-Württemberg

Zwischen Karlsruhe und Mannheim, südöstlich von Speyer, liegt am Rande der Oberrheinniederung das Naturschutzgebiet Wagbachniederung. Das Feuchtgebiet, das zu den ornithologisch herausragenden Gebieten in Baden-Württemberg zählt, ist Bestandteil des gleichnamigen Vogelschutzgebietes und grenzt an das FFH-Gebiet „Rheinniederung von Philippsburg bis Mannheim". Auf einer Fläche von 224 ha hat das künstlich geschaffene Feuchtgebiet dem Vogelbeobachter erstaunlich viel zu bieten. Es beherbergt sowohl einige Brutvogelarten, die vielen Beobachtern nur aus Südeuropa vertraut sind, als auch einige Durchzügler, die viele nur aus Norddeutschland kennen.

» Lebensräume

Vor etwa 8000 Jahren wurde ein nach Osten reichender Mäander des Rheins durch die (natürliche) Verlagerung des Gewässerbetts vom Fluss abgeschnitten. Dieses Altwasser verlandete nach und nach und so entwickelte sich die großflächig vermoorte Wagbachniederung. Das Niedermoor wurde in der Folge teilweise vom Menschen entwässert und Teile des Torfköpers wurden abgebaut. Als Mitte des 19. Jahrhunderts im angrenzenden Waghäusel eine Zuckerfabrik ihren Betrieb aufnahm, begannen noch einschneidendere Veränderungen. Teile der Niederung wurden von nun an von der Fabrik zur Abwasserklärung und zur Entsorgung der Klärschlämme genutzt. Das hatte die Zerstörung großer Teile des Feuchtgebietes zur Folge und führte darüber hinaus zu einem sehr hohen Nährstoffeintrag in angrenzende Flächen. Zugleich entstanden für einige Vogelarten bedeutende Lebensräume: Auf den wachsenden Schlammflächen konnten viele durchziehende Limikolen Nahrung finden. Daneben entwickelte sich ein Mosaik aus Wasser- und Schilfflächen, das heute zahlreichen Vögeln Brut- und Rastlebensräume bietet. Auch der angrenzende Kiesabbau zerstörte große Teile des ehemals etwa 700 ha großen Niedermoores. Die so entstandenen Baggerseen stellen allerdings Überwinterungsgewässer für Wasservögel dar. Auch wenn die geschaffenen Lebensräume mit ihrer neuen Artenvielfalt nicht mit dem ursprünglichen Niedermoor zu vergleichen und auch keine Rechtfertigung der früheren Naturzerstörung sind, ist die Wagbachniederung heute für ihre herausragende Flora und Fauna weithin bekannt. Teile der Niederung wurden 1983 als Naturschutzgebiet ausgewiesen, und seit die Zuckerfabrik 1995 ihren Betrieb eingestellt hat, sorgen ein Bewässerungskonzept und gezielte Pflegemaßnahmen dafür, dass das Mosaik aus Schilfbeständen, Hochstaudenfluren, Hecken- und Gehölzstrukturen und vielen Wasser- und Schlammflächen als Lebensraum für die zahlreichen Vogel-, Amphibien- und Insektenarten erhalten bleibt.

» Besondere Vogelarten

Ulrich Mahler, Ornithologe und Naturschützer, der das Gebiet schon lange betreut, kann gleich mehrere Superlative nennen: „Hier im Naturschutzgebiet brüten regelmäßig Purpurreiher (bis zu 23 Paare in den vergangenen zehn Jahren) und die gesamte Niederung ist der bedeutendste Brutplatz von Zwergdommel (bis zu 15 Paare), Schnatterente, Tafelente und Blaukehlchen Baden-Württembergs!" Im „Waghäusel", wie das Gebiet oft genannt wird, haben schon viele süddeutsche Vogelbeobachter ihren ersten „deutschen" Purpurreiher oder ihr erstes Blaukehlchen gesehen. Von letztgenannter Art brüteten in den vergangenen zehn Jahren bis zu 180 Paare in der gesamten Niederung und damit 70 – 80 % des landesweiten Bestandes. Aber auch für Zwergtaucher und Drosselrohrsänger ist die Wagbachniederung von überregionaler Bedeutung. Von Lachmöwe und Schwarzhalstaucher finden sich hier die einzigen Brutplätze im nördlichen Baden-Württemberg. Doch nicht nur die 119 bisher nachgewiesenen Brutvogelarten machen das Gebiet zu einem Hot Spot für Vogelbeobachter. Eine besondere Bedeutung kommt der Wagbachniederung auch als Rastplatz für durchziehende Limikolen zu. Neben den „üblichen" Arten wie Kiebitz, Bekassine, Alpenstrandläufer oder Bruchwasserläufer, die z.T. in großer Zahl anzutreffen sind, sieht man hier hin und wieder Sanderling, Knutt und Pfuhlschnepfe, die sich nur selten so weit im Binnenland blicken lassen. Auch Raritäten wie Steppenkiebitz, Graubruststrandläufer oder Doppelschnepfe waren schon Gäste. Zahlreiche Singvogelarten finden auf dem Durchzug Nahrung und Rastplätze, z.B. Pieper, Braun- und Schwarzkehlchen, Grasmücken, Rohrsänger, Stare und Schwalben. Und auch unter ihnen sind hin und wieder Seltenheiten zu entdecken. So wurden schon Sporn- und Rotkehlpieper, Seidensänger und Seggenrohrsänger im Gebiet gesehen. Insgesamt kommt die Wagbachniederung so auf stolze 297 nachgewiesene Vogelarten.

» Reisezeit

Das Gebiet ist zwar zu allen Jahreszeiten einen Besuch wert, doch April bis Anfang Juni sowie August bis Mitte September sind für Vogelbeobachter die ergiebigsten Reisezeiten. Im Frühjahr kann man die Stimmen von Rohrschwirl, Teich-, Drosselrohrsänger und Blaukehlchen hören, während Kuckucke über das Gebiet fliegen, um den einen oder anderen Eiablageplatz zu erspähen. Auch Zwergdommeln und Purpurreiher sind nun kräftig mit der Balz beschäftigt. Während sich viele Brutvögel nach der Brutzeit viel heimlicher verhalten und nicht mehr so gut zu beobachten sind wie im Frühjahr, lassen sich Watvögel vor allem im Spätsommer sehr gut beobachten. Wie die über den Wasserflächen kreisenden Trauerseeschwalben und die durchziehenden Singvögel nutzen sie die Chance, auf dem Weg nach Süden noch einen kurzen Zwischenstopp zur Nahrungssuche einzulegen. Im Winter, wenn viele Arten bereits im Mittelmeerraum oder Afrika sind, lohnt sich ein Besuch vor allem wegen der breiten Palette überwinternder Wasservögel. Es empfiehlt sich dann auch ein Blick über die Baggerseen westlich des Schutzgebietes.

Teichrohrsänger besiedeln von Ende April bis September die Röhrichte. Foto: M. Niethe.

» Beobachtungsmöglichkeiten

Im Naturschutzgebiet Waghäusel sind zwei Beobachtungshütten am Südufer von Teich 3c und am Nordufer von Teich 4b vorhanden. Die meisten Flächen sind von den überwiegend auf Dämmen verlaufenden Wegen und einer für den Verkehr gesperrten Straße aus gut einsehbar. Das Verlassen der Wege ist generell verboten.

» Weitere Freizeitmöglichkeiten

Über das NSG hinaus lohnt sich die Erkundung der im Westen angrenzenden Flächen. Hier liegen Äcker, artenreiche und unterschiedlich feuchte Wiesen, Schilfflächen, kleine Wasserläufe sowie die o.g. Baggerseen. Auch ein Blick über den etwa drei Kilometer entfernten Rhein und ein Spaziergang durch dessen Auwälder kann lohnenswert sein.

Wer den Ausflug in die Natur mit etwas Kultur verbinden möchte, dem empfiehlt sich ein Besuch im nahe gelegenen Speyer (ca. 15 km): Neben dem berühmten Dom, dem größten romanischen Bauwerk Deutschlands (UNESCO-Weltkulturerbe), und einem mittelalterlichen Stadttor gibt es mehrere kleinere Museen.

Literatur:

Bezirksstelle für Naturschutz und Landschaftspflege Karlsruhe (Hrsg.) (2000): Die Naturschutzgebiete im Regierungsbezirk Karlsruhe. Thorbecke-Verlag.

In der Wagbachniederung hat schon so mancher Beobachter seinen ersten „deutschen" Purpurreiher gesehen. Foto: H.-J. Fünfstück.

Typische Vogelarten und deren Status
h = häufig, r = regelmäßig, s = seltener
J = Jahresvogel (kein Brutvogel), B = Brutvogel,
W = Wintergast, D = Durchzügler, N = Nahrungsgast

Art	Status (beste Beobachtungszeit)
Alpenstrandläufer	hD (Okt.)
Bartmeise	rB, hD, rW (ganzjährig)
Baumfalke	sB, rD (Mai – Sept.)
Bekassine	hD (März – Okt.)
Bergpieper	rW (Nov. – März)
Beutelmeise	rB, rD (April – Okt.)
Blaukehlchen	hB, rD (April – Sept.)
Bruchwasserläufer	hD (Mai, Aug.)
Drosselrohrsänger	rB, rD (Mai – Aug.)
Dunkler Wasserläufer	hD (April – Mai, Aug. – Sept.)
Fischadler	rD (April, Aug. – Sept.)
Flussregenpfeifer	sB, hD (April – Sept.)
Flussseeschwalbe	sD (Aug.)
Grauammer	sB, rD (April – Okt.)
Graugans	rB, hW (ganzjährig)
Grünschenkel	hD (April – Mai, Aug. – Sept.)
Kampfläufer	hD (April – Mai, Aug. – Sept.)
Kanadagans	rB, rW (ganzjährig)
Kiebitzregenpfeifer	rD (März – Mai, Sept. – Okt.)
Knäkente	sB, rD (April – Aug.)
Kolbenente	sB, rD (März – Aug.)
Kormoran	rB, hW (ganzjährig)
Lachmöwe	hB, rW (ganzjährig)
Löffelente	sB, hD (März – Nov.)
Moorente	sD (März – April, Sept. – Okt.)
Nachtigall	hB, rD (April – Aug.)
Nachtreiher	rD (Mai – Sept.)
Purpurreiher	rB (April – Sept.)
Raubwürger	rW (Nov. – Febr.)
Rohrdommel	rW (Nov. – Febr.)
Rohrschwirl	rB, rD (April – Sept.)
Rohrweihe	rB, rD (April – Sept.)
Rotschenkel	rD (April – Juni, Sept.)
Sandregenpfeifer	hD (April, Sept.)
Schellente	rW (Nov. – Febr.)
Schilfrohrsänger	rD (April – Aug.)
Schnatterente	rB, hW (ganzjährig)
Schwarzhalstaucher	rB (April – Sept.)
Schwarzkehlchen	rB, rD (März – April, Aug. – Okt.)
Schwarzkopfmöwe	sB, rD (Mai – Sept.)
Seidenreiher	rD (Mai – Juni)
Spießente	rD (März – April)
Steinschmätzer	rD (April – Mai, Aug. – Sept.)
Tafelente	rB, hW (ganzjährig)
Temminckstrandläufer	rD (Mai, Aug.)
Trauerseeschwalbe	hD (Mai, Aug. – Sept.)
Turteltaube	rB, hD (Mai-Aug.)
Uferschnepfe	rD (März, Aug.)
Waldwasserläufer	rD (März – April, Juli – Sept.)
Wasserralle	hB, rW (ganzjährig)
Wendehals	sB, rD (April – Aug.)
Wiedehopf	rD (April – Mai)
Wiesenpieper	sB, hD (April, Sept. – Okt.)
Zwergdommel	rB, rD (Mai – Aug.)
Zwergmöwe	rD (Mai, Aug. – Sept.)
Zwergstrandläufer	hD (Mai, Aug. – Sept.)
Zwergtaucher	rB, hD (ganzjährig)

Anreise

Mit der Bahn:
Über Karlsruhe oder Mannheim nach Waghäusel. Durch den Nordausgang, rechts an der alten Zuckerfabrik vorbei, die Querstraße (zur Wallfahrtskirche) überqueren, dann über einen kleinen unbefestigten Weg in das Gebiet.

Mit dem Auto:
Von der A5 (Mannheim-Karlsruhe), Ausfahrt Bad Schönborn/Kronau/Waghäusel, über Kirrlach nach Waghäusel. Parkplätze finden sich an der Wallfahrtskirche. Von dort aus gelangt man, nachdem man die Straße überquert hat, über einen kleinen Weg in das Gebiet.

Adressen

Besucher des Gebietes werden gebeten, ihre Beobachtungsdaten an U. Mahler weiterzuleiten. Als kleines Dankeschön winkt eine ausführliche Liste aller seit 1960 im Gebiet nachgewiesenen Arten mit Zahlen zu Brutpaaren, Bestandstrends, Durchzüglern und Wintergästen: Ulrich Mahler, Eichelgarten 11, 68809 Neulußheim, E-Mail: ulrich.mahler@rpk.bwl.de

In der dichten Röhrichtvegetation an den Ufern und zwischen den Flachgewässern leben viele Vogelarten.
Foto: U. Mahler.

Der Kaiserstuhl in Baden-Württemberg

Vogelleben auf einem erloschenen Vulkan

Mit dem Zug oder auf der Autobahn zwischen Freiburg und Karlsruhe unterwegs kann man die Erhebung nicht übersehen; etwa 20 Kilometer nordwestlich von Freiburg ragt ein seit etwa 15 Millionen Jahren erloschener Vulkan aus der Oberrheinischen Tiefebene: Der Kaiserstuhl. Die zahlreichen Wandermöglichkeiten machen die Gegend zudem zu einem beliebten Ausflugsziel für den Raum Freiburg. Der Kaiserstuhl ist maximal 16 Kilometer lang und 12 Kilometer breit. Er umfasst das gleichnamige FFH- sowie Vogelschutzgebiet und nicht weniger als 14 Naturschutzgebiete. Der 557 Meter hohe Berg stellt in vielfacher Hinsicht eine Besonderheit in Deutschland dar. Seine Geologie und trocken-warme Lebensräume mit seltenen Tier- und Pflanzenarten machen ihn zu einem populären Exkursionsziel von Geologen, Botanikern und Zoologen. Die geologische Entstehungsgeschichte des Kaiserstuhls wird dem Besucher in Steinbrüchen und den zahlreichen Aufschlüssen deutlich. Die jüngere Nutzungsgeschichte dieser Landschaft spiegelt sich wider im Kontrast zwischen ausgeräumten, terrassierten Weinbergen und artenreichen, wellig-hügeligen Mähwiesen – Produkte des intensiven Weinbaus einerseits und des Schutzes naturkundlich wertvoller Gebiete andererseits. Ein Dialog zwischen Winzern und Naturschützern hat bereits positive Ergebnisse gebracht.

» Lebensräume

Der Kaiserstuhl zählt zu den wärmsten Regionen Deutschlands und erhält relativ geringe Niederschlagsmengen. Das ist unter anderem auf seine Lage im Regenschatten der Vogesen und im Einflussbereich der Burgundischen Pforte zurückzuführen.

So ist es nicht verwunderlich, dass die Landschaft vor allem durch

Bienenfresser sind zweifellos das ornithologische Aushängeschild des Kaiserstuhls. Ihr Brutbestand nimmt zwar seit den 1990er Jahren zu, die Bestandsentwicklung ist jedoch recht dynamisch.
Foto: M. Schäf.

Typische Vogelarten, deren Status und günstige Beobachtungszeit am Kaiserstuhl.
h = häufiger, r = regelmäßger, s = seltener, B = Brutvogel,
W = Wintergast, D = Durchzügler, N = Nahrungsgast

Art	Status	beste Beobachtungszeit
Alpensegler	rN	Mai–Sept.
Baumfalke	rB	Mai–Sept.
Baumpieper	rB	April–Aug.
Bienenfresser	rB	Mai–Aug.
Dorngrasmücke	hB	Mai–Aug.
Gartenrotschwanz	sB	Ende April–Aug.
Grauspecht	rB	März–April
Grünspecht	hB	März–April
Hohltaube	rB	ganzjährig
Mittelspecht	rB	März–April
Neuntöter	rB	Mai–Sept.
Schwarzkehlchen	rB	Ende März–Sept.
Schwarzspecht	rB	ganzjährig
Steinkauz	rB	ganzjährig
Turteltaube	rB	Mai–Sept.
Uhu	sB	ganzjährig
Wanderfalke	sB	ganzjährig
Wendehals	rB	Mai–Juni
Wespenbussard	rB	Mai–Sept.
Wiedehopf	rB	Mitte April–Juli

trocken-warme Lebensräume beeindruckt: Es gibt blütenreiche, magere Mähwiesen, die großteils Naturschutzzielen entsprechend gepflegt werden. Insbesondere das Naturschutzgebiet Haselschacher Buck und Badberg geben auch dem Besucher ohne Botanikkenntnisse einen Eindruck von deren Artenvielfalt. Die zahlreichen Orchideen sind nicht zu übersehen. Hier finden sich Salbei-Glatthaferweisen, auf trockeneren, flachgründigen Standorten auch Halbtrocken- und vereinzelt Trockenrasen. Diese Blütenmeere sind Magnete für zahlreiche – in Deutschland zum Teil seltene und gefährdete – Insekten- und Spinnenarten. Bekannteste und für den Laien beeindruckendste Vertreter sind Gottesanbeterin und Schmetterlingshafte. Daneben fallen dem Besucher die zahlreichen Tagfalter, Widderchen, Hautflügler, Blatt- und Rüsselkäfer auf. Die Vielfalt an Wirbellosen ist die Nahrungsgrundlage vieler insektenfressender Vogelarten. Neben den Wiesen werden auch die Sukzessionsflächen und Wälder von Trockenheit und Wärme beeinflusst: Auf brachliegenden Flächen wachsen neben Schlehen und Robinien auch Espen und Flaumeichen. Mediterrane Flaumeichenwälder wachsen besonders gut ausgeprägt in den NSG Schnecken- und Büchsenberg, daneben gibt es Eichen-Hainbuchen- und Buchenwälder. Die halboffene Landschaft bietet Wendehals, Wiedehopf und Neuntöter Lebensraum und in den zum Teil extensiv bewirtschafteten Wäldern brüten unter anderem Grau- und Mittelspecht, Wespenbussard und Baumfalke.

Eine weitere Besonderheit, die im Gegensatz zu den vielfach flachgründigen Böden steht, sind tiefgründige Lößböden: Wo das vulkanische Ausgangsgestein mit dicken Lößschichten bedeckt ist, gibt es tiefe Hohlwege und steile Lößwände, die sowohl Bienenfressern als auch Insekten als Brutplätze dienen. Der ausgeschwemmte Löß lagerte sich in den Tälern ab, wo heute Streuobstwiesen oder Obstplantagen zu finden sind, in denen Grünspechte nach Nahrung suchen. Insbesondere in der Nähe von Ortschaften steht noch so mancher alter Obstbaum, der Steinkauz und Wendehals als Brutplatz dient.

» Besondere Vogelarten

Unter Vogelbeobachtern ist der Kaiserstuhl vor allem für seine Bienenfresserpopulation bekannt. Fritz Saumer, Jürgen Rupp und Walter Finkbeiner, Ornithologen und Kaiserstuhlkenner, beobachten seit Jahren die dortige Bestandsentwicklung dieser Art. „Obwohl es schon seit dem 19. Jahrhundert hin und wieder Bruten des Bienenfressers in der Gegend gab, waren die ‚fliegenden Diamanten' bis 1990 noch eine Rarität. Der Brutbestand nahm in den Folgejahren zu, doch die Entwicklung verläuft nicht gleichmäßig. Stattdessen gibt es Zu- und Abnahmen. Die langfristige Zunahme ist möglicherweise auf klimatische Änderungen, kurzfristige Abnahmen wohl vor allem auf schlechte Witterungsbedingungen während der Fütterungszeit und evtl. auch auf Prozesse im Überwinterungsgebiet zurückzuführen. Die höchste Zahl von etwa 150 Brutpaaren haben wir 2005 festgestellt. 2006 bestand die Population aus ca. 100 Paaren." Die rasante aber dynamische Bestandsentwicklung des Bienenfressers in Deutschland ist ein spannendes biogeografisches Thema. Insbesondere unter Berücksichtigung aktueller klimatischer Trends bietet es genügend Stoff für so manche Untersuchung.

Feinkörniges Material, während der Kaltzeiten im Gletschervorland ausgeblasen, lagerte sich als dicke Lößschichten am Kaiserstuhl ab. Sie sind heute Lebensraum von Vögeln, Insekten und Säugetieren.
Foto: B. Wasmer.

Der Wiedehopf ist einer der Charaktervögel des Kaiserstuhls. Dank eines verminderten Pestizideinsatzes und künstlichen Nistmöglichkeiten kann man ihn heute wieder regelmäßig im Gebiet sehen. Foto: K. Wasmer.

Wer am Kaiserstuhl nach Bienenfressern Ausschau hält, der sollte auf die zahlreichen Lößwände achten, in welche die Vögel ihre Brutröhren graben. Beim Jagen fliegen sie oftmals sehr hoch und es lohnt sich, auf die Rufe zu achten und den Himmel abzusuchen. Mit etwas Glück entdeckt man dabei auch den einen oder anderen Alpensegler. Die Vögel, die im nahe gelegenen Freiburg (s.u.) brüten, machen hin und wieder Abstecher zur Nahrungssuche über dem Kaiserstuhl. Auch Wespenbussarde kann man bei gutem Wetter über dem Gebiet beobachten. Man sollte auch die trockenen Hänge mit dem Spektiv absuchen: Oft sitzen die Bussarde, die in den umliegenden Wäldern brüten, im Gras und suchen dort nach Nahrung. Der Wiedehopf ist zweifellos eine weitere Zielart für einen ornithologischen Kaiserstuhlausflug. Er war bis in die 1960er Jahre ein gewöhnlicher Anblick in der Gegend. Die Intensivierung der Landwirtschaft und die damit einhergehende Ausräumung der Landschaft sowie die zunehmende Anzahl von Straßenverkehrsopfern hatten einen drastischen Bestandseinbruch zur Folge. Durch eine Reduzierung des Pestizideinsatzes, dank zahlreicher Nisthilfen und möglicherweise auch aufgrund einer klimatisch bedingten Erhöhung des Insektenangebotes zählt der Wiedehopf heute wieder zu den Glanzlichtern eines Kaiserstuhlausflugs. Christian Stange, der den Wiedehopfbestand am Kaiserstuhl seit vielen Jahren beobachtet und sich für dessen Schutz einsetzt, zählte 2006 wieder ca. 70 Brutpaare dieser Art am Kaiserstuhl.

» Reisezeit

Ein Besuch des Kaiserstuhls lohnt sich vor allem im späten Frühjahr und im Sommer. Die Rufaktivität der Steinkäuze ist von Ende Februar bis Anfang April am höchsten. Erst ab Mitte April kehren die Wiedehopfe aus den Winterquartieren zurück. Sie sind bis Ende Mai wegen ihres auffälligen Gesangs relativ leicht zu entdecken. Den charakteristischen Ruf des Wendehals' hört man ebenfalls ab Ende April. Wespenbussarde und Bienenfresser hingegen kehren erst im Mai aus Afrika zurück. Letztere lassen sich am besten gleich nach der Ankunft und zur Zeit der Jungenfütterung Mitte Juni und Juli beobachten. Dann fliegen sie auf der Suche nach Nahrung rege umher. Nach Ausfliegen der jungen Bienenfresser gibt es nur wenige Chancen, die Vögel am Kaiserstuhl zu sehen. Sie verlassen die Nestumgebung und streifen bis zum Wegzug in den Rheinauen – z.T. in Trupps von mehr als 80 Tieren – umher.

» Beobachtungsmöglichkeiten

Es gibt zahlreiche Wanderwege am Kaiserstuhl, die durch verschiedene Lebensräume führen und entlang derer sich gut Vögel beobachten lassen. Hier seien nur einige Tipps für die „Wuncharten" vieler Beobachter genannt: Um Bienenfresser zu sehen, lohnt es sich generell Lößwände als potenzielle Brutplätze abzusuchen (unbedingt großen Abstand halten) und auch auf Stromleitungen zu achten, da die Vögel diese oft als Sitzwarten nutzen. Bienenfresser und Wiedehopf kann man beispielsweise während eines Spaziergangs über den Lenzenberg nördlich Ihringen beobachten. Die wahrscheinlich größte Chance Wiedehopfe zu sehen, hat man bei einer Wanderung durch die Acker- und Weinbergslandschaft

Kaiserstuhl westlich von Ihringen: Lebensraum des Wiedehopfes zu Beginn der Balzzeit. Foto: K. Wasmer.

im Südwesten von Ihringen. Ein guter Ausgangspunkt hierfür ist der Friedhof des Ortes. Wer mit dem Auto von Achkarren nach Bickensohl fährt, sollte hin und wieder anhalten und Obstwiesen, Lößwände und Sitzwarten absuchen. Wiedehopf, Wendehals und Bienenfresser sind hier regelmäßig unterwegs. Lohnenswert ist auch eine Rundwanderung durch das NSG Badberg und Haselschacher Buck mit seinen blüten- und insektenreichen Wiesen. Man startet am besten in Oberbergen oder im Badloch (Parkplatz zwischen Oberbergen und Vogtsburg).

» Weitere Beobachtungs- und Freizeitmöglichkeiten

Im Westen des Kaiserstuhls liegt Breisach mit seinem bekannten romanisch-gotischen Münster. Das für seine schöne Altstadt und ebenfalls für sein Münster bekannte Freiburg ist nur etwa 20 Kilometer entfernt. Bei einem Eis auf dem Münsterplatz kann man die um die Gebäude fliegenden Alpensegler entspannt beobachten.

Ein Besuch des Kaiserstuhls lässt sich auch gut mit einem Ausflug in den Südschwarzwald verbinden. Eine Exkursion zum etwa 50 Kilometer entfernten Feldberg bietet einige Mittelgebirgslebensräume und -arten.

Infomaterial/Literatur:

Bezirksstelle für Naturschutz und Landschaftspflege Freiburg (2004): Die Naturschutzgebiete im Regierungsbezirk Freiburg. Thorbecke-Verlag, Ostfildern.

Moning, C. & C. Wagner (2005): Vögel beobachten in Süddeutschland. Die besten Beobachtungsgebiete zwischen Mosel und Watzmann. Kosmos Verlag, Stuttgart.

Rupp, J. & F. Saumer (1996): Die Wiederbesiedlung des Kaiserstuhls durch den Bienenfresser (*Meops apiaster*). Naturschutz südl. Oberrhein 1: 83-92.

Stange, C. & P. Havelka (2003): Brutbestand, Höhlenkonkurrenz, Reproduktion und Nahrungsökologie des Wiedehopfes *Upupa epops* in Südbaden. Die Vogelwelt 124: 25-34.

GPS		
Ihringen (Ortsmitte)	48°02'42.30" N	7°38'48.21" O
Achkarren (Ortsmitte)	48°04'06.08" N	7°37'31.62" O
Bickensohl (Ortsmitte)	48°04'40.84" N	7°38'43.77" O
Oberbergen (Ortsmitte)	48°05'43.99" N	7°39'26.18" O
Oberschaffhausen (Ortsmitte)	48°04'26.29" N	7°43'19.80" O

Anfahrt:

Mit Bahn und Bus:

Von Freiburg fahren an Werktagen stündlich, am Wochenende halbstüdlich Züge vom Hbf Freiburg nach Ihringen. Von dort aus gibt es Busverbindungen in weitere Dörfer. Mit dem Fahrrad lässt sich der Kaiserstuhl – wegen der z. T. steilen Straßen etwas Kondition vorausgesetzt – erkunden (Fahrradverleih z. B. am Hbf Freiburg oder in Ihringen bei Peter Schneider, Am Krebsbach 1, Tel.: 07668/655). Bleibt man ein paar Tage im Gebiet, so bieten sich Tagestouren zu Fuß und mit dem Bus an.

Bus- und Zugverbindungen findet man unter: www.sweg.de/html/misc/verkehrsbetriebe_u.html

Mit dem Auto:

Auf der A5 Richtung Freiburg. Nördlicher Kaiserstuhl: Ausfahrt Riegel (59), durch Königschaffhausen in Richtung Oberbergen. Südlicher Kaiserstuhl: Ausfahrt Umkirch (62), durch Umkirch und Gottenheim nach Oberschaffhausen.

Adressen

Tourismusinformationen bietet www.kaiserstuhl.eu
Kaiserstuhl-Tuniberg Tourismus e.V.
Marktplatz 16, 79206 Breisach, Tel.: 07667/940155
E-Mail: info@kaiserstuhl.cc, Internet: www.kaiserstuhl.cc

Naturzentrum Kaiserstuhl
Im Rathaus Ihringen, Bachenstraße 42, 79241 Ihringen
E-Mail: naturzentrum@ihringen.de, www.naturzentrum-kaiserstuhl.de
Öffungszeiten: Mo 10–12 Uhr, Di: 17–18 Uhr, Do: 10–12 Uhr, Sa: 15–17 Uhr. Das Naturzentrum ist von Anfang März bis Ende Juni und von Anfang September bis Ende Oktober geöffnet.

Über aktuelle Beobachtungen in der Region informiert OrnisSüdWest:
www.yahoogroups.de/groups/OrnisSW

Bitte melden Sie besondere Beobachtungen an OrnisSüdWest (s. o.) sowie an die Fachschaft für Ornithologie Südlicher Oberrhein,
c/o Karl Westermann, Buchenweg 2, 79365 Rheinhausen,
E-Mail: fosor@t-online.de

Der Feldberg im Südschwarzwald
Baden-Württemberg

Der 1493 m hohe Feldberg ist der höchste Berg des Schwarzwaldes und bildet den Kern des gleichnamigen und mit 4226 ha größten und zugleich ältesten Naturschutzgebietes Baden-Württembergs. Während der letzten Eiszeit bedeckte ihn – isoliert von der Vergletscherung der Alpen – ein Eisschild, von dem glaziale Formen wie Kare, Trogtäler und Moränen zeugen. Ein großer Teil des Natura 2000-Gebietes ist heute mit naturnahen Wäldern bedeckt. Dazu gibt es noch weite offene und halb offene Flächen, die Vögeln Lebensraum bieten und eine Vielzahl seltener, alpiner Pflanzenarten beherbergen.

» Lebensräume

Der ursprünglich im Gebiet wachsende Urwald wurde bis zum Ende des 18. Jahrhunderts fast vollständig vernichtet – eine Folge des enormen Holzverbrauchs aufstrebender Städte wie Freiburg und Holz zehrender Handwerke, vor allem der Köhlerei für Glasherstellung und Erzverhüttung. Diese Flächen wurden später als ungedüngte Jungviehweiden genutzt, aus denen sich im Gipfelgebiet des Feldbergs im Laufe der Zeit Borstgrasrasen mit ihren charakteristischen Arten wie Arnika, Bärwurz und Schweizer Löwenzahn entwickelten. Die z.T. sehr steilen Flanken sind heute von struktur- und artenreichen, teilweise naturnahen Mischwäldern bedeckt. Je nach Höhenlage und Exposition bestimmen Buchen, säulenförmige Fichten, Tannen oder mächtige Bergahorne das Waldbild. In zwei ausgewiesenen Bannwäldern können sich nun wieder urwaldähnliche Zustände entwickeln, wie Hubertus Knoblauch vom Naturschutzzentrum Südschwarzwald erläutert. An Sonderstandorten, z.B. in Flachmooren und auf Lawinenbahnen sowie auf den der Frosttrocknis stark ausgesetzten Kuppen, gibt es natürlicherweise waldfreie Standorte. Hier konnten seit dem Ende der letzten Kaltzeit als Glazialrelikte viele eiszeitliche Pflanzenarten überdauern, die heute sonst nur noch in den Alpen zu finden sind. Deshalb wird der Feldberg oft als „subalpine Insel" bezeichnet. Im schon 1937 ausgewiesenen Naturschutzgebiet Feldberg sind somit alle für den Hochschwarzwald heute charakteristischen Lebensräume anzutreffen.

» Charakteristische Vogelarten

Im Naturschutzgebiet Feldberg sind etwa 120 Vogelarten als Brut- oder Gastvögel nachgewiesen. Die bekannteste Rarität ist das Auerhuhn.

Der Dreizehenspecht lebt vor allem in totholzreichen Wäldern am Feldberg.
Foto: H.-J. Fünfstück.

tigen Feldlerchen kann man hier sowohl Baum- als auch Wiesen- und Bergpieper beobachten. So hat man eine gute Gelegenheit, sich in der Bestimmung der ähnlichen Arten zu üben. Daneben brüten auch Braun- und Schwarzkehlchen auf offenen Gipfelflächen des Feldbergs.

» Reisezeit

Die beste Zeit für Vogelbeobachtungen ist – wie fast überall – der Frühling und der Frühsommer. Obwohl der Winter hier oft bis in den Mai und sogar in den Juli dauert, beginnt die ornithologisch interessante Saison aber schon im meist noch schneereichen April mit der Balz der Auerhähne und der Dreizehenspechte.

Im Sommer sollte man sich nicht durch den starken Besucherandrang im Gipfelbereich abschrecken lassen: Abseits der Parkplätze und der Hauptwanderstrecken findet man recht schnell Ruhe und kann die Landschaft und ihre Artenvielfalt genießen. Dr. Stefan Büchner, Leiter des Naturschutzzentrums, empfiehlt auch einen Besuch des Feldbergs während der Zugzeit im Spätsommer und Herbst: Steinschmätzer sind dann ein alltäglicher Anblick, regelmäßig ziehen Wespenbussarde, Wiesen- und Rohrweihen durch und trotz der relativ geringen Beobachterdichte gibt es einige Nachweise von rastenden Mornellregenpfeifern.

» Beobachtungseinrichtungen

Gesonderte Beobachtungseinrichtungen für Ornithologen sind zwar nicht vorhanden, der „Felsenweg" und die anderen Wanderwege im Bereich des Feldsees sowie die Wege im Dreieck zwischen Caritas-Haus, Herzogenhorn und dem Ort Menzenschwand eignen sich jedoch gut, um die typischen Waldarten zu sehen. Wer Arten der offenen und halb offenen Landschaften beobachten möchte, kann dies von den Wegen im Gipfelbereich aus tun.

Schon größer sind die Chancen, im Frühjahr von einem der zahlreichen Wanderwege aus einen Dreizehenspecht beobachten zu können. Dreizehenspechte bevorzugen Totholz reiche Waldbestände. Mit Raufuß- und Sperlingskauz finden sich zwei interessante Eulenarten im Gebiet, die aber ebenfalls nur mit viel Glück zu sehen sind. Fichtenkreuzschnäbel in den Nadelwäldern und Wasseramseln an den Bächen kann man dagegen regelmäßig antreffen. Am Waldrand oberhalb von etwa 1100 m sind Zitronenzeisige oder Ringdrosseln zu finden. Über dem Wald und der Gipfelregion sieht man oft Wanderfalken und Kolkraben fliegen, an warmen Sommertagen lassen sich hier auch Alpensegler beobachten. Sie brüten in Freiburg und kommen nur zur Nahrungssuche zum Feldberg. Auf den großen Freiflächen und an der Grenze zum Wald findet man verschiedene Wiesenbrüter: Neben den im Sommer allgegenwär-

Typische Vogelarten, deren Status (günstige Beobachtungszeit)
h = häufig, r = regelmäßig, s = selten; J = Jahresvogel, B = Brutvogel, W= Wintergast, D = Durchzügler.

Beobachtungsliste einiger typischer Vögel des Feldbergs	Status (beste Beobachtungszeit)
Alpensegler	s Nahrungsgast (April/Mai – Sept.)
Auerhuhn	s J (März, April)
Bergpieper	r B (Mai – Sept.)
Braunkehlchen	s B (Mai – Sept.)
Dreizehenspecht	s J (März –Mai)
Erlenzeisig	r B (ganzjährig)
Fichtenkreuzschnabel	h B (ganzjährig)
Gartenrotschwanz	r B (März – Sept.)
Gebirgsstelze	h B (ganzjährig)
Haubenmeise	h B (ganzjährig)
Kolkrabe	r B (ganzjährig)
Mornellregenpfeifer	s D (April/Mai, Aug./Sept.)
Raufußkauz	r B (März, April)
Ringdrossel	h B (April – Sept.)
Rohrweihe	s D (April, Sept.)
Schwarzkehlchen	s B (März/April – Sept./Okt.)
Schwarzspecht	r J (ganzjährig)
Sperlingskauz	r B (Sept., Okt., März, April)
Steinschmätzer	r D (Mai, Sept.)
Tannenhäher	r B (ganzjährig)
Tannenmeise	h B (ganzjährig)
Waldbaumläufer	h B (ganzjährig)
Waldschnepfe	r B (März – Sept.)
Wanderfalke	r B (März – Sept.)
Wasseramsel	h B (ganzjährig)
Wespenbussard	s D (Mai, Aug./Sept.)
Wiesenweihe	s D (Mai, Sept.)
Zitronenzeisig	r B (Mai – Sept.)

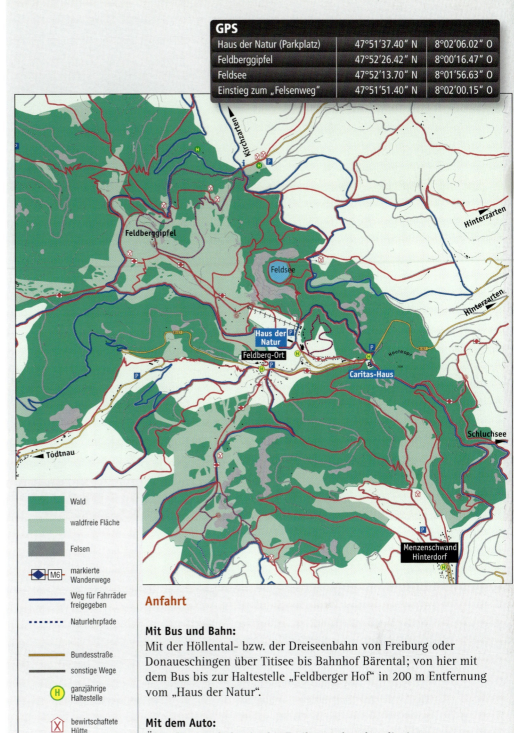

Dem Feldberg-Besucher steht mit dem „Haus der Natur" ein modernes Informationszentrum zur Verfügung. Eine Ausstellung informiert umfassend über die Natur und Landschaft im Südschwarzwald und über die damit verbundenen Konflikte. Die Mitarbeiter des Naturschutzzentrums bieten Führungen zu unterschiedlichen Themen an. So kann man z.B. auf Vogelstimmenwanderungen oder winterlichen Schneeschuhtouren manch faszinierende Naturbeobachtung machen. Daneben gibt es zahlreiche weitere Angebote, die dem kostenlosen Veranstaltungsprogramm des „Hauses der Natur" oder der Internetseite (s. u.) zu entnehmen sind.

» Weitere Freizeitmöglichkeiten

Ein dichtes Wegenetz steht zur Verfügung, so dass der Feldberg als Ausgangspunkt für zahlreiche Wanderungen durch den landschaftlich reizvollen Südschwarzwald dienen kann (z.B. gibt es einen 7,5 km langen markierten Naturlehrpfad, der am Feldbergturm vorbei führt: www.freiburg-schwarzwald.de/natur.htm.) Daneben lohnt sich ein Rundgang durch das weiter nordöstlich gelegene Hinterzartener Moor, das größte und eines der am besten erhaltenen Moore des Schwarzwaldes.

Sehenswert ist auch das bekannte Barock-Kloster in St. Peter mit seiner Rokoko-Bibliothek (ca. 35 km entfernt).

Im Sommer lädt der nahe gelegene Schluchsee (beim gleichnamigen Ort) zum Schwimmen ein (ca. 15 km entfernt), im Winter ist der Feldberg eines der schneesichersten Wintersportgebiete außerhalb der Alpen.

Infomaterial

Bezirksstelle für Naturschutz und Landschaftspflege Freiburg (2004): Die Naturschutzgebiete im Regierungsbezirk Freiburg. 2. Aufl., Thorbecke-Verlag, Ostfildern.

Anfahrt

Mit Bus und Bahn:
Mit der Höllental- bzw. der Dreiseenbahn von Freiburg oder Donaueschingen über Titisee bis Bahnhof Bärental; von hier mit dem Bus bis zur Haltestelle „Feldberger Hof" in 200 m Entfernung vom „Haus der Natur".

Mit dem Auto:
Über die Autobahn A 5 bis Freiburg oder über die A 81 zum Dreieck Bad Dürrheim, von dort jeweils über die Bundesstraße B 31 bis Titisee. Weiter wie auch von Basel / Lörrach über die B 317 zum Feldberg. Andere, für Wanderer reizvolle Zugänge in das Gebiet gibt es von Oberried (bei Freiburg) durch das Zastler Tal oder das St. Wilhelmer Tal bzw. südlich von St. Blasien über Menzenschwand.

Adressen

Der Südschwarzwald bietet zahlreiche Unterkünfte von komfortablen Hotelzimmern bis zu Campingplätzen (am Schluchsee und am Titisee). Touristeninformationen sind in jeder Gemeinde zu finden.

Tourist-Information Feldberg, Kirchgasse 1, 79868 Feldberg, Tel.: 07655/8019, E-Mail: feldberg@hochschwarzwald.de, www.hochschwarzwald.de

Naturschutzzentrum Südschwarzwald im „Haus der Natur", Dr.-Pilet-Spur 4, 79868 Feldberg, Tel.: 07676/9336-30, Internet: www.naturschutzzentren-bw.de, E-Mail: naturschutzzentrum@naz-feldberg.bwl.de,

Naturpark Südschwarzwald, Internet: www.naturpark-suedschwarzwald.de
Bitte melden Sie besondere Beobachtungen an das Naturschutzzentrum Südschwarzwald (Adresse s. o.)

Das Wollmatinger Ried in Baden-Württemberg

In der Konstanzer Niederung auf der deutschen Seite des Bodensees liegt zwischen Konstanz und Allensbach-Hegne das Naturschutzgebiet „Wollmatinger Ried – Untersee – Gnadensee". Mit insgesamt 767 ha Schutzgebietsfläche, davon 487 ha Land- und 280 ha Wasserfläche, zählt es zu den bedeutendsten Schutzgebieten am Bodensee. Es umfasst naturnahe Flachwasserzonen, Röhrichte und Wiesen, die zahlreichen Tier- und Pflanzenarten Lebensraum bieten. Insbesondere als Brut-, Mauser-, Rast- und Überwinterungsgebiet für viele Vogelarten hat es überregionale Bedeutung. Sein Wert für den Naturschutz wird durch die Status „Feuchtgebiet internationaler Bedeutung", FFH- und Vogelschutzgebiet und durch das ihm verliehene Europadiplom ausgewiesen.

» Lebensräume

Das Wollmatinger Ried liegt an der Einmündung des Seerheins in den Untersee. Jahreszeitlich schwankender Wasserstand des Bodensees und gelegentliche Niedrig- und Hochwasserjahre spielen eine wichtige Rolle. Im Frühsommer (Schneeschmelze und starke Niederschläge in den Alpen) werden große Teile des Gebietes überflutet, im Winterhalbjahr hingegen können große Teile der Uferzonen trocken fallen. So entstand über viele Jahre eine reich strukturierte Uferlandschaft mit einer charakteristischen Abfolge verschiedener Lebensraum- und Vegetationstypen, die neben Vögeln unter anderem auch zahlreiche Schmetterlinge, Libellen, Heuschrecken und Amphibien beherbergen. Auf der Seeseite liegen – durch den Reichenauer Damm voneinander getrennt – die Hegnebucht im Norden und das Ermatinger Becken im Süden. Diese beiden Buchten und die angrenzenden tieferen Zonen sind ebenfalls wertvolle Lebensräume für zahlreiche Pflanzen- und Tierarten. Insbesondere die an Nährstoffen und somit auch an Wasserpflanzen reichen Flachwasserzonen sind wichtige Laichplätze und „Kinderstuben" für Fische und bieten Wasservögeln eine üppige Nahrungsgrundlage. Landseitig schließen sich breite von Schilf dominierte Röhrichtzonen sowie Seggen- und Binsenrieder an. Kleinflächig existieren im Gebiet auch seltene Strandrasengesellschaften. Die ursprünglich vorhandenen Auwälder wurden gerodet, die Flächen entwässert und landwirtschaftlich genutzt. Nur die höher gelegenen Wiesen konnten intensiv bewirtschaftet werden, denn der Großteil der Fläche war zu feucht und konnte nur zur Gewinnung von Stalleinstreu genutzt werden. Durch diese extensive Bewirtschaftung entstanden artenreiche Streuwiesen mit Pfeifengrasgesellschaften, von denen nach Nutzungsaufgabe heute rund 160 ha mit hohem Pflegeaufwand (Mahd, Beweidung) durch den Naturschutzbund (NABU) erhalten werden. Wegen der niedrigen Wasserstände breiten sich jedoch aktuell Gebüsche und Sträucher in den Röhrichtzonen aus. Neben den feuchten Lebensraumtypen gibt es auch zahlreiche Strandwälle, die vom Wellenschlag angehäuft wurden und heute mit Trockenvegetation bewachsen sind. Um vor Hochwasser geschützte Brutplätze für Wasservögel zu schaffen, wurde im Gebiet ein Mosaik aus

Flachwasserteichen, Inseln und Gräben angelegt. Eine künstlich angelegte Schlammfläche im Osten bietet zusätzlichen Nahrungs- und Rastplatz für Wasservögel.

» Besondere Vogelarten

Im Gebiet wurden bislang etwa 300 Vogelarten nachgewiesen, davon 98 als Brutvögel (55 regelmäßig).

In der Hegnebucht und im Ermatinger Becken lassen sich zahlreiche Wasservögel beobachten. Zwerg-, Schwarzhals- und Haubentaucher, Schnatter-, Kolben- und Reiherenten brüten hier und sind das ganze Jahr über zu sehen. Im Winter versammeln sich auf den Wasserflächen regelmäßig bis zu 50000 Vögel, darunter Reiher-, Tafel, Krick- und Schnatterenten, Zwerg-, Hauben- und Schwarzhalstaucher, Kormorane, Höcker- und Singschwäne und viele Blässhühner. Bekannt ist das Gebiet wegen der zahlreichen Kolbenenten. Zwar umfasst der Brutbestand nur ca. 5 - 80 Paare, aber zur Mauser im Sommer und auch im Herbst und Winter sind oft über 3000 Kolbenenten im Gebiet.

Auf eigens für sie ausgelegten Flößen brüten im Wollmatinger Ried Flussseeschwalben, die in Baden-Württemberg vom Aussterben bedroht sind. Wenn bei niedrigem Wasserstand Schlammbänke trocken fallen, suchen Große Brachvögel, Kampfläufer, Bekassinen, Alpenstrandläufer und andere Limikolen dort nach Nahrung. In den angrenzenden Röhrichten finden neben Enten auch Zwerg-, Hauben- und Schwarzhalstaucher geeignete Brutplätze, Wasserrallen brüten hier regelmäßig. Zwischen den Schilfhalmen bauen Teich-, Drosselrohrsänger und Rohrschwirl ihre Nester und hin und wieder sieht man Bartmeisentrupps durchs Röhricht huschen. Zur Zugzeit bieten die großen Schilfflächen ideale Schlafplätze für viele Schwalben, Stare und Stelzen. Rohrdommeln sind regelmäßige Wintergäste im Gebiet, Zwergdommeln brüten sogar hin und wieder. Über dem Schilf spähen Rohrweihen in gaukelndem Flug nach Nahrung.

In den Streuwiesen sind nur noch wenige, ehemals lebensraumtypische Arten zu sehen. Der Kiebitz droht den als Brutvögel schon verschwundenen Großen Brachvogel und Bekassine zu folgen, die heute nur noch Nahrungsgast im Gebiet sind. Dafür nehmen Arten halboffener Landschaften zu. Die Gebüschstrukturen und Gehölze bieten Nachtigall, Grasmücken und Laubsängern Brutplätze.

» Reisezeit

Im Frühsommer lohnt ein Besuch in den frühen Morgenstunden, wenn aus dem Schilf das Konzert der Rohrsänger und Schwirle ertönt. Viele brütende Wasservögel sind zu dieser Zeit recht heimlich. Im Sommerhalbjahr lassen sich die Flussseeschwalben beobachten, die über dem See nach Nahrung suchen. Im Herbst kann man mit etwas Glück beeindruckende Schauspiele erleben, wenn große Starenschwärme ihre Übernachtungsplätze im Schilf aufsuchen. Wer Enten beobachten möchte, für den lohnt sich ein Besuch im Herbst und Winter. Auch wenn die Hegnebucht zugefroren ist, finden sich im Ermatinger Becken noch Flächen, die durch die Strömung eisfrei gehalten werden. Im Spätwinter und Frühling sind die Wasserstände des Sees oft recht niedrig. Dann fallen größere Schlammflächen trocken und ziehen zahlreiche Limikolen an.

» Beobachtungsmöglichkeiten

Zwar darf der größte Teil des Schutzgebietes aus verständlichen Gründen nicht betreten werden, aber die Wege und Beobachtungseinrichtungen erlauben gute Einblicke. Der Gottlieber Weg beginnt bei der Kläranlage Konstanz und führt durch die als Streu- und Intensivwiesen genutzte Riedlandschaft und durch Schilfröhricht zum Seerhein. An einer Blänke östlich des Weges lassen sich Wasser- und Watvögel beobachten, im Schilf kann man mit etwas Geduld Rohrsänger und Rallen sehen. Der Damm zur Insel Reichenau ermöglicht einen guten Blick über die Röhrichtzone, die Hegnebucht und das Ermatinger Becken. Hier steht auch ein Beobachtungsturm. Innerhalb des Campingplatzes Hegne gibt es eine Beobachtungsplattform, die gute Möglichkeiten zur Wasservogelbeobachtung bietet. Vom Radweg, der an der B33 (Hegne-Konstanz) längs führt, kann man an mehreren Stellen einsehen. Empfehlenswert ist auch ein Blick von der Eisenbahnbrücke zwischen Hegne und dem Parkplatz am Reichenauer Damm. Gute Wasservogelbeobachtungen sind auch von der schweizerischen Seite aus – vom Uferweg zwischen Ermatingen

Zur Mauser finden sich tausende Enten ein, darunter auch zahlreiche Kolbenenten (links Erpel im Prachtkleid). Fotos: A. Hafen.

GPS		
Konstanz (Ortsmitte)	47°39'43.07" N	9°10'21.02" O
Allensbach (Ortsmitte)	47°42'59.21" N	9°04'14.66" O
Hegne (Ortsmitte)	47°42'34.17" N	9°06'05.74" O
Ermatingen (Ortsmitte)	47°40'09.48" N	9°04'47.44" O
Gottlieben (Ortsmitte)	47°39'48.72" N	9°08'05.46" O
Reichenau (Ortsmitte)	47°41'21.99" N	9°03'50.12" O

Anfahrt

Mit Bahn und Bus:
Das Gebiet erreicht man über den Bahnhof Reichenau, in dem sich auch das NABU-Naturschutzzentrum befindet. Von hier aus ist das Gebiet zu Fuß erreichbar. Alternativ zur Bahnstation Hegne, dann ca. 300 m zur Beobachtungsplattform am Campingplatz oder vom Bahnhof Reichenau aus ca. 600 m zum Reichenauer Damm. Den Gottlieber Weg erreicht man über die Bahnstation Wollmatingen, dann zu Fuß oder mit dem Bus (Linie 6) zur Fritz-Arnold-Straße.

Mit dem Auto:
NABU-Naturschutzzentrum: Parkplatz am Bahnhof Reichenau.
Parkplätze: An der Bahnstation Hegne, bei der Kindlebildkapelle am Beginn des Reichenauer Dammes, auf der Insel Reichenau sowie an der Kläranlage am Stadtrand von Konstanz.

Adressen

NABU-Naturschutzzentrum Wollmatinger Ried, Kindlebildstraße 87, 78479 Reichenau, Tel.: 07531/78870, Fax: 07531/72383, E-Mail: nabu.wollried@t-online.de, Webseite: www.nabu-wollmatingerried.de
Öffnungszeiten: werktags 9–12, 14–17 Uhr, wochenends/feiertags (Apr. - Sept., sonst nach Vereinbarung) 13.00–15.30 Uhr.

Ornithologische AG Bodensee, E-Mail: info@bodensee-ornis.de, Webseite: www.bodensee-ornis.de

Typische Vogelarten der NSG Wollmatinger Ried, deren Status und günstige Beobachtungszeit (in Klammern)
h = häufig, r = regelmäßig, s = seltener
J = Jahresvogel, B = Brutvogel, W = Wintergast, D = Durchzügler

Art	Status (beste Beobachtungszeit)
Alpenstrandläufer	rD, rW (Sept. – April)
Bartmeise	rB (ganzjährig)
Baumfalke	rB, sD (April – Sept.)
Bekassine	sB, rD (März – April, Aug. – Nov.)
Beutelmeise	rB, rD (April – Sept.)
Drosselrohrsänger	rB (Mai – Aug.)
Flussseeschwalbe	rB (April – Aug.)
Großer Brachvogel	rD, rW (Aug. – März)
Grünschenkel	rD (April – Mai, Juli – Okt.)
Haubentaucher	rB, rD, rW (ganzjährig)
Kampfläufer	rD (März – Mai, Aug. – Okt.)
Kiebitz	rB (März – Nov.)
Knäkente	sB, rD (März – Aug.)
Kolbenente	rB, hD, hW (ganzjährig)
Krickente	hD, hW (Okt. – März)
Löffelente	sB, hD, rW (ganzjährig)
Mittelmeermöwe	sB, rD, rW (ganzjährig)
Nachtigall	rB (April – Aug.)
Pirol	sB (Mai – Aug.)
Reiherente	rB, hD, hW (Sept. – März)
Rohrdommel	rD, sW (Okt. – Feb.)
Rohrschwirl	rB, rD (April – Sept.)
Rohrweihe	rB, rD (März – Sept.)
Sandregenpfeifer	rD (März – Juni, Aug. – Okt.)
Schnatterente	rB, hD, hW (ganzjährig)
Schwarzhalstaucher	rB, rD, rW (ganzjährig)
Schwarzmilan	rB, rD (April – Aug.)
Silberreiher	rD, rW (Sept. – März)
Singschwan	rW (Nov. – Feb.)
Spießente	rD, rW (Okt. – März)
Tafelente	sB, hD, hW (Sept. – März)
Teichrohrsänger	hB (Mai – Sept.)
Wasserralle	rB (März – Sept.)
Zwergdommel	rB (Mai – Aug.)
Zwergmöwe	rD (April – Mai, Sept. – Okt.)
Zwergtaucher	rB, rD, rW (ganzjährig)

und Gottlieben oder vom Triboltinger Badeplatz – möglich.

Das Naturschutzzentrum Wollmatinger Ried mit einer Ausstellung befindet sich im Bahnhof Reichenau. Es bietet ganzjährig naturkundliche Führungen durch das Schutzgebiet und die sog. „Beobachtungstreffs" an.

Eine nette Ergänzung ist eine der Schiffstouren mit naturkundlicher Begleitung (Konstanz-Radolfzell bzw. Stein am Rhein), die an verschiedenen Terminen stattfinden (Auskünfte: Tourist-Information Radolfzell: 07732/81500).

» Weitere Freizeitmöglichkeiten

Die Insel Reichenau mit ihren drei Kirchen und der Klosteranlage ist UNESCO Weltkulturerbe. Ein Museum informiert dort über die Geschichte der Insel. In Konstanz kann man sich im Rosgartenmuseum und im Archäologischen Landesmuseum über die Kulturgeschichte, im Bodensee-Naturmuseum über die Naturgeschichte der Region informieren. Im Sommerhalbjahr lädt die Bodenseeregion zum Schwimmen, Wandern und Radfahren ein.

Informationsmaterial

Bezirksstelle für Naturschutz und Landschaftspflege Freiburg (2002): Naturschutzgebiet Wollmatinger Ried – Untersee – Gnadensee. Faltblatt.
Bezirksstelle für Naturschutz und Landschaftspflege Freiburg (2004): Die Naturschutzgebiete im Regierungsbezirk Freiburg. 2. Aufl., Thorbecke-Verlag.
Heine, G., H. Jacoby, H. Leuzinger & H. Stark (1999): Die Vögel des Bodenseegebietes. – Ornithologische Jahreshefte für Baden-Württemberg 14/15.

Das Federseemoor in Baden-Württemberg

Das Federseemoor, auch Federseeried genannt, liegt etwa 60 km nördlich des Bodensees in der sanft gewellten Moränenlandschaft Oberschwabens. Mit über 30 km2 ist es Südwestdeutschlands größtes Moor und ein wichtiges Brut- und Rastgebiet für zahlreiche Vogelarten. Der Federsee ist aus einem eiszeitlichen Schmelzwasserstausee entstanden und hat heute nur noch eine Wasserfläche von 140 ha. Ihn umgeben dichte Röhrichtbestände, weitläufige Streu- und Feuchtwiesen, extensiv genutztes Grünland und naturnahe Moorwälder. Bereits 1911 schuf der Deutsche Bund für Vogelschutz (heute Naturschutzbund Deutschland) durch den Ankauf von Flächen ein erstes Schutzgebiet. Heute liegen sechs Naturschutzgebiete mit einer Fläche von 2350 ha im Federseemoor. Es ist außerdem Bestandteil des europäischen Schutzgebietssystems Natura 2000.

» Lebensräume

Der im Mittel nur etwa 1 m tiefe und nährstoffreiche Federsee ist von einem bis zu 500 Meter breiten Schilfgürtel umgeben. Daran grenzen rund 600 ha nasse Streuwiesen. Sie wurden bis in die 1960er Jahre zur Gewinnung von Stalleinstreu genutzt und werden heute großenteils durch Landschaftspflegemaßnahmen offen gehalten.

Inmitten dieser Streuwiesen liegen urwüchsige Moor-Bruchwälder und Hochmoorreste. Die ehemals bis zu sechs Meter dicke Hochmoorschicht im südlichen Teil des Federseebeckens wurde jedoch fast komplett abgetorft, Reste sind noch im NSG Wildes Ried vorhanden. An die Streuwiesen grenzen großflächige, zum Teil extensiv genutzte Feuchtwiesen. Ein Teil der früher weitgehend trocken gelegten Wiesen wurde wieder vernässt.

» Besondere Vogelarten

Von den 265 im Gebiet nachgewiesenen Vogelarten sind 107 Arten regelmäßige Brutvögel, darunter die größten Bestände von Rohrweihe, Bartmeise und Braunkehlchen in Baden-Württemberg.

Am See kann man Flussseeschwalben beobachten, die auf Brutflößen angesiedelt wurden. Bartmeisen, Teich- und Schilfrohrsänger, Rohrschwirle und Rohrammern brüten im Schilf, in dem sich auch Wasserrallen durch ihr charakteristisches Quieken verraten. Von den rund 25 Rohrweihenpaaren Baden-Württembergs ziehen 15 bis 18 Paare allein hier ihre Jungen groß.

In den angrenzenden Feuchtwiesen lassen sich im Frühling und Sommer Große Brachvögel, Rohrammern, Feldschwirle, Wiesenpieper und mehr als 200 Braunkehlchenpaare beobachten. Auch die im späten März ein-

Das Braunkehlchen hat am Federsee das größte Vorkommen in ganz Baden-Württemberg. Foto: B. Volmer.

treffenden Schwarzkehlchen haben sich in den letzten Jahren als Brutvögel etabliert. Wachtelkönige sind ab Mai zu hören. Über den Wiesen kreisen ab Februar Rot- und ab Mitte März die häufigeren Schwarzmilane.

Im Winter wird die Seefläche von Gänsesägern, Haubentauchern, Löffel-, Krick-, Tafel-, Reiher-, Schnatter- und Schellenten genutzt. Die Wasservogelbestände schwanken von Jahr zu Jahr in Abhängigkeit vom Nahrungsangebot.

» Reisezeit

Vogelbeobachter kommen am Federsee ganzjährig auf ihre Kosten. Im April/Mai sowie im August/September können durchziehende Limikolen oder Fischadler vom Federsteg aus beobachtet werden. Im April ist der akrobatische Balzflug der Rohrweihe zu sehen. In warmen Mai- und Juninächten hört man ebenfalls vom Federseesteg aus den Ruf des Wachtelkönigs. Im Herbst beeindrucken riesige Starenschwärme im Gebiet und im Winter lassen sich, sofern der See eisfrei ist, bis zu 15 Entenarten beobachten. Für die Kornweihe stellt der Federsee den wichtigsten Überwinterungsplatz im südlichen Mitteleuropa dar. Regelmäßig übernachten hier bis zu 60 Individuen an gemeinsamen Schlafplätzen im Schilf und in den Streuwiesen. Zu dieser Jahreszeit sind auch Raubwürger, Bergpieper und Merlin regelmäßig zu sehen.

Typische Vogelarten, deren Status (günstige Beobachtungszeit)
h = häufig, r = regelmäßig, s = selten;
J = Jahresvogel, B = Brutvogel,
W = Wintergast, D = Durchzügler

Art	Status (beste Beobachtungszeit)	Brutpaare
Bartmeise	hJ (ganzjährig)	30-100
Baumfalke	rB (April - Sept.)	1-3
Bergpieper	hW (Okt. - April)	
Blaukehlchen	sB, sD (April - Sept.)	10-15
Braunkehlchen	hB, rD (April - Sept.)	200-250
Feldschwirl	hB (April - August)	~200
Fischadler	rD (März - Mai, Aug.-Okt.)	
Flussseeschwalbe	hB (April - Aug.)	15-25
Gänsesäger	hW (Okt. - April)	
Graureiher	hB (ganzjährig)	5-10
Großer Brachvogel	rB, rD (März - Okt:)	1
Knäkente	rD (März - April)	
Kornweihe	hD, hW (Okt. - April)	
Merlin	rW (Sept. - April)	
Mittelmeermöwe	sB, rD (März - Aug.)	1-2
Neuntöter	rB (Mai - Aug.)	5-10
Raubwürger	rW (Okt. - April)	
Rohrdommel	rD, rW (Aug. - April)	
Rohrschwirl	hB (April - Aug.)	20-30
Rohrweihe	hB (März - Sept.)	15-18
Schilfrohrsänger	sB (Apr. - Aug.)	5-10
Schwarzkehlchen	rB (März - Okt.)	~3-5
Schwarzmilan	hB (März - Sept.)	~15
Silberreiher	rD (März - Nov.)	
Trauerseeschwalbe	rD (April - Aug.)	
Tüpfelsumpfhuhn	rD, sB (April - Aug.)	0-5
Wachtelkönig	sB (Mai - Juli)	0-10
Wasserralle	hB, rD (Feb. - Nov.)	60-100
Wiesenpieper	rB, rD (März - Nov.)	30-50

Die Plattform am Ende des Federseesteges bietet gute Beobachtungsmöglichkeiten. Foto: J. Einstein.

Von Frühjahr bis Spätsommer sollte man die Feiertage und Wochenenden mit Ausnahme der Morgenstunden meiden, da insbesondere der Federseesteg ein beliebtes Ausflugsziel ist.

» Beobachtungseinrichtungen

Von Bad Buchau, dem zentralen Ort des Federseegebietes, führt der 1,2 km lange Federseesteg als einziger Zugang zur Wasserfläche und ist für Vogelbeobachtungen ideal. Die Besucherplattform am Ende des Steges bietet gute Beobachtungsmöglichkeiten auf die Wasserfläche, ein Aussichtsturm in der Mitte ermöglicht einen Blick über das gesamte Federseebecken – bei klarem Wetter sogar bis zu den Alpen.

Ein mit Hinweistafeln ausgestatteter Rundwanderweg führt durch das Banngebiet Staudacher und erschließt den alten Moorurwald. Der Rad- und Fußweg verläuft weiter um das gesamte Naturschutzgebiet Federsee (etwa 16 km, allerdings streckenweise entlang der Straße). Weitere Wanderwege führen vom Federseemuseum in Bad Buchau aus in die NSGs Südliches Federseeried, Riedschachen und Blinder See.

Das Gebiet wird vom NABU-Naturschutzzentrum Federsee betreut. Hier kann man sich einen Überblick über die Natur des Gebietes verschaffen und an den regelmäßig stattfindenden Führungen teilnehmen (kostenloses Programm anfordern).

» Weitere Freizeitmöglichkeiten

Archäologischer Moorlehrpfad, Archäologisches Federseemuseum mit Freigelände, Moorwald „Wackelwald", Mittelalterliche Bachritterburg Kanzach, Skulpturenfeld Oggelshausen, Adelindis-Therme, 16 Kilometer langer Rad- und Wanderwege um den Federsee (Fahrradverleih).

Infomaterial

Günzl. H. (2007): Das Naturschutzgebiet Federsee. Ein Führer durch Landschaftsgeschichte und Ökologie. Verlag Silberburg, Tübingen.

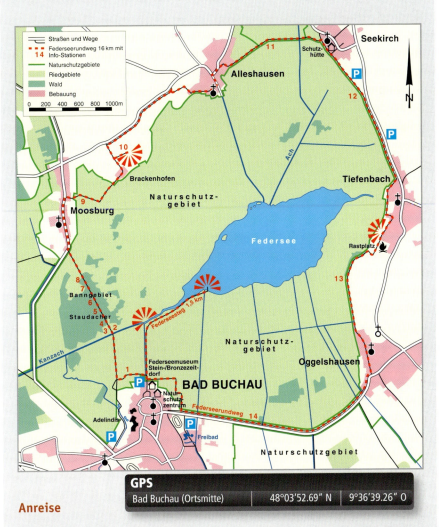

GPS Bad Buchau (Ortsmitte) | 48°03'52.69" N | 9°36'39.26" O

Anreise

Mit Bahn und Bus:

Mit dem Zug auf der Strecke Ulm – Friedrichshafen, Haltestelle Bad Schussenried, dann Bahnbus bis Bad Buchau, Haltestelle Hauptstraße. Alternativbahnhöfe Biberach/Riss und Riedlingen, von dort ebenfalls Busverbindung. Von Stuttgart aus fährt einmal täglich ein „Bäderbus" bis Bad Buchau.

Mit dem Auto:

Auf der B30 von Ulm bis Biberach, Ausfahrt „Federsee/Bad Buchau". In Bad Buchau der Beschilderung „Federsee" folgen. Parkmöglichkeit direkt am Zugang zum Federseesteg (Federseeparkplatz).

Adressen

Führungen, Ausstellungen und weitere Informationen
für Naturinteressierte:
NABU-Naturschutzzentrum Federsee, Federseeweg 6,
88422 Bad Buchau, Tel.: (07582) 1566, Fax: 1778,
E-Mail: info@nabu-federsee.de, Internet: www.nabu-federsee.de.
Hier kann man auch eine Vogelartenliste anfordern.
Bitte melden Sie besondere Beobachtungen an diese Adresse.
Federseemuseum, August-Gröber-Platz 1, 88422 Bad Buchau,
Tel.: (07582) 80810, E-Mail: info@federseemuseum.de,
www.federseemuseum.de
Tourist Information Bad Buchau, Tel. (07582) 93360,
E-Mail: info@bad-buchau.de, www.bad-buchau.de.
Wohnmobilstellplätze in Bad Buchau, Campingplatz in Steinhausen (10 km), Heuhotel in Oggelshausen (4 km).

Vogelinsel im Altmühlsee in Bayern

Der Altmühlsee, 50 km südwestlich von Nürnberg, entstand Anfang der 1980er Jahre als erster See des des Wasserüberleitungssystems Donau-Main, welches heute fünf Seen umfasst und als „Neues fränkisches Seenland" bezeichnet wird. Seit 1985 werden im Altmühlsee Frühjahrs- und Herbsthochwasser der oberen Altmühl kurzfristig zurückgehalten, durch einen Überleiter mit Stollen unter der europäischen Hauptwasserscheide hindurch in den ebenfalls künstlich geschaffenen Brombachsee geleitet und in den nordbayerischen Raum abgeführt. Bei dem Bau des Altmühlsees wurden Belange des Naturschutzes berücksichtigt und die so genannte Vogelinsel geschaffen. Das darf jedoch nicht darüber hinwegtäuschen, dass eine bis dahin extensiv genutzte Kulturlandschaft mit den wertvollsten Nasswiesenbereichen Frankens weitgehend vernichtet wurde.

Die maximale Tiefe des 500 ha großen Sees beträgt 2,5 m. Während mehr als die Hälfte der Fläche vor allem zum Baden, Segeln und Surfen genutzt wird, stehen 202 ha unter Naturschutz. Innerhalb dieses Naturschutzgebietes liegen die als „Vogelinsel im Altmühlsee" zusammengefassten Lebensräume. Die Vogelinsel ist heute über die Grenzen Mittelfrankens hinaus bekannt.

Der Altmühlsee samt den Altmühlauen, die ihn im Norden sowie im Süden umgeben, sind als Important Bird Area (IBA) anerkannt und zählen damit zu den wichtigen Vogelschutzgebieten in Europa. Das Gebiet wird vom Landesbund für Vogelschutz in Bayern e.V. (LBV) betreut.

» Lebensräume

Im Naturschutzgebiet Vogelinsel wurde beim Bau des Altmühlsees das Aushubmaterial gelagert. Im Laufe der Jahre hat sich dieses von Menschenhand geschaffene Gebiet durch natürliche Prozesse zu einem wertvollen Lebensraum entwickelt. „Die" Vogelinsel besteht aus einem bunten Mosaik zahlreicher kleinerer und größerer Inselchen, Flachwasserzonen, großer Schilfwälder und Schlickflächen. Die Inseln haben unterschiedlichste Oberflächenstrukturen: Flach- und Steilufer, Mulden und Hügel, vegetationsfreie Sand- und Kiesflächen, sowie Pappel-, Erlen- und Weidegehölze.

» Besondere Vogelarten

Seit Bestehen konnten ca. 300 Vogelarten im Gebiet nachgewiesen werden, von denen etwa 60 regelmäßig brüten.

Das Aufkommen von Schilf, Büschen und Bäumen auf den Inseln ließen eine auwaldähnliche Verlandungszone entstehen. Neben Schilf-,

Ein typischer Bewohner der gehölzbestandenen Uferbereiche ist die Beutelmeise. Foto: W. Keim.

Sumpf- und Teichrohrsänger brüten wegen der zunehmenden Verlandung auch immer mehr Gebüsch bewohnende Vogelarten wie Blaukehlchen und Beutelmeise.

Die wenigen noch heute in angrenzenden Nasswiesen brütenden Watvögel wie Rotschenkel, Bekassine, Großer Brachvogel und Uferschnepfen nutzen das NSG Vogelinsel als Ruhezone und Nahrungshabitat. Häufiger sind sie zusammen mit anderen Limikolenarten, z.B. Kampfläufern und Bruchwasserläufern, zur Zugzeit zu sehen. Die Wasserfläche lockt verschiedene Möwen- und Seeschwalbenarten (Fluss-, Trauer- und seltener Weißflügelseeschwalben) an. An Brutvorkommen sind vor allem mehrere Paare Schwarzkopfmöwen zwischen maximal über 8000 Paaren Lachmöwen bemerkenswert. Kleinere Bestände von Löffel, Krick-, Knäk-, Tafel und Reiherenten sowie zahlreiche Haubentaucher brüten ebenfalls. Im Herbst und Winter sind hier große Ansammlungen von Wasservögeln zu sehen. Mit etwas Glück kann man auch Seeadler am Altmühlsee beobachten.

Auf der Vogelinsel findet man außerdem Spuren von Bibern. Mit etwas Geduld lassen sich Biber in der Abenddämmerung beobachten.

» Reisezeit

Interessante Beobachtungen sind ganzjährig möglich. Vor allem in April/Mai und im Spätsommer sind verschiedene Seeschwalbenarten und Zwergmöwen zu sehen. Rohrweihen gaukeln dann über das Schilf. Bei niedrigem Wasserstand treten entlang des Inselrandes Schlickflächen zum Vorschein, die vor allem ab Juli von verschiedenen Limikolen wie z.B. Fluss- und Sandregenpfeifer, Bekassinen, Grünschenkel, Bruchwasserläufer und Kampläufer genutzt werden. Gänsesäger und gelegentlich Zwergsäger suchen den Altmühlsee im Winter auf. Andere Entenarten und auch Kormorane sind während der eisfreien Zeit fast immer anwesend, seit einigen Jahren auch Silberreiher.

Über aktuelle Beobachtungen kann man sich im Internet beim LBV unter www.lbv.de/altmuehlsee informieren.

» Beobachtungsmöglichkeiten

Zum Schutz der störungsempfindlichen Vogelwelt ist das Naturschutzgebiet für den Besucherverkehr nur auf einem 1,5 km langen Lehrpfad, der über 10% der Fläche des Naturschutzgebietes führt, zugänglich. Von ihm und von einem Beobachtungsturm aus ist ein guter Einblick in das Gebiet und Beobachtung der Vogelwelt möglich. Vom Turm aus

Typische Vogelarten, deren Status (günstige Beobachtungszeit)
h = häufig, r = regelmäßig, s = selten; J = Jahresvogel, B = Brutvogel, W= Wintergast, D = Durchzügler

Art	Status (beste Beobachtungszeit)	Art	Status (beste Beobachtungszeit)
Alpenstrandläufer	hD (Apr. - Okt.)	Krickente	rJ (ganzjährig)
Baumfalke	rD (Apr. - Aug.)	Lachmöwe	hB (ganzjährig)
Bekassine	rB (März - Okt.)	Löffelente	rB (Febr. - Nov.)
Bergpieper	rW (Okt. - April)	Neuntöter	sB (Mai - Sept.)
Beutelmeise	rB (März - Okt.)	Pfeifente	hW (Nov. - Apr.)
Blaukehlchen	rB (März - Sept.)	Raubwürger	sW (Okt. - März)
Bruchwasserläufer	hD (Apr. - Sept.)	Rohrweihe	sB/rD (März - Sept.)
Dunkler Wasserläufer	rD (Apr. - Nov.)	Rotschenkel	rB (März - Sept.)
Eisvogel	sJ (ganzjährig)	Sandregenpfeifer	rD (Apr. - Okt.)
Fischadler	rD (Apr./Mai; Juli - Okt.)	Schafstelze	rB (März - Okt.)
Flussregenpfeifer	rD (Apr. - Sept.)	Schilfrohrsänger	rB (Apri - Aug.)
Flussseeschwalbe	rG (Apr. - Sept.)	Schnatterente	rB (ganzjährig)
Flußuferläufer	hD (Apr. - Okt.)	Schwarzkopfmöwe	rB (März - Sept.)
Graugans	hB (ganzjährig)	Silberreiher	hJ (ganzjährig)
Graureiher	hB (ganzjährig)	Tafelente	rB (ganzjährig)
Großer Brachvogel	rB/hD (Febr. - Nov.)	Teichrohrsänger	hB (April - Sept.)
Grünschenkel	rD (Apr. - Okt.)	Trauerseeschwalbe	hG (Apr. - Sept.)
Gänsesäger	hW (Sept. - April)	Uferschnepfe	rB/rD (März - Juli)
Haubentaucher	rB (Febr. - Nov.)	Waldwasserläufer	rD (März - Nov.)
Kampfläufer	hD (März - Okt.)	Wanderfalke	rD (ganzjährig)
Kiebitz	hB (Febr. - Nov.)	Wasserralle	rB (März - Okt.)
Knäkente	rB (März - Sept.)	Zwergmöwe	hD (Apr. - Nov.)
Kormoran	hB (ganzjährig)	Zwergstrandläufer	rD (Apr. - Sept.)
		Zwergtaucher	rD (März - Nov.)

kann man einen beträchtlichen Teil der Insel- und Seeflächen überblicken, so dass die eine oder andere interessante Entdeckung gelingen kann.

Die Vogelinsel ist vom gleichnamigen Parkplatz bequem zu Fuß zu erreichen. Vom Seeufer aus lohnt sich meist ein erster genauer Blick auf die Seefläche, auf der je nach Jahreszeit schon einige Möwen-, Enten- und Taucherarten entdeckt werden können. Eine Holzbrücke führt zum Rundweg auf eine der Inseln. Dieser Lehrpfad ist teils von Büschen und Bäumen eingesäumt und führt an Ausläufern des Sees und kleinen Tümpeln entlang, so dass Wasser und Gebüsch bewohnende Vogelarten aus nächster Nähe zu sehen sind.

In Muhr am See liegt die vom LBV betriebene Umweltstation (angesiedelt im Altmühlsee-Informationszentrum der Gemeinde) mit einer interaktiven und multimedialen Dauerausstellung zum Thema „Lebensraum Altmühlsee – Faszination Vogelzug". Sie ist von Frühjahr bis Herbst täglich außer samstags von 10:00 bis 16:00 Uhr geöffnet, im Herbst und Winter gelten eingeschränkte Öffnungszeiten (aktuelle Informationen unter www.lbv.de/altmuehlsee; Tel: 09831-4820, Eintritt für Erwachsene 2,00 €, für Kinder, Jugendliche und Studenten 1,00 €.)

Das Programm des LBV enthält zahlreiche verschiedene Naturerlebnisveranstaltungen und Exkursionen für Erwachsene, Kinder und die ganze Familie.

Unmittelbar am Parkplatz Vogelinsel können Besucher im LBV-Infohaus Wissenswertes zur Vogelinsel erfahren und Infomaterial erwerben. Dort befindet sich auch der Treffpunkt für naturkundliche Führungen des LBV.

GPS		
Muhr am See (Ortsmitte)	49°09'09.34" N	10°43'22.73" O
Umweltstation Altmühlsee	49°09'18.53" N	10°42'33.94" O

Anfahrt

Mit der Bahn:
Muhr am See ist gut mit der Bahn zu erreichen: Züge verkehren regelmäßig zwischen Treuchtlingen und Würzburg, mit Haltestellen in Gunzenhausen und Muhr am See. Vom Bahnhof in Muhr sind es ca. 20 Gehminuten bis zur Vogelinsel.

Mit dem Auto:
Die Vogelinsel befindet sich am Ortsrand von Muhr am See am nordwestlichen Ufer des Altmühlsees und ist über die B 13 zwischen Ansbach und Gunzenhausen zu erreichen. Bitte beachten Sie die abgebildete Karte und folgende Parkmöglichkeiten:
- Parkplatz Vogelinsel beim LBV-Infohaus (begrenzte Anzahl an Plätzen).
- Großer Parkplatz beim Seezentrum Muhr

Adressen

Am Altmühlsee (z.B. Muhr am See und Gunzenhausen) gibt es eine Vielzahl an Übernachtungsmöglichkeiten in Pensionen, Hotels, Ferienwohnungen und Campingplätzen. Auskunft und Informationen über
Tourismusverband Fränkisches Seenland, Hafnermarkt 13, 91710 Gunzenhausen,
Tel.: 09831/5001-20, E-Mail: info@fraenkisches-seenland.de
www.fraenkisches-seenland.de

Umweltstation Altmühlsee (Ansprechpartnerinnen: Martina Widuch (Ltg.), Antje Bölt, Gebietsbetreuerin: Verena Auernhammer)
Landesbund für Vogelschutz in Bayern e.V. (LBV)
Schlossstraße 2, 91735 Muhr am See, Tel.: 09831/4820
Fax: 09831/1882, E-Mail: altmuehlsee@lbv.de; www.lbv.de/altmuehlsee

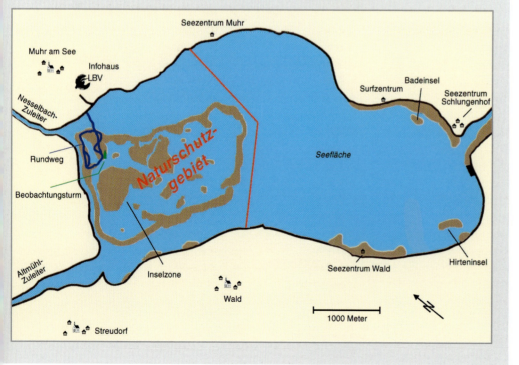

» Weitere Freizeitmöglichkeiten

Gut die Hälfte des Altmühlsees ist für den Bade-, Segel- und Surfbetrieb zugänglich; das gilt auch für Teile der anderen Seen des „Neuen fränkischen Seenlandes". Ein gut ausgebauter Weg rund um den See (12,5 km), der auch von Rollstuhlfahrern genutzt werden kann, und zahlreiche Radwege laden, darunter der Storchenradwanderweg „Meister rAdelbar" des LBV, zu einer Tour durch die ländliche Idylle des fränkischen Seenlandes ein.

Infomaterial

Kostenlose Informationen, Veranstaltungsprogramm und aktuelle Beobachtungstipps, sowie die in regelmäßigen Abständen von ca. 2–3 Jahren erscheinenden Altmühlseeberichte mit ausführlichen Angaben über die nachgewiesenen Vogelarten sind bei der Umweltstation zu erhalten (3,00 € + 1,60 € Versandkosten, Bezugsadresse s.o.).

Der Nationalpark Bayerischer Wald in Bayern

Mitten im weitläufigen Waldgebirge Böhmerwald liegt der 243 km² große Nationalpark Bayerischer Wald. Er erstreckt sich in einer Höhe zwischen rund 600 und 1453 m ü. NN entlang der tschechischen Grenze bis zur Ortschaft Finsterau und bildet mit dem in der Tschechischen Republik angrenzenden Nationalpark Šumava das größte Waldschutzgebiet Mitteleuropas. Gegründet wurde er 1970 und ist somit der älteste Nationalpark Deutschlands und sicherlich auch einer der bekanntesten. Borkenkäferkalamitäten und die Wiedereinwanderung des Luchses haben weit über die Landesgrenzen hinaus Stoff für zahlreiche Diskussionen geboten. Trotz teilweise heftiger Diskussionen hat sich heute das Nationalpark-Motto „Natur Natur sein lassen" durchgesetzt und im Bayerischen Wald wird der Natur auf großer Fläche freier Lauf gelassen. So fielen beispielsweise nach einem außergewöhnlich starken Gewittersturm im Jahr 1983 großflächig 90 000 Kubikmeter Stammholz zu Boden, die in der Naturzone im Gebiet verblieben sind. Das Resultat der über 20-jährigen natürlichen Entwicklung auf großer Fläche ist heute zu bewundern und wohl einzigartig in Deutschland.

» Lebensräume

Im Nationalpark ist der Wald der landschaftsbestimmende Lebensraum: Etwa 98 % der Fläche ist bewaldet. Auf den sauren Gesteinen – vor allem Granite und Gneise – stockt überwiegend Nadelwald. Bedingt durch klimatische Unterschiede zwischen verschiedenen Höhen variiert die Baumartenzusammensetzung: In höheren, kühleren Lagen mit langer Schneebedeckung dominieren Bergfichtenwälder, an den wärmeren Hängen wachsen Bergmischwälder und in den feucht-kühlen Tälern sind es Aufichtenwälder. Auenvegetation säumt die zahlreichen Gebirgsbäche und einige Hochmoore („Filze"), Überreste der letzten Eiszeit, sind Refugien für seltene Tier- und Pflanzenarten. Bizarre Gesteinsformen und Blockhalden in den Gipfelstufen, Sukzessionsflächen mit hohem Totholzanteil und Berg-

Der Bayerische Wald gehört innerhalb Bayerns zu den wenigen Brutgebieten des Zwergschnäppers. Im Bild ein Jungvogel kurz nach dem Flüggewerden. Foto: H.-J. Fünfstück.

» Besondere Vogelarten

Das Schutzgebiet ist ein wahres Eulenparadies: Neben Waldkäuzen und Waldohreulen brüteten im Bayerischen Wald auch Uhus, Sperlingskäuze und sogar Habichtskäuze – letztere wurden hier von 1975 an ausgewildert, nachdem die Art rund 50 Jahre zuvor ausgerottet worden war. Heute sind wieder etwa fünf Brutpaare im Grenzgebiet heimisch. Bevorzugt besiedeln die einzigen deutschen Habichtskäuze alte und buchenreiche Wälder in der Nähe von offenen Flächen, die sie offensichtlich zur Jagd nutzen. Als weitere Eulenart kommt der Raufußkauz vor. Er nutzt Schwarzspechthöhlen als Brutplatz. Stehendes Totholz und Massenentwicklungen des Borkenkäfers sichern dem Dreizehenspecht das Überleben in den Nadelwäldern. Sogar der Weißrückenspecht brütet in Mischwäldern innerhalb des Bayerischen Waldes. Die hier lebenden Vögel gehören zu einer auf einem geographisch eng begrenztem Gebiet lebenden Population, die auch das einzige deutsche Vorkommen außerhalb der Alpen darstellt. Ein in Bayern sehr seltener Brutvogel ist der Zwergschnäpper, der sich in den Urwäldern gerne in Bachnähe aufhält und auf den man meist erst durch seinen Gesang aufmerksam wird. An den zahlreichen Bächen kann man Eisvögel, Wasseramseln und Gebirgsstelzen bei der Nahrungssuche beobachten. In den Nadelwäldern sieht man Ringdrosseln und Tannenhäher; die heimlichen Haselhühner entziehen sich hingegen meist dem Blick des Beobachters. Auerhühner sind im Schutzgebiet allerdings sehr selten und nur mit viel Glück zu entdecken. Der Bestand wurde durch mäßig erfolgreiche Aussetzungen gestützt. Die in Deutschland stark bedrohte Raufußhuhnart nutzt vor allem weitständige Althölzer mit lückigem Kronendach und flächiger Bodenvegetation (bevorzugt Heidelbeeren). Das Birkhuhn ist im Gebiet heute ausgestorben.

» Reisezeit

Für Vogelbeobachter ist das späte Frühjahr und der Frühsommer die attraktivste Reisezeit. Von Mitte Mai bis Mitte Juni sind die meisten Zugvögel in ihren Sommerlebensräumen und machen durch Gesang auf sich aufmerksam. Um Eulen und Spechte zu beobachten, kommt man am besten etwas früher. Sperlingskäuze kann man auch im Frühherbst noch einmal gut finden, wenn sie ihren Herbstgesang, eine aufsteigende Tonleiter aus 5 bis 10 Pfeiftönen, hören lassen. Im Sommer ist es schwierig, die dann heimlichen Vogelarten im dichten Wald zu entdecken. Der Winter im Nationalpark beginnt früh und dauert lange. Schon im Herbst sind einige Wege wegen Schnee und Eis nicht begehbar und viele Brutvögel sind früh in den Überwinterungsgebieten oder Tallagen. Wer dennoch im Winter ins Gebiet kommt, hat die Möglichkeit, den Bayerischen Wald per Langlaufskier oder auf einer geführten Schneeschuhwanderung zu erkunden.

» Beobachtungsmöglichkeiten

Dass im Kerngebiet des Nationalparks die Wege nicht verlassen werden dürfen, sollte selbstverständlich sein. Wer auf dem „Auerhahnweg" im Bereich des Großen Rachels wandert (Ausgangspunkt: Gfäll), hat die Möglichkeit, Dreizehenspecht, Ringdrossel und Zwergschnäpper zu sehen. Auch der sich anschließende Rundweg „Specht" ist empfehlenswert. Am Großen Rachel sollte man auf Wanderfalken und Kolkraben achten. Diese sind neben Schwarz-, Dreizehenspecht und Ringdrossel auch im Falkensteingebiet und am Lusen zu sehen (z. B. Rundweg „Luchs"). Der Rundweg „Wolf" (östl. Buchenau, nicht per PKW erreichbar) führt durch ein schönes Hochmoor und die Lebensräume von Dreizehenspecht, Tannenhäher und Ringdrossel. Im Felswandergebiet kann man mit viel Glück Haselhuhn oder Weißrückenspecht entdecken („Haselhuhnweg", Ausgangspunkt: Jugendwaldheim nördlich Schönbrunn). Die Chance, hier Hohltauben, Schwarzspechte und Zwergschnäpper zu hören oder

Natur Natur sein lassen: Wo alte Bäume umstürzen, kommt es zur Naturverjüngung.
Foto: R. Pöhlmann.

Typische Vogelarten, deren Status und günstige Beobachtungszeit (in Klammern) im Nationalpark Bayerischer Wald.
h = häufiger, r = regelmäßiger, s = seltener, B = Brutvogel. Raufußhühner, Spechte und Eulen sind zwar ganzjährig anwesend, die meisten aber nur im März und April einfach zu finden.

Art	Status (beste Beobachtungszeit)
Auerhuhn	sB (ganzjährig)
Baumpieper	rB (Mai – Sept.)
Birkenzeisig	rB (ganzjährig)
Dreizehenspecht	rB (ganzjährig)
Fichtenkreuzschnabel	hB (ganzjährig)
Gartenrotschwanz	rB (April – Sept.)
Gebirgsstelze	rB (Feb. – Okt.)
Habichtskauz	sB (ganzjährig)
Haselhuhn	sB (ganzjährig)
Hohltaube	rB (März – Sept.)
Kolkrabe	rB (ganzjährig)
Raufußkauz	rB (ganzjährig)
Ringdrossel	hB (April – Sept.)
Schwarzspecht	rB (ganzjährig)
Schwarzstorch	rB (April – Aug.)
Sperlingskauz	rB (ganzjährig)
Tannenhäher	rB (ganzjährig)
Uhu	sB (ganzjährig)
Waldlaubsänger	rB (Mai – Aug.)
Wanderfalke	sB (ganzjährig)
Wasseramsel	rB (ganzjährig)
Weißrückenspecht	sB (ganzjährig)
Zwergschnäpper	sB (Juni – Juli.)

zu sehen ist deutlich größer. Arten der Laubwälder lassen sich auch im Bereich der Urwaldgebiete Watzlik-Hain und Mittelsteighütte beobachten (Ausgangspunkt: Zwieselwaldhaus nördlich Ludwigsthal). „Da nur wenige das große Glück haben, einen Luchs, Auerhahn oder Habichtskauz in freier Wildbahn zu sehen," so Rainer Pöhlmann von der Nationalparkverwaltung, „kann man sich die typischen Arten des Gebietes auch in aller Ruhe im bekannten und großzügig gestalteten Tier-Freigelände im Nationalparkzentrum Lusen ansehen." Von der Nationalparkverwaltung und den Nationalparkgemeinden werden regelmäßig naturkundliche Wanderungen, Vorträge, Aktionen für Kinder und weitere interessante Veranstaltungen angeboten und ein Besuch des Infozentrums ist ein guter Einstieg in den Urlaub im Nationalpark Bayerischer Wald.

» Weitere Freizeitmöglichkeiten

Eine Besucherattraktion ist der 1,2 km lange Baumwipfelpfad am Hans-Eisermann-Haus mit seinem 44 m hohen Baumturm. Kinder können sich auf dem Waldspielgelände bei Spiegelau austoben und auf dem Naturerlebnispfad spielerisch den Wald entdecken. In Zwiesel und St. Oswald gibt es Waldmuseen, in Freyung ein Jagd- und Fischereimuseum und in Frauenau ein Glasmuseum. Auch eine Wanderung über die Grenze lohnt sich; der Nationalpark Šumava ist einen Besuch wert.

Literatur/Infomaterial

Scherzinger, W. (2000): Wilde Waldnatur – der Nationalpark Bayerischer Wald auf dem Weg zur Waldwildnis. Nationalparkverwaltung Bayerischer Wald, Grafenau.

Scherzinger, W. (2003): Artenschutzprojekt im Nationalpark Bayerischer Wald. Nationalparkverwaltung Bayerischer Wald, Grafenau.

Scherzinger, W. (2004): Spechte im Wald von heute: Altholz, Totholz, Waldlichtungen. FALKE 51: 74-77.

Faltblätter mit Tipps für naturkundliche Wanderungen, Karten und Broschüren zu verschiedenen Themen sowie ein Informationsblatt, das über aktuelle Themen und Veranstaltungen informiert, sind bei der Nationalparkverwaltung erhältlich.

Anfahrt

Mit Bus und Bahn: Von Plattling (IC-Bahnhof) mit der Waldbahn nach Zwiesel, Bayerisch Eisenstein, Frauenau, Spiegelau oder Grafenau. Von dort aus verkehren regelmäßig die „Igelbusse" zu den wichtigsten Wanderzielen und Besuchereinrichtungen im Nationalpark, teilweise im Halbstunden- oder Stundentakt. Die Waldbahn verbindet die größeren Nationalparkorte miteinander. (Auskünfte unter www.bayerwald-ticket.com)

Mit dem Auto: Von München über die A3 oder von Regensburg und Passau über die A92: Ausfahrt Deggendorf in das Falkenstein-Rachel-Gebiet (B11) oder Ausfahrt Hengersberg (A3) in das Rachel-Lusen-Gebiet (B533).

Adressen

Nationalparkverwaltung Bayerischer Wald, Freyunger Straße 2, 94481 Grafenau, Tel.: 08552/ 96000, E-Mail: poststelle@npv-bw.bayern.de, www.nationalpark-bayerischer-wald.de

Unterkünfte

Ferienland Nationalpark Bayerischer Wald, Wolfkerstraße 3, 94078 Freyung,
   Tel.: 08551/ 5 71 14, E-Mail: touristinfo@lra.landkreis-frg.de, www.bayerwald-info.de
Werbegemeinschaft Zwieseler Winkel, Tel.: 09922/84 05 23,
   E-Mail: info@zwieseler-winkel.de
Zweckverband der Nationalpark-Gemeinden, 94556 Neuschönau, Tel. 08558/91021,
   E-Mail: info@nationalparkregion.de, Homepage: www.nationalparkregion.de
Campingplätze in Finsterau und Klingenbrunn, Jugendzeltplatz bei Neuschönau.

Ausstellungen

Besucherzentrum Hans-Eisenmann-Haus bei Neuschönau (Böhmstr. 35,
   Tel.: 08558/96150): Umfassende Ausstellung zum Nationalpark mit angrenzendem Tier-Freigelände, Öffnungszeiten: täglich von 9–17 Uhr, 2. Novemberwoche bis 25. Dez. geschlossen.
Besucherzentrum Haus zur Wildnis bei Ludwigsthal (Eisensteiner Str. 8,
   Tel.: 09922/50020) (Ausstellung zum Thema „Wildnis"), Öffnungszeiten: 26.12.–31.3. täglich von 9.30–17.00 Uhr, 1.4.–1. Novemberwoche von 9.30–18.00 Uhr.
Infostellen in Spiegelau (Ausstellung zum Thema „Waldeisenbahn"), Frauenau (Ausstellung zum Thema „Schachten und Filze") und Mauth (Ausstellung zum Thema „Holztrift"), von Weihnachten bis Anfang November täglich außer sonntags geöffnet.
Infozentrum im Grenzbahnhof Bayerisch Eisenstein (Tel.: 09925/902430): Bayerischböhmisches Infozentrum für Natur- und Nationalparks.

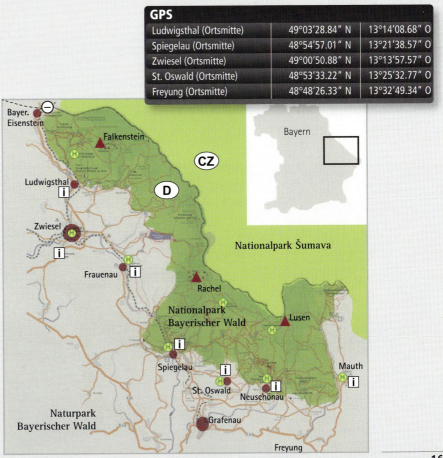

GPS		
Ludwigsthal (Ortsmitte)	49°03'28.84" N	13°14'08.68" O
Spiegelau (Ortsmitte)	48°54'57.01" N	13°21'38.57" O
Zwiesel (Ortsmitte)	49°00'50.88" N	13°13'57.57" O
St. Oswald (Ortsmitte)	48°53'33.22" N	13°25'32.77" O
Freyung (Ortsmitte)	48°48'26.33" N	13°32'49.34" O

Mündungsgebiet der Isar in Bayern
Vögel in einer der größten Auenlandschaften Mitteleuropas

In der Nähe der bayerischen Kleinstadt Deggendorf, am Rande des Bayerischen Waldes, mündet die Isar in die Donau. Im Mündungsbereich entstand eine weitläufige Auenlandschaft. Diese wird von den zwei sehr unterschiedlichen Flusslandschaften geprägt, und zwar durch die träge fließende Donau als typischer Tieflandfluss und durch den Gebirgsfluss Isar, der durch sein starkes Gefälle eine hohe Geschiebefracht, vornehmlich Kies, aus den Alpen in die Ebene transportiert.

Heute ist die Isarmündung die einzige Mündung eines Alpenflusses in die Donau, die weitgehend unverbaut ist.

Die Entwicklung des Gebietes wurde als Naturschutzgroßvorhaben „Mündungsgebiet der Isar" vom Bund, dem Bayerischen Naturschutzfond und dem Landkreis Deggendorf als Projektträger gefördert. Das Projektgebiet umfasst 2800 Hektar und liegt im 3436 Hektar großen Landschaftsschutzgebiet Untere Isar, dass bereits 1973 ausgewiesen wurde. 2077 Hektar des Gebiets wurden aufgrund des hohen Wertes für den Vogelschutz der EU als Vogelschutzgebiet (SPA) gemeldet. Davon befanden sich im Jahr 2003 mehr als 1000 Hektar in öffentlicher Hand. Das Projekt hat zwei wesentliche Ziele: Zum einen soll die naturnahe durch die Regeneration von naturnahen Au-

Schlagschwirle sind die Versteckkünstler unter den Vögeln der Isaraue. Ihr Gesang ist dagegen sehr auffällig und im Isar-Mündungsgebiet ab Mitte Mai zu hören.
Foto: J. Ferdinand.

wäldern und -gebüschen, Röhrichten, Kiesbänken und anderen typischen Auenstrukturen Aue erhalten bzw. wiederhergestellt werden. Zum anderen soll – außerhalb der Deiche – die vom Menschen geschaffene Kulturlandschaft erhalten werden, die Streuwiesen und Brennen mit einer hohen Artenvielfalt beinhaltet.

» Lebensräume

Dank der relativ weit von der Isar entfernten Deiche konnte ein breiter Auwaldgürtel erhalten bleiben. Innerhalb der Deiche wachsen auf den häufig überfluteten Standorten, vor allem aber an Altwassern und in Geländesenken, Weiden. Sie gehören zur Weichholzaue. Auf den seltener überfluteten Standorten entwickelten sich Hartholzauwälder; hier dominieren Eschen und Stieleichen den Baumbestand. Ulmen, Bergahorne und Winterlinden sind weitere charakteristische Gehölze.

Außerhalb des Auwaldes liegen in der Kulturlandschaft Streuwiesen. Sie werden meist einmal im Jahr gemäht und sind Standorte einer heute stark gefährdeten Vegetation mit Sibirischer Schwertlilie und Lungenenzian.

Entlang der Isar wachsen auf flachgründigen, sandig-kiesigen Standorten, den sogenannten Brennen, orchideenreiche Magerrasen.

Altwasser und Altarme liegen in der Weichholzaue der Isar. Hier kann man neben Schlagschwirlen und Blaukehlchen mitunter auch Biberspuren finden. Foto: T. Brandt.

Typische Vogelarten im Bereich der Isarmündung, deren Status und günstige Beobachtungszeit (in Klammern).
h = häufiger, r = regelmäßiger, s = seltener, beste Beobachtungszeit im zeitigen Frühling
J = Jahresvogel, B = Brutvogel, W = Wintergast, D = Durchzügler, N = Nahrungsgast

Art	Status (beste Beobachtungszeit)	Art	Status (beste Beobachtungszeit)
Baumfalke	sB (Ende April–Aug.)	Pirol	rB (Mitte Mai–Aug.)
Beutelmeise	rB (April–Aug.)	Rohrweihe	rB (April–Sept.)
Blaukehlchen	hB (April–Aug.)	Rotmilan	sB (März–Okt.)
Braunkehlchen	sB, rD (Ende April–Aug.)	Schellente	rW (Okt.–März)
Fischadler	rD (April, Aug.–Sept.)	Schilfrohrsänger	sB (Ende April–Juli)
Flussuferläufer	rD (Mai–Sept.)	Schlagschwirl	rB (Ende Mai–Juni)
Graugans	rB (ganzjährig)	Schnatterente	hB (März–Okt.)
Grauspecht	sB (März, April)	Schwarzmilan	sB (April–Aug.)
Grünspecht	rB (ganzjährig)	Schwarzspecht	rB (ganzjährig)
Gänsesäger	sB, rW (ganzjährig)	Seidenreiher	sD (Sept.–Okt.)
Halsbandschnäpper	rB (Mai–Aug.)	Silberreiher	rW (Sept.–März)
Kleinspecht	rB (März, April)	Wasserralle	rB (März–Okt.)
Krickente	sB (März–Nov.)	Wespenbussard	sB (Mai–Aug.)
Neuntöter	rB (Mai–Aug.)		

Am Rande des Gebietes liegen Wiesen, von denen ein Teil extensiv genutzt wird. Foto: T. Brandt.

» Besondere Vogelarten

Typisch für das Gebiet sind Auenvögel wie Pirole, Beutelmeisen und Blaukehlchen. Von letzteren brüten rund 300 Paare vor allem in Bereichen mit Weidengebüschen und Röhrichten, in denen auch Teichrohrsänger und Wasserrallen leben. In den Baumbeständen brüten Schwarz-, Grau- (sehr selten), Grün- und Kleinspechte. An der Isar selbst kann man regelmäßig Eisvögel und mit etwas Glück auch ganzjährig Gänsesäger beobachten. In Staudenfluren und Gebüschen singen zahlreiche Sumpfrohrsänger und Schlagschwirle. Von der zuletzt genannten Art zählten Ornithologen Anfang der 1990er Jahre etwa 40 Reviere.

Zu den Besonderheiten der Gehölzbestände und Auwaldbereiche gehören Halsbandschnäpper (z. B. bei Altholz und Scheuer). Dort brüten auch Rot- und Schwarzmilane, Baumfalken, Habichte und – selten – Wespenbussarde. Die schneeweißen Seiden- und Silberreiher suchen das Gebiet vor allem während des Herbstzuges auf. Der Graureiher ist dagegen Brutvogel. Fast ausgestorben sind Drosselrohrsänger, Schilfrohrsänger und Knäkente. Sie brüten nur noch vereinzelt oder sporadisch im Gebiet. Mit 30 bis 35 Paaren ist die Schnatterente dagegen eine recht häufige Brutvogelart.

Im Winter kann man auf der Isar und auf der Donau zahlreiche Wasservögel sehen.

Wenn auch kein Vogel, so ist es immer wieder ein Highlight, die seit den 1970er Jahren im Gebiet vorkommenden (aber weitgehend nachtaktiven) Biber zu beobachten.

» Reisezeit

Ein Besuch des Gebietes lohnt sich vor allem im Frühling und Frühsommer, wenn die Brutvögel anwesend sind. Blaukehlchen erreichen die Auen bereits Ende März. Mitte April sind die meisten Reviere besetzt. Dann sind auch die Beutelmeisen zurück. Pirole und Halsbandschnäpper kommen in der ersten Maihälfte, in der zweiten Maihälfte die Schlagschwirle. Die Spechte kann man am einfachsten im März und April finden, da sie zur Balzzeit sehr auffällig sind. Danach wird es schwierig, sie in den dichten Wäldern zu entdecken.

» Beobachtungsmöglichkeiten

Zur Besucherinformation hat der Landkreis Deggendorf ein Infozentrum mit der Dauerausstellung „Kraft im Fluss" und Außenanlagen (8 Hektar!) eingerichtet. Hier werden neben einem umfangreichen Jahresprogramm für Gruppen ab zehn Personen auch Rundgänge durch die Ausstellung, durch die Außenanlage oder auch durch typische Lebensräume der Isarmündung angeboten (geringer Teilnehmerbeitrag). Zur Einführung lohnt es sich, dort einen zwanzigminütigen Film über das Gebiet anzusehen. Kartenmaterial und Broschüren können hier kostenlos oder preisgünstig erworben werden. Die Außenanlagen sind an allen Tagen frei zugänglich.

Die Umweltstation Isarmündung des Landesbundes für Vogelschutz in Bayern (LBV), die im selben Gebäude untergebracht ist, bietet Programme (Wassererkundungen und Wasserrallyes) für Gruppen und Schulklassen an.

Im Gebiet gibt es eine Reihe gut ausgebauter Wanderwege. Von Altholz aus führt beispielsweise ein Wanderweg an einer Abgrabung vorbei (Blaukehlchen in den Gebüschen, Beutelmeisen) durch die Wiesen über den Deich in den Auwald mit Hartholz- und Weichholzaue sowie Altwassern und schließlich an die Isar-

Flussuferläufer sind regelmäßige Gäste entlang der Isar und der Donau. Vor allem im Mai und August sind sie regelmäßig zu sehen. Im Bild ein diesjähriger Vogel, der an der leichten Wellenzeichnung auf dem Rücken und den Flügeln zu erkennen ist. Foto: H.-J. Fünfstück.

mündung (Pirol, Eisvogel). Rechtsseitig der Isar beginnt ein Rundweg am Informationszentrum und ein weiterer bei Isarmünd. Von diesem aus führt ein Stichweg an die Isarmündung.

» Weitere Beobachtungs- und Freizeitmöglichkeiten

Nordwestlich von Straubing liegt am Südrand der Donauniederung im Mündungsgebiet der Großen Laaber ein ca. 300 Hektar großes Waldgebiet, der Rainer Wald. Der Wald ist das bedeutendste Naturwaldareal des Donautals im Landkreis Straubing-Bogen und soll im Sinne des Naturschutzes weiterentwickelt werden. Projektträger und Eigentümer großer Flächenanteile ist der Landesbund für Vogelschutz in Bayern (LBV).

Ebenfalls nordwestlich von Straubing befindet sich an der Donau bei Flusskilometer 2343 ein interessantes Gebiet bei Aholfing. Aholfing ist über die B 8 und Puchhof zu erreichen. Nördlich von Aholfing kann man parken und am Damm entlang weiter nordwärts bis zu einem Beobachtungstand wandern, der einen guten Überblick über das Gewässer gibt (nachmittags Rückenlicht).

Der Nationalpark Bayerischer Wald liegt nur rund 40 km nördlich des hier beschriebenen Gebietes.

Infomaterial/Literatur:

Bezzel, E., I. Geiersberg, G. v. Lossow & R. Pfeifer (2005): Brutvögel in Bayern. Verbreitung 1996 – 1999. Verlag Eugen Ulmer, Stuttgart.

Moning. C. & C. Wagner (2005): Vögel beobachten in Süddeutschland. Kosmos Verlag, Stuttgart.

Landratsamt Deggendorf (Hrsg.): Mündungsgebiet der Isar – Auenlandschaft von europaweiter Bedeutung. Informatives Faltblatt. Bezug über das Landratsamt Deggendorf (siehe Adressen).

Lebensraum Isarmündung, Karte mit den Naturerlebniswegen und Radwegen im Isarmündungsgebiet. Bezug über das Landratsamt Deggendorf (siehe Adressen) oder Infohaus Isarmündung (siehe Adressen).

Anfahrt

Mit Bahn und Bus:
Der nächste Bahnhof ist in Plattling. Ansonsten ist das Gebiet mit öffentlichen Verkehrsmitteln nicht zu erschließen.

Mit dem Auto:
Das Gebiet erreicht man von Norden über die A 3, am Kreuz Deggendorf wechselt man auf die A 92 Richtung München und fährt in Plattling ab (Abfahrten 23 oder 22). Über die B 8 fährt man etwa 6 km in südöstliche Richtung und weiter über Moos nach Sammern, wo sich das Auenzentrum als hervorragender Ausgangspunkt für Exkursionen befindet. Das Zentrum ist gut ausgeschildert. Um die Wanderwege nördlich der Isar zu erreichen, muss man die Isarbrücke in Plattling benutzen. Hier fährt man am besten den Parkplatz bei Altholz an (A 92, Abfahrt 23). Dann gelangt man über den kleinen Ort Rohr und über die Autobahnbrücke oder über Schiltorn nach Altholz.

Mit dem Fahrrad:
Das Gebiet kann man mit dem Rad gut erschließen. Auf fünf ausgeschilderten Radwegen lässt sich der Landschaftsraum genießen.

Adressen

Informationen über:
Landratsamt Deggendorf, Herrenstraße 18, 94469 Deggendorf
Tel.: 0991/3100-287, E-Mail: umweltschutz@lra-deg.bayern.de,
Internet: www.landkreis-deggendorf.de

Infohaus Isarmündung, Maxmühle 3, 94554 Moos
Tel.: 09938/919098, E-Mail: info@infohaus-isarmuendung.de,
www.infohaus-isarmuendung.de
Öffnungszeiten: 1. April bis 31. Oktober; 10.00–17.00 Uhr (Mi–So),
die 8 ha großen Außenanlagen sind das ganze Jahr über frei zugänglich.

Unterkünfte gibt es beispielsweise in Moos (Gästehäuser und Pensionen) und in Plattling (Hotel).

GPS		
Sammern (Ortsmitte)	48°46'02.64" N	12°57'44.22" O
Altholz (Ortsmitte)	48°48'05.85" N	12°56'37.53" O
Isarmünd (Ortsmitte)	48°47'40.06" N	12°58'45.21" O
Parkplatz Infohaus	48°46'31.30" N	12°57'32.25" O
Parkplatz Altholz	48°48'04.82" N	12°56'37.45" O

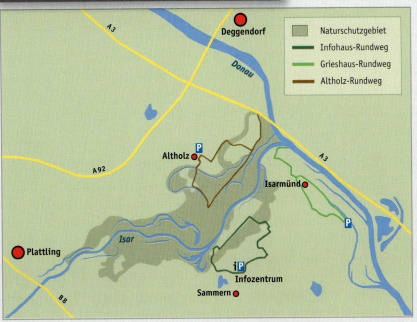

Das Schwäbische Donaumoos in Bayern
Wiesen- und Wasservögel im schwäbischen Donautal

Das schwäbische Donautal in der Nähe der Kleinstädte Leipheim und Günzburg, unmittelbar an der Grenze zu Baden-Württemberg, gehört mit seinen naturnahen Auwäldern, Altwässern, einem Fluss begleitenden Niedermoor und der Donau selbst zu den wertvollsten und artenreichsten Flusslandschaften Süddeutschlands.

Durch austretendes Grundwasser entstand im Verlauf der Jahrtausende ein bis zu drei Meter mächtiges Niedermoor: das Donaumoos. Dessen Erschließung erfolgte zu Beginn des 19. Jahrhunderts. Die Randbereiche dienten noch bis in die erste Hälfte des 20. Jahrhunderts zur Streugewinnung und als Viehweiden.

Heute sind in der Landschaft die Spuren von Kiesabbau und intensiver Landwirtschaft nicht zu übersehen, es gibt aber auch erfolgreiche Bemühungen Lebensräume zu renaturieren. Die beiden Naturschutzgebiete Leipheimer Moos und Langenauer Ried (zusammen 410 ha) schützen eines der letzten großen Niedermoore des schwäbischen Donautals. Sie beherbergen noch Wiesenvögel wie Große Brachvögel, Bekassinen und Weißstörche.

Bereits 1976 wurden die Donauauen mit dem Donaumoos als „Ramsar-Gebiet" anerkannt und sind heute in weiten Teilen Natura 2000-Gebiet. Seit 1990 betreut der Landschaftspflegeverband „Arbeitsgemeinschaft Schwäbisches Donaumoos" das Gebiet, das insbesondere für Wasservögel von großer Bedeutung ist. In den Auwäldern leben zahlreiche Spechte und mehrere Hundert Halsbandschnäpperpaare.

Halsbandschnäpper brüten vor allem in den Auwäldern entlang der Donau.
Foto: T. Langenberg.

» **Lebensräume**

Beidseitig der Donau, vor allem zwischen Donau und Donaumoos, erstrecken sich naturnahe Auwälder und Altwässer. Im Donaumoos gibt es vereinzelte Streuwiesen. Noch im 19. Jahrhundert bestimmten hier saure Wiesen und Weiden das Landschaftsbild. Durch Moorkultivierung, Donaukorrektion und Trinkwassergewinnung entstanden ertragreiche Grünland- und Ackerstandorte, die weitaus artenärmer sind als die zuvor extensiv genutzte Landschaft.

Die ehemals im Leipheimer Moos weit verbreiteten Seggenriede sind heute weitgehend verschwunden. Die nassen, ehemaligen Torfstichgebiete und offenen Moorflächen sind wichtige Rückzugsgebiete für eine selten gewordene Flora und Fauna, zu der z. B. auch Trollblumen und Bekassinen gehören.

Entlang der Donau gibt es noch Relikte der Hartholzaue, vor allem an ihrem Nordufer zwischen Leipheim und Günzburg. Weitere Auwaldbestände befinden sich nordöstlich von Günzburg zwischen der B 16 und der Donau.

Auf Kiesteichen wie dem Schurrsee, dem Erdbeersee und den Mooswaldseen brüten die typischen Vögel von Abgrabungsseen, z. B. Haubentaucher und Blässrallen. Einige Teiche sind bereits sehr alt und kaum noch von natürlichen Altwässern zu unterscheiden. Sie werden leider intensiv von Anglern genutzt und sind somit starken Störungen ausgesetzt. Im Winter und während der Zugzeit sind hier dennoch zahlreiche Wasservögel verschiedener Arten zu sehen.

Nördlich der Donaubrücke bei Leipheim liegt ein Volksfestplatz mit alten Baumbeständen, in denen Mittel- und Grünspechte sowie Halsbandschnäpper (z. T. in Nistkästen) brüten.

In den Streuwiesen und Rieden im Donaumoos leben noch heute Bekassinen und große Brachvögel. Foto: T. Brandt.

» **Besondere Vogelarten**

In den moorigen Bereichen leben im Frühling und Sommer noch typische Wiesenvögel, z.B. Bekassinen (ca. 40 Paare). Ihr Bestand nimmt infolge gezielter Naturschutzmaßnahmen wieder zu. Hier brüten außerdem regelmäßig Große Brachvögel (wenige Paare), Kiebitze, Wachteln, Rebhühner, Feldschwirle und Braunkehlchen.

Während der Zugzeit rasten gelegentlich, aber in den letzten Jahren

Typische Vogelarten im Donaumos, deren Status und günstige Beobachtungszeit (in Klammern)
h = häufiger, r = regelmäßiger, s = seltener ; J = Jahresvogel, B = Brutvogel, W= Wintergast, D = Durchzügler, N = Nahrungsgast

Art	Status (beste Beobachtungszeit)	Art	Status (beste Beobachtungszeit)
Bekassine	rB (April–Sept.)	Kornweihe	rW (Okt.–März)
Beutelmeise	rB (April–Aug.)	Krickente	sB (März–Nov.)
Blaukehlchen	sB (April–Aug.)	Mittelspecht	hB (März, April)
Braunkehlchen	sB, rD (Ende April–Aug.)	Neuntöter	rB (Mai–Aug.)
Eisvogel	rB (ganzjährig)	Pirol	rB (Mitte Mai–Aug.)
Fischadler	rD (April, Aug.–Sept.)	Rotmilan	rB (März–Okt.)
Flussseeschwalbe	sB, rD (Ende April–Aug.)	Schellente	rW (Okt.–März)
Grauammer	rB (ganzjährig)	Schnatterente	hB (März–Okt.)
Graugans	rB, hD (ganzjährig)	Schwarzhalstaucher	sB, rD (April–Sept.)
Grauspecht	rB (März, April)	Schwarzmilan	rB /April–Aug.)
Großer Brachvogel	rB, rD (März–Juli)	Schwarzspecht	sB (ganzjährig)
Grünspecht	rB (ganzjährig)	Silberreiher	rD, rW (Sept.–März)
Gänsesäger	hW (Nov.–März)	Tafelente	sB, hD, hW (ganzjährig)
Halsbandschnäpper	hB (Mai–Aug.)	Trauerseeschwalbe	rD (Mai, Aug)
Haubentaucher	rB (ganzjährig)	Wachtelkönig	sB (Mai–Juli)
Kiebitz	hB, hD (März–Sept.)	Wasserralle	rB (März–Okt.)
Kleinspecht	rB (März, April)	Weißstorch	sB (April–Aug.)
Knäkente	sB, rD (März, April)	Wespenbussard	sB (Mai–Aug.)
Kolbenente	sB, rD (April–Aug.)	Zwergtaucher	sB (März–Okt.)

zunehmend, Kraniche im „Moos". Einige Raubwürger und Kornweihen überwintern in den offenen und halboffenen Flächen.

In den Auwaldbereichen brüten Pirole, Grau-, Grün- und Mittelspechte. Halsbandschnäpper sind hier zwar häufig (es sollen im Gebiet etwa 400 Paare brüten), aber nur im Mai wirklich auffällig. Auf allen Gewässern, auch auf der aufgestauten Donau, kann man eine Vielzahl an Wasservogelarten sehen und während eines Jahres nahezu alle einheimischen Entenarten. Haubentaucher, Reiherenten und Kanadagänse brüten hier, Trauerseeschwalben und Flussseeschwalben sind vor allem zur Zugzeit anwesend, von letzteren gibt es wenige Brutpaare.

An allen Gewässern können Silberreiher auftauchen, die im Gebiet in großer Zahl überwintern. Zur Zugzeit rasten auch vereinzelt Limikolen an wenig bewachsenen Ufern einzelner Kiesteiche, z. B. Flussregenpfeifer, Flussuferläufer und Grünschenkel. In den Büschen und Bäumen der vegetationsreichen Ufer kann man mit etwas Glück die Nester von Beutelmeisen finden. Auf den Mooswaldseen gibt es eine große Lachmöwenkolonie, dazwischen – wohl unregelmäßig – Nester des Schwarzhalstauchers.

Auf den Altwassern entlang der Donau sind vor allem während der Zugzeit und im Winter zahlreiche Wasservögel zu sehen. Foto: T. Brandt. 1.7.2007.

» Reisezeit

Das Gebiet ist vor allem im Frühling und Winter interessant, wenn die Wiesenvögel balzen bzw. Massen von Enten, Sägern und Blässrallen die Wasserflächen bevölkern. Als erstes kommen – noch im kalendarischen Spätwinter – die Wiesenlimikolen in ihren Brutgebieten an. Kiebitze und Große Brachvögel kann man bereits Anfang März beobachten. Kurz darauf besetzen Bekassinen ihre Brutreviere und sind bei auffälligen Balzflügen zu sehen. Blaukehlchen kommen Ende März. Der März ist auch die beste Zeit, um Spechte zu beobachten. Halsbandschnäpper erreichen das Gebiet in den letzten Apriltagen, Neuntöter treffen im Mai ein. Ab Ende Oktober sowie den ganzen Winter über kommen zahlreiche Wasservögel in das Gebiet, die häufigsten sind Schellenten und Gänsesäger.

» Beobachtungsmöglichkeiten

Ein guter erster Anlaufpunkt für das Donaumoos ist das Naturschutzgebiet Leipheimer Moos mit dem Erlebnispfad Donaumoos. Der Erlebnispfad ist in drei Routen unterschiedlicher Länge aufgeteilt. Entlang des Naturpfades (4,2 km Länge) stehen Schilder mit detaillierten Informationen über die gebietstypische Flora und Fauna. Der Weg führt durch verschiedene Lebensräume, z. B. durch Streuwiesen und Riede. Ausgangspunkt ist ein öffentlicher Parkplatz zwischen Campingplatz Schwarzfelder Hof und Straußenfarm. Die beiden anderen Routen zum Thema „Kulturlandschaft erleben" sind 9,6 km und 5,2 km lang und lohnen sich ebenfalls. Man kann verschiedene Feldfrüchte kennenlernen und auf den Höfen regionale Spezialitäten einkaufen.

Der Auwald lässt sich zwischen Erdbeersee und Donau gut erschließen. Dazu biegt man von der B 16 ca. 3 km hinter der Günzburger Donaubrücke nach Süden ab und parkt nach etwa einem halben Kilometer. Der Weg ist fortan für Autos gesperrt. Man kann von dort einen Blick von Süden auf den Erdbeersee werfen. Wenn man dem Weg folgt, erreicht man nach einem weiteren halben Kilometer eine Auwald-Informationstafel. Von dort aus geht man den Schotterweg hinter einer Schranke geradeaus weiter und erreicht kurze Zeit später einen ca. 3 km langen Rundweg. Dieser führt an die Donau, die hier gestaut ist. Bei dem Schild mit der Aufschrift Flusskilometer 2559,0 führt ein Trampelpfad (geht man den Rundweg im Uhrzeigersinn) wieder in den Wald zurück.

Den Schurrsee erreicht man ebenfalls über die B 16, wenn man vor

Auf der aufgestauten Donau, auf Altwässern und auch auf Abgrabungsteichen brüten zahlreiche Haubentaucher. Foto: T. Brandt.

Birkenried rechts abbiegt. Dort befindet sich auch ein Parkplatz. Auf dem Weg zum NSG Gundelfinger Moos liegen die beiden Schurr-Seen. Dort lassen sich Wasservögel gut beobachten. Im Winter 2010 wird dort auch ein Beobachtungsturm errichtet. Nördlich der Abgrabungen gelangt man in das Niedermoorgebiet, wo man von den Wegen aus im Frühling und Frühsommer Wiesenvögel beobachten kann.

In Leipheim am Volksfestplatz sind Halsbandschnäpper zu sehen.

Die Arbeitsgemeinschaft Schwäbisches Donaumoos e.V. bietet regelmäßig Vortragsveranstaltungen und Führungen an (Adresse s. u.).

» **Weitere Beobachtungs- und Freizeitmöglichkeiten**

Im Kirchturm von Langenau, ca. 10 km nordwestlich von Leipheim, brüten Wanderfalken.

Sehenswürdigkeiten in Leipheim sind die Altstadt mit dem Schloss, das Heimat- und Bauernkriegsmuseum (Infos unter www.leipheim.de). Interessant ist auch ein Besuch der Straußenfarm (auch wenn die Straußenhaltung in Mitteleuropa sicher nicht ganz unkritisch zu sehen ist) nördlich von Leipheim neben dem Campingplatz Schwarzfelder Hof.

Das Mooseum in Bächingen (www.mooseum.net), das zwischen Günzburg und Dillingen liegt, hat eine informative Ausstellung zum Naturraum und bietet Veranstaltungen an, z.B. Vorträge, Exkursionen, Tagungen, und ist sonntags von 13–17 Uhr geöffnet.

Bei Günzburg liegt der Freizeitpark Legoland (Infos unter www.legoland.de).

Infomaterial/Literatur:

Bezzel, E., I. Geiersberg, G. v. Lossow & R. Pfeifer (2005): Brutvögel in Bayern. Verbreitung 1996–1999. Verlag Eugen Ulmer, Stuttgart.
Moning. C. & C. Wagner (2005): Vögel beobachten in Süddeutschland. Kosmos Verlag, Stuttgart.
Lindeiner, A. von (2004): Important Bird Areas (IBAs) in Bayern. 192 Seiten, Bezug über den LBV info@lbv.de.

Anfahrt

Mit Bahn und Bus:
Bahnhöfe haben die Kleinstädte Leipheim und Günzburg.

Mit dem Auto:
Um in das Gebiet zu gelangen, verlässt man die Autobahn 8 über die Ausfahrt 66 Leipheim in Richtung Stadt (von Norden oder von Süden auf der A 7 kommend wechselt man am Autobahnkreuz bei Ulm auf die A 8). In Leipheim biegt man nach links in Richtung Langenau/Riedheim ab und überquert die Donau. Gleich nach der Brücke rechts liegt ein Parkplatz am Volksfestplatz, der ein guter Ausgangspunkt für die Routen „Kulturlandschaft erleben" und für den Donauradwanderweg ist. Hier findet man auch eine Karte mit Hinweisen zu den Wanderwegen und Adressen von Unterkünften. Fährt man nach der Brücke geradeaus, gelangt man nach rund 2 km zu einer Kreuzung, an der man nach rechts zum Schwarzfelder Hof Mannes abbiegen kann. Hier gibt es einen Park- und einen Campingplatz sowie ein Heuhotel. Man kann auch dem Weg zur Straußenfarm folgen und von dort aus den „Erlebnispfad Natur" einschlagen.

Mit dem Fahrrad:
Das Gebiet ist mit dem Rad gut zu erschließen, da die Landschaft eben ist. Der Donauradwanderweg und der Erlebnispfad „Kulturlandschaft erleben" sind gut ausgebaut. Der Wanderpfad „Natur erleben" ist ein Wanderpfad und dementsprechend nicht für Räder ausgebaut. Der Erlebnispfad „Kulturlandschaft erleben" ist mit dem Rad befahrbar.

Adressen

Tourist-Information Günzburg-Leipheim, Schlossplatz 1, 89312 Günzburg, Tel.: 08221/200444, Fax: -200446, E-Mail: tourist-information@guenzburg.de, Internet: www.guenzburg.de; www.leipheim.de

Arbeitsgemeinschaft Schwäbisches Donaumoos e.V., Radstraße 7a, 89430 Leipheim-Riedheim, Tel.: 08221/7441, E-Mail: sekretariat@arge-donaumoos.de, Internet: www.arge-donaumoos.de

Mooseum, Schlosstraße 7, 89431 Bächingen a.d. Brenz, Tel.: 07325/952583, E-Mail: sekretariat@mooseum.net, Internet: www.mooseum.net

Unterkünfte gibt es beispielsweise in Leipheim und Günzburg. Besonders empfehlenswert ist der kinderfreundliche Campingplatz Schwarzfelder Hof Mannes (neben Zeltmöglichkeiten auch mit Heuhotel, Ferienwohnungen, Streichelzoo, Spielscheune, Badeteich etc.; außerdem im Frühling mit Laubfroschkonzert) zwischen Leipheim und Riedheim, der von April bis November geöffnet ist.

Schwarzfelder Hof, Schwarzfelder Weg 3, 89340 Leipheim/Riedheim, Tel.: 08221/72628, E-Mail: info@schwarzfelder-hof.de, Internet: www.schwarzfelder-hof.de

GPS		
Schwarzfelder Hof Mannes	48°27'52.74" N	10°12'12.38" O
Beobachtungsturm Schurr-See/Gundelfinger Moos	48°30'13.13" N	10°17'55.77" O

Der Starnberger See in Bayern
Wasservögel im Alpenvorland

Der Starnberger See liegt etwa 20 km südlich von München vor der beeindruckenden Kulisse der Alpen. Er ist ein natürlicher See, wie er im Alpenvorland als Folge der Vergletscherung in der letzten Kaltzeit typisch ist. Der See ist 21 km lang, bis zu 4,5 km breit, an der tiefsten Stelle 128 m tief. Mit einer Wassermenge von rund drei Milliarden Kubikmetern ist er der wasserreichste und mit 56 Quadratkilometern Wasserfläche nach dem Chiemsee der zweitgrößte See Bayerns. Das große Wasservolumen und die damit verbundene Wärmekapazität führen dazu, dass der Starnberger See selten und wenn dann erst spät im Winter als letzter der Alpenvorlandseen zufriert. Aus diesem Grund versammeln sich im Winter auf seiner offenen Wasserfläche bis zu 20 000 Wasservögel. Wegen der großen Vogelmengen ist der See ein Feuchtgebiet internationaler Bedeutung und wurde zum Ramsargebiet erklärt. Das Gebiet bietet eine der besten Möglichkeiten, im Winter beispielsweise Seetaucher und Lappentaucher sowie Meeresenten weit abseits der Küste zu beobachten.

Eine weitere Besonderheit des Gewässers ist die Tatsache, dass der See im Verhältnis zu seiner Größe ein äußerst geringes Einzugsgebiet hat. Daher gibt es keine größeren Zu- und Abflüsse. So dauert es theoretisch rund 21 Jahre bis sich das Wasser im See erneuert hat. Im Vergleich dazu erneuert sich das gesamte Wasser des nahe liegenden Ammersees innerhalb von etwa 2,7 Jahren.

Am Starnberger See schränken Freizeit- und Erholungsnutzung sowie die Bebauung und Erschließung großer Uferbereiche heute den Lebensraum von Vögeln, vor allem von Brutvögeln, ein. Von der gesamten Seefläche sind nur 17 ha als Naturschutzgebiet und weitere 25 ha als geschützter Landschaftsbestandteil ausgewiesen.

» Lebensräume

Der Starnberger See ist einer der natürlich entstandenen bayerischen Alpenvorlandseen. Er hat glasklares Wasser mit einer bemerkenswerten Sichttiefe von bis zu 14 Metern. Die Ufer sind meist steinig. Naturnahe Uferzonen gibt es aber nur noch wenige. Vor allem im Süden des Sees findet man Flachwasser- und Röhrichtbestände. Stellenweise grenzen Wälder, Parkanlagen, Ortschaften oder auch Grünland an den See. Etwas weiter vom Ufer des Starnberger Sees entfernt liegen einige kleinere Seen, die wir hier jedoch nicht berücksichtigen.

» Besondere Vogelarten

In der Bucht von St. Heinrich im Süden des Sees brüten ca. 50 bis 60 Flussseeschwalbenpaare auf einem künstlichen Brutfloß. Das ist etwa ein Fünftel aller bayerischen Flussseeschwalben. Die Art gilt in Bayern als vom Aussterben bedroht. Daneben brüten etwa ein Dutzend Kolbenenten, über 50 Haubentaucher- und einige Gänsesägerpaare im und am See. Als weitere Brutvögel der Alpenvorlandseen sind am Starnberger See außerdem Höckerschwan, Graugans (eingeführt), Teich- und Blässhuhn sowie Lachmöwen zu sehen. Nur sporadisch brüten Tafelenten. Seltener sind Zwergtaucher, Reiherente und Kanadagans. Andere bemerkenswerte Brutvogelarten des

Gebietes sind Eisvögel sowie die sehr seltenen Drosselrohrsänger und Rohrschwirle, die sporadisch in den Schilfflächen des Sees brüten.

Im Spätherbst und Winter ist fast die gesamte Palette von Tauchern und Entenvögeln am Starnberger See zu finden (Spektiv erforderlich). Pracht- und Sterntaucher sind im Winter regelmäßig anwesend, von Ersterem gibt es auch immer wieder Sommerbeobachtungen. Die beiden Seetaucherarten sind im Schlichtkleid nicht leicht zu unterscheiden. Vom Prachttaucher wurden bereits über 30 Individuen, vom Sterntaucher bis 16 Vögel gleichzeitig gezählt. Seltener sind Ohrentaucher. Mit Schwarzhals- und Rothalstauchern kann man im Herbst rechnen. Schell-, Reiher- und Tafelenten sind im Winterhalbjahr sehr häufig. Regelmäßig kann man in den Trupps auch Kolbenenten entdecken, während Gänsesäger seltener sind. Vereinzelt überwintern auch Eider-, Samt- und Bergenten auf dem See.

Neben den Enten sind es vor allem die Möwen, die in großer Zahl vorkommen. Silber- und Steppenmöwen sind immer wieder unter den Mittelmeermöwen. Seltener sind die dunkelrückigen Herings- und Mantelmöwen. Beeindruckend ist die Zahl der überwinternden Blässhühner. Die ehrenamtlichen Wasservogelzähler ermittelten schon über 11 000, die sich gleichzeitig am Starnberger See aufhielten. Mehr Glück benötigt man, wenn man eine der am See regelmäßig überwinternden Rohrdommeln im Schilf sehen will.

In den Grünanlagen um den Starnberger See kann man im Frühling und Sommer entspannt die typischen „Parkvögel" beobachten, z.B. Grünspechte, Wacholderdrosseln, Gelbspötter, Grau- und Trauerschnäpper sowie Gartenrotschwänze.

» **Reisezeit**

Das Gebiet ist vor allem im Winter ein großartiges Ziel, um ein breites Spektrum an Wasservögeln kennenzulernen. Seetaucher und Meeresenten sind vor allem von November bis März anwesend. Zu dieser Zeit kann man auch andere Taucherarten sehen. Im Winter halten sich im Umfeld des Sees häufig Bergpieper auf, gelegentlich auch Tannenhäher.

Typische Vogelarten auf und am Starnberger See, deren Status und günstige Beobachtungszeit (in Klammern)
h = häufiger, r = regelmäßiger, s = seltener
J = Jahresvogel, B = Brutvogel, W= Wintergast,
D = Durchzügler, S = Sommergast

Art	Status (beste Beobachtungszeit)
Bergente	sW (Okt. – März)
Bergpieper	rW (Okt. – April)
Eiderente	sW (Okt. – März)
Flussseeschwalbe	rB (Mai – Aug.)
Flussuferläufer	rD (Ende April – Mai, Aug. – Sept.)
Gänsesäger	sB, rW (Okt. – April)
Haubentaucher	hB, rW (ganzjährig)
Heringsmöwe	rD (Sept., April)
Höckerschwan	rB (ganzjährig)
Kolbenente	rB, hW (ganzjährig)
Kormoran	hD (Okt. – März)
Krickente	rD (Sept. – Nov., März – April)
Lachmöwe	rD, hW (ganzjährig)
Löffelente	rD (Sept. – Okt., März – April)
Mantelmöwe	sD (Okt. – März)
Mittelmeermöwe	rD (Aug. – Febr.)
Ohrentaucher	sW (Okt. – März)
Prachttaucher	sS, rW (Okt. – März)
Reiherente	hD, hW (Sept. – April)
Rohrdommel	sD (Okt. – März)
Rothalstaucher	sD (Sept. – März)
Samtente	sW (Okt. – März)
Schellente	hW (Sept. – April)
Schnatterente	rD (Sept. – Okt., März – April)
Schwarzhalstaucher	sD (April, Aug.)
Silbermöwe	rD (Okt. – März)
Silberreiher	sD (Sept. – März)
Steppenmöwe	sD (Okt. – Febr.)
Sterntaucher	rW (Okt. – März)
Sumpfrohrsänger	rB (Mitte Mai – Aug.)
Tafelente	sB, hW (ganzjährig)
Teichrohrsänger	rB (Ende April – Aug.)
Wiesenschafstelze	hB (April – Sept.)
Zwergtaucher	rD (ganzjährig)

Prachttaucher sind in den Wintermonaten regelmäßige Gäste auf dem Starnberger See. Links im Bild ein adulter Vogel, rechts ein Jungvogel im ersten Kalenderjahr.
Foto: H.-J. Fünfstück.

Ein breites Artenspektrum an Entenvögeln bietet der See aber schon zur Hauptdurchzugszeit im September und Oktober. Dann bevölkern zunehmend Löffel-, Schnatter-, Spieß-, Reiher-, Tafel- und bis zu 800 Kolbenenten die Wasserfläche. Auf dem Heimzug treffen zahlreiche Enten im März ein und bleiben teilweise bis Ende April.

Die Flussseeschwalben erreichen den See im Laufe des Aprils und besetzen dann zügig das Brutfloß.

» Beobachtungsmöglichkeiten

Für Beobachter ist im Winter vor allem der südliche Teil des Starnberger Sees interessant. Es sind allerdings nicht alle Uferbereiche zugänglich und ein Spektiv ist obligatorisch.

Starnberg: Von den Ufern, z. B. am Bahnhof (Bahn unterqueren), hat man an verschiedenen Stellen gute Möglichkeiten, die Seefläche abzusuchen. Allerdings ist das Artenspektrum begrenzt. Lappentaucher, Schwäne und Enten kann man aber auch hier sehen.

Leoni: Der Ortsteil von Berg liegt am östlichen Ufer des Sees. Vom Seehotel kann man auf den See blicken. Das Gebiet wird zu den entsprechenden Jahreszeiten von Lappentauchern (Hauben- und Rothalstaucher), Tauchenten und – seltener – Meeresenten frequentiert.

Von Ambach südöstlich des Sees ergeben sich im Uhrzeigersinn folgende Beobachtungspunkte, die auch durch einen Radweg verbunden sind:

Ambach: Ein guter Bobachtungsplatz, von dem aus man im Winter oft Meeresenten und Seetaucher sehen kann, ist das Erholungsgelände südlich der Ortschaft. Von Norden kommend (Münsing, Holzhausen) biegt man an einer „Schwanenstatue" nach rechts zum Erholungsgelände ab. An der folgenden T-Kreuzung hält man sich links. Dort gibt es eine Parkmöglichkeit kurz vor dem See.

St. Heinrich: Einen guten Blick auf den südlichen Teil des Starnberger Sees hat man von der Gaststätte Kleines Seehaus und vom nahen Steg aus. Südlich liegt ein flacher und vergleichsweise natürlicher Uferabschnitt mit Röhrichten. Hier halten sich oft Gründel- und Tauchenten auf. Silberreiher sind hier im Herbst

GPS		
Starnberg (Ortsmitte)	48°00'01.85" N	11°20'34.08" O
Leoni (Ortsmitte)	47°57'24.10" N	11°20'39.94" O
Ambach (Ortsmitte)	47°52'01.64" N	11°20'05.38" O
St. Heinrich (Ortsmitte)	47°49'28.84" N	11°20'14.33" O
Seeshaupt (Ortsmitte)	47°49'29.95" N	11°18'03.91" O
Bernried (Ortsmitte)	47°52'03.83" N	11°17'34.31" O
Seeseiten (Ortsmitte)	47°50'09.05" N	11°17'16.26" O

Anfahrt

Mit Bahn, Bus und Schiff:
Am Westufer führt eine Bahnlinie entlang. Bahnhöfe gibt es in Starnberg am Nordufer des Sees und in südlicher Richtung in Feldafing, Bernried und Seeshaupt am Südende des Sees. Berg, Ortsteil Leonie, Ammerland und St. Heinrich werden außerdem von einer Buslinie angefahren. Auf dem See verkehren einige Fahrgastschiffe, die alle größeren Gemeinden anfahren. Aktuelle Fahrzeiten erfährt man über die Touristinfos.

Mit dem Auto:
Der Starnberger See liegt westlich der Autobahn 95, die von München aus nach Garmisch-Partenkirchen führt. Den See erreicht man am einfachsten über die Abfahrten 4 (Dreieck Starnberg), 6 (Wolfratshausen) und 7 (Seeshaupt).

Mit dem Fahrrad:
Um den See führt ein Radweg.

Adressen

Unterkünfte und Gastronomie findet man in Hülle und Fülle in allen Gemeinden rund um den See.
Zimmervermittlung über: Tourismusverband Starnberger Fünf-Seen-Land
Postfach 1607, 82306 Starnberg
Tel.: 08151/9060-0, Fax.: 08151/9060-90, E-Mail: info@sta5.de
Internet: www.sta5.de (auch mit Infos über aktuell freie Unterkünfte)
Fischerei-Genossenschaft Würmsee: www.wuermsee.de

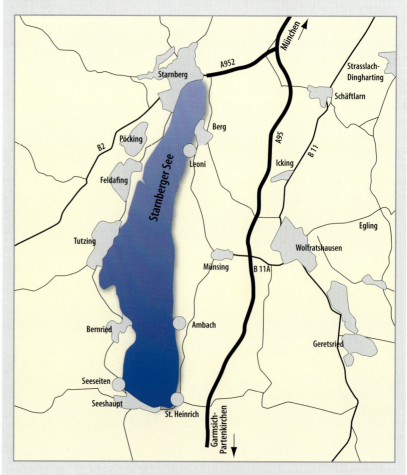

und manchmal auch im Winter zu erwarten. Haubentaucher brüten im Röhricht. Die Flussseeschwalbenkolonie auf einem Brutfloß ist von hier aus im Sommer zu sehen.

Seeshaupt: Ein guter Aussichtspunkt ist der am östlichen Ortsrand liegende Jachthafen in Seeshaupt. Vom Parkplatz am Zufahrtsweg aus sind es etwa 200 Meter bis zum Ufer (Bänke vorhanden). Nach Norden blickt man in Richtung St. Heinrich in die eben beschriebene Uferzone. Ein weiterer guter Platz, vor allem im Winter (Seetaucher, Meeresenten), liegt im Ortskern. Vor den Kurven (Spar-Markt) liegt am tiefer gelegenen Seeufer ein Bootsanleger (ausgeschildert). Vom Bahnhof sind es etwa 1,5 km bis zum Anleger.

Seeseiten: Wenn man von Seeshaupt am westlichen Seeufer nach Norden fährt (Richtung Bernried), gelangt man nach Seeseiten und hat auch hier vom Jachthafen aus einen guten Blick auf den See. Der Hafen liegt genau neben dem Gasthaus Café Seeseiten (ebenfalls etwa 1,5 km vom Bahnhof Seeshaupt). Auch dieser Platz ist immer wieder gut, um Seetaucher und Meeresenten zu finden. Zwischen Seeshaupt und Seeseiten passiert man zuvor einen Uferabschnitt, der als geschützter Landschaftsbestandteil ausgewiesen ist. Man hat hier zwar schlechte Parkmöglichkeiten, ein Blick über die Seefläche lohnt sich aber auch hier.

Bernried: Weiter nördlich hat man von Bernried einen guten Blick auf den See. Günstig ist es, vom Bootsanleger am Klosterkomplex aus zu beobachten. Das Ambiente mit Kloster (öffentliche Toilette am kleinen Parkplatz, Bildungshaus St. Martin) und Parkanlage ist nett. Im Sommer kann man hier die typischen Parkvögel einschließlich Gelbspötter, Grauschnäpper und Wacholderdrosseln beobachten sowie Dutzende Mauersegler, die im Klostergebäude brüten. In einem Reisebüro in Bernried befindet sich auch eine Touristeninformation.

» Weitere Beobachtungs- und Freizeitmöglichkeiten

Der See ist innerhalb einer Stunde von Garmisch-Partenkirchen aus zu erreichen, so dass man einen Besuch am See mit einem Winterurlaub in den Alpen verbinden kann. Garmisch-Partenkirchen bietet als bedeutende Winterurlaubsregion eine Vielzahl von Freizeitmöglichkeiten. Der für Vogelbeobachter ebenfalls attraktive Ammersee liegt nur rund 20 km westlich des Starnberger Sees.

In Bernried liegt das ganzjährig geöffnete Buchheim Museum, in dem Gemälde und Grafiken verschiedener Maler ausgestellt sind (www.buchheimmuseum.de). Von hier aus kann man auch mit einem Museumsschiff nach Starnberg fahren.

Am Starnberger See gibt es außerdem eine Vielzahl von Bademöglichkeiten (die man im Winter zur besten Beobachtungszeit aber wohl kaum aufsuchen wird).

In den alten Bäumen rund um das Kloster in Bernried brüten typische Parkvögel. Foto: T. Brandt.

Die Roseninselbucht bietet vor allem Wasservögeln gute Rastmöglichkeiten. Im Bild Kolbenenten, Reiherenten, Stockenten und Blässhühner. Foto: LBV/A. Saitner.

Infomaterial/Literatur

Bezzel, E., I. Geiersberger, G. v. Lossow & R. Pfeifer (2005): Brutvögel in Bayern. Verbreitung 1996 – 1999. Verlag Eugen Ulmer, Stuttgart.

Lindeiner, A. v. (2004): Important Bird Areas (IBAs) in Bayern. Hrsg. und Bezug: Landesbund für Vogelschutz in Bayern e.V.

Moning. C. & C. Wagner (2009): Vögel beobachten in Süddeutschland. Kosmos Verlag, Stuttgart.

Das Murnauer Moos in Bayern

Moor- und Wiesenvögel im Voralpenraum

Das Murnauer Moos liegt im voralpinen Moor- und Hügelland nördlich des Estergebirges. Es ist eines der größten zusammenhängenden, noch weitgehend unzerstörten Moorgebiete Mitteleuropas. Nach der Eiszeit entstanden aus postglazialen Seen durch Vermoorungsprozesse Moore mit einer bis zu 18 m hohen Torfauflage, so auch das Murnauer Moos. Das früher sehr nasse Gebiet wurde zunehmend entwässert und kultiviert, zunächst als gemeinschaftliche Viehweide, später – ab dem 16. Jahrhundert – als Streuwiesen. Auf den mäßig nassen Standorten konnten sich bis heute Tier- und Pflanzenarten halten, die andernorts durch eine intensive Nutzung verschwunden sind. 1980 wurden 2355 ha des rund 4200 ha großen Moores als Naturschutzgebiet ausgewiesen. Heute ist das Murnauer Moos außerdem als „Natura 2000"-Gebiet gemeldet. Zur Finanzierung notwendiger Naturschutzmaßnahmen hat der Landkreis Garmisch-Partenkirchen mit Fördermitteln von Bund und Bayerischem Naturschutzfond zwischen 1992 und 2003 das Naturschutzgroßprojekt „Murnauer Moos, Moore westlich des Staffelsees" durchgeführt. Seit 2004 wird das Projekt vom Amt für Ländliche Entwicklung München gefördert. Zur Gebietssicherung werden noch heute Flächen angekauft.

In einigen Wiesen in und um das Murnauer Moos ist von Mai bis Juli der Ruf („Schlag") der Wachtelmännchen zu hören. Foto: M. Schäf.

» Lebensräume

Im Gebiet liegen verschiedene Offenlandtypen. Wichtige Vogellebensräume sind die Streuwiesen, deren Gras als Stalleinstreu genutzt wird. Vegetationstypen sind Steifseggenriede und Nasswiesen mit Trollblumen,

Fieberklee, Sibirischen Schwertlilien, Karlszepter und verschiedenen Orchideen. Auf den etwas trockeneren Standorten wachsen auf Mineralböden Pfeifengraswiesen. Länger ungenutzte Wiesen entwickeln sich zu Röhrichten. An vielen Stellen wachsen einzelne Büsche und Gebüschgruppen. Die Landschaft ist von kleineren Bächen und Gräben durchzogen.

Auf einem bewaldeten Höhenrücken im Süden des Gebietes liegt das Hochmoor, der Lange Filz. In dessen entwässerten Teilbereichen wachsen Bergkiefern, in den naturnahen Rauschbeeren und Heidelbeeren. Im weitgehend baumfreien Zentralbereich kann man Hochmoorpflanzen wie Torfmoose, Sonnentau oder Rosmarinheide sehen. Für eine typische Moorvogelfauna, wie man sie aus dem Nordwesten Deutschlands kennt, ist das Hochmoor allerdings zu klein.

» Besondere Vogelarten

Das Murnauer Moos ist eines der wichtigsten Wiesenvogelgebiete Bayerns. Wiesenvögel kommen allerdings heute auch hier nur noch in Restbeständen vor. Die Bestände einiger typischer Moorvogelarten, wie z. B. des Birkhuhns und der Rohrdommel, sind heute erloschen. Aktuell brüten ein bis zwei Paare des Großen Brachvogels und rund 30 Bekassinenpaare. Die Streuwiesen beherbergen den größten Wachtelkönigbestand Bayerns. Jährlich werden 30 bis maximal 70 rufende Männchen festgestellt. In den grünlandbetonten Bereichen brüten vereinzelt Braun- und Schwarzkehlchen. Außerdem kann man in den Wiesen Wachteln hören. In Flächen, die mit Schilf und Stauden bewachsen sind, brüten Sumpf- und Teichrohrsänger sowie Rohrammern. Eine Besonderheit der locker mit Weidengebüschen und Erlen bestandenen Wiesen sind die Karmingimpel, von denen jährlich einige Reviere besetzt werden. Am Rundweg im Nordteil sangen beispielsweise im Juni 2007 zwischen Parkplatz und Abzweig an der Holzbrücke mindestens vier Männchen. In den Hecken und Gebüschen am Rande des Gebietes trifft man typische Gehölzbewohner an, wie z. B. Neuntöter, Gelbspötter, Baumpieper,

Garten- und Mönchsgrasmücken. Hier ist es mit viel Glück möglich, einen Weißrückenspecht zu beobachten. Die Art hat an dieser Stelle einen der wenigen außeralpinen Brutplätze. 2007 konnte ein Paar mit zwei flüggen Jungvögeln beobachtet werden. Regelmäßig, wenn auch nur vereinzelt, kann man Rotfußfalken und Schlangenadler im Murnauer Moos sehen.

» Reisezeit

Das Gebiet ist vor allem im Spätfrühling und im Frühsommer ein gutes Ziel für Vogelbeobachter. Zwischen Ende April und Ende Juni/Anfang Juli kann man mit Rotfußfalken und Schlangenadlern rechnen. Ab Anfang Mai sind die ersten Wachteln und Wachtelkönige aus den Wiesen zu hören. Mitte Mai treffen die Karmingimpel aus ihren südostasiatischen Winterquartieren ein. Sie bleiben allerdings nur bis Ende Juli. Bis dahin kann man ihren Gesang hören, der im Laufe ihrer Anwesenheit allerdings in seiner Häufigkeit abnimmt. Ab Juli wird es erheblich ruhiger im Moos. Im Winter wird man den einen oder anderen Raubwürger oder eine Kornweihe sehen.

» Beobachtungsmöglichkeiten

Einen guten Überblick bekommt man vom Moorrand im Norden des Murnauer Mooses. Am besten fährt man – egal ob mit Auto oder Rad – zunächst den gebührenpflichtigen Parkplatz in Murnau am Nordrand des Gebietes an (Beschilderung zum Gasthof Ähndl folgen). Am Parkplatz informieren mehrere sehr gute Stelltafeln über die Entstehung des Moores, über die vorhandenen Lebensräume und den Gebietsschutz. Von hier aus kann man dem Weg zu Fuß folgen oder bis zum Gasthof Ähndl (Donnerstag ist Ruhetag) weiterfahren. Der Parkplatz dort ist allerdings den Gästen vorbehalten. Zur Gaststätte gehört ein kleiner Spielplatz. Gleich daneben steht die kleine und sehenswerte Ramsachkirche, die schon im Jahr 750 geweiht wurde und die älteste Kirche der Gegend ist. An ihrem Fuß beginnt der Moosweg Nr. 5, ein 12,5 km langer Rundwanderweg. Er ist einfach zu begehen, hat keine nennenswerten

Der Parkplatz (Ausschilderung Richtung Ähndl) ist ein guter Ausgangspunkt für Wanderungen in das Gebiet.
Foto: T. Brandt.

Typische Vogelarten im Murnauer Moos, deren Status und günstige Beobachtungszeit (in Klammern)

h = häufiger, r = regelmäßiger, s = seltener
J = Jahresvogel, B = Brutvogel, W = Wintergast, D = Durchzügler

Art	Status (beste Beobachtungszeit)
Baumfalke	sB (Mai–Sept.)
Bekassine	rB (März–Sept.)
Berglaubsänger	rB (Mai–Juli)
Beutelmeise	sD (April–Aug.)
Blaukehlchen	sB (April–Aug.)
Braunkehlchen	rB (Mai–Sept.)
Feldschwirl	hB (Mai–Juni)
Grauspecht	rB (ganzjährig)
Großer Brachvogel	sB (März–Juli)
Karmingimpel	rB (Ende Mai–Juli)
Kornweihe	rW (Nov.–März)
Neuntöter	rB (Mitte Mai–Aug.)
Raubwürger	ehem. B, sW (Nov.–März)
Rohrweihe	rD (April, Aug.–Okt.)
Rotfußfalke	rD (Mai–Juni)
Schilfrohrsänger	sB (Mai–Aug.)
Schlangenadler	rD (Ende April–Juli)
Schwarzkehlchen	rB (April–Sept.)
Schwarzmilan	rB (April–Aug.)
Sumpfrohrsänger	hB (Mitte Mai–Aug.)
Tannenhäher	sJ (ganzjährig)
Teichrohrsänger	hB (Mai–Aug.)
Tüpfelsumpfhuhn	sB (April–Juni)
Wachtel	rB (Mai–Juli)
Wachtelkönig	rB (Mai–Juli)
Weißrückenspecht	rB (ganzjährig)
Wiesenpieper	hB, hD (ganzjährig)
Wiesenschafstelze	rD (April–Sept.)

Karmingimpel, im Bild ein Weibchen, brüten regelmäßig im Murnauer Moos. Foto: H.-J. Fünfstück.

Die Karmingimpelmännchen machen durch ihren meist drei- bis fünfsilbigen, Pfeifenden Gesang auf sich aufmerksam. Foto: H.-J. Fünfstück.

Steigungen und führt – anfangs entlang des Baches Ramsach – durch die wichtigsten Lebensräume im Moor. Am gut ausgeschilderten Wanderweg stehen ausreichend Bänke für Verschnaufpausen zur Verfügung. Nach rund 3,5 km biegt der Rundweg rechts über eine kleine Holzbrücke ab. Bis hierhin hat man die wichtigsten Lebensräume gesehen und zur geeigneten Jahreszeit vermutlich den einen oder anderen Wachtelkönig (auch tagsüber) gehört. Es ist selbstverständlich verboten, Vögel mit Klangattrappen anzulocken und damit zu stören. Falls man nicht umdrehen und den selben Weg zurückgehen möchte, folgt man diesem durch einen Fichtenforst und dann durch den Langen Filz, ein weitgehend intaktes Hochmoor, oder östlich daran vorbei. Der Weg durch das Hochmoor ist für Räder gesperrt. Schließlich führt der Weg über die Ortschaft Westried (rechts halten) zum Gasthof Ähndl und damit zum Ausgangsort zurück.

An der Holzbrücke geradeaus, haltend durchquert man weitere Streuwiesen. Dann folgt man dem Weg,

Von Westen aus hat man einen guten Blick auf die unterschiedlichen Lebensräume des Moores. Foto: T. Brandt.

der am Rand des Fichtenwaldes vorbeiführt, und geht entlang der Verbindungsstraße zwischen Westried und Grafenaschau (an der Straße rechts halten) über Westried zurück.

Einen guten Zugang zum südlichen Teil des Gebietes hat man vom Segelflugplatz aus (siehe Anfahrtsbeschreibung). Hier sind mit etwas Glück Große Brachvögel und Bekassinen zu sehen.

Natürlich ist es für Vogelbeobachter selbstverständlich, auf den ungesperrten Wegen zu bleiben.

» Weitere Beobachtungs- und Freizeitmöglichkeiten

Westlich von Murnau liegt der Staffelsee mit zahlreichen Camping- und Freizeitmöglichkeiten (Baden, Boot fahren etc.). Geeignete Beobachtungsziele für Vogelbeobachter in der Nähe sind die Alpen, die man von Murnau aus am einfachsten über Garmisch-Partenkirchen (30 km südlich) erreicht sowie der nahegelegene Starnberger See (30 km nördlich) und der Ammersee (ca. 50 km nordwestlich). Vor allem Garmisch-Partenkirchen bietet interessante Ziele für Vogelbeobachter mit einer in Deutschland einzigartigen Vogelfauna und als bedeutende Urlaubsregion außerdem eine Vielzahl von Freizeitmöglichkeiten.

Infomaterial/Literatur:

Bezzel, E., I. Geiersberg, G. v. Lossow & R. Pfeifer (2005): Brutvögel in Bayern. Verbreitung 1996 – 1999. Verlag Eugen Ulmer, Stuttgart.
Lindeiner, A. v. (2004): Important Bird Areas (IBAs) in Bayern. Hrsg. und Bezug: Landesbund für Vogelschutz in Bayern e.V.
Moning. C. & C. Wagner (2005): Vögel beobachten in Süddeutschland. Kosmos, Stuttgart.
Schäffer, N. & S. Münch (1993): Untersuchungen zur Habitatwahl und Brutbiologie des Wachtelkönigs *Crex crex* im Murnauer Moos/Oberbayern. Die Vogelwelt 114: 55-72.

Anfahrt

Mit Bahn und Bus:

Murnau hat einen Bahnhof. Von hier aus sind es etwa 3 km bis zum Gasthof Ähndl. Ein weiterer Bahnhof liegt in Westried (ca. 6 km westlich von Murnau an der Bahnstrecke Murnau–Oberammergau). Von hier aus kann man nach Murnau zurückfahren, wenn einem der Rundweg zu lang ist.

Mit dem Auto:

Um mit dem PKW in das Gebiet zu gelangen, verlässt man die Autobahn 95 über die Abfahrt Murnau/Kochel in Richtung Murnau. Dann folgt man der B 2 in Richtung Garmisch-Partenkirchen. Am Ortsende biegt man nach rechts auf eine kleinere einspurige Straße ab. Die Gaststätte Ähndl ist hier bereits ausgeschildert (weißes Schild). Man fährt an Wohnhäusern vorbei und hält sich nach 250 m rechts (immer noch Richtung Ähndl) bis der Parkplatz mit den Infoschildern erreicht ist. Wenn man diesen passiert (Anliegerverkehr frei), gelangt man nach 300 m zu der Gaststätte, an welcher der Rundweg beginnt.

Mit dem Fahrrad:

Das Murnauer Moos ist von Murnau aus leicht mit dem Rad zu erreichen. Der breite, geschotterte Rundweg (Moosweg Nr. 5) durch das Murnauer Moos ist auch mit dem Fahrrad zu befahren.

Adressen

Unterkünfte, auch mehrere Campingplätze, und Gastronomie findet man u. a. in Murnau (ca. 11 500 Einwohner) und natürlich auch in den angrenzenden Gemeinden. Da das Murnauer Moos nur rund 30 km von Garmisch-Partenkirchen entfernt ist, kann man einen Besuch im Gebiet auch mit einem Alpenurlaub verbinden.

Tourist Information Murnau
Kohlgruber Straße 1, 82418 Murnau;
Tel.: 08841/61410, E-Mail: touristinformation@murnau.de
Internet: www.murnau.de; www.dasblaueland.de
Über die Touristinformation werden auch regelmäßige Führungen angeboten.

GPS

Murnau (Ortsmitte)	47°40'45.23" N	11°11'45.73" O
Westried (Ortsmitte)	47°40'03.54" N	11°08'27.11" O
Hauptwanderparkplatz Murnauer Moos	47°39'55.92" N	11°11'08.88" O
Gasthaus Ähndl	47°39'56.49" N	11°11'08.53" O

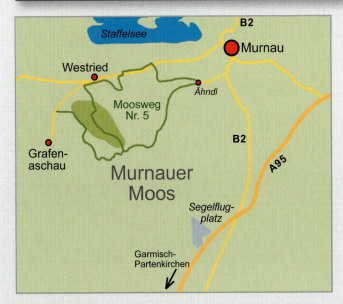

50

Die Alpen im Landkreis Garmisch-Partenkirchen
Hochgebirgsvögel im Süden Deutschlands

Die Alpen gehören zu den wenigen weitgehend natürlichen Großlandschaften Europas. Von ihnen liegen fast 4200 km² in Bayern. In der Regel steigen hier die Berge steil an und erreichen Gipfelhöhen über 2000 Meter über NN. Darunter ist auch die Zugspitze, der mit 2962 Metern höchste Berg Deutschlands. Insgesamt herrscht in den Alpen ein kalt-feuchtes Hochgebirgsklima.

Innerhalb der Bundesrepublik brüten mehrere Vogelarten nur in den bayerischen Alpen. Das sind Steinadler, Alpenschneehuhn, Alpendohle, Felsenschwalbe, Mauerläufer und Schneesperling. Neuerdings wurden auch Steinhühner und Steinrötel wieder in den bayerischen Alpen nachgewiesen. Weitere Arten haben innerhalb Deutschlands hier ihre Hauptvorkommen: Birkhuhn, Weißrückenspecht, Zitronenzeisig und Bergpieper.

Im Werdenfelser Land liegen in unmittelbarer Nähe von Garmisch-Partenkirchen eine Reihe gut erschlossener Alpenberge. Von Garmisch-Partenkirchen führen vier Seilbahnen in alpine Lebensräume und ermöglichen (fast) jedermann die Beobachtung alpiner Vogelarten, ohne dass man stundenlang Berge hinauf- und hinuntersteigen muss.

Östlich von Garmisch-Partenkirchen liegt der 1780 Meter hohe Wank. Von diesem hat man in westliche Richtung einen hervorragenden Blick auf das „sesselförmige" Zugspitzmassiv, das Geologen als ein Kar bezeichnen. Westlich des Ortes gelangt man auf das Zugspitzmassiv selbst.

Schneesperlinge kann man innerhalb Deutschlands nur in den Alpen sehen.
Foto: H.-J. Fünfstück.

» Lebensräume

Für Beobachter am interessantesten sind die Hochgebirgslebensräume der bayerischen Alpen. Hier findet sich in der Vegetation eine höhenabhängige Zonierung, die auch eine Abfolge der Vogellebensräume bedingt. Mit zunehmender Höhe der Berglagen ersetzen Nadelwälder mit Fichten und Lärchen die Laubwälder. Diese werden hin und wieder von Almen, das sind alpine Weideflächen, unterbrochen. An der Baumgrenze nehmen niedrigwüchsige Bergkieferbestände (Latschen) zu. In dieser Kampfzone wechseln sich – manchmal sehr kleinräumig je nach Standortbedingungen – Bergkieferbestände und Wiesen ab. Die darüber liegenden kargen Berge sind nur noch stellenweise mit Wiesenmatten bewachsen. Mancherorts liegen Geröllfelder.

Nicht zu unterschätzen sind die Bergstationen oder Gaststätten, an denen man oft Vögel antreffen kann. Im hier vorgestellten Gebiet liegt auch die Zugspitze. An ihrem Fuß unweit der Zugspitzbahn ein Bergsee, der glasklare Eibsee.

» Besondere Vogelarten

Oberhalb der Baumgrenze findet man die Hochgebirgsvögel, die man in Deutschland außerhalb der Alpen nicht oder nur ausnahmsweise sehen kann. Das sind Alpendohle, Alpenbraunelle, Alpenschneehuhn, Schneesperling und Mauerläufer. In den Gebirgswiesen leben Bergpieper. In den Waldkiefer- und Fichtenbeständen der Kampfzone an der Baumgrenze brüten Ringdrosseln, Zitronenzeisige und Birkhühner.

In den Wäldern der tieferen Lagen sind Dreizehenspechte, Sperlingskäuze, Tanenhäher und Berglaubsänger zu Hause. Seltene und schwierig zu sehende Brutvögel der alpinen Wälder sind Haselhühner und Weißrückenspechte. Auf dem Eibsee brüten mehrere Haubentaucherpaare, regelmäßig führen Gänsesäger ihre Jungvögel auf dem Gewässer. Entlang der Bäche und Flüsse kann man Flussuferläufer, Wasseramseln, Eisvögel und Gebirgsstelzen beobachten. Steinadler, Wanderfalken und Kolkraben kann man sporadisch überall antreffen, meist sieht man sie am Himmel kreisen.

» Reisezeit

Das Gebiet ist vor allem von Mitte April bis Juli ein gutes Ziel für Vogelbeobachter. Bis Anfang April balzen z. B. Dreizehenspechte, die später im Jahr schwieriger zu finden und zu beobachten sind. Den Gesang von Alpenbraunellen, Berglaubsängern und Bergpiepern hört man regelmäßig zwischen April und Anfang Juli. Im September und Oktober hat man relativ gute Chancen, Sperlingskäuze und Haselhühner anhand ihrer Rufe ausfindig zu machen. Während des Winters ist es nicht einfach, Vögel zu Gesicht zu bekommen. Unter den begehrteren Arten sind es am ehesten die Birkhühner, die dann gelegentlich in den Baumwipfeln sitzen. Wasseramseln sind an den schnell fließenden Bächen und Flüssen ebenfalls noch gut zu finden.

Selbstverständlich muss man zu dieser Jahreszeit damit rechnen, dass nicht alle Wege begehbar sind. Die Seilbahnen sind teilweise ganzjährig geöffnet, haben allerdings im November Revision und dienen im Winter vor allem dem Transport von Skifahrern (s. u.).

» Beobachtungsmöglichkeiten

Es gibt in den Alpen bei Garmisch-Partenkirchen eine Vielzahl von Wanderwegen, die von der Ortschaft oder der näheren Umgebung in die Berge führen. Man kann Alpenvögel fast überall in geeigneten Lebensräumen finden. Deswegen stellen wir hier nur Teilgebiete vor, die leicht zu erreichen sind. Selbstverständlich sind auch z. B. in den Ammergauer Bergen alle erwähnten Alpenvögel zu finden. Allerdings gibt es dort keine Bergbahnen, so dass man hier anstrengende Bergtouren durchführen muss. Angaben zu den Bahnen sind unter Anfahrt aufgeführt.

Der 1780 Meter hohe **Wank** ist mit einer Seilbahn (kleine Kabinen) in einer 20-minütigen Fahrt zu erreichen (s. u.). Vom Gipfel aus hat man einen grandiosen Blick auf das Wettersteingebirge mit der Zugspitze und der Alpspitze, sowie auf die Ammer-, Ester- und Karwendelgebirge. Außerdem blickt man auf Garmisch-Partenkirchen und auf das Loisachtal. In der Gipfelregion kann man ohne größere Steigungen Zitronenzeisige, Bergpieper und Ringdrosseln beob-

Oberhalb der Baumgrenze leben in den Geröllfeldern und den Grasmatten beispielsweise Schneesperlinge und Alpenschneehühner. Ringdrosseln und Zitronenzeisige suchen hier nach Nahrung. Foto: T. Brandt.

Dreizehenspechte, im Bild ein Weibchen, gehören zu den heimlichen Bewohnern der Alpen. Ihr Vorkommen ist an totholzreiche Fichtenwälder gebunden.
Foto: H.-J. Fünfstück.

nung auf ein paar fressbare Happen die Touristen umlagern und deswegen auch gut zu fotografieren sind. Um weitere alpine Arten zu sehen, reichen kleine Spaziergänge in Nähe der Station aus. Verlässt man die Terrasse nach rechts über ein paar Stufen und folgt dem Weg halblinks und schließlich direkt rechts am Dach eines kleinen Häuschens vorbei, kann man in den Felswänden schon nach rund 100 Metern die ersten Alpenbraunellen finden. Folgt man dem Weg (mittelschwerer Anstieg) weitere rund 400 Meter am Steilhang entlang, erreicht man einen Grat, von dem man in westliche Richtung einen ausgezeichneten Blick in das Höllental hat. Die Felswände links und rechts sind ebenfalls Brutplätze von Alpenbraunellen und 2007 brütete der Mauerläufer am nahen Höllentorkopf. Auf dem Weg dorthin kann man Bergpieper sehen, die gelegentlich auch auf den Kabeln der Bahn sitzen.

Von der Bahnstation führen zwei Wege und eine Gondel (Hochalmbahn) bergab zur Kreuzeckbahn. Die beste Gelegenheit Vögel zu beobachten, bietet der breitere der beiden Fußwege (teilweise geschottert), der gleichzeitig auch die Versorgungsstraße der Bahnstation ist. Dieser führt nach ein paar hundert Metern durch zwei Steilwände, in denen 2005 und 2006 Mauerläufer brüteten. An den samentragenden Kräutern der Grasmatten sitzen oft Zitronenzeisige, in den Geröllhalden kann man mit Glück Alpenschneehühner oder Schneesperlinge sehen. Die Schneesperlinge sind auch im Winterhalbjahr in der Nähe des Osterfelderkopfes oft in großer Zahl zu beobachten. Weiter abwärts kann man in den Baumbeständen wiederum Berglaubsänger und Tannenhäher finden. Man passiert schließlich die untere Station der Hochalmbahn und hat von hier aus einen rund halbstündigen Fußweg

achten. Mit viel Glück kann man (früh morgens!) Birkhühner antreffen. Vom Gipfel aus führen einige Wege in das Tal zurück. Besonders empfehlenswert ist der Abstieg über die Esterberg Alm. Auf dem Weg durchquert man Fichtenwälder, in denen Dreizehenspechte, Fichtenkreuzschnäbel und Tannenhäher leben. Im Bereich der Esterberg Alm kann man an einem Bachlauf Berglaubsänger und Gebirgsstelzen hören und sehen.

Mit der Alpspitzbahn (s. u.) kann man per Gondel einfach auf den **Osterfelderkopf** (2050 Höhenmeter) gelangen. Auf der Gaststättenterrasse der Bahnstation begegnet man in der Regel schon den ersten Alpendohlen, die in der Hoff-

Der glasklare Eibsee liegt am Fuß der Zugspitze. In den Bäumen am Ufer brüten Zwergschnäpper.
Foto: T. Brandt.

Typische Vogelarten im Werdenfelser Land, deren Status und günstige Beobachtungszeit (in Klammern).
r = regelmäßiger, s = seltener. J = Jahresvogel, B = Brutvogel, W= Wintergast, D = Durchzügler, N = Nahrungsgast
Die Brutvögel der höheren Berglagen sind im Winter meist in den tieferen Lagen zu finden. *= Eibsee; **= oberhalb der Baumgrenze, ***= Kampfzone Waldgrenze

Art	Status (beste Beobachtungszeit)
Alpenbraunelle**	rB (ganzjährig)
Alpendohle**	rB (ganzjährig)
Alpenschneehuhn**	sB (ganzjährig)
Auerhuhn	sB (ganzjährig)
Berglaubsänger	rB (Mai – Aug.)
Bergpieper**	rB (April – Sept.)
Birkhuhn***	sB (ganzjährig)
Dreizehenspecht	rB (April, Mai)
Fichtenkreuzschnabel	rB (ganzjährig)
Gebirgsstelze	rB (April – Okt.)
Gänsesäger*	sB (April – Sept.)
Haselhuhn*	sB (April – Mai, Sep. – Okt.)
Haubentaucher*	rB (April – Sept.)
Kolkrabe	rB (ganzjährig)
Mauerläufer	rB (ganzjährig)
Raufußkauz	rB (März – Mai)
Ringdrossel***	rB (April – Sept.)
Schneesperling**	sB (ganzjährig)
Sperlingskauz*	rB (März – Mai, Sept – Okt.)
Steinadler	rB (ganzjährig)
Tannenhäher	rB (März – Mai, Juli – Sept.)
Uhu	sB (ganzjährig)
Wanderfalke	rB (ganzjährig)
Wasseramsel	rB (ganzjährig)
Weißrückenspecht*	rB (April, Mai)
Zitronenzeisig***	rB (März – Sept.)
Zwergschnäpper*	sB (Mai – Juli)

zur Kreuzeckbahn vor sich. Mit dieser gelangt man bei Bedarf wieder in das Tal zum Parkplatz in Garmisch. Für botanisch Interessierte ist das Gebiet zwischen Osterfelderkopf und Kreuzeck ebenfalls sehr interessant und nach Regenfällen sind Alpensalamander häufig zu beobachten.

Um den **Eibsee** führt ein zweistündiger Rundweg, von dem man immer wieder einen guten Ausblick auf den See hat. Ausgangspunkt ist der kostenpflichtige Parkplatz am Eibseehotel. In den Waldbereichen nördlich des Sees, wo der Weg unweit des Ufers verläuft, hat man gute Chancen Zwergschnäpper zu hören und mit Glück zu sehen. Hier wurden in der Vergangenheit auch immer wieder Haselhühner, Sperlingskäuze sowie Weißrücken- und Dreizehenspechte festgestellt. Der Eibsee ist im Sommer ein beliebter Badesee. Die Zugspitze selbst, die man per Seilbahn vom Eibseeparkplatz aus erreichen kann, ist für ornithologische Beobachtungen weniger gut geeignet.

» Weitere Beobachtungs- und Freizeitmöglichkeiten

Weitere gute Beobachtungsmöglichkeiten finden Vogelbeobachter im Murnauer Moos (ca. 30 km nördlich von Garmisch-Partenkirchen). Das Gebiet ist vor allem im Mai und Juni ein gutes Ziel. Für Wasservogelfreunde sind die nahen Seen im nördlichen Landkreis unter Umständen lohnende Ziele. Der Starnberger See (ca. 50 km nördlich der Ortschaft) ist ein sehr gutes Winterbeobachtungsziel.

Felsenschwalben brüten meist in Felsspalten und -höhlen, seltener – wie hier – an Gebäuden oder unter Brücken. In Deutschland leben nur wenige Paare. Foto: H.-J. Fünfstück.

GPS		
Garmisch-Partenkirchem (Ortsm.)	47°29'32.50" N	11°05'10.34" O
Mittenwald (Ortsmitte)	47°26'37.20" N	11°05'49.79" O
Scharnitz (Ortsmitte)	47°23'19.95" N	11°15'49.89" O
Grainau (Ortsmitte)	47°28'29.90" N	11°01'27.25" O

Anfahrt

Mit Bahn und Bus:
Der Bahnhof in Garmisch-Partenkirchen wird im Stundentakt von München aus angefahren (Fahrzeit ca. 1,5 Stunden). Von hier aus führen mehrere Buslinien zu den Bahnstationen.

Mit dem Auto:
Um mit dem PKW in das Gebiet zu gelangen, fährt man von München auf der A95 bis zum Ende. Die Autobahn geht in die B2 bzw. B23 über. Die Seilbahnstationen sind gut ausgeschildert. An allen Seilbahnstationen gibt es ausreichend Parkplätze.

Mit dem Fahrrad:
Die Alpen sind nicht gerade ein klassisches Ziel für Radfahrer. Radfahren ist dort nur mit Spezialrädern sinnvoll. Man dürfte auch Schwierigkeiten haben, sich auf Vögel zu konzentrieren, wenn man in den Bergen auf dem Rad unterwegs ist. Zu Fuß ist man hier besser unterwegs.

Zahnradbahn/Seilbahnen (Preise für Erwachsene, Preise und Zeiten Stand 2007):
Wankbahn: Talstation im Ortsteil Partenkirchen. Kosten € 17,– für Berg- und Talfahrt, € 12,– Bergfahrt allein, von April bis Oktober geöffnet. Erste Bergfahrt 8:45 Uhr, letzte Talfahrt um 17:00 Uhr.
Alpspitzbahn: Talstation im Ortsteil Garmisch. Kosten € 21,– Berg- und Talfahrt, € 15,50 Bergfahrt allein, Juni – Oktober geöffnet. Erste Bergfahrt 8:00 (Juli – Sept.) bzw. 8:30 (Juni, Okt.). Endstation ist an der Bergstation Osterfelderkopf (2050 m ü. NN).
Kreuzeckbahn: Talstation neben der Station Alpspitzbahn. Kosten € 19,– Berg- und Talfahrt, € 13,50 Bergfahrt allein. Mai – Okt. geöffnet. Erste Bergfahrt 8:30 Uhr. Die Bergstation Kreuzeck liegt 1611 m ü. NN.
Eine gute Wahl ist es, mit der Alpspitzbahn auf den Osterfelderkopf zu fahren und zu Fuß zur Kreuzeck-Bergstation zu wandern (den Wirtschaftsweg nehmen!). Wer nicht so sicher zu Fuß ist, der kann auf einen Großteil der Strecke die Hochalmbahn zwischen den beiden Bergstationen nutzen. Der verbleibende Fußweg führt über einen gut ausgebauten Wirtschaftsweg (ca. 20 bis 30 min.).
Eibsee-Seilbahn (zur Zugspitze): Talstation der Seilbahn im Ortsteil Grainau, am Eibsee. Kosten € 47,– Berg- und Talfahrt, € 26,50 Bergfahrt einfach. Ganzjährig geöffnet. Erste Bergfahrt 8:45 Uhr, letzte Talfahrt 16:45 Uhr. Die Zugspitzendstation liegt 2962 m ü. NN.
Zugspitze (mit der Zahnradbahn). Abfahrten stündlich ab Garmisch ab 8:15 Uhr. Die Bahn führt über den Gletscher.

Gastronomie ist an allen Bergstationen vorhanden. Die Zahnradbahn und die Seilbahn zur Zugspitze sind kombinierbar, ebenso die Zahnradbahn zur Alpspitzbahn bzw. Kreuzeckbahn. Zwischen den Bergstationen der Kreuzeckbahn und der Alpspitzbahn verkehrt die Hochalmbahn über einen Großteil der Strecke.
Aktuelle Infos erhält man über den Betreiber, die Bayerische Zugspitzbahn Bergbahn AG (s. Adressen).

Einen weiteren alpinen Lebensraum mit der typischen Vogelfauna erschließt die Karwendelbahn mit der Ausgangsstation in Mittenwald (25 km östlich von Garmisch-Partenkirchen) und der Bergstation in 2244 Metern Höhe. Direkt neben der Gipfelstation befindet sich das Natur-Informationszentrum Karwendel. Fährt man von Mittenwald auf der B 2 nach Süden in Richtung Scharnitz, erreicht man nach ca. 3,5 km einen Parkplatz, der unmittelbar an der Isar liegt. Gleich hinter einer kleinen grünen Schranke direkt am Parkplatz hat man einen guten Blick auf den Fluss und die Hänge der umliegenden Berge. An der Isar kann man mit Flussuferläufern, Flussregenpfeifern, Gänsesägern und Wasseramseln rechnen, entlang der Berghänge mit Steinadlern. Die Gehölze des NSG Riedboden im Tal sind Lebensraum für Berglaubsänger und Grauspechte. Das von Süd nach Nord laufende Isartal bietet vor allem im März immer wieder Möglichkeiten für die Beobachtung von Felsenschwalben oder anderen durchziehenden Vogelarten.

Garmisch-Partenkirchen selbst bietet als bedeutende Urlaubsregion ein breites Kulturangebot sowie eine Vielzahl von Sport- und anderen Freizeitmöglichkeiten, auch für Nichtvogelbeobachter.

Infomaterial/Literatur:

Bezzel, E., I. Geiersberg, G. v. Lossow & R. Pfeifer (2005): Brutvögel in Bayern. Verbreitung 1996–1999. Verlag Eugen Ulmer, Stuttgart.
Fünfstück, H.-J. (2003): Haubentaucherschicksale auf einem Alpensee. Falke 50: 344-347.
Moning. C. & C. Wagner (2005): Vögel beobachten in Süddeutschland. Kosmos Verlag, Stuttgart.

Adressen

Unterkünfte und Gastronomie findet man reichlich in Garmisch-Partenkirchen. Das Gastgeberverzeichnis ist über die Tourist-Information erhältlich. Es gibt auch einen Campingplatz (Campingplatz „Zugspitze", Tel.: 08821/3180, ganzjährig geöffnet).

Tourist Information, Richard-Strauss-Platz 2, 82467 Garmisch-Partenkirchen, Tel.: 08821/180/700. E-Mail: tourist-info@gapa.de, www.gapa.de

Bayerische Zugspitzbahn Bergbahn AG, Olympiastraße 27, 82467 Garmisch-Partenkirchen Tel.: 08821/79 70. E-Mail: zugspitzbahn@zugspitze.de, www.zugspitze.de

Register der Arten

Vogelart	Beobachtungsgebiet	1	2	3	4	5	6	7	8	9	10	11	12	13	14	15	16	17	18	19
Alexandersittich																				
Alpenbraunelle																				
Alpendohle																				
Alpenschneehuhn																				
Alpensegler																				
Alpenstrandläufer		•	•		•	•	•				•								
Auerhuhn																				
Austernfischer		•			•	•					•									
Bartmeise					•		•	•	•						•				•	•
Basstölpel				•																
Baumfalke										•			•				•			
Baumpieper													•							
Bekassine					•		•			•			•		•				•	•
Bergente			•									•								
Bergfink																				
Berghänfling		•			•		•													
Berglaubsänger																				
Bergpieper																				
Beutelmeise						•		•		•					•		•	•	•	
Bienenfresser																				
Birkenzeisig		•			•															
Birkhuhn																				
Blässgans			•		•		•	•	•				•		•	•		•	•	
Blaukehlchen						•		•	•						•					
Blessralle															•					
Bluthänfling					•															
Brachpieper																	•			
Brandgans		•	•		•	•	•	•				•	•							
Brandseeschwalbe						•														
Braunkehlchen										•	•				•					
Bruchwasserläufer								•							•					
Buntspecht																				
Dorngasmücke																				
Dreizehenmöwe					•															
Dreizehenspecht																				
Drosselrohrsänger							•		•					•	•	•	•			
Dunkler Sturmtaucher					•															
Dunkler Wasserläufer					•		•	•				•								
Eiderente		•	•		•		•				•									
Eisente			•								•									
Eissturmvogel					•															
Eisvogel								•							•		•		•	
Erlenzeisig																				
Feldschwirl										•			•							
Fichtenkreuzschnabel																				
Fischadler									•				•		•		•		•	
Flussregenpfeifer								•	•	•										
Flussseeschwalbe		•	•		•		•					•					•	•	•	
Flussuferläufer														•						
Gänsesäger			•		•				•	•							•	•	•	
Gartenbaumläufer																		•		
Gartenrotschwanz																				
Gebirgsstelze																				
Gelbbrauen-Laubsänger				•																
Goldregenpfeifer		•	•		•		•	•	•										•	•
Grauammer													•							
Graubrust-Strandläufer					•															
Graugans											•						•			
Graureiher																	•			
Grauspecht																				
Großer Brachvogel		•	•		•		•		•								•		•	
Grünlaubsänger																				
Grünschenkel														•						
Grünspecht										•										
Grylltteiste				•																
Habicht															•			•		
Habichtskauz																				
Halsbandschnäpper																				
Halsbandsittich																				
Haselhuhn																				
Haubenmeise																		•		
Haubentaucher							•			•		•				•	•			
Heidelerche										•		•			•					
Heringsmöwe		•		•																
Höckerschwan												•								
Hohltaube		•			•			•			•	•	•				•			

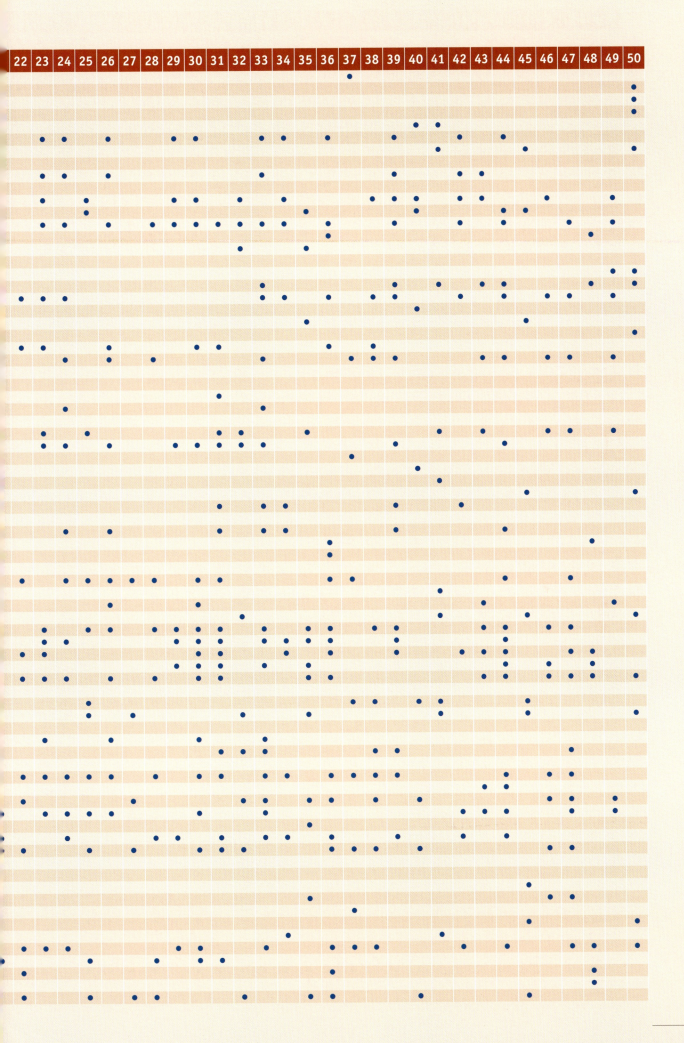

Vogelart | Beobachtungsgebiet	1	2	3	4	5	6	7	8	9	10	11	12	13	14	15	16	17	18	19
Kampfläufer				•		•		•			•					•		•	•
Kanadagans						•													
Karmingimpel			•			•													
Kernbeißer																			
Kiebitz			•		•		•	•			•	•		•	•	•		•	•
Kiebitzregenpfeifer	•			•	•	•	•			•								•	•
Kleinspecht									•				•	•	•		•		
Knäkente		•		•		•	•			•			•	•				•	•
Knutt	•				•	•				•									
Kolbenente											•		•	•					•
Kolkrabe			•							•		•				•			
Kormoran													•	•	•		•	•	•
Kornweihe	•													•		•	•	•	•
Krabbentaucher				•															
Krähenscharbe				•															
Kranich											•		•	•	•	•	•	•	•
Krickente	•	•		•		•	•				•		•	•	•	•		•	•
Kuckuck						•													
Küstenseeschwalbe	•																		
Lachmöwe														•	•	•		•	
Löffelente	•				•	•	•	•			•		•	•		•		•	
Löffler				•	•		•												
Mantelmöwe																			
Mauerläufer																			
Meerstrandläufer				•		•													
Merlin						•													
Mittelmeermöwe																			
Mittelsäger	•	•		•							•								
Mittelspecht												•	•	•	•		•	•	
Moorente																			
Mornellregenpfeifer																			
Nachtigall									•						•	•			•
Nachtreiher																			
Nebelkrähe			•										•						
Neuntöter															•		•	•	•
Nilgans																			
Odinshühnchen				•															
Ohrenlerche	•			•		•	•												
Ohrentaucher				•								•							
Ortolan																•		•	•
Pfeifente	•	•		•		•	•	•			•		•	•		•		•	
Pfuhlschnepfe	•			•		•	•			•								•	
Pirol												•				•	•	•	
Prachttaucher	•										•								
Purpurreiher																			
Raubseeschwalbe															•				
Raubwürger						•				•				•		•			
Raufußbussard						•													
Raufußkauz																			
Rebhuhn									•										
Regenbrachvogel	•	•		•		•	•												
Reiherente			•							•		•	•			•		•	
Ringdrossel																			
Ringelgans	•			•	•	•													
Rohrdommel				•			•			•	•			•				•	•
Rohrschwirl									•		•			•				•	•
Rohrweihe				•		•	•	•		•			•	•	•	•		•	•
Rotdrossel				•															
Rotfußfalke																			
Rothalsgans																		•	
Rothalstaucher											•								•
Rotmilan														•	•	•	•	•	•
Rotschenkel	•			•	•	•	•	•					•	•	•	•		•	
Saatgans								•											
Saatkrähe																			
Säbelschnäbler	•			•	•	•	•	•										•	
Samtente		•																	
Sanderling	•																		
Sandregenpfeifer	•	•		•	•	•	•												
Schafstelze																			
Schellente				•		•					•			•	•	•		•	
Schilfrohrsänger						•			•	•	•			•	•	•		•	•
Schlagschwirl														•	•	•			•
Schlangenadler																			
Schleiereule																		•	
Schmarotzerraubmöwe																			
Schnatterente		•		•		•	•	•			•			•		•		•	
Schneeammer		•		•		•				•									
Schneesperling																			
Schreiadler														•					

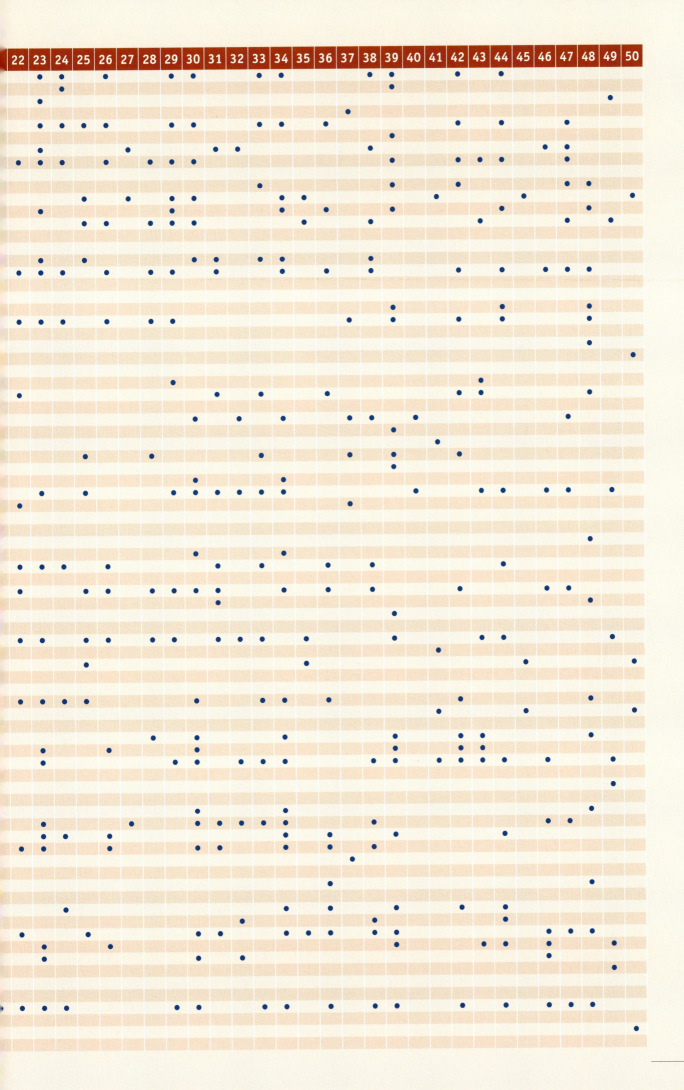

Vogelart | Beobachtungsgebiet	1	2	3	4	5	6	7	8	9	10	11	12	13	14	15	16	17	18	19
Schwarzhalstaucher								•											
Schwarzkehlchen								•	•							•			
Schwarzkopfmöwe																			
Schwarzmilan													•	•		•	•	•	•
Schwarzspecht								•				•	•	•		•	•		
Schwarzstorch								•					•						
Seeadler						•		•	•			•		•	•	•	•	•	•
Seidenreiher																			
Sichelstrandläufer				•															
Silbermöwe			•																
Silberreiher					•											•		•	•
Singschwan		•		•		•		•	•							•		•	•
Sommergoldhähnchen																			
Sperber													•						
Sperbergrasmücke														•	•	•			•
Sperlingskauz																			
Spießente	•		•		•	•	•	•		•	•					•	•		
Spornammer																			
Spornpieper			•																
Sprosser													•	•					
Steinadler																			
Steinkauz																			
Steinschmätzer								•											
Steinwälzer	•		•		•					•									
Steppenmöwe																			
Sterntaucher	•	•																	
Sturmmöwe																			
Sumpfläufer						•													
Sumpfohreule						•													
Sumpfrohrsänger								•											
Tafelente				•						•		•		•	•			•	
Tannenhäher																			
Tannenmeise																			
Teichrohrsänger					•			•	•										
Temminckstrandläufer									•	•									
Tordalk				•															
Trauerente	•	•	•																
Trauerschnäpper																			
Trauerseeschwalbe								•		•				•				•	
Trottellume				•															
Tüpfelsumpfhuhn								•							•		•		
Turteltaube																			
Uferschnepfe					•	•	•	•	•							•			
Uferschwalbe																			
Uhu												•							
Wachtel																			
Wachtelkönig								•	•	•					•	•		•	
Waldbaumläufer																			
Waldkauz																			
Waldlaubsänger												•							
Waldohreule												•							
Waldschnepfe																	•		
Waldwasserläufer																			
Wanderfalke	•				•	•											•		
Wasseramsel																			
Wasserralle								•	•			•	•				•		
Weißbartseeschwalbe															•				
Weißflügelseeschwalbe																			
Weißrückenspecht																			
Weißstorch								•											•
Weißwangengans	•			•		•	•	•											
Wendehals														•					
Wespenbussard			•										•			•			
Wiedehopf																			
Wiesenpieper								•											
Wiesenschafstelze								•								•			
Wiesenweihe					•		•												
Ziegenmelker																	•		
Zitronenzeisig																			
Zwergammer			•																
Zwergdommel								•											•
Zwergmöwe														•	•				
Zwergsäger			•					•						•	•	•			
Zwergschnäpper																•			
Zwergschnepfe				•															
Zwergschwan		•		•		•		•		•	•								
Zwergseeschwalbe	•	•			•						•								
Zwergstrandläufer				•															
Zwergtaucher								•	•							•	•		

Liste der wissenschaftlichen Namen

Acanthis flavirostris – Berghänfling
Accipiter gentilis – Habicht
Accipiter nisus – Sperber
Acrocephalus arundinaceus – Drosselrohrsänger
Acrocephalus palustris – Sumpfrohrsänger
Acrocephalus schoenobaenus – Schilfrohrsänger
Acrocephalus scirpaceus – Teichrohrsänger
Actitis hypoleucos – Flussuferläufer
Aegolius funereus – Raufußkauz
Alca torda – Tordalk
Alcedo atthis – Eisvogel
Alle alle – Krabbentaucher
Alopochen aegyptiaca – Nilgans
Anas acuta – Spießente
Anas clypeata – Löffelente
Anas crecca – Krickente
Anas penelope – Pfeifente
Anas querquedula – Knäkente
Anas strepera – Schnatterente
Anser albifrons elgasi – Tule-Blessgans
Anser anser – Graugans
Anser fabalis – Saatgans
Anthus campestris – Brachpieper
Anthus pratensis – Wiesenpieper
Anthus richardi – Spornpieper
Anthus spinoletta – Bergpieper
Anthus trivialis – Baumpieper
Apus melba – Alpensegler
Aquila chrysaetos – Steinadler
Aquila pomarina – Schreiadler
Ardea cinerea – Graureiher
Ardea purpurea – Purpurreiher
Arenaria interpres – Steinwälzer
Asio flammeus – Sumpfohreule
Asio otus – Waldohreule
Athene noctua – Steinkauz
Aythya ferina – Tafelente
Aythya fuligula – Reiherente
Aythya marila – Bergente
Aythya nyroca – Moorente
Botaurus stellaris – Rohrdommel
Branta bernicla – Ringelgans
Branta canadensis – Kanadagans
Branta leucopsis – Weißwangengans
Branta ruficollis – Rothalsgans
Bubo bubo – Uhu
Bucephala clangula – Schellente
Buteo lagopus – Raufußbussard
Calcarius lapponicus – Spornammer
Calidris alba – Sanderling
Calidris alpina – Alpenstrandläufer
Calidris canutus – Knutt
Calidris ferruginea – Sichelstrandläufer
Calidris maritima – Meerstrandläufer
Calidris melanotos – Graubrust-Strandläufer
Calidris minuta – Zwergstrandläufer
Calidris temminckii – Temmickstrandläufer
Caprimulgus europaeus – Ziegenmelker
Carduelis cannabina – Bluthänfling
Carduelis flammea – Birkenzeisig
Carduelis spinus – Erlenzeisig
Carpodacus erythrinus – Karmingimpel
Casmerodius albus – Silberreiher
Cepphus grylle – Gryllteiste
Certhia brachydactyla – Gartenbaumläufer
Certhia familiaris – Waldbaumläufer
Charadrius dubius – Flussregenpfeifer
Charadrius hiaticula – Sandregenpfeifer
Charadrius morinellus – Mornellregenpfeifer
Chlidonias hybridus – Weißbart-Seeschwalbe
Chlidonias leucopterus – Weißflügel-Seeschwalbe
Chlidonias niger – Trauerseeschwalbe
Ciconia ciconia – Weißstorch
Ciconia nigra – Schwarzstorch
Cinclus cinclus – Wasseramsel
Circaetus gallicus – Schlangenadler
Circus aeruginosus – Rohrweihe
Circus cyaneus – Kornweihe
Circus macrourus – Steppenweihe

Circus pygargus – Wiesenweihe
Clangula hyemalis – Eisente
Coccothraustes coccothraustes – Kernbeißer
Columba oenas – Hohltaube
Corvus corax – Kolkrabe
Corvus cornix – Nebelkrähe
Corvus frugilegus – Saatkrähe
Coturnix coturnix – Wachtel
Crex crex – Wachtelkönig
Cuculus canorus – Kuckuck
Cygnus bewickii – Zwergschwan
Cygnus cygnus – Singschwan
Cygnus olor – Höckerschwan
Dendrocopos leucotos – Weißrückenspecht
Dendrocopos major – Buntspecht
Dendrocopos medius – Mittelspecht
Dendrocopos minor – Kleinspecht
Dryocopus martius – Schwarzspecht
Dryocopus martius – Schwarzspecht
Egretta garzetta – Seidenreiher
Emberiza calandra – Grauammer
Emberiza hortulana – Ortolan
Emberiza pusilla – Zwergammer
Eremophila alpestris – Ohrenlerche
Falco columbarius – Merlin
Falco peregrinus – Wanderfalke
Falco subbuteo – Baumfalke
Falco vespertinus – Rotfußfalke
Ficedula albicollis – Halsbandschnäpper
Ficedula hypoleuca – Trauerschnäpper
Ficedula parva – Zwergschnäpper
Fringilla montifringilla – Bergfink
Fulica atra – Blässhuhn
Fulmarus glacialis – Eissturmvogel
Gallinago gallinago – Bekassine
Gavia arctica – Prachttaucher
Gavia stellata – Sterntaucher
Glaucidium passerinum – Sperlingskauz
Grus grus – Kranich
Haematopus ostralegus – Austernfischer
Haliaeetus albicilla – Seeadler
Hydrocoleus minutus – Zwergmöwe
Hydroprogne caspia – Raubseeschwalbe
Ixobrychus minutus – Zwergdommel
Jynx torquilla – Wendehals
Lagopus mutus – Alpenschneehuhn
Lanius collurio – Neuntöter
Lanius excubitor – Raubwürger
Larus argentatus – Silbermöwe
Larus cachinnans – Steppenmöwe
Larus canus – Sturmmöwe
Larus fuscus – Heringsmöwe
Larus marinus – Mantelmöwe
Larus melanocephalus – Schwarzkopfmöwe
Larus michahellis – Mittelmeermöwe
Larus ridibundus – Lachmöwe
Limicola falcinellus – Sumpfläufer
Limosa lapponica – Pfuhlschnepfe
Limosa limosa – Uferschnepfe
Locustella fluviatilis – Schlagschwirl
Locustella luscinioides – Rohrschwirl
Locustella naevia – Feldschwirl
Loxia curvirostra – Fichtenkreuzschnabel
Lullula arborea – Heidelerche
Luscinia luscinia – Sprosser
Luscinia megarhynchos – Nachtigall
Luscinia svecica – Blaukehlchen
Lymnocryptes minimus – Zwergschnepfe
Melanitta fusca – Samtente
Melanitta nigra – Trauerente
Mergellus albellus – Zwergsäger
Mergus merganser – Gänsesäger
Mergus serrator – Mittelsäger
Merops apiaster – Bienenfresser
Milvus migrans – Schwarzmilan
Milvus milvus – Rotmilan
Montifringilla nivalis – Schneesperling
Motacilla cinerea – Gebirgsstelze
Motacilla citreola – Zitronenstelze
Motacilla flava – Schafstelze

Motacilla flava – Wiesenschaftstelze
Netta rufina – Kolbenente
Nucifraga caryocatactes – Tannenhäher
Numenius arquata – Großer Brachvogel
Numenius phaeopus – Regenbrachvogel
Nycticorax nycticorax – Nachtreiher
Oenanthe oenanthe – Steinschmätzer
Oriolus oriolus – Pirol
Pandion haliaetus – Fischadler
Panurus biarmicus – Bartmeise
Parus ater – Tannenmeise
Parus cristatus – Haubenmeise
Perdix perdix – Rebhuhn
Pernis apivorus – Wespenbussard
Phalacrocorax aristotelis – Krähenscharbe
Phalacrocorax carbo – Kormoran
Phalaropus lobatus – Odinshühnchen
Philomachus pugnax – Kampfläufer
Phoenicurus phoenicurus – Gartenrotschwanz
Phylloscopus bonelli – Berglaubsänger
Phylloscopus inornatus – Gelbbrauen-Laubsänger
Phylloscopus sibilatrix – Waldlaubsänger
Phylloscopus trochiloides – Grünlaubsänger
Picoides tridactylus – Dreizehenspecht
Picus canus – Grauspecht
Picus viridis – Grünspecht
Platalea leucorodia – Löffler
Plectrophenax nivalis – Schneeammer
Pluvialis apricaria – Goldregenpfeifer
Pluvialis squatarola – Kiebitzregenpfeifer
Podiceps auritus – Ohrentaucher
Podiceps cristatus – Haubentaucher
Podiceps grisegena – Rothalstaucher
Podiceps nigricollis – Schwarzhalstaucher
Porzana porzana – Tüpfelsumpfhuhn
Prunella collaris – Alpenbraunelle
Psittacula eupatria – Alexandersittich
Puffinus griseus – Dunkler Sturmtaucher
Pyrrhocorax graculus – Alpendohle
Rallus aquaticus – Wasserralle
Recurvirostra avosetta – Säbelschnäbler
Regulus ignicapillus – Sommergoldhähnchen
Remiz pendulinus – Beutelmeise
Riparia riparia – Uferschwalbe
Rissa tridactyla – Dreizehenmöwe
Saxicola rubetra – Braunkehlchen
Saxicola rubicola – Schwarzkehlchen
Scolopax rusticola – Waldschnepfe
Serinus citrinella – Zitronenzeisig
Somateria mollissima – Eiderente
Stercorarius parasiticus – Schmarotzerraubmöwe
Sterna hirundo – Flussseeschwalbe
Sterna paradisaea – Küstenseeschwalbe
Sterna sandvicensis – Brandseeschwalbe
Sternula albifrons – Zwergseeschwalbe
Streptopelia turtur – Turteltaube
Strix aluco – Waldkauz
Strix uralensis – Habichtskauz
Sula bassana – Basstölpel
Sylvia communis – Dorngrasmücke
Sylvia nisoria – Sperbergrasmücke
Tachybaptus ruficollis – Zwergtaucher
Tadorna tadorna – Brandgans
Tetrao tetrix – Birkhuhn
Tetrao urogallus – Auerhuhn
Tetrastes bonasia – Haselhuhn
Tichodroma muraria – Mauerläufer
Tringa erythropus – Dunkler Wasserläufer
Tringa glareola – Bruchwasserläufer
Tringa nebularia – Grünschenkel
Tringa ochropus – Waldwasserläufer
Tringa totanus – Rotschenkel
Turdus iliacus – Rotdrossel
Turdus torquatus – Ringdrossel
Tyto alba – Schleiereule
Upupa epops – Wiedehopf
Uria aalge – Trottellumme
Vanellus vanellus – Kiebitz